Strategisches Management von Medienunternehmen

Lizenz zum Wissen.

Sichern Sie sich umfassendes Wirtschaftswissen mit Sofortzugriff auf tausende Fachbücher und Fachzeitschriften aus den Bereichen: Management, Finance & Controlling, Business IT, Marketing, Public Relations, Vertrieb und Banking.

Exklusiv für Leser von Springer-Fachbüchern: Testen Sie Springer für Professionals 30 Tage unverbindlich. Nutzen Sie dazu im Bestellverlauf Ihren persönlichen Aktionscode C0005407 auf www.springerprofessional.de/buchkunden/

Springer für Professionals.
Digitale Fachbibliothek. Themen-Scout. Knowledge-Manager.

- Zugriff auf tausende von Fachbüchern und Fachzeitschriften
- Selektion, Komprimierung und Verknüpfung relevanter Themen durch Fachredaktionen
- Tools zur persönlichen Wissensorganisation und Vernetzung

www.entschieden-intelligenter.de

Springer für Professionals

Mike Friedrichsen · Johanna Grüblbauer
Peter Haric

Strategisches Management von Medienunternehmen

Einführung in die Medienwirtschaft mit Case-Studies

2., aktualisierte Auflage

Mike Friedrichsen
Institute for Media Business
Media Business Transfer Center
Berlin
Deutschland

Peter Haric
Leitbetriebe Austria Institut
Wien
Österreich

Johanna Grüblbauer
Fachhochschule St. Pölten
St. Pölten
Österreich

ISBN 978-3-658-09500-0   ISBN 978-3-658-09501-7 (eBook)
DOI 10.1007/978-3-658-09501-7

Die Deutsche Nationalbibliothek verzeichnet diese Publikation in der Deutschen Nationalbibliografie; detaillierte bibliografische Daten sind im Internet über http://dnb.d-nb.de abrufbar.

Springer Gabler
© Springer Fachmedien Wiesbaden 2015
Das Werk einschließlich aller seiner Teile ist urheberrechtlich geschützt. Jede Verwertung, die nicht ausdrücklich vom Urheberrechtsgesetz zugelassen ist, bedarf der vorherigen Zustimmung des Verlags. Das gilt insbesondere für Vervielfältigungen, Bearbeitungen, Übersetzungen, Mikroverfilmungen und die Einspeicherung und Verarbeitung in elektronischen Systemen.
Die Wiedergabe von Gebrauchsnamen, Handelsnamen, Warenbezeichnungen usw. in diesem Werk berechtigt auch ohne besondere Kennzeichnung nicht zu der Annahme, dass solche Namen im Sinne der Warenzeichen- und Markenschutz-Gesetzgebung als frei zu betrachten wären und daher von jedermann benutzt werden dürften. Der Verlag, die Autoren und die Herausgeber gehen davon aus, dass die Angaben und Informa-tionen in diesem Werk zum Zeitpunkt der Veröffentlichung vollständig und korrekt sind. Weder der Verlag noch die Autoren oder die Herausgeber übernehmen, ausdrücklich oder implizit, Gewähr für den Inhalt des Werkes, etwaige Fehler oder Äußerungen.

Lektorat: Barbara Roscher, Jutta Hinrichsen

Gedruckt auf säurefreiem und chlorfrei gebleichtem Papier

Springer Fachmedien Wiesbaden ist Teil der Fachverlagsgruppe Springer Science+Business Media
(www.springer.com)

Vorwort

Die technologische und ökonomische Umwelt von Medienunternehmen verändert sich in den letzten anderthalb Jahrzehnten beschleunigt. Klassische Geschäftsmodelle – wie beispielsweise das von Printmedien, das auf einem profitablen Mix aus Werbung und dem Vertrieb von Content auf materiellen Trägermedien basierte – erodieren. Auch die jüngste Historie der Musikindustrie verdeutlicht, wie klassische Wertschöpfungsketten durch disruptive Technologien schlagartig in ihren Grundstrukturen erschüttert werden kann. Einige Geschäftsmodelle digitaler Medienunternehmen weisen enormes Wachstumspotenzial auf und lassen darauf schließen, dass die Veränderungsprozesse Wirkung zeigen.

Zwar nutzen in Summe so viele Menschen wie nie zuvor Medieninhalte und verbringen immer mehr Zeit mit Mediennutzung. Und dennoch ist etwas verloren gegangen im Übergang von der analogen zur digitalen Welt: Die in der Vergangenheit sehr profitablen Geschäftsmodelle analoger Medien sind zunehmend weniger rentabel. Und die Verluste aus dem traditionellen Geschäft lassen sich bisher noch kaum durch neue digitale Einnahmequellen kompensieren.

Durch Digitalisierung werden Produkte immer austauschbarer, Produktion findet immer globaler statt, der Preiskampf auf zunehmend gesättigten Märkten verschärft sich und Märkte werden immer transparenter. Das alles führt zu neuen strategischen Ausrichtungen und Zielen der Medienunternehmen – oder deren Untergang.

Der Einfluss von Strategie auf Geschäftserfolg ist unbestritten. Und zu viel Strategiekompetenz kann es in diesem dynamischen Umfeld nicht geben. Hilfreiche Antworten auf strategische Fragen und Herausforderungen sind notwendig, um auch zukünftig erfolgreich zu sein und sich deutlich von Wettbewerbern zu unterscheiden. Medienunternehmen müssen sich derzeit verstärkt mit Strukturveränderungen auseinandersetzen, die sich unterschiedlichen Ebenen vollziehen, wobei sich Fragen stellen wie: Führen gesellschaftliche Megatrends wie Individualisierung und Variantenvielfalt zum Ende der Massenmedien in der heutigen Form? Kann die Ausdehnung der traditionellen Medienmarken auf neue digitale Distributionswege erfolgreich sein? Greift die klassische akademische Strategielehre (SWOT-Analysen, Szenario-Technik) noch, bei Strukturveränderungen dieser Dimension? Reicht die Vorstellungs- und Innovationskraft von strategischen Planern aus?

Aus dieser Lage heraus ist Idee und Umsetzung dieses Buches erfolgt. Ziel war es, einen praktischen Werkzeugkasten an die Hand zu geben, um in diesem dynamischen Umfeld Instrumente aufzuzeigen, die Wandel sichtbar und gestaltbar machen und zu identifizieren, welche Lösungen bereits gefunden wurden.

Dieses wurde uns besonders durch den Gabler Verlag und insbesondere durch Frau Roscher möglich, ohne die dieses Werk nicht in der vorliegenden Qualität umsetzbar gewesen wäre. Hier zeigt sich, dass auch in Zeiten beschleunigten Wandels die Bedeutung klassischen Handwerks erhalten bleibt.

Die jetzt vorgelegte zweite Auflage erfreut uns als Autoren natürlich und zeigt, dass die Herangehensweise mit konkreten Case-Studies offensichtlich auf nachhaltige Nachfrage trifft. Inhaltlich wurden außer der Ergänzung um eine neue Fallstudie keine Änderungen vorgenommen.

Mike Friedrichsen
Johanna Grüblbauer
Peter Haric

Inhaltsverzeichnis

1	**Einleitung**	1
	1.1 Einleitende Bemerkungen	1
	1.2 Aufbau des Buches	3
	Literatur	3
2	**Mediengüter und Mediengattung**	5
	2.1 Mediengüter	5
	2.1.1 Mediengüter in der Systematik der ökonomischen Güter	6
	2.1.2 Medien als zeitelastische Güter	8
	2.1.3 Qualitätsbeurteilung von Medienprodukten	8
	2.1.4 Ausprägungen der Merkmalsklassen von Mediengütern	10
	2.2 Dualer Charakter von Mediengütern	10
	2.3 Mediengattungen	12
	2.3.1 Kategorisierungen von Mediengattungen	13
	2.3.2 Mediengattungen vs. Medienmarken	18
	2.3.3 Mediengattungen vor dem Hintergrund des Managements von Medienunternehmen	19
	Literatur	21
3	**Medienmärkte und -unternehmen**	23
	3.1 Märkte als Schnittstelle von Angebot und Nachfrage	23
	3.1.1 Besonderheiten von Medienmärkten	24
	3.1.2 Medienmarkt im Wandel	25
	3.2 Theorie der medienwirtschaftlichen Unternehmung	26
	Literatur	32
4	**Nachfrage von Mediengütern**	33
	4.1 Management-Nutzen kommunikationswissenschaftlicher Forschungsdisziplinen	34
	4.2 Content-Nutzer (Rezipienten/Prosumenten)	34
	4.2.1 Arten von Mediennutzen	35

		4.2.2	Ergebnisse ausgewählter Mediennutzungsstudien	36
	4.3	Mediennutzer als Zielgruppe der Werbetreibenden		39
	4.4	Werbeindustrie als Medienkunde		42
	Literatur			43

5 Media Management Basics ... 45

- 5.1 Was ist strategisches Management ... 46
- 5.2 Von der Unternehmensphilosophie zur Strategiebildung ... 50
  - 5.2.1 Unternehmensphilosophie und Corporate Governance (Managementphilosophie) ... 50
  - 5.2.2 Vision, Mission und Geschäftsmodell ... 53
  - 5.2.3 Strategische Analyse ... 57
  - 5.2.4 Strategieprozess ... 62
  - 5.2.5 Beispiel: Unternehmensstrategie der Axel Springer AG ... 69
- 5.3 Was ist Erfolg im Management? ... 74
  - 5.3.1 Einfache Kennzahlensysteme des strategischen Managements ... 75
  - 5.3.2 Wertorientiertes Management ... 78
  - 5.3.3 Strategische Ziele und Kennzahlen ... 80
  - 5.3.4 Operative Ziele und Kennzahlen ... 82
  - 5.3.5 Die Ökonomie von Preis, Absatzmenge und Kosten ... 88
  - 5.3.6 Kennzahlensystem des strategischen Managements bei Bertelsmann und Axel Springer AG ... 97
- Literatur ... 100

6 Cases: Management traditioneller Medienhäuser ... 103

- 6.1 Entwicklung klassischer Medienmärkte ... 103
- 6.2 Entwicklung der Kosten- und Erlösstrukturen klassischer Mediengattungen ... 105
  - 6.2.1 Entwicklung von Angebot und Nachfrage klassischer Mediengattungen ... 107
  - 6.2.2 Entwicklung nicht werbefinanzierter Medien am Beispiel Buchmarkt ... 113
- 6.3 Märkte der Medienhäuser Bertelsmann und Axel Springer AG ... 115
- 6.4 Medienhäuser: Vergleichende Fallstudie ... 118
  - 6.4.1 Unternehmensentwicklung: News Corp., Bertelsmann, Axel Springer AG ... 118
  - 6.4.2 News Corp.: Vom Verlag zum Broadcasting-Unternehmen ... 125
  - 6.4.3 Bertelsmann: Vom Verlag zum Multi-Channel-Unternehmen ... 130
  - 6.4.4 Axel Springer AG als Beispiel einer Digitalisierungsstrategie ... 133
- 6.5 Fazit: Innovationen der Business Modelle von Zeitungsverlagen ... 146
- Literatur ... 147

Inhaltsverzeichnis

7 Cases: Management von Creative Media-Unternehmen am Beispiel der Musikindustrie 149
    7.1 Entwicklung der Musikindustrie 149
        7.1.1 Struktur des Marktes der Musikindustrie 151
        7.1.2 Wirtschaftliche Rahmenbedingungen der Tonträgerindustrie 154
        7.1.3 Restrukturierung des Musikmarktes 157
        7.1.4 Der Skaleneffekt 164
        7.1.5 Rivalität unter den bestehenden Wettbewerbern 166
        7.1.6 Bedrohung durch neue Anbieter 167
        7.1.7 Verhandlungsstärke der Lieferanten 167
        7.1.8 Verhandlungsstärke der Abnehmer 168
        7.1.9 Bedrohung durch Ersatzprodukte 169
    7.2 Case: EMI vs. Edel AG 170
        7.2.1 EMI Unternehmensüberblick 170
        7.2.2 Edel AG Unternehmensüberblick 172
        7.2.3 Strategie: EMI 175
        7.2.4 Strategie Edel AG 181
    Literatur 192

8 Cases: Management digitaler Medienunternehmen 195
    8.1 Google Inc.: Überblick über die Unternehmensgeschichte 195
    8.2 Google Inc.: Produkt-Portfolio 197
    8.3 Google Inc.: Geschäftsmodell 200
        8.3.1 Google als Suchmaschine 200
        8.3.2 Google als Medienunternehmen 201
        8.3.3 Google als Technologie-Unternehmen 201
        8.3.4 Google: Unternehmensanalyse 201
    8.4 Googles Erfolgsgeheimnis 204
    Literatur 211

9 Strategie-Pfade im Vergleich: Bloomberg, Thomson Reuters, Google, Axel Springer 213
    9.1 Geschäftsfelder Bloomberg L.P. 213
    9.2 Geschäftsfelder Thomson Reuters 215
    9.3 Vergleich: Bloomberg L.P., Thomson Reuters, Google Inc., Axel Springer AG 216
    Literatur 222

Fazit 223

Einleitung 1

1.1 Einleitende Bemerkungen

Diese Einführung in das Management von Medienunternehmen weicht von den herkömmlichen Einführungen in die Medienbetriebslehre, Medienökonomie oder andere Einführungen in das Medienmanagement in folgenden Punkten ab:

- Der Fokus liegt ausschließlich auf der Unternehmenssicht.
- Von daher wird es keine allgemeine Einführung in ‚Märkte', keine Einlassungen zur medienpolitische Debatte und der Diskussion von Medien als öffentliche Güter, keine allgemeine Einführung in die Grundlagen der Betriebswirtschaftslehre, keine medienphilosophischen oder ähnlichen Diskurse geben.
- Stattdessen werden aus der Sicht von ausgewählten Global-Top-20-Medienunternehmen deren Geschäftsentwicklung und Management-Ansätze erläutert.

Das Buch ist dennoch eine ‚Einführung', da der Anspruch ist, nicht enzyklopädische Vollständigkeit, sondern selektive Darstellung von Management-Problemen von Medienunternehmen zu behandeln.

Damit ist auch verbunden, dass besonders die in deutscher Sprache verfügbaren Einführungen und Handbücher zu ‚Medienökonomie', ‚Medienmanagement', ‚Medienbetriebswirtschaft' etc. bereits einen im Grunde systematischen Einblick in das Wissensfeld vermitteln. Deren Stand der Forschung wird hier nur eingeführt, wenn es der Erklärung konkreter Management-Herausforderungen dient. Hingegen ist der Anspruch dieser Einführung die Erklärung von Entwicklungspfaden erfolgreicher Medienunternehmen. Die Kernthese bei der Betrachtung der hier behandelten Selektion von Global-Top-20-Medienunternehmen ist:

Erfolg und Wachstum im Mediensektor sind nur möglich, wenn das Management sich in der Content-Bereitstellung nicht auf eine konkrete Mediengattung oder in der Finanzierung nicht auf eine bestimmte Erlösform spezialisiert.

Vielmehr gilt es, durch ein proaktives Portfolio-Management sowohl auf Produktebene (einzelne Medien-Formate wie z. B. ‚Zeitschriften-Titel', Buchreihe, Sendereihe etc.) als auch auf der Ebene der Gattung (Print, Online, Fernsehen etc.) jeweils wachstumsstarke und damit meistens auch ertragsstarke Bereiche für das Management der Investments auszuwählen, andererseits Produkte, deren Produktlebenszyklus am ‚niedergehen' ist und damit immer geringe Erträge erzielt, auf Basis der klassischen finanzwirtschaftlichen Entscheidungskriterien einzustellen, zu verkaufen oder sonst wie abzustoßen.

Genau darin unterscheidet sich diese Einführung von anderen Handbüchern und Einführungen. Medien werden hier als UNTERNEHMENSGEGENSTAND betrachtet und sind aus der Sicht des Managements zunächst Instrumente, um Unternehmensziele zu verwirklichen. Bezahlt werden Manager von privatrechtlichen Unternehmen nicht für Wertvernichtung oder einen Kulturbeitrag, sondern für die Steigerung des Unternehmenswertes. Und die Steigerung des Unternehmenswertes bedeutet nicht nur für die Shareholder die Verzinsung ihres eingesetzten Kapitals, sondern – wie es Peter Drucker formulierte – den rentablen Einsatz des Eigen- und Fremdkapitals, um die Kosten der Zukunft („Costs of Future") zu erwirtschaften. Vor diesem Hintergrund sind nachhaltige Unternehmensentwicklung und damit gesicherte Unternehmenszukunft zu finanzieren.

Diese Einführung ist insbesondere als Ergänzung zu Insa Sjurts Analyse des Unternehmenserfolgs in Medienteilmärkten zu sehen („Strategien in der Medienbranche. Grundlagen und Fallbeispiele" 2005). Dabei beabsichtigt Sjurts explizit keine detaillierte finanzwirtschaftliche Analyse. Ziel ist dort vielmehr, „entsprechend dem unternehmensstrategischen Schwerpunkt [...] eine Bestimmung der Wettbewerbsposition und eine Einschätzung ihrer strategischen Günstigkeit" (Sjurts 2005, S. 21) der untersuchten Fallbeispiele vorzunehmen, um deren strategisches Erfolgspotenzial zu evaluieren.

Im Gegensatz dazu stehen in dieser Einführung gerade die finanzwirtschaftlichen Analysen der Medienunternehmen im Fokus. Anders als bei Sjurts werden hier nicht Medienteilmärkte in Form von Mediengattungen kategorisiert, sondern Mediengattungen lediglich als Ausgangsbasis für die erfolgten Diversifizierungsstrategien herangezogen.

Gleichzeitig baut diese Einführung auf den Werken von Martin Gläser (2010), Bernd W. Wirtz (2013) und Marie-Luise Kiefer (2005) auf, die umfangreiche, teils enzyklopädische Darstellungen der Medienwirtschaft oder deren wesentlichen Funktionen bieten. Auf deren grundlegenden Darstellungen wird hier in vielfacher Weise Bezug genommen. Insofern sind deren Monografien auch für den Gesamtüberblick zum Thema unbedingt zu empfehlen.

1.2 Aufbau des Buches

Im Unterschied zu den „klassischen Werken" ist das Ziel dieser Einführung eine kompakte Darstellung von Literatur und ausgewählten Praxisbeispielen, um die relevanten empirischen und theoretischen Erkenntnisse aus Perspektive des Managements zu strukturieren. Deshalb wird hier nicht die klassische Analyse der Unternehmensfunktionen, der Medienwirtschaft oder -ökonomie zu Grunde gelegt, sondern aus der Führungsperspektive die konkrete Organisation und Führung von Medienunternehmen beschrieben.

Von besonderer Bedeutung sind hier Medienhäuser. Unter dem Begriff der Medienkonvergenz wird die Strukturierung der fachlichen Grundlagen in Mediengattungen (Zeitung, Radio etc.) aufzugeben sein, da die wirklichen Wachstumsunternehmen im Medienbereich – die Top-10 Medienunternehmen – crossmediale Mischkonzerne sind: Sie produzieren Inhalte und distribuieren diese über verschiedene Kanäle. Dennoch haben auch diese Mischkonzern als „Mediengattungsunternehmen" angefangen. Die hier behandelten Unternehmen wie *Axel Springer AG*, *Bertelsmann AG*, *Comcast* etc. haben sich aus einem Marktsegment (Mediengattung) – meistens „Zeitung" – weiterentwickelt, in Richtung multimediale Content-Anbieter.

Insofern ist dieses Buch keine enzyklopädische Darstellung von Mediengattungsmärkten wie Radio, Fernsehen, Zeitung etc., sondern die Darstellung von erfolgreichen Wachstumsunternehmen in der Medienindustrie anhand ausgewählter Beispiele traditioneller Medienunternehmen, Creative-Media-Unternehmen und Digital-Media-Unternehmen. Die Märkte wie der Buchmarkt, Rundfunkmarkt etc. werden dabei nicht als getrennte Märkte, sondern als Teilmärkte von Medienhäusern betrachtet.

Literatur

Gläser, M. (2010). *Medienmanagement* (2. Aufl.). München: Vahlen Verlag.
Kiefer, M. L. (2005). *Medienökonomik: Einführung in eine ökonomische Theorie der Medien*. München: Oldenbourg Wissenschaftsverlag.
Sjurts, I. (2005). *Strategien in der Medienbranche: Grundlagen und Fallbeispiele*. (3., überarb. u. erw. Aufl.). Wiesbaden: Springer-Gabler.
Wirtz, B. W. (2013). *Medien- und Internetmanagement* (8. Aufl.). Wiesbaden: Springer-Gabler.

Mediengüter und Mediengattung 2

In diesem Kapitel stehen Mediengüter im Fokus sowie die Frage, wie diese generell sowie aus Managementperspektive sinnvoll zu klassifizieren sind. Dazu wird zunächst die Frage beantwortet, welche Besonderheiten Medien als Güter aufweisen (Kap. 2.1). Welche Auswirkungen diese für das Management von Medienunternehmen hat, wird in Kap. 2.2 dargestellt.

Ein eigenes Unterkapitel wird dem Thema Mediengattungen gewidmet. Dabei wird aufgezeigt, welche Klassifizierungsmöglichkeiten für Mediengattungen aus diversen Perspektiven geschaffen wurden sowie, inwiefern Mediengattungen von Medienmarken zu unterscheiden sind (Kap. 2.3).

Grundsätzlich ist festzustellen, dass die meisten der folgenden Klassifikationen nur beschränkten instrumentellen Wert für das Management ausweisen. Dennoch bieten die Klassifikationen eine Möglichkeit, vom Grundcharakter des jeweiligen Mediums ausgehend, Managementfragen systematischer zu beantworten.

2.1 Mediengüter

Produkte werden aus wirtschaftswissenschaftlicher Perspektive in Güterklassen nach ihren Eigenschaften und Merkmalen zusammengefasst. Entsprechend lassen sich Mediengüter nach diversen Merkmalsklassen spezifizieren:

- Im ersten Schritt wird dafür die generelle Einordnung von Medien als Wirtschaftsgüter diskutiert.
- In der Folge werden ausgewählte Klassifikationskriterien von Mediengütern dargelegt: Zeitelastizität (Nutzungsdauer) und Qualität (Art der Informationsasymmetrie zwischen Produzent und Konsument).

- Eine weitere Besonderheit der Mediengüter ist, dass sie nach Kategorien wie Materialität, Kultur- und Wirtschaftsgüter oder Absatzmärkten als duale Güter gelten.

2.1.1 Mediengüter in der Systematik der ökonomischen Güter

In folgendem Kapitel werden Mediengüter aus wirtschaftswissenschaftlicher Sicht als Güter beschrieben. Insofern sind außerwirtschaftliche Gütereigenschaften für die vorliegende Management-Einführung hier nicht von Bedeutung, d. h., dass hier z. B. Begriffe oder Kategorien wie öffentliche oder meritorische Güter nicht Gegenstand der Betrachtung sind, die anderweitig häufig verwendet werden.

Die Kerneigenschaften von Wirtschaftsgütern lassen sich generell durch folgende vier Kriterien definieren (siehe Abb. 2.1): 1. Nutzen im Hinblick auf Bedürfnisbefriedigung, 2. Knappheit angeboter Güter, 3. wertäquivalente Nachfrage (Tausch- und Marktfähigkeit), 4. begründete und durchsetzbare Eigentumsrechte (vgl. Zydorek 2013, S. 71 f.).

Sjurts kategorisiert Mediengüter aus Sicht des Rezipientenmarktes als eingeschränkt marktfähige Güter. Sie zieht dabei die Merkmale Konsumrivalität, Ausschluss vom Konsum, Ausmaß der Meritorik und Existenz externer Effekte als Bewertungsrahmen heran. Dabei sind insbesondere Rivalität (Knappheit) und Ausschluss vom Konsum (wertäquivalente Nachfrage) im Sinne der oben dargestellten Kerneigenschaften von Wirtschaftsgütern als relevant zu beachten (vgl. Sjurts 2005, S. 9):

- Konsumrivalität: Mediengüter sind keine Wirtschaftsgüter da eine Nicht-Rivalität im Konsum besteht. Medienprodukte können beliebig nachproduziert werden und verbrauchen sich beim Konsum nicht bzw. werden durch den Konsum von Mediengütern durch einen anderen Konsumenten nicht beeinträchtigt. Die Limitierung ist nur über materielle Trägermedien möglich.
- Ausschlussprinzip: abhängig von der Preisgestaltung können Mediengüter Klubgüter sein (kostenpflichtige Printmedien, Paid Content, Pay TV), oder öffentliche Güter (Gratiszeitungen, kostenlose Webangebote, Privat Rundfunk).

In Anbetracht des Wettbewerbs, in dem sich Medien befinden, sind vor allem die Kriterien Substituierbarkeit, Netzwerkeffekt und Komplementarität von Relevanz für den Erfolg.

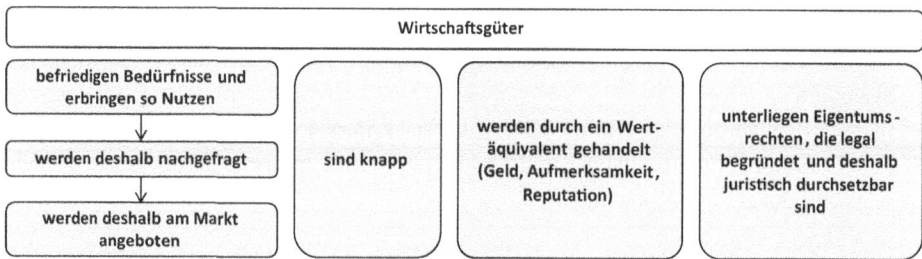

Abb. 2.1 Eigenschaften von Wirtschaftsgütern. (in Anlehnung an Zydorek 2013, S. 71 f.)

- **Substitution von Mediengütern**: Güter können sich in ihrer Leistung gegenseitig ersetzten:
  - Manchmal ist eine absolute Substitutionsqualität gegeben: Alle Aspekte eines Produkts können ersetzt werden. Eine Tageszeitung kann durch eine andere ersetzt werden etc.
  - Häufig ist aber nur eine relative Substitutionsqualität gegeben: Nur einzelne Aspekte eines Produkts können durch andere ersetzt werden.

  Sich gegenseitig vollständig ersetzende Güter stehen in einer Substitutionskonkurrenz: Eine Tageszeitung kann durch eine andere ersetzt werden. Schafft es hingegen ein Unternehmen, sein Produkt nur schwer oder gar nicht ersetzbar zu machen, hat es einen erheblichen Wettbewerbsvorteil: *Facebook* ist nur schwer durch einen anderen Dienst ersetzbar. Versuche wie *Google + w*aren beispielsweise nicht erfolgreich.
- **Netzwerkeffekt:** *Netz*werkeffekte beschreiben den Nutzen eines Gutes in Abhängigkeit zur *Anzahl der* Nutzer und können positiv oder negativ sein.
  - Bei positiven Netzwerkeffekten nimmt der Nutzen eines Gutes mit steigender Nutzerzahl zu. Typisch sind diese Effekte klassisch bei Telefonanschlüssen (je mehr Nutzer einen Telefonanschluss haben, desto höher der Nutzen des Telefons) und im digitalen Bereich etwa bei Internetplattformen wie Social Media Netzwerken.
  - Ein negativer Netzwerkeffekt tritt ein, wenn der Nutzen mit steigender Nutzerzahl sinkt, etwa bei Überlastung von Daten-Kommunikationsnetzen.
- **Komplementarität von Mediengütern:** Komplementäre Güter sind jene, die in der Nutzung einander ergänzen bzw. aufeinander angewiesen sind. Dies bedeutet, dass wenn der Absatz des einen Gutes steigt, dann steigt auch der Absatz des anderen Gutes. Damit verhält es sich anders als bei der Nachfrage von substituierbaren Gütern: Die Steigerung der Nachfrage des einen Gutes führt zur sinkenden Nachfrage des anderen Gutes.

  Medienunternehmen haben häufig das Ziel, die Gleichgerichtetheit des Absatzes zu nutzen. So sind z. B. Musik- und Bewegtbild-Inhalte Komplementärgüter zu einem *iPad*: Der Absatz von Musik, Videos oder Games steigt mit der Zahl der abgesetzten *iPads*.

  Der kombinierte Vertrieb von Komplementärgütern eignet sich gerade auch für Startup-Unternehmen oder Medienangebote, die über neue, wenig verbreitete Devices verfügbar sind, um aus dem Kernprodukt mehr Umsatz und Ertrag zu erwirtschaften. So werden etwa in Abonnements Kombinationsangebote aus Contents und Devices beworben, oder z. B. für erfolgreiche Güter zur Erwirtschaftung von Zusatzerträgen aus diesem gut positionierten Produkt.

Der **Werbemarkt**, der üblicherweise eine Querfinanzierungsmöglichkeit von Medien ist, gilt im Gegensatz zum Rezipientenmarkt als voll marktfähig (vgl. Sjurts 2005, S. 9). Werbeleistung wird aber nur dann nachgefragt, wenn sich Mediengüter aufgrund ihrer Zielgruppen, die sie über Contents erreichen, als nützlich und knapp erweisen. Insofern lassen sich auch Werbung und Medien als komplementäre Güter auffassen.

2.1.2 Medien als zeitelastische Güter

Medienprodukte können ferner nach dem Kriterium der Zeitelastizität unterschieden werden: Der Faktor Zeit hat Einfluss auf den Wert von zeitelastischen Gütern. Information als möglicher Bestandteil von Mediengütern unterliegt nach Verbrauch der Zeitelastizität insofern, als ein neuerlicher Konsum z. B. einer Nachricht von vorgestern kaum bis keinen Nutzen stiftet.

Anders kann es sich bei Bildung und Unterhaltung verhalten: Diese sind Produkte, die man als Güter mit geringer Zeitelastizität betrachten muss, da sie nur langsam an Wert für neue oder auch wiederholte Rezeption verlieren. Unterhaltung ist sozusagen lagerfähig, eine Tageszeitung verliert schnell ihren Wert, sowohl nach Konsum als auch nach Lagerdauer.

2.1.3 Qualitätsbeurteilung von Medienprodukten

Der Zeitpunkt, an dem die Qualität von Mediengütern durch wichtige Zielgruppen wie Content-Nutzer oder Werbetreibende evaluiert werden kann, ist unterschiedlich. Das Problem des Zeitpunktes der Qualitätsbeurteilung von Mediengütern ist auf Basis der Informationsökonomie darstellbar. Abhängig von der Informationsasymmetrie zwischen Anbietern und Nachfragern von Mediengütern lassen sich folgende Güter unterscheiden (vgl. Zydorek 2013, S. 147):

- Such- bzw. Inspektionsgüter: Niedrige Informationsasymmetrie, da die Qualität der Güter vor dem Kauf überprüfbar ist. Beschaffenheit und Qualität ist ohne große Informationskosten feststellbar, i. d. R durch die leichte Vergleichbarkeit der Produktmerkmale. Im Medienmarkt trifft dies z. B. auf Werbeschaltungen zu.
- Erfahrungsgüter: Mittlere Informationsasymmetrie, da die Qualität des Gutes erst nach Vertragsabschluss beurteilt werden kann. Erst Ge- oder Verbrauch zeigen die Qualität, damit hat der Anbieter einen Informationsvorteil gegenüber dem Nachfrager. Medienbeispiele sind Zeitungen, Kinofilm oder Musik-CDs.
- Vertrauensgüter: Hohe Informationsasymmetrie, da die Qualität des Gutes zufallsabhängig ist. Die Informationskosten sind so hoch, dass eine Informationsbeschaffung tendenziell unmöglich ist. Da die zugesicherten Eigenschaften des Gutes sowohl vor, als auch nach dem Kauf nur schwer vom Nachfrager bewertet werden kann, setzt das Gut Vertrauen in die Qualität voraus. Dies trifft z. B. auf Fernsehnachrichten zu.

Aus **ökonomischer Sicht** hat ein Medienprodukt nur dann Qualität, wenn es bestimmten zweckrationalen Bedingungen gerecht wird, also z. B. instrumentell nutzbar, verkaufbar oder profitabel ist (vgl. Karmasin 1998, S. 322). Die Ergebnisse der ökonomischen Quali-

2.1 Mediengüter

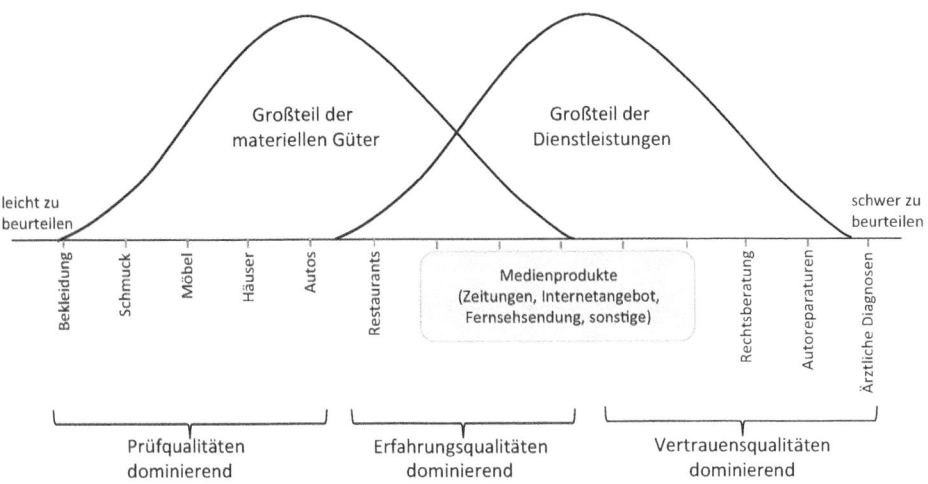

Abb. 2.2 Qualitätsbeurteilung von Medienprodukten. (Wirtz 2013, S. 32)

tätsbeurteilung können sich damit wesentlich von einer Evaluierung der Medien aus publizistischer Perspektive unterscheiden[1] (siehe Abb. 2.2).

Mediengüter werden am Rezipientenmarkt als Vertrauensgüter wahrgenommen, da die Qualität der Güter auch nach dem Kauf nur schwer zu beurteilen ist und aufgrund der immer neuen Inhalte (First Copy) mit jeder neuen Ausgabe, Sendung etc. aus subjektiver Rezipienten-Perspektive einem permanenten Qualitätswandel ausgesetzt sein kann. Essenziell für Medien ist daher der Markenaufbau um Vertrauen in die Produktleistung zu schaffen (vgl. Friedrichsen 2004).

Im Gegensatz dazu werden Medien aus Perspektive des Werbemarktes als Inspektionsgüter eingestuft, was insbesondere durch die zur Verfügung stehenden Medienanalysen begründet wird, die auf Basis von Daten der Vergangenheit Aussagen über die Zukunft treffen sollen.

---

[1] Als Wirtschafts- und Kulturgüter erfüllen Medien neben ökonomischen Funktionen (Bedarfsbefriedigung von Content-Nachfragern und Werbetreibenden) auch publizistische Funktionen (gesellschaftlicher Zweck der Medien) (vgl. Karmasin 1998, S. 100). Mediale Qualität wird deshalb entweder aufgrund wirtschaftlicher Ressourcen oder mit Hilfe der Inhalte gemessen.
- Publizistisch orientierte Qualitäts-Evaluierungen wie das Zeichenprozess-Modell nach Saxer und Kull (1981, S. 19) oder der Demokratie-theoretische Ansatz nach McQuail (1992) vernachlässigen die ökonomische Perspektive der Qualitätsbeurteilung.
- Bei multiperspektivischen bzw. ganzheitlichen Ansätzen wie etwa dem EFQM-Modell (European Foundation of Quality Management 2000) können die dualen Besonderheiten von Medien berücksichtigt werden.

Tab. 2.1 Güter-Merkmalsklassen von Medien. (in Anlehnung an Sjurts 2005, S. 12)

Güter-Merkmalsklasse	Perspektive Content-Nutzer-Markt	Perspektive Werbemarkt
Marktfähigkeit (Substituierbarkeit/Rivalität/ Komplementarität)	Stark eingeschränkt, als öffentliches Gut nur geringe Profitabilität wg. Nicht-Ausschließbarkeit von Konsumenten z. B. mittels Preisen	Vollkommen: Werbetreibende haben keine Alternative, wenn Mediengüter Zielgruppen-Oligopole/Monopole konstituieren (Bsp. Lokal-/Regionalzeitungen)
Zeitelastizität	Verbrauchs- und Gebrauchsgut	Verbrauchsgut
Qualität	Erfahrungsgut/Vertrauensgut	Inspektionsgut

2.1.4 Ausprägungen der Merkmalsklassen von Mediengütern

Welche Erkenntnisse sich aus den vorhergehenden Kapiteln für die einzelnen Merkmalsklassen von Mediengütern ergeben, wird in Tab. 2.1 für den Content-Nutzer- und Werbemarkt zusammengefasst.

Aufgrund des Bestrebens eine größtmögliche Reichweite zu erzielen, ergibt sich daraus auch ein gleichgerichteter Trend vieler Medienunternehmen nach Senkung der Qualität bis an die Grenze des Kundenverlustes, da i. d. R nur durch den Rezipientenmarkt die Existenz und erfolgreiche Fortführung möglich ist: Ohne Reichweite keine Werbeumsätze. Hinzu kommt durch die Zeitelastizität, dass eine gleichgerichtete Tendenz nach immer neuen Inhalten, also Erneuerung der Produktbündel zu erwarten ist, also neue Nachrichten, neue Programmformate etc.

2.2 Dualer Charakter von Mediengütern

Traditionelle Medien weisen aus unterschiedlichen Perspektiven einen dualen Charakter auf (siehe Abb. 2.3):

- Traditionelle Medienprodukte bündeln zwei Teile: ein **immaterielles Produkt** und einen **Medienträger**, also Inhalt (Content) und einen materiellen oder immateriellen Träger dieses Inhaltes zur Übertragung der Inhalte. Das Verbreitungsmedium ist bei traditionellen Medien zentral für die Wertschöpfung von Medienunternehmen. Sinnfällig wird die abnehmende Bedeutung des Medienträgers etwa besonders in der Musikindustrie, die sich lange Zeit selbst als Tonträgerindustrie bezeichnet hat: Durch die Digitalisierung ist die Einstiegsbarriere für Produzenten von Content weggefallen, denn die Distribution von Inhalten ist nicht mehr von einem „Monopol" der Tonträgerindustrie abhängig. Entsprechend änderten sich auch die Geschäftsgrundlage und damit das Geschäftsmodell der Tonträgerindustrie vor dem Hintergrund der Digitalisierung, da die Notwendigkeit eines Trägermaterials entfällt. Eine ähnliche Entwicklung zeigt sich bei den Printmedien.

2.2 Dualer Charakter von Mediengütern

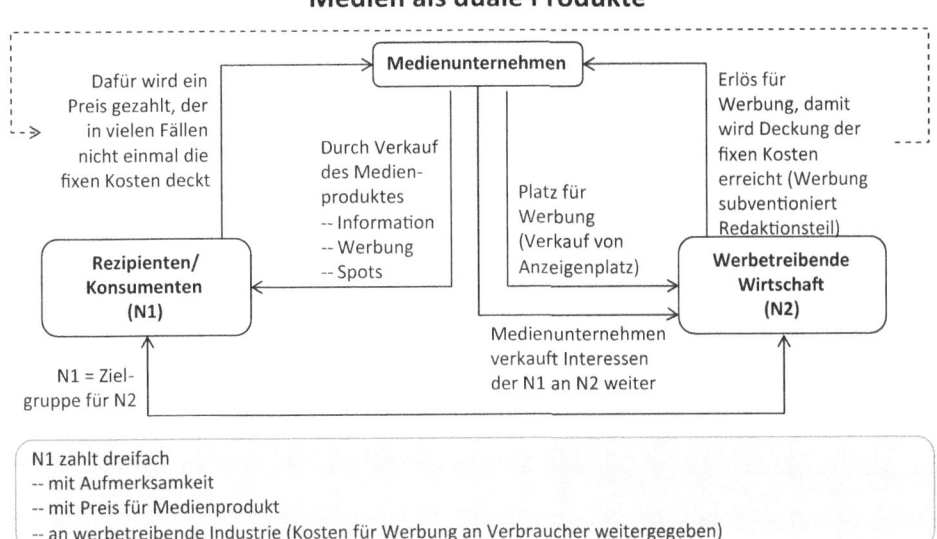

Abb. 2.3 Medien als duale Produkte. (in Anlehnung an Scholz 2010)

Aus Sicht der Nutzer von Medien kommt dem Medienträger eine untergeordnete Bedeutung zu. Medienträger werden vor allem situativ verfügbarkeitsorientiert selektiert. Bedarf, Nachfrage und Nutzen beziehen sich in der Folge vorwiegend auf den Content (Medieninhalt) einzelner Angebote. Der Medien-Konsument sucht Information, Unterhaltung und Bildung.

- Ferner sind Mediengüter sowohl **Kultur-** als auch **Wirtschaftsgut**: Sie befördern Inhalte zu gesellschaftspolitischen Zwecken, etwa durch politische Meinungsbildung, Verbreitung von kulturellem Wissen etc. Andererseits sind sie Wirtschaftsgüter zur individuellen Bedarfsbefriedigung von Content-Nachfragern und Werbetreibenden. Aus Sicht einer management-orientierten Einführung ist diese jedoch nur von geringer Bedeutung für das Management von Medienunternehmen. Deshalb wird diese Gütereigenschaft von Medien hier nicht weiter erläutert.
- Die dritte Dimension des dualen Charakters von Medien zeigt sich in den **Absatzmärkten**. Sie dienen auf den **Rezipientenmärkten** zur Bedarfsbefriedigung von Unterhaltungsbedürfnissen, Informationsbedürfnissen und Bedürfnissen der gesellschaftlichen und kulturellen Teilhabe. Ebenso stellen sie im selben Produkt für Erwerbsunternehmen Werberaum bzw. -zeit als Ware bereit. **Werbetreibende** nutzen Medien – aufgrund ihrer Content-Nutzer – als Hebel für die Gewinnung der Aufmerksamkeit von Medienrezipienten in einem „fremden", also nicht unternehmenseigenen Umfeld. Daher werden Medienprodukte häufig auch als Kuppelprodukte beschrieben.

Bei digitalen Medien ergeben sich neue Dualitäten bzw. werden bestehende Dualitäten aufgelöst (siehe Abb. 2.4):

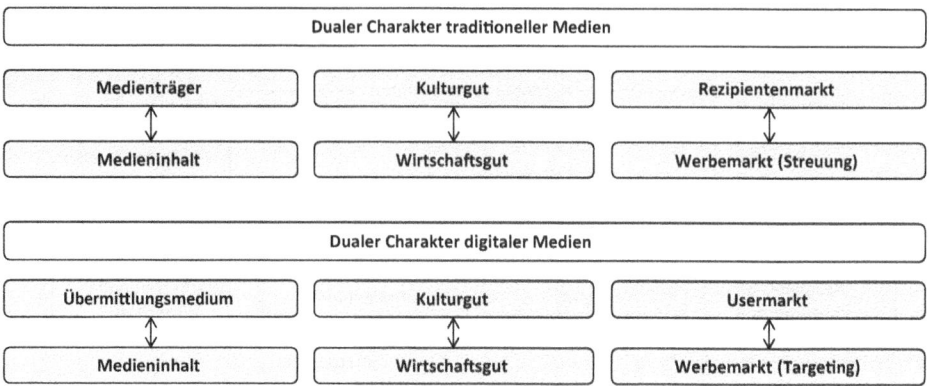

Abb. 2.4 Dualer Charakter traditioneller und digitaler Medien

- Inhalte sind nicht mehr an ein **Verbreitungsmedium** gekoppelt, sondern bedienen sich **Übermittlungsmedien**, die für die Dauer der Übertragung der Inhalte an den Nutzer eines Medienkanals bedürfen und dann auf unterschiedlichen Devices (Endgeräten) genutzt werden können.
- Im Hinblick auf die **Absatzmärkte** löst sich die Kuppelung von Werbung an Contents auf. Stattdessen können Werbeinhalte direkt an Mediennutzer ausgeliefert werden (Targeting). Im engeren Sinne sind nur jene User vom Absatzmarkt erfasst, die Medien-Content gegen Entgelt erwerben.

Die folgende Grafik fasst die unterschiedlichen Dualitäten traditioneller und digitaler Mediengüter zusammen (siehe Abb. 2.4):

2.3 Mediengattungen

Mediengattungen können einerseits aus unterschiedlichen Perspektiven kategorisiert werden, wie in diesem Kapitel anhand unterschiedlicher Kriterien veranschaulicht wird. Unterschiedliche Kategorisierungstypen von Mediengattungen werden hier im Überblick dargestellt, sind jedoch in weiterer Folge für das Buch aufgrund der zunehmenden Konvergenz einzelner Mediengattungen nicht von grundlegender Bedeutung. Medienkonvergenz wirkt sich auf die hier dargestellten großen Medienkonzerne insofern aus, als diese nicht mehr reine „Ein-Gattungs-Medienunternehmen" sind, sondern immer als „Gemischt-Medien-Konzerne" agieren. Der Fokus liegt in Zeiten crossmedialer Angebote darin, Content zu verbreiten – wobei die Mediengattung jeweils bedarfsspezifisch ausgewählt wird und nicht mehr das maßgebliche Unterscheidungskriterium ist, sondern vornehmlich technologische Bedingungen.

Der Terminus der TIME Industrie wurde vor diesem Hintergrund der zunehmenden Konvergenz von Medien eingeführt (vgl. Friedrichsen et al. 2006). Hier werden neben den genannten klassischen und neuen Medien bisher „fremde" Branchen mit der Medienbranche fusioniert: Telekommunikation, Information, Medien, Entertainment (TIME).

2.3.1 Kategorisierungen von Mediengattungen

Welche Art der Kategorisierung bevorzugt wird, ist vor dem Hintergrund der intendierten Verwendung des Kategorisierungssystems zu entscheiden. Häufig verwendete Abgrenzungskriterien sollen hier im Überblick dargelegt werden. Mediengattungen werden z. B. kategorisiert nach:

- technischen Kriterien,
- wirtschaftlichen Kriterien,
- Güternutzen,
- Interaktionsgrad,
- Reichweite oder
- Funktionserwartung.

2.3.1.1 Unterscheidung von Mediengattungen nach technischen Kriterien

Mediengüter lassen sich nach Mediengattungen mittels **technischer Kriterien** unterscheiden. Sie unterscheiden sich etwa nach Medienträgern und den damit verbundenen Begrenzungen für die darstellbaren Zeichensysteme, der Verbreitung (Reichweite) und Aktualität. Nach Verbreitungsart bzw. Basistechnologie werden dabei Druck-, audiovisuelle und elektronische Medien unterschieden (vgl. Wechselberger et al. 2006):

- Druckmedien: verwenden Papier als Trägermedium für das gedruckte Wort oder Bild. Z. B. Bücher, Zeitungen, Flugblätter.
- Audiovisuelle Medien: Töne und/oder (Bewegt-) Bilder werden mittels Schallwellen übertragen. Hierzu gehören beispielsweise der Rundfunk (Radio) und das Fernsehen aber auch Trägermedien wie Tonträger (Schallplatte, Compact Disc) oder Videokassette und DVD.
- Elektronische Medien: Texte, Töne und Bewegtbilder werden auf elektronischem Wege erstellt, übertragen und empfangen. Hierzu gehören beispielsweise Trägermedien wie E-Mail und Webseiten. Das Übertragungsmedium ist das Internet.

Die Unterscheidung in klassische Medien (Druck- und audiovisuelle Medien) und digitale Medien (elektronische Medien) auf Basis weiterer Unterkategorien, ist ein Kategoriensystem, das in der Praxis am häufigsten zur Anwendung kommt, etwa als Basis für die Messung von Konzentrationen, Reichweiten etc. In Tab. 2.2 wird dargestellt, welche klassischen Mediengattungen sich danach unterscheiden lassen.

Neu ist bei den digitalen Medien zunächst das Trägermedium. Inhalte (Daten) werden in digitaler Form übertragen. Damit geht die Möglichkeit einher, dass digitale Medieninhalte – anders als bei klassischen Medien – leichter weiterverbreitet und vervielfältigt werden können. Dadurch ändert sich auch die Möglichkeit des Mediennutzers im Umgang

Tab. 2.2 Unterscheidung von klassischen Mediengattungen

Printmedien	Medieninhalte auf gedruckten Medienträgern also im Wesentlichen Zeitungen, Zeitschriften, Anzeigenblätter, Bücher. Presse als spezielle Printmedien-Kategorie umfasst Zeitungen und Zeitschriften, und damit alle Massenmedien, die Nachrichten und Meinungen veröffentlichen
Radio	Elektronisches Massenmedium, das einen linearen Informations- und Kommunikationsdienst darstellt. Es ist die für die Allgemeinheit und zum zeitgleichen Empfang bestimmte Veranstaltung und Verbreitung von Angeboten in *Ton* entlang eines Sendeplans unter Benutzung elektromagnetischer Schwingungen (Rundfunkübertragung) (vgl. Sjurts 2014a) Vor dem Hintergrund der Digitalisierung finden zunehmend auch Webradios Verbreitung, die als internet-basierte Angebote – vor allem mittels Streaming-Technologien – übertragen werden
TV	Elektronisches Massenmedium, das einen linearen Informations- und Kommunikationsdienst darstellt. Es ist die für die Allgemeinheit und zum zeitgleichen Empfang bestimmte Veranstaltung und Verbreitung von Angeboten in *Ton und Bewegtbildern* entlang eines Sendeplans unter Benutzung folgender Übertragungswege: Terrestrische Funkübertragung, Satellitenübertragung und Breitbandkabelverteilnetz (vgl. Sjurts 2014b)

mit diesen Medien. Sie können geteilt, weiterverbreitet, leichter und ortsunabhängiger eingesehen und weiterverarbeitet werden (siehe Tab. 2.3).

Ausgehend von der verwendeten Basistechnologie (Druck, Audiovision, Internet), lassen sich die in Tab. 2.3 genannten Mediengattungen weiter aufschlüsseln, etwa nach:

- Bandbreite darstellbarer Zeichensysteme: Druck: Schrift, stehende Bilder; Radio: Ton; Internet: Ton, Schrift, stehende und bewegte Bilder, Interaktion; etc.
- Aktualität: Zeitung: täglich; TV: mehrmals täglich; Internet: simultan.
- Kommunikationsart: Buch: nur ‚senden', Internet: Dialog; etc.
- technische Reichweite: Zeitung: im Verbreitungsgebiet, Radio: im Sendegebiet, Internet: technisch keine Reichweiten-Beschränkung.

Tab. 2.3 Unterscheidung von digitalen Mediengattungen

Digitale Informations- und Unterhaltungs- Medien (basierende auf Sender-Empfänger-Modell)	Informationsdarstellung und Distribution auf binärer Basis. Medienträger sind z. B. CD, DVD, Datenbanken, Internet, Streams (digitales Radio, TV etc.)
Interaktive Medien	Ermöglichen Interaktion in Echtzeit wie z. B. Online-Spiele
Soziale Medien	Werden im Gegensatz zu anderen Medien durch Nutzer und nicht durch professionelle Produzenten hergestellt und verbreitet

2.3.1.2 Unterscheidung von Mediengattungen nach wirtschaftlichen Kriterien

Mediengattungen aus **wirtschaftlicher Sicht**: Gläser versteht aus wirtschaftlicher Perspektive von Produktwelten: Inhalte werden von Medienunternehmen erzeugt, gebündelt und distribuiert, um bei einem bestimmten Kreis von Rezipienten einen Nutzen zu erzeugen (vgl. Gläser 2010, S. 101).

Bei digitalen Medien werden Mediengattungen zudem nach Besitzverhältnissen unterschieden, wobei aus wirtschaftlicher Perspektive nur jene Content-Angebote als institutionalisierte Angebote zu verstehen sind, die mit Gewinnabsicht betrieben werden (siehe Tab. 2.4).

Für werbefinanzierte Medien sind vor allem „Owned Media" als zusätzliche Konkurrenz zu verstehen, da Unternehmen ubiquitär Zugang zu dispersen Zielgruppen erhalten, ohne weiterhin auf reichweitenstarke Medien als Vermittler angewiesen zu sein.

Aus Unternehmer-Perspektive bewirken „Earned Media" ein Umdenken. Vor diesem Hintergrund ist es prinzipiell allen möglich, online an ein disperses Publikum über das Unternehmen zu kommunizieren. Dabei ist es für eine User-initiierte Kommunikation nicht vorauszusetzen, dass das Unternehmen selbst Internet als Kommunikationskanal nutzt.

Medienunternehmen integrieren zunehmend „Earned Media" Funktionen in ihren Portalen. So können User sowohl eigene Inhalte generieren (User Generated Content) als auch distribuieren (User Distributed Content). Erstere werden – so sie mit den Nutzungsbedingungen des Anbieters korrelieren – an ein breites Publikum distribuiert, etwa in Form von Kommentaren zu Artikeln. Letztere nutzen den Medienunternehmen z. B. um potenzielle neue Leser zu werben. Inwieweit die User-Engagement Einfluss auf das Medienunternehmen ausübt, also z. B. User Added Value gewonnen werden kann, ist von Management-Maßnahmen zur Nutzung dieser Aktivitäten und dem jeweils erlaubten Interaktionsgrad von Usern abhängig.

Tab. 2.4 Paid-, Owned- und Earned-Media. (vgl. McKinsey Quarterly 2010)

Mediengattung	Beschreibung	Beispiele
Paid Media	Unternehmen erwerben gegen Entgelt Medien-Raum bzw. –Zeit oder bezahlen Dritte dafür, ihre Botschaft zu übermitteln	Klassische Werbeschaltungen in TV, Zeitungen, Magazinen etc. Product-Placements, Web-Banner-Werbung, Suchmaschinenmarketing etc.
Owned Media	Unternehmen nutzen oder schaffen eigene Medienkanäle um ihre Botschaften an Zielgruppen zu kommunizieren	eigene Verkaufsräume, Kataloge, Webseiten, *Facebook*-Fan-Pages, Newsletter etc.
Earned Media	Kunden kreieren Botschaften (User Generated Content) oder verbreiten Botschaften (User Distributed Content) über bzw. von einem Unternehmen/einer Marke	„Likes", Weiterleiten von Botschaften z. B. via Mail oder soziale Netzwerke, Kundenbewertungen, Reviews, Rankings auf Community-Seiten etc.

2.3.1.3 Unterscheidung von Mediengattungen nach Güternutzen

Der individuelle **Güternutzen** ist ein weiteres Differenzierungskriterium. Unterscheidbar sind Mediengattungen z. B. nach den Sparten:

- Information
- Unterhaltung
- Bildung.

2.3.1.4 Unterscheidung von Mediengattungen nach Interaktionsgrad

Zur Produktgestaltung ist ferner die Unterscheidung wichtig, um welche Medien- Produkt/Distributionskombination es sich handelt. Zu unterscheiden sind sie nach **Interaktionsgrad** zwischen Sender und Empfänger (siehe Tab. 2.5).

Ursprünglich waren bei Kommunikationsmedien die Funktionen der Massen- und Individualkommunikation zu unterscheiden. Während erstere zum Ziel haben, Inhalte öffentlich, an ein disperses Publikum zu verbreiten, dienten letztere dem Austausch zwischen Individuen zur privaten Kommunikation. Das Internet erschließt die Möglichkeit beider Funktionen, auch innerhalb einzelner Anwendungen.

Tab. 2.5 Massen-, Individual- und Hybridmedien

Mediengattung	Definition
Massenmedien	Werden durch folgende Kriterien definiert: •technisches Verbreitungsmittel (also technisch vermittelte Kommunikation) •öffentlich (Gegensatz zu privat, ohne begrenzte, personell definiertem Empfang) •indirekt (räumliche und/oder zeitliche Distanz zwischen Produktion und Rezeption ist zumindest möglich) •einseitig, also von einem Sender zum Empfänger, ohne wechselnde Kommunikationsrichtung •an disperses Publikum, d. h. eine Summe räumlich getrennter Individuen, die nichts miteinander zu tun haben (vgl. Hickethier 2010, S. 23; Schweiger 2007, S. 16 f.; Zydorek 2013, S. 46 f.)
Individualmedien	Technische Mittel, die zweiseitige Kommunikation zwischen Individuen und/oder kleinen Gruppen ohne räumliche und zeitliche Anwesenheit der Kommunikationspartner (= indirekt) ermöglichen, wie z. B. Telefon, E-Mail, SMS, Brief, Chatrooms oder Diskussionsforen (vgl. Schweiger 2007, S. 17)
Hybridmedien	Der Kommunikationskanal Internet wird als Hybridmedium oder Integrationsmedium bezeichnet, da (je nach Anwendung) sowohl Massen- als auch Individualkommunikation sowie Mischformen möglich sind (vgl. Hickethier 2010, S. 318 ff.)

2.3 Mediengattungen

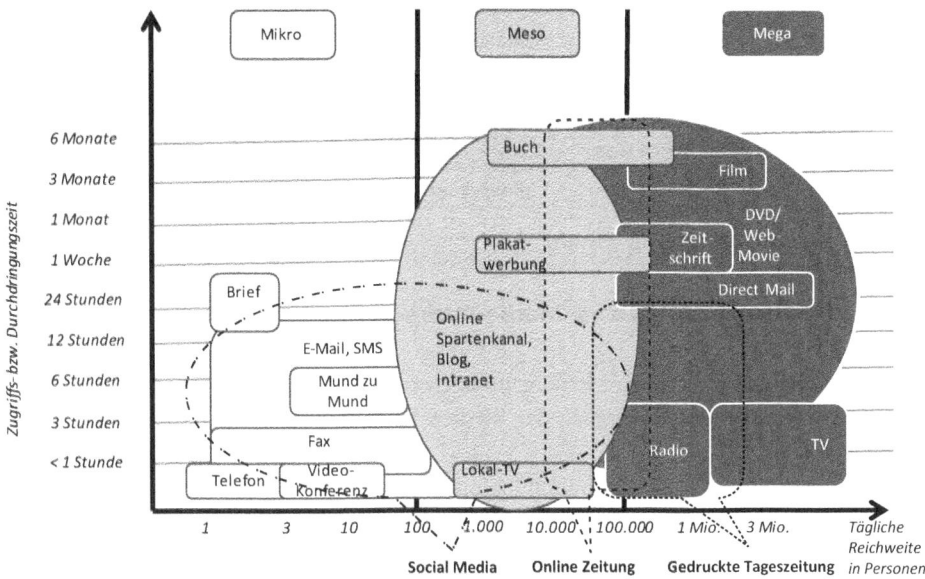

Abb. 2.5 Mikro-, Meso- und Makromedien. (mod. nach Karle 2001)

2.3.1.5 Unterscheidung von Mediengattungen nach Reichweite

Zudem lassen sich Medien in Mikro-, Meso-, Makromedien kategorisieren. Basis für die Zuordnung ist sowohl die Nutzungszeit als auch die **Reichweite** der Medien (siehe Abb. 2.5).

2.3.1.6 Unterscheidung nach Funktionserwartung

Medien können zudem in Fokus- und Zerstreuungsmedien differenziert werden. Diese Kategorisierung gewinnt insbesondere vor dem Hintergrund zunehmender Medien-Parallelnutzung und Second-Screen an Bedeutung (siehe Tab. 2.6).

Tab. 2.6 Diffusions- und Fokusmedien. (vgl. Kelber 2013)

Diffusions-Medien „Zerstreuungs-Medien"	Fokus-Medien „Aufmerksamkeits-Medien"
1. Casual Games	1. Edelserien
2. Social Networks	2. Videospiele
3. Onlinevideos	3. Kino
4. TV	4. Live-Events
5. Medien-Apps	5. Print
6. Out-of-Home	6. Weblogs
7. Radio	7. Bücher
8. Comics	

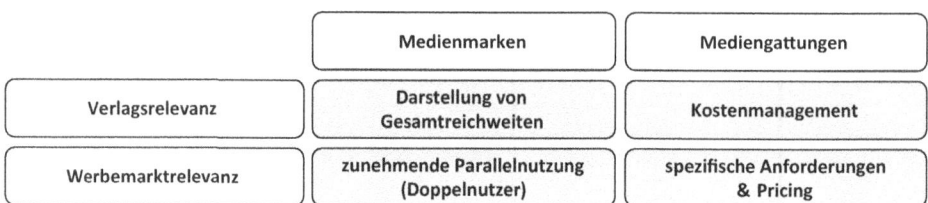

Abb. 2.6 Mediengattungen und -marken

2.3.2 Mediengattungen vs. Medienmarken

Die Unterscheidung zwischen Mediengattungen und Medienmarken muss vor dem Hintergrund zunehmender Konvergenz der Medien folglich differenziert betrachtet werden (siehe Abb. 2.6).

Traditionell wurde in der Kommunikationswissenschaft, Publizistik und Medienökonomie der Medienbegriff mit dem Trägermedium gleichgesetzt. Vor dem Hintergrund der Digitalisierung und zunehmender Medienkonvergenz ergibt sich so aber die Gefahr, die Bedeutung von Medienkanälen überzubewerten.

Medienmarken sind also für Medienunternehmen wichtig, um die Gesamtreichweiten darzustellen, da die Reichweiten über klassische Distributionskanäle zwar abnehmen, diese jedoch im Sinne der Medienmarke nicht verloren gehen, sondern in die digitalen Angebote abwandern. Nutzer die sowohl das klassische als auch das digitale Produkt der Marke verwenden, werden in einschlägigen Studien als Doppelnutzer ausgewiesen. Aufgrund eines Zeitreihenvergleichs lässt sich – etwa im Österreichischen Zeitungsmarkt – feststellen, dass die Anzahl der Doppelnutzer sowie die Anzahl der exklusiven Online Nutzer zunehmen.

Beim Kostenmanagement ist Print jedoch wesentlich anders zu gewichten als digitale Produkte. Bei gedruckten Zeitungen haben Herstellung und Vertrieb den höchsten Kostenanteil (48 %), der bei digitalen Medien gegen Null geht. Das bedeutet, dass zwar Print immer noch höhere Umsätze macht, jedoch das Ergebnis des Deckungsbeitrages bzw. Gewinn aufgrund geringerer Kosten zugunsten digitaler Medien höher sein kann (vgl. Friedrichsen 2009).

Die Messung der Parallelnutzung über alle Mediengattungen (Hub-Survey) ist für Deutschland und Österreich in Vorbereitung und darf für 2015 erwartet werden. Erste Ergebnisse zur Messungen der Parallelnutzung liegen bereits vor, z. B. in Österreich auf Verlagsinitiative (Der Standard) für die Nutzung von digitale und gedruckte Ausgaben von Tageszeitungen.

Die Doppelnutzer, so ist es übliche Praxis beispielsweise in Österreich, werden im Pricing von Printverlagen z. B. als Online-Nutzer bei Cross-medialen Angeboten verrechnet. D. h., je höher der Anteil der Doppelnutzer ist, desto geringer die Gesamtwerbeeinnahmen, wenn für Print-Werbung, die (noch) wesentlich teurer ist als Online-Werbung, nur die abnehmende Anzahl von Print-Exklusiv-Zielgruppen in Rechnung gestellt wird. Wie viele Doppelnutzer ein Medium hat, ist etwa von der Produktpolitik oder der Zielgruppe (Techno-Affinität) der jeweiligen Medienmarke abhängig.

2.3 Mediengattungen

Tab. 2.7 Referenzpunkte diverser Medien-Gattungs-Klassifikationen. (in Anlehnung an Stöber 2014, S. 184)

	Mikroebene	Makroebene
Für wen	Individuen	Gesellschaft
Für was	Einzelmedien	Mediensysteme
In welchem Zeithorizont	Kurzfristig	Langfristig
In welchem räumlichen Kontext	Kleinräumig	Global

2.3.3 Mediengattungen vor dem Hintergrund des Managements von Medienunternehmen

Die Klassifikation von Mediengattungen basiert auf Modell-Annahmen und weist daher Charakteristika auf, die Modellen generell zugrunde liegen: Sie sind ein *beschränktes Abbild der Wirklichkeit*:[2]

- *Beschränkung*: ergibt sich aus dem Faktum, dass Modelle durch Individuen konstruiert werden. Damit erfassen Modelle nur jene Attribute, die dem Konstrukteur oder dem Nutzer eines Modells relevant erscheinen.
- *Abbildung*: weist darauf hin, dass ein Modell stets repräsentierende Aufgaben erfüllt, wobei das Original sowohl natürlich als auch künstlich sein kann.
- *Wirklichkeit*: Modelle ersetzen die Originale durch
  - eine Abbildung für einen bestimmten Zweck (für was?),
  - eignen sich für die Nutzung durch bestimmte Subjekte (für wen?),
  - und innerhalb bestimmter Zeitintervalle (räumlicher und zeitlicher Kontext – wann?).

Die bisher vorgestellten Klassifizierungssysteme beziehen sich vor allem auf Mikro- oder Makroebene und erlangen in unterschiedlichen Kontexten ihre Wirkung (siehe Tab. 2.7).

Die Referenzpunkte des Modells für die Betrachtung der Klassifikation von Medien, die dem Management in der Medienindustrie zugrunde gelegt werden können, orientieren sich, im Unterschied zu bisher dargelegten Szenarien, an folgender Kontextualisierung der Wirklichkeit:

- *Für wen:* Management
- *Für was:* Medieninstitutionen
- *In welchem Zeithorizont:* Mittelfristig
- *In welchem räumlichen Kontext:* Großräumig.

---

[2] Modelle sind immer konstruierte Abbildungen einer subjektiv wahrgenommenen Wirklichkeit. Daher wird hier nicht von Realität, sondern von Wirklichkeit gesprochen, als „Netzwerk von Begriffen und Beziehungen (Relationen), die sich in unserer bisherigen Erfahrung mehr oder weniger bewährt haben" (Glasersfeld 1991, S. 5). Daraus folgt, so Glasersfeld nach Piaget (1937), dass „unser Wissen nie als Kopie oder Abbild der ontischen Welt betrachtet werden kann, da es ja ausschließlich aus der Praxis unseres Handelns und den Operationen unseres Denkens erwachsen kann".

Damit erfolgt eine Referenzierung auf **Mesoebene**, die mit den bisherigen Klassifizierungssystemen von Medien nach Gattungen nur sehr eingeschränkt analysiert werden kann.

Beschreibt man folglich die Besonderheiten etwa der Mediaplanung (Werbeplanung) für bestimmte Medien-Gattungen, so ergibt die klassische Einteilung in Print, TV etc. durchaus Sinn, da sich die Clusterung individuelle Regeln der Planung berücksichtigt. Z. B.:

- *Print-Planung* basiert auf Befragung (Erinnerung) der Reichweitenkennzahlen nach genutzten Medientiteln in einem bestimmten Zeitraum, wobei die Preise sich am Werberaum orientieren;
- *TV-Planung* auf aktiver Messung (Telemeter) der Reichweitenkennzahlen bestimmter Seh-Minuten, die am nächsten Tag zur Verfügung stehen, wobei die Preise sich an Werbezeit orientieren;
- *Online-Planung* auf permanenter passiver Messung (Monitoring) der Reichweitendaten die nahezu in Echtzeit verfügbar sind, wobei die Preise sich an unterschiedlichen Kriterien orientieren können.

Medieninstitutionen operieren im Gegensatz dazu aber nicht in einzelnen Gattungen, sondern in Mediengattungs-Portfolios, wodurch es wenig zielführend ist, die klassische Clusterung beizubehalten. Der kleinste gemeinsame Nenner in Form homogener Attribute ist die Analyseeinheit Medienunternehmen, die sich vor allem durch ihre historisch bedingten Ressourcen und den Anteil der Querfinanzierung durch Werbung unterscheiden. Eine Einteilung unterfolgt in

- *Traditionelle Medienunternehmen,*
    - die historisch bedingt traditionelle Medien im Portfolio bedienen,
    - traditionelle Herstellungs- und Distributionsinfrastrukturen (Sachanlagen) als Ressource verwalten,
    - weitgehend werbefinanziert sind und
    - ihr Portfolio vor diesem Hintergrund um digitale Medien erweitern.
- *Medienunternehmen sogenannter Creative Media,*
    - die sich überwiegend durch Content finanzieren und
    - damit weniger abhängig sind von Querfinanzierungsmaßnahmen durch Werbung.
- *Junge Medienunternehmen (Digital Media),*
    - die erst im Zuge der Digitalisierung entstanden sind und
    - damit losgelöst von ressourcenintensiven traditionellen Herstellungs- und Distributionsinfrastrukturen agieren.

Literatur

EFQM. (2000). *Das EFQM-Modell für Excellence*. Brüssel: Die European Foundation for Quality Management.

Friedrichsen, M. (2004). *Einführung in die Medienökonomie*. Köln: Wissenschaftliche Reihe des Deutschen Fachjournalistenverbands.

Friedrichsen, M. (Hrsg.). (2009). *Medienzukunft und regionale Zeitungen. Der lokale Raum in der digitalen und mobilen Medienwelt*. München: Reinhard Fischer Verlag.

Friedrichsen, M., Jenzowsky, S., Dietl, A., & Ratzer, J. (2006). *Die Zukunft des Fernsehens: Telekommunikation als Massenmedium. Die Verschmelzung der TIME-Industrie auf einer Home Entertainment Plattform: Geschäftsmodelle und Schutzmechanismen für neue Fernseh-Dienste*. München: Reinhard Fischer Verlag.

Gläser, M. (2010). *Medienmanagement* (2. Aufl.). München: Vahlen Verlag.

Hickethier, K. (2010). *Einführung in die Medienwissenschaft*. (2. aktualisierte und überarbeitete Aufl.). Stuttgart: Metzler.

Karle, L. (2001). Mikro-, Makro- und Mesomedien. Goldmedia. Thyssen Telecom. In A. Zerdick, A. Picot, K. Schrape, A. Artopé, K. Goldhammer, D. Heger, U. Lange, E. Vierkant, E. López-Escobar, & R. Silverstone (Hrsg.), *Die Internet-Ökonomie: Strategien für die digitale Wirtschaft* (3. erw. u. überarb. Aufl.). Berlin: Springer. (European Communication Council Report.).

Karmasin, M. (1998). *Medienökonomie als Theorie (massen-)medialer Kommunikation: Kommunikationsökonomie und Stakeholder Theorie*. Graz: Nausner & Nausner.

Kelber, C. (2013). Neue Studie „Zukunft der Medien". Pressemitteilung. 28. März 2013. http://www.zukunftsinstitut.de/rss/2013/03/28/pressemittleilung-neue-studie-zukunft-der-medien/. Zugegriffen: 24. Mai 2014.

McKinsey Quarterly. (2010). Beyond paid media: Marketing's new vocabulary. November 2010. http://www.mckinsey.com/insights/marketing_sales/beyond_paid_media_marketings_new_vocabulary. Zugegriffen: 6. Juni 2014.

McQuail, D. (1992). *Media performance. Mass communication and the public interest*. London: SAGE.

Piaget, J. (1937). *La construction du réel chez l'enfant*. Neuchâtel: Delachaux et Niestlé.

Saxer, U., & Kull, H. (1981). *Publizistische Qualität und Journalistische Ausbildung. Diskussionspunkt 8*. Zürich: Institut für Publizistik und Medienwissenschaft der Universität Zürich.

Scholz, M. (2010). Kuppelprodukt. H[AGE] Lexikon. 12. September 2010. http://www.h-age.net/hinter-den-kulissen/lexikon-der-fachbegriffe/259-kuppelprodukt.html. Zugegriffen: 11. Mai 2014.

Schweiger, W. (2007). *Theorien der Mediennutzung: eine Einführung* (1. Aufl.). Wiesbaden: VS Verlag.

Sjurts, I. (2005). *Strategien in der Medienbranche: Grundlagen und Fallbeispiele* (3. überarb. u. erw. Aufl. 2005). Wiesbaden: Springer-Gabler Verlag.

Sjurts, I. (2014a). Stichwort: Hörfunk. In Springer Gabler Verlag (Hrsg.), *Gabler Wirtschaftslexikon*. http://wirtschaftslexikon.gabler.de/Archiv/569834/hoerfunk-v3.html. Zugegriffen: 24. Mai 2014.

Sjurts, I. (2014b). Stichwort: Fernsehen. In Springer Gabler Verlag (Hrsg.), *Gabler Wirtschaftslexikon*. http://wirtschaftslexikon.gabler.de/Archiv/569835/fernsehen-v1.html. Zugegriffen: 24. Mai 2014.

Stöber, R. (2014). Effizienzvorteile und ihre Grenzen: Wie sich Medienwandel erklärt. *Publizistik, 59,* 179–197.

Glasersfeld, E. (1991). Fiktion und Realität aus der Perspektive des radikalen Konstruktivismus. In F. Roetzer & P. Weibel (Hrsg.), *Strategien des Scheins* (S. 161–175). München: Klaus Boer. (www.vonglasersfeld.com/133. S. 5).

Wechselberger, A., Rupp, P., Puchleitner, E., Töll, M., Schallhart, E., & Ohnewein, I. (2006). Definition Medien. http://gruppe2.twoday.net/stories/1297725/. Zugegriffen: 24. Mai 2014.

Wirtz, B. W. (2013). *Medien- und Internetmanagement* (8. Aufl.). Wiesbaden: Springer-Gabler Verlag.

Zydorek, C. (2013). *Mediengüter, Medienmärkte, Akteure auf Medienmärkten*. Wiesbaden: Springer Fachmedien.

Medienmärkte und -unternehmen 3

Märkte als Schnittstelle von Angebot und Märkte oder Marktplätze sind der ‚Ort', wo Angebot und Nachfrage aufeinandertreffen und Transaktionen stattfinden. Inwiefern sich hier für Medienmärkte Besonderheiten ergeben, wird im ersten Unterkapitel aufgezeigt (Kap. 3.1). Die hier identifizierten Besonderheiten von Medienmärkten sind von Bedeutung für die Frage, wie Medienunternehmen, die wie Unternehmen anderer Branche auch, Gewinn realisieren können.

Die Gewinnorientierung wird als Charakteristika von Unternehmen eingeführt, die vor dem Hintergrund der Management-Perspektive, für das grundlegende Verständnis der folgenden Analysen der Medienunternehmen von Bedeutung ist. In Anlehnung an die allgemeine Theorie der Unternehmung wird in Kap. 3.2 herausgearbeitet, wie die Medienunternehmung modelliert werden kann und welche Konsequenzen daraus für die Managementpraxis folgen.

3.1 Märkte als Schnittstelle von Angebot und Nachfrage

Der Markt ist der Ort des Tausches, an dem Angebot und Nachfrage auf der Basis der Nutzenmaximierung der Akteure preisvermittelt stattfinden. Der Nachfrager fragt ein Wirtschaftsgut nach, der Anbieter bietet ein Gut an. Beide Seiten versuchen über den Tausch des Gutes ihren Nutzen zu maximieren.

- Die **Angebotsmenge** eines Gutes hängt primär davon ab, ob sich genug Geld für Kostendeckung auf dem Markt erwirtschaften lässt.
- Der **Preis** eines Gutes steht also zunächst im Zusammenhang zu den Kosten seiner Herstellung. Der Preis eines Gutes wird nicht dauerhaft unter die geringst möglichen Kos-

Tab. 3.1 Märkte von Medienunternehmen aus Perspektive des Marktes

Beschaffungsmärkte	Medienunternehmen	Absatzmärkte
<ul><li>Mitarbeiter (Humankapital, Wissenskapital)</li><li>Dienstleistungen, Rohstoffe, Vorprodukte (Recherche, Bilder, Datenbanken, Informationen, Nachrichten etc.)</li><li>Sach- und Anlagenkapital (Computer, Server, Telefon etc.)</li><li>Finanzkapital</li><li>Rechte</li></ul>	Kombination der Produktionsfaktoren von den Beschaffungsmärkten	<ul><li>Rezipientenmärkte: Inhalte, Services, sonstige Produkte</li><li>Abnehmer für Vorleistungen und Investitionsgüter: Inhalte, Rechte/Lizenzen, Dienstleistungen</li><li>Werbemärkte: Zielgruppenkontakte</li></ul>

ten fallen, da ansonsten kein Unternehmen einen Nutzen (in dem Falle das Mindestziel der Bestandssicherung) erreichen kann.

Grundsätzlich lassen sich bei Medienunternehmen Beschaffungs- und Absatzmärkte unterscheiden (siehe Tab. 3.1).

3.1.1 Besonderheiten von Medienmärkten

Vor dem Hintergrund der Knappheit der Mittel zur Bedürfnisbefriedigung – bei gleichzeitiger Wahlentscheidung über den Mitteleinsatz – werden Bedürfnisse erst dann zu Bedarfen, wenn eine Bereitschaft besteht, für die Erfüllung der Bedürfnisse Geld auch zur Beschaffung dieser Güter einzusetzen.

Marktkoordination setzt erst mit der Bereitschaft zur Zahlung ein, dessen symbolisch generalisiertes Medium der Preis ist: Ein Nachfrager ist bereit, eine gewisse Summe – je nach Präferenzordnung (Ordnung subjektiver Gebrauchswerte) der Bedürfnisse und der daran orientierten Bereitschaft, diese bis zu einem gewissen Preis zu befriedigen – zu zahlen, während andererseits der Anbieter nur bis zu einem gewissen Preis bereit ist zur Güterabgabe. Das Preissystem eines Marktes ist also ein Signalsystem.

Wie im Kap. 2.2 beschrieben, agieren Medienunternehmen auf mehreren Märkten parallel: auf dem Inhalte-Beschaffungs-, Rezipienten- und vielfach auch Werbemarkt (siehe Abb. 3.1).

Die Medienbranche ist klassisch mit der Querfinanzierung durch Werbung und mit Besonderheiten der Bezahlungsbereitschaft konfrontiert: insbesondere im Kontext der „Umsonst"-Kultur des Internets wird deutlich, dass Inhalt gegen Aufmerksamkeit getauscht wird. Kostenloser Konsum ist jedoch nicht marktrelevant, weil Aufmerksamkeit per se noch kein Erfolgsmedium ist. Bei Medien ist Reichweite dennoch die zwingende Voraus-

3.1 Märkte als Schnittstelle von Angebot und Nachfrage

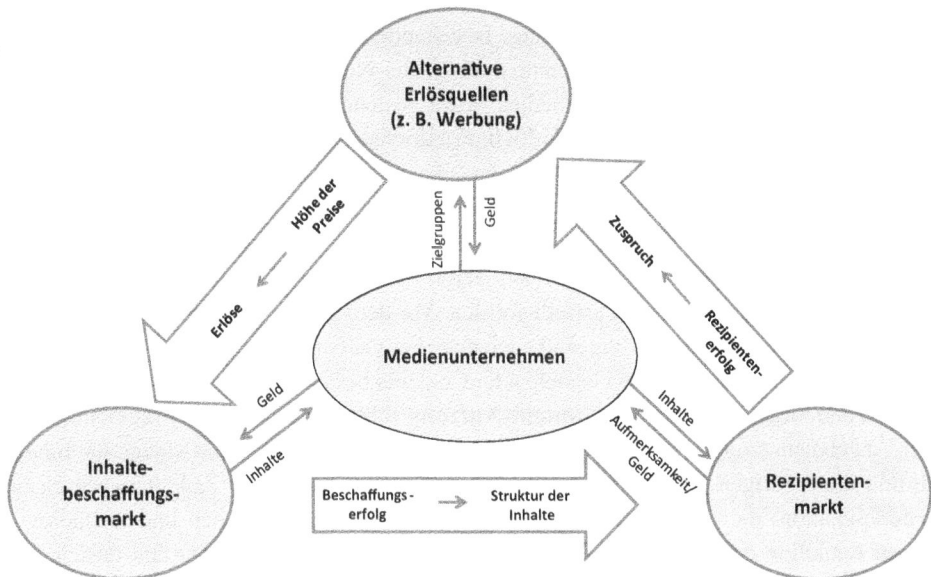

Abb. 3.1 Dreiecksbeziehung werbefinanzierter Medien. (in Anlehnung an Wirtz 2013, S. 38)

setzung dafür, dritte Erlösströme zu generieren, damit das Erfolgsmedium Geld eingesetzt (Werbetreibende) und generiert wird (Medien-Unternehmen).

3.1.2 Medienmarkt im Wandel

Die Ära der Stabilität im Medienmarkt ist Vergangenheit. Die Evolution des Internets zum Massenmedium ist für etablierte Branchen wie die Musik- oder Verlagsindustrie eine tiefe Zäsur. Viele Medienhäuser agieren heute nicht mehr in einem eindeutig abgrenzbaren Medien-Teilmarkt, sondern stehen mit Suchmaschinen, sozialen Netzwerken sowie Video- und Musikplattformen im intensiven Wettbewerb um die Aufmerksamkeit der Mediennutzer – die zur sogenannten TIME-Branche (Telekommunikation, Information, Medien, Entertainment) konvergieren.

Angebotsseitig entwickelt sich auf den Märkten insbesondere ein technologischer Wettbewerb, der es neuen Wettbewerbern ermöglicht, durch immer kürzere Zyklen innovative Geschäftsmodelle und Produkte die vorher existierenden Eintrittsbarrieren Medientreibender zu überwinden. Waren z. B. in der Verlagsindustrie vorher noch erhebliche Summen für einen Markteintritt notwendig (durch notwendiges physisches Kapital wie Druckmaschinen), kann heute eine smarte Applikation (App), die letztlich nur einen findigen Programmierer braucht, die Wettbewerbssituation nachhaltig verändern. Ein Beispiel sind Tauschbörsen, die das Ende der lange bestehenden Tonträgerindustrie eingeläutet haben. Deren Geschäftsmodell war letztlich durch die Notwendigkeit hoher Investitionen in die Herstellung der Ton-Trägermedien lange gesichert (vgl. Mühl-Benninghaus und Friedrichsen 2012; Friedrichsen et al. 2010; Friedrichsen et al. 2004).

Neben dem technologischen Aspekt, der einer Distribution vorgelagert ist, liegt die Kernkompetenz der Medienanbieter aber vor allem im Bereich Content, der die Zielgruppe generiert, die sich teilweise über komplementäre Güter – insbesondere Werbung – querfinanzieren kann. Wie etwa *Google News* zeigt, müssen Contents nicht mehr zwingend durch das Medienunternehmen erstellt werden. Vor dem Hintergrund der Digitalisierung und paralleler Werbefinanzierung sind auch neue Geschäftsmodelle möglich, die etwa nur auf automatisierter Aggregation bestehender Contents beruhen.

Auf der **Nachfrageseite der Content-Nutzung** führen besonders die Fragmentierung der Angebotsnutzung, die sinkende Zahlungsbereitschaft der Content-Nutzer für Inhalte und die niedrigen Umstellungskosten für den Nutzer bei einem Anbieterwechsel zu einer Situation, die der beschleunigte Wandel von Geschäftsmodellen und technologischen Evolution der Verbreitungs- bzw. Übertragungsmedien sinkenden und unsicheren Einnahmen gegenübersteht. Medienunternehmen müssen realisieren, dass ihr langfristiger Bestand zunehmend von der Fähigkeit abhängt, (disruptiven) Innovationen in immer kürzerer Folge proaktiv zu begegnen bzw. diese zu managen.

3.2 Theorie der medienwirtschaftlichen Unternehmung[1]

Der Begriff „Unternehmung" ist ein modell-theoretischer Gattungsbegriff für die wirtschaftlich und rechtlich selbstständige Organisationsform (Wirtschaftseinheit), die nach dem erwerbswirtschaftlichen Prinzip ausgerichtet ist (Gewinnorientierung). Als solches wird die Unternehmung von den Privathaushalten abgegrenzt.

- Die Unternehmung ist im Wesentlichen ein mikroökonomischer (volkswirtschaftlicher) Begriff, während
- das Unternehmen das zentrale Erkenntnisobjekt der Betriebswirtschaftslehre ist.

In diesem Sinne ist die Unternehmung nicht das Unternehmen oder der Betrieb in seiner konkreten Ausprägung, sondern die Gattung Unternehmung in ihrer gesamtwirtschaftlichen Wechselwirkung (vgl. Gutenberg 1929 bzw. 1998). Hier soll die „Theorie der Unternehmung" aus betriebswirtschaftlicher Perspektive dargelegt werden.

Nach Gutenberg, einer der Begründer der modernen deutschen BWL, ist das erwerbswirtschaftliche Prinzip, also die Erzielung eines größtmöglichen Gewinns auf eingesetztes Eigenkapital („Eigenkapitalrentabilität" oder auch „Unternehmerrentabilität"), die Differenz zwischen der Unternehmung und anderen Wirtschaftseinheiten, also „Öffentlichen

---

[1] Zur Einführung in die Theorie der Unternehmung siehe auch Piekenbrock und Haric 2013.

Haushalten", „Privathaushalten" sowie „Öffentlichen Betrieben und Verwaltungen", in denen das Prinzip der angemessenen Gewinnerzielung und der Kostendeckung wirksam ist.

Kosiol (1972) sieht als konstitutive Merkmale der Unternehmung die Funktion der Fremdbedarfsdeckung über den Markt (Leistungen für Dritte im Gegensatz zu den privaten Haushalten), die wirtschaftliche und finanzielle Selbständigkeit (im Gegensatz zu den öffentlichen Haushalten und öffentlichen Betrieben) und die Übernahme unternehmerischen Risikos auf der Basis unternehmerischer Freiheit.

Insgesamt identifiziert die allgemeine Betriebswirtschaftslehre folgende, in allen Unternehmen empirisch ausgewiesene Merkmale:

- Eine Unternehmung setzt originäre und derivative Produktionsfaktoren für die Erstellung von Leistungen für Dritte (Fremdbedarfsdeckung) ein.
- Im Gegensatz zu anderen Wirtschaftssubjekten sind für die Unternehmung das Autonomieprinzip, das erwerbswirtschaftliche Prinzip sowie das Prinzip des Privateigentums konstitutiv.
- Das Prinzip der Wirtschaftlichkeit und des finanziellen Gleichgewichts sind Funktionsvoraussetzungen der Unternehmung.
- Die Unternehmung trifft Entscheidungen über knappe Güter unter Berücksichtigung des Prinzips der Wirtschaftlichkeit und des finanziellen Gleichgewichts sowie auf der Basis des Autonomieprinzips.

In der mikroökonomischen Theorie haben Unternehmen eine doppelte Funktion: die Produktion von Gütern und Diensten zum Zweck der Bedürfnisbefriedigung (Konsum) bzw. zur Weiterverarbeitung (Zwischenprodukte) sowie zur Wertschöpfung durch die Kombination von Produktionsfaktoren, die Verteilung von Einkommen und Ressourcen.

Der wesentliche Gegenstandsbereich der mikroökonomischen Betrachtung der Unternehmung ist also das Problem der Output-Maximierung (Maximalproduktkombination) und das der Kostenminimierung (Minimalkostenkombination) zum Zwecke der Gewinnmaximierung auf der Basis des Preismechanismus.

Während die Betriebswirtschaft die Existenz der Unternehmung nicht weiter problematisiert und dieses als gegebenen nimmt, fragt die Theorie der Unternehmung danach, warum es überhaupt diese Organisationsform gibt. Da die Unternehmung ein hierarchischer Koordinationsmechanismus ist, wäre das aus Sicht der klassischen und neoklassischen Theorie eigentlich ineffizient. **Die Frage, weshalb es Unternehmungen gibt** und wie ihre Grenzen bestimmt werden, wenn es bereits einen leistungsfähigen Koordinationsmechanismus in Form des Marktes gibt, hat das Marktversagen bzw. das Versagen des Preismechanismus zum zentralen Erklärungsansatz werden lassen (Coase: Theory of the Firm). Das Marktversagen wird verursacht durch die Kosten der Marktbenutzung in Form von Informations- und Vertragskosten, sodass daraus Marktineffizienz durch die Verzerrung von freier Preisbildung z. B. durch Anbietermacht entsteht.

Die angelsächsische Theory of the Firm (insbesondere Coase, Penrose, Chandler, Kirzner) ist als Kritik entstanden, an der Vorstellung der Unternehmung als Signalverarbeitungsrelais von Preisinformationen, die nur entsprechend dieser Signale Ressourcen-Allokationen vornimmt. Coase fordert in der Transaction cost theory (1937, The Nature of the Firm) eine „realistic theory of the firm in economics". Seit Adam Smith habe die Wirtschaftswissenschaft zu sehr nur die „unsichtbare Hand", also den Markt als sich selbst regulierendes, abstraktes System Angebot und Nachfrage und freier Preisbildung untersucht.

Auch ist bereits von Schumpeter und Hayek die allgemeine Gleichgewichtstheorie (Smith: die „unsichtbare Hand") der klassischen und neoklassischen Theorie kritisiert worden, da Innovationssprünge und längere konjunkturelle Wellen nicht erklärt werden könnten. Dies hat zur Frage nach der Rolle der Unternehmung im Entwicklungs- und Innovationsprozess geführt und zu einer dynamisch-evolutorischen Theorie der Unternehmung. Nach dieser ist die Unternehmung eng verbunden mit dem Unternehmer als zentralem Akteur. Der Unternehmer kombiniert die Produktionsfaktoren nicht nach Preissignalen, sondern in Form von Produkt-, Prozess-, Management-, Vermarktungs- oder Designinnovationen. Er ist damit die „sichtbare Hand" (Chandler) und – nach Schumpeter – die „treibende Kraft" der Wirtschaft. Die Unternehmung ist so Instrument zur Umsetzung unternehmerischer Ideen und nicht ein Preis-Mengen-Anpasser, also ein Unternehmen, dass nur entsprechend der Nachfrage am Markt seine Preise und Produktionsmenge anpasst.

Auch im Medienbereich sind Unternehmen – trotzt der gestiegenen Bedeutung des Konsumenten als Produzenten von Medieninhalten und in der Redistribution (Prosumer) – die zentrale Marktinstitution in der Wertschöpfungskette der Medienwirtschaft. Tabelle 3.2 zeigt, welche Gemeinsamkeiten und Unterschiede zwischen Konsument und Unternehmen bestehen.

Medienunternehmen, im Sinne einer Theorie der Medienunternehmung, sind Unternehmen, die die inhaltliche Gestaltung sowie die Herstellung und Verbreitung von Inhalten mittels Trägermedien in Form einer Wertschöpfungskette so organisieren, dass ihre Ziele – Minimalziel: Bestandssicherung bzw. Gewinnerzielung – erreicht werden. Die Wertschöpfung entsteht durch Herstellen eigener Inhalte und deren Bündelung mit eigenen oder fremden Inhalten sowie deren Distribution oder in der Bündelung fremder Inhalte sowie deren Distribution (vgl. Friedrichsen 2004). Die Produkte von Medienunternehmen werden auf Rechte-, Rezipienten- und Werbemärkten angeboten. In Tab. 3.3 wird zusammengefasst, welche Arten von Medienunternehmen sich unterscheiden lassen.

Medienunternehmen organisieren **Wertschöpfungsketten** zu Erreichung ihrer jeweiligen Unternehmensziele. In Tab. 3.4 werden die Akteure der einzelnen Wertschöpfungsstufen dargestellt.

Wie sich die Produktionsfaktoren – also Kapital, Arbeit und Information – für ein Medienunternehmen aufschlüsseln lassen, wird in Tab. 3.5 deutlich gemacht.

In Tab. 3.6 werden die 50 weltweit umsatzstärksten Medienunternehmen (2013) identifiziert.

Tab. 3.2 Gemeinsamkeiten und Unterschiede zwischen Konsument und Unternehmen

Unternehmen	Konsumenten
handeln nach dem ökonomischen Prinzip	handeln nach dem ökonomischen Prinzip
entscheiden autonom über die Beschaffung von Gütern und der Allokation von Ressourcen wie Geld und Arbeit	entscheiden autonom über die Beschaffung von Gütern und der Allokation von Ressourcen wie Geld und Arbeit
Der Unternehmenszweck ist die Fremdbedarfsdeckung. Unternehmen koordinieren Produktionsfaktoren zur Gütererstellung zum Zwecke der Fremdbedarfsdeckung (die Deckung des Bedarfs anderer)	Der Konsument deckt eigene Bedürfnisse
Die Fremdbedarfsdeckung dient dem Ziel der Gewinnmaximierung und Wertsteigerung des eingesetzten Aufwands – in erster Linie des eingesetzten Kapitals; bei kleineren Unternehmen kann es zunächst auch die Arbeitsleistung sein (typisch in Ein-Personen-Unternehmen) Eine reine Kostendeckung reicht dauerhaft wegen der Abnutzung und der Inflation nicht aus. Die Gewinnerzielung wiederum nutzt nicht nur dem Unternehmen zur Bestandsicherung und Entwicklung, sondern auch dessen Eigentümern, deren Risiko durch Kapitaleinsatz verzinst werden kann	Der Bedarf des Konsumenten ist durch Medienkonsum gedeckt
Das Unternehmen ist eine rechtlich definierte Wirtschaftseinheit, kann in Form der rechtlich vorgeschriebenen Rechtsformen auftreten – ein Unternehmen kann eine natürliche (Ein-Personen-Unternehmen bzw. GbR) oder juristische Person (z. B. OHG, AG etc.) sein	Der Konsument ist als Person Rechtssubjekt (natürliche Person)
Übernahme von finanziellen Risiken (Schulden, Zahlungsunfähigkeit, Verlust des eingesetzten Kapitals) Übernahme von unternehmerischen Risiken (Fehleinschätzung des Marktes, Preisverfall, disruptive Innovationen etc.)	Übernahme von Risiken (Schulden, Zahlungsunfähigkeit, Verlust des eingesetzten Kapitals)

Tab. 3.3 Medienunternehmen im engeren Sinne. (in Anlehnung an Gläser 2010, S. 70; Zydorek 2013, S. 56)

Typen von Medienunternehmen	Beispiele
Verlage	Verlage für Zeitschriften, Zeitungen, Musik, Bücher
Rundfunkanbieter	Anbieter von Radio- und TV-Inhalten
Produzenten audio-visueller, textlicher Inhalte (Content-Syndikator, Inhalte-Lieferanten)	Inhalte von Teilen eines Produktbündels – Produktbündel sind z. B. Magazin, Zeitung Fernseh- oder Radioprogramm etc. z. B. Filmproduzenten, Journalisten-Büros, Werbefilmer, Werbeagenturen, Grafiker etc

Tab. 3.3 (Fortsetzung)

Typen von Medienunternehmen	Beispiele
Nachrichten-Lieferanten	Presseagenturen – unterscheiden sich von anderen Produzenten dadurch, dass Daten und Information und nicht höher aggregierte Information und auch keine Unterhaltungs- oder Bildungsinhalte liefern
Content-Provider (Inhalte-Distributoren)	Filmverleihe, Groß- und Einzelhandel, Kinos, Versandhandel, Kabelsender

Tab. 3.4 Akteure einzelner Wertschöpfungsstufen. (In Anlehnung an Zydorek 2013, S. 61)

Wertschöpfungsstufe	Entwicklung von Inhalten und Produkten (Bündelung von Inhalten)	Herstellung von Inhalten und Produkten	Technische Produktion u. Distribution von Inhalten und Produkten	Konsum
Akteure	• Autoren • Produzenten • Produktmanager • Drehbuchschreiber • Komponisten • Songwriter • Spiele-Entwickler	• Autoren-Redakteure • Produzenten-Filmregisseure • Programmierer-Produktmanager • User Generated Contents	• Verlage • Sender • Labels • Online-Plattformen	• Leser • Zuschauer • Hörer • User (Rezipient)

Tab. 3.5 Produktionsfaktoren von Medienunternehmen

Arbeitsleistung	• Kreativleistung • Journalistische Leistung • Administrative Leistung • Technische Kompetenz • Kaufmännische Leistung (strategisches und operatives Management sowie Finanzmanagement)
Content	• Content-Typ: Information, Unterhaltung, Bildung • Rechte
Technologien, Anlagen (Sach- und Anlagenkapital)	• Produktionstechnologien • Reproduktionstechnologien • Distributionstechnologien
Monetäre Faktoren (Finanzkapital)	• Eigenkapital • Fremdkapital

3.2 Theorie der medienwirtschaftlichen Unternehmung

Tab. 3.6 Top-50-Global-Ranking der Medienunternehmen 2013 nach Umsatz in Mrd. €. (vgl. Institut für Medien- und Kommunikationspolitik 2014a)[a]

1.	Comcast/NBC Universal, LLC (Philadelphia/USA)	48,700 Mrd.
2.	Google Inc. (Mountain View/USA)	39,053 Mrd.
3.	The Walt Disney Company (Burbank/USA)	32,906 Mrd.
4.	News Corp. Ltd./21st Century Fox (New York/USA)	26,234 Mrd.
5.	Time Warner Inc. (New York/USA)	22,361 Mrd.
6.	Viacom Inc./CBS Corp. (New York/USA)	21,775 Mrd.
7.	Sony Entertainment (Tokyo/JP)	18,358 Mrd.
8.	Bertelsmann SE & Co. KGaA (Gütersloh/GER)	16,065 Mrd.
9.	Vivendi S.A. (Paris/Frankreich)	13,325 Mrd.
10.	Cox Enterprises Inc. (Atlanta/USA)	11,900 Mrd.
11.	Dish Network Corporation (Englewood, CO/USA)	11,107 Mrd.
12.	Thomson Reuters Corporation (New York/USA)	10,040 Mrd.
13.	Rogers Comm. (Toronto/CA)	9,723 Mrd.
14.	Liberty Media Corp./Liberty Interactive (Englewood, CO/USA)	9,353 Mrd.
15.	Reed Elsevier plc. (London/GB)	7,543 Mrd.
16.	Pearson plc. (London/UK)	7,538 Mrd.
17.	Lagardère Media (Paris/Frankreich)	7,370 Mrd.
18.	Nippon Hoso Kyokai (Tokyo/Japan)	6,331 Mrd.
19.	ARD (Berlin, München/GER)	6,270 Mrd.
20.	Fuji Media Holdings, Inc. (Tokyo/JP)	6,167 Mrd.
21.	Bloomberg L.P. (New York/USA)	6,164 Mrd.
22.	BBC (London/UK)	5,893 Mrd.
23.	Charter Comm. Inc. (St. Louis/USA)	5,841 Mrd.
24.	Advance Publications (Staten Island, New York/USA)	5,277 Mrd.
25.	Cablevision Systems Corp. (Bethpage, NY/USA)	5,219 Mrd.
26.	Globo Comunicação e Participações S.A. (Rio de Janeiro/BRA)	5,023 Mrd.
27.	Clear Channel Comm. (San Antonio/USA)	4,862 Mrd.
28.	The Nielsen Company (Haarlem/NL)	4,368 Mrd.
29.	Gannett Co. Inc. (McLean, Virginia/USA)	4,166 Mrd.
30.	Grupo Televisa (Mexico City/MX)	4,099 Mrd.
31.	Shaw Communications (Calgary/CA)	3,892 Mrd.
32.	Yahoo! Inc. (Sunnyvale/USA)	3,882 Mrd.
33.	The Naspers Group (Kapstadt/ZA)	3,856 Mrd.
34.	Mediaset SpA (Mailand/IT)	3,721 Mrd.
35.	Jupiter Telecommunications (Tokyo/Japan)	3,694 Mrd.
36.	Wolters Kluwer nv (Amsterdam/NL)	3,603 Mrd.
37.	Discovery Communications (Silver Spring/USA)	3,492 Mrd.
38.	The McGraw-Hill Comp. Inc. (New York/USA)	3,464 Mrd.
39.	Tokyo Broadcasting System Holdings, Inc. (Tokyo/Japan)	3,438 Mrd.

Tab. 3.6 (Fortsetzung)

40.	Bonnier AB (Stockholm/SWE)	3,352 Mrd.
41.	Axel Springer AG (Berlin/GER)	3,310 Mrd.
42.	Nippon Television Holdings (Tokyo/Japan)	3,183 Mrd.
43.	ITV plc. (London/GB)	3,140 Mrd.
44.	The Washington Post Company (Washington D.C./USA)	3,127 Mrd.
45.	Quebecor Inc. (Montreal/CA)	3,057 Mrd.
46.	France Télévisions S.A. (Paris/FRA)	3,004 Mrd.
47.	RAI Radiotelevisione Italiana Holding S.p. A. (Rom/IT)	2,974 Mrd.
48.	ProSiebenSat.1 (Unterföhring/GER)	2,969 Mrd.
49.	The Hearst Corporation (New York/USA)	2,942 Mrd.
50.	Netflix (Los Gatos/USA)	2,809 Mrd.

[a] Für folgende Konzerne lagen laut Institut für Medien- und Kommunikationspolitik die Umsatzzahlen von 2013 bei der Publikation des Rankings im Mai 2014 noch nicht vor: BBC, The Naspers Group, France Télévisions, RAI. In diesen Fällen wurden die Umsatzzahlen des vorherigen Geschäftsjahrs als Grundlage berücksichtigt. Bei den Umsatzzahlen von Advance Publications, The Hearst Corporation und Bloomberg handelt es sich um Schätzungen. Bei der Überprüfung mit den Bilanzdaten der Unternehmen zeigt sich, dass die angegebenen Umsätze nicht immer zwingend mit den Bilanzen 2013 übereinstimmen, sondern teilweise mit Bilanzdaten für 2011/2012. Dies ändert jedoch nichts an der grundsätzlichen Reihenfolge des Rankings.

Literatur

Friedrichsen, M. (2004). *Einführung in die Medienökonomie*. Köln: Wissenschaftliche Reihe des Deutschen Fachjournalistenverbands.

Friedrichsen, M., Gerloff, D., Grusche, T., & Damme, v. T. (2004). *Die gläserne Plattenfirma. Eine Managementkonzeption für Medienunternehmen im digitalen MP3-Zeitalter*. München: Reinhard Fischer Verlag.

Friedrichsen, M., Heinrich, G., Meyer, H., Schmid, A., & Steimer, T. (2010). *Mobile Music – Herausforderungen und Strategien im mobilen Musikmarkt*. München: Reinhard Fischer Verlag.

Gläser, M. (2010). *Medienmanagement* (2. Aufl.). München: Vahlen Verlag.

Gutenberg, E. (1929/1998). *Die Unternehmung als Gegenstand betriebswirtschaftlicher* Theorie. Unveränderter Nachdruck der (1. Aufl.). Berlin: Industrieverlag Spaeth & Linde (1929). Wiesbaden: Springer-Gabler.

Kosiol, E. (1972). *Die Unternehmung als wirtschaftliches Aktionszentrum* (4. Aufl.). Reinbek bei Hamburg: Rowohlt.

Mühl-Benninghaus, W., & Friedrichsen, M. (2012). *Geschichte der Medienökonomie*. Baden-Baden: Nomos Verlag.

Wirtz, B. W. (2013). *Medien- und Internetmanagement* (8. Aufl.). Wiesbaden: Springer-Gabler.

Zydorek, C. (2013). *Mediengüter, Medienmärkte, Akteure auf Medienmärkten*. Wiesbaden: Springer Fachmedien.

Nachfrage von Mediengütern 4

In den folgenden Unterkapiteln werden die grundlegenden Charakteristika und Merkmale der Absatzmärkte von Medienunternehmen beschrieben, die für das Management von Medienunternehmen relevant sind.

Dazu wird Eingangs aus Medien-Management-Perspektive erörtert, inwiefern bestehende kommunikationswissenschaftliche Ansätze für einschlägige Bedarfe von Relevanz sind. In der Folge werden die Kunden der Medien aus drei unterschiedlichen Blickwinkeln betrachtet:

- Rezipienten als Content-Nutzer,
- Rezipienten als medienvermittelte Kunden für Werbetreibende,
- Werbeindustrie als Medienkunde.

Vor dem Hintergrund der Content-Nutzung wird einerseits im Überblick dargestellt, welchen Nutzen die Rezipienten bzw. Prosumenten durch unterschiedliche Nutzungsmuster der Medien für sich generieren können. Andererseits werden relevante Ergebnisse von Mediennutzungsstudien dargestellt, um Rückschlüsse auf die Mediennutzungszeit nach Mediengattung oder im Tagesverlauf, die Nutzungsmotive oder Images der Mediengattungen zu analysieren.

Der Schwerpunkt der Betrachtung des Rezipienten als medienvermittelten Kunden für Werbetreibende liegt auf dem Wandel der Customer Journey, also dem Weg, den ein Konsument von der Werbung bis zum Kauf auf Basis von Touch Points nach Mediengattung durchläuft. Die zunehmende Anzahl notwendiger Informationsquellen wird insbesondere vor dem Hintergrund schwindender Glaubwürdigkeit analysiert.

Abschließend wird noch eine kurze Einführung in die wichtigsten Nutzungs-Kennzahlen aus Perspektive der Werbetreibenden gegeben. Im Mittelpunkt steht die Frage: Wie wird belegt, welche Zielgruppe mit der Werbung im Medium erreicht wurde, also welche

Tab. 4.1 Forschungsfelder der Mediennutzung und -wirkung

Forschungsfeld	Mediennutzungsforschung	Medienwirkungsforschung
Forschungsfrage	‚zu wem'	‚mit welchem Effekt'
Forschungsgegenstand	Zielgruppenforschung	Wirkung der Medien
Management-Nutzen	Zielgruppenforschung zur Segmentierung der Märkte und Bestimmung der Zielgruppen und der Positionierung der eigenen Produkte	Produktgestaltung und -entwicklung bestehender Produktsegmente bzw. Entwicklung von Produktinnovationen (neue Produkte), Optimierung der Produkte und des Umsatzes mittels Optimierung des Rezipienten-Nutzen

Zahlen sind es, die für Manager von Medienunternehmen zur Generierung von Werbeerlösen grundlegend sind.

4.1 Management-Nutzen kommunikationswissenschaftlicher Forschungsdisziplinen

Kommunikationswissenschaftliche Disziplinen sind die Publikumsforschung und Wirkungsforschung. Tabelle 4.1 zeigt, wie sich die beiden auf Basis der Lasswell-Formel (Wer sagt was in welchem Kanal **zu wem mit welchem Effekt?**) in vereinfachter Form nach Forschungsfeld, -frage und -gegenstand sowie Management-Nutzen verorten lassen.

Vor dem Hintergrund der Digitalisierung ist zu beachten, dass Kommunikator- (wer) und Mediennutzungsforschung (zu wem) nicht mehr zwingend zu trennen ist und in Kombination etwa als Öffentlichkeitsforschung beschrieben wird. Insbesondere vor dem Hintergrund datenbasierten Content-Managements ist sie eng mit Inhalteforschung (was) und Wirkungsforschung (Effekt) gekoppelt. Der Kanal ist dabei nur aus Kostenperspektive und für anzubietende Werbeformate (The Medium is not the Message) relevant. Aus den genannten Forschungsbereichen lassen sich Kennzahlen für effizienz- und effektivitätsbewusstes Content-Management ableiten.

4.2 Content-Nutzer (Rezipienten/Prosumenten)

Der Konsument der makroökonomischen bzw. volkswirtschaftlichen Theorie ist im Modell des „homo oeconomicus" zusammengefasst: Wirtschaftsakteure haben Bedürfnisse, die sich mit Wirtschaftsgütern befriedigen lassen.

Dabei werden verschiedene Bedürfnisebenen wie Grundbedürfnisse und höherwertige Bedürfnisse, verschiedene Bedürfnisdringlichkeiten unterschieden und sind jeweils individuell zu bewerten.

Die verfügbaren Mittel zur Bedürfnisbefriedigung sind relativ knapp z. B. durch die begrenzte Menge von Geldmitteln, Aufmerksamkeit, durch Einschränkungen von Distributionswegen oder vorhandenen Mengen der Güter.

Insbesondere aus der begrenzten Menge von Aufmerksamkeit und Geld ergibt sich für Medienunternehmen grundsätzlich ein Optimierungsverhalten hinsichtlich der Allokation von Aufmerksamkeit und Geld. Der Zielrahmen ist die Nutzenmaximierung von Geldverwendung, Zeit- und Aufmerksamkeitsverfügbarkeit (Rationalprinzip oder ökonomisches Prinzip).

Der Markt als Mechanismus zur Koordination von Angebot und Nachfrage ist dabei der Ort der Koordination der verschiedenen Ziele und Präferenzen der Akteure.

4.2.1 Arten von Mediennutzen

Der Konsument der Medienmärkte findet Nutzen von Medien insbesondere durch Befriedigung von Unterhaltungs- und Informationsbedürfnissen und auch in parasozialen Interaktionsbedürfnissen; digital z. B. in sozialen Medien oder Multiplayer-Onlinespielen. Die Form der Bedürfnisbefriedigung ist letztlich durch die Mediengattungen und durch die Produktpolitik, also der konkreten Ausgestaltung des Gutes begrenzt. Tabelle 4.2 zeigt, wie sich z. B. der Nutzen, also die Möglichkeiten der Bedürfnis- und Bedarfsdeckung, am Beispiel sozialer Medien darstellen lässt.

Tab. 4.2 Klassifikation von Mediennutzungsarten

Nutzungsweisen	Beispiele	Nutzen aus Perspektive des Nutzers	Nutzen aus Perspektive des Medienunternehmens
Rezeption (Empfang fremder Contents)	Lesen von Blogs, Wiki-Einträgen, oder Produktbewertungen, Anschauen von Videos etc.	Information und Unterhaltung zum Zeitvertreib, Entspannung, Befriedigung von Neugierde, Wissen erlangen, Teilhabe an einer Gruppe	Indirekte Erlöse über Werbeeinnahmen, keine direkten Erlöse da Registrierung und Nutzung kostenlos
Partizipation (Interaktion auf Basis fremder Contents)	Bewertung, Kommentierung, Sharing von Contents	Bedürfnis nach sozialer Interaktion, Selbstdarstellung, Zusammengehörigkeitsgefühl, Kontaktpflege	Indirekte Erlöse über Stärkung der Kundenbindung
Produktion und Publikation eigener Contents	Eigene Bild, Ton-, Bewegtbild-Inhalte, (Produkt-)Bewertungen	Gefühl der Selbstwirksamkeit, Selbstdarstellung, Streben nach Bekanntheit, Aufbau Reputation	Indirekte Erlöse über Stärkung der Kundenbindung

4.2.2 Ergebnisse ausgewählter Mediennutzungsstudien

Studien, die den Anteil berechnen, mit welchen Tätigkeiten die meiste Lebenszeit verbracht wird, zeigen folgende Durchschnittswerte:

- 2,8 Jahre mit anderen Menschen reden,
- 5 Jahre mit Essen,
- 7 Jahre mit Arbeit,
- 24,4 Jahre mit Schlafen (83 Jahre bei durchschnittlich 7 h Schlaf/Tag),
- 32 Jahre mit Medienkonsum (83 Jahre bei durchschnittlich 9 h Mediennutzung/Tag).

Medienkonsum wird folglich noch mehr Anteil der Lebenszeit gewidmet, als etwa Schlafen. Wie diese Mediennutzungszeit nun im Detail auf einzelne Mediengattungen aufgeteilt wird, veranschaulicht Abb. 4.1.

Die Gesamtzeit, die pro Tag auf die Nutzung von Medien entfällt, steigt an. D. h. Deutsche verbringen 2010 im Vergleich zu 1995 rund 3 h mehr Zeit mit Mediennutzung. Aus der Studie geht hervor, dass in Deutschland pro Tag durchschnittlich 53 min der Medien-Zeit auf die Nutzung von Printmedien entfallen. Dabei ist festzustellen, dass die Nutzung im 15-Jahresvergleich etwa gleich geblieben ist, jedoch prognostiziert wird, dass diese abnimmt (stark zunehmend ist die Nutzungszeit, die auf Internet entfällt, wobei hier keine Einteilung vorgenommen wird, ob in der Internet-Zeit tatsächlich Medien konsumiert werden).

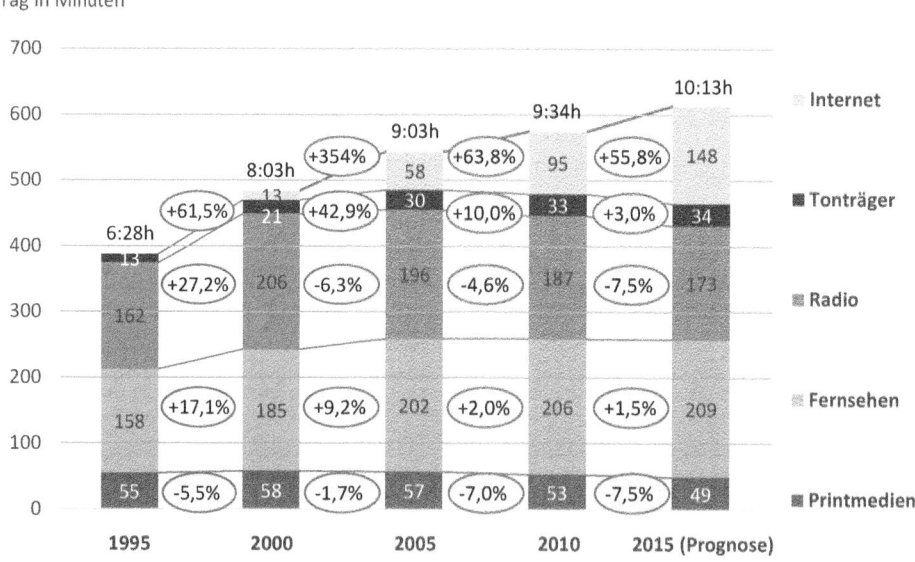

Abb. 4.1 Entwicklung der Nutzungszeit nach Mediengattung. Ab 14 Jahren, Mo-So, Deutschland gesamt lt. ARD 2010/2011, Bitkom 2010, SevenOne Media 2010. (Wirtz 2013, S. 56)

4.2 Content-Nutzer (Rezipienten/Prosumenten)

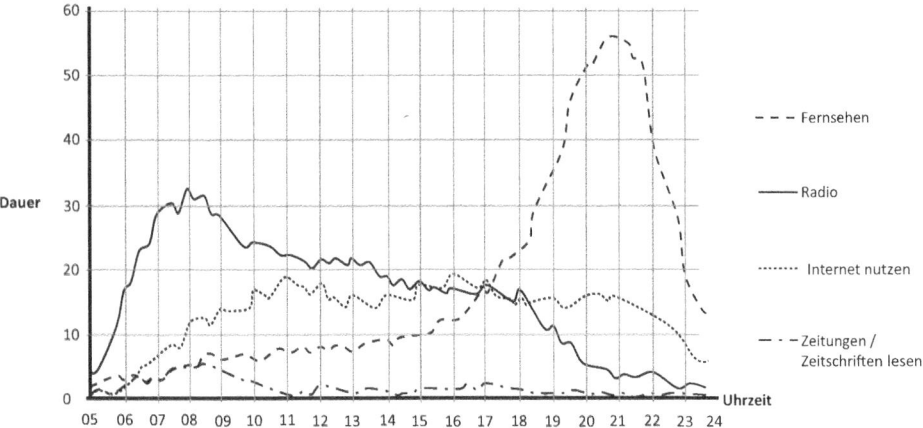

Abb. 4.2 Mediennutzung der Onliner im Tagesverlauf. Mediennutzung der Onliner im Tagesverlauf „gestern" 2013 auf Basis Deutschsprachige Erwachsene ab 14 Jahren ($n = 1389$). (ARD/ZDF Onlinestudie 2013)

Betrachtet man die Dauer der jeweiligen Mediennutzung der Internet-User im Tagesverlauf (2013), so zeigt sich, dass Zeitungen und Zeitschriften typische „Frühstücks-Begleiter" sind, während Radio und Internet die Rezipienten durch den Tag begleiten und TV vor allem zum Hauptabendfilm um 20:15 Uhr läuft. Die Internetnutzung wird auch in den Abendstunden fortgeführt, die traditionell fast ausschließlich dem Medium TV vorbehalten waren (siehe Abb. 4.2).

Der Rezipientenmarkt wird bedingt durch das Mediennutzungsverhalten, dessen etablierte Konvertierungs-Währung Reichweite ist. Diese prägt die *ökonomische* Konzentration sowie q*ualitative* Erfolgsfaktoren wie: hohe Nutzungsfrequenz oder Positionierung anhand der Rezeptionsmotive.

Der Mediennutzer ist Kunde – als Rezipient und als Käufer. Nutzungsmotive sind dabei vom Vertriebsmodell unabhängig. Am Beispiel Zeitungen demonstriert, bedeutet das: Lokale Medien sollen über Lokalereignisse informieren. Gratiswochenzeitungen haben hohe Auflagezahlen. Kaufwochenzeitungen haben mehr Leser pro Exemplar. Leserbedürfnisse zu beachten erscheint als entscheidend für den Erfolg (Fritz et al. 2008; Friedrichsen 2009).

Die Mediennutzung erfolgt auf Basis jeweils unterschiedlicher Bedürfnislagen und Motive, die sich idealtypisch in Form von Motivklassen gruppieren lassen. (Siehe Tab. 4.3).

In der ARD/ZDF Langzeitstudie wird regelmäßig erhoben, welche Nutzungsmotive einzelnen Mediengattungen zugrunde liegen. Diese werden für die Jahre 2005 und 2010 in Abb. 4.3 gegenübergestellt.

Tageszeitungen stehen für Information, die es ermöglicht, mitreden zu können und für den Alltag sowie um Denkanstöße zu bekommen – substitutiv wird die Erfüllung dieser Funktionen durch das Internet zunehmend besser wahrgenommen. Dank Gamification-Elementen macht Internet zudem auch mehr Spaß (siehe Abb. 4.3).

Tab. 4.3 Mediennutzungsmotive. (In Anlehnung an Zydorek 2013, S. 92)

Motivklasse	Einzelmotiv
Affektive Motive	Spannung, Erregung, Unterhaltung, Genuss, Wirklichkeitsflucht, Stimmungsregulierung, Suche nach tiefen Emotionen
Kognitive Motive	Informationsbedürfnis, Neugier, Inspirationssuche, Ratsuche, Wissenserwerb, Unsicherheitsreduzierung
Soziale Motive	Suche nach Gesprächsgrundlagen und Anerkennung durch Wissen, Erwerb kulturellen Kapitals, bei sozialen Medien: Kontaktpflege, Erwerb sozialen Kapitals
Identitäre Motive	Suche nach Verhaltensvorbilder, Selbstfindung, sozialer Vergleich

	Fernsehen 2010	Fernsehen 2005	Hörfunk 2010	Hörfunk 2005	Tageszeitung 2010	Tageszeitung 2005	Internet 2010	Internet 2005
damit ich mitreden kann	34	43	14	13	31	33	20	11
weil ich Denkanstöße bekomme	30	39	17	15	25	28	27	18
weil ich mich informieren möchte	26	35	14	12	32	36	29	18
weil ich dabei entspannen kann	54	54	31	36	7	6	8	4
weil es mir Spaß macht	44	53	23	24	6	6	27	18
weil ich mich dann nicht allein fühle	47	51	30	35	6	5	18	8
weil ich damit den Alltag vergessen möchte	-	60	-	27	-	6	-	6
weil ich mich ablenken möchte	53	-	25	-	6	-	16	-
weil es aus Gewohnheit dazugehört	41	45	29	30	18	19	13	6
weil es mir hilft, mich im Alltag zurechtzufinden	-	33	-	19	-	32	-	16
weil ich dort Dinge erfahre, die für meinen Alltag nützlich sind	29	-	16	-	26	-	28	-

Abb. 4.3 Nutzungsmotive der Mediengattungen. ARD/ZDF Langzeitstudie Massenkommunikation. Nutzungsmotive für die Medien im Direktvergleich: BRD gesamt, Pers. ab 14. Jahren. Trifft am meisten zu auf ... in Prozent. Basis: Befragte, die mindestens zwei Medien mehrmals im Monat nutzen, 2010: n = 4.541.367; 2005: n = 4402; jeweils gewichtet. (Ridder und Engel 2010, S. 541)

	Fernsehen		Hörfunk		Tageszeitung		Internet	
	2010	2005	2010	2005	2010	2005	2010	2005
anspruchsvoll	65	66	39	40	55	55	40	38
modern	83	84	31	32	18	18	68	66
zukunftsorientiert	-	81	-	26	-	27	-	65
objektiv	68	-	42	-	55	-	35	-
vielseitig	78	82	35	33	29	33	58	52
unterhaltsam	92	94	56	68	17	17	36	21
aktuell	70	77	43	46	41	42	46	34
informativ	64	70	38	39	53	57	45	34
glaubwürdig	63	66	49	49	60	62	29	22
kompetent	66	71	43	43	55	55	36	31
sachlich	63	66	41	44	62	64	34	26
kritisch	68	73	38	39	62	67	32	21
unabhängig	58	-	47	-	49	-	47	-
mutig	-	79	-	42	-	42	-	36
locker und ungezwungen	75	78	57	65	21	21	46	35
sympathisch	75	77	56	63	34	35	35	24

Abb. 4.4 Nutzen-Images der Mediengattungen im Vergleich. ARD/ZDF Langzeitstudie Massenkommunikation. Images der Medien im Direktvergleich. BRD gesamt, Pers. ab 14. J., trifft am ehesten/an zweiter Stelle zu auf …, in Prozent. Basis: Alle Befragten, 2010: $n = 4503$; 2005: $n = 4500$ jeweils gewichtet. (Ridder und Engel 2010, S. 541)

Das Gesamtimage der klassischen Medien leidet – keines der abgefragten Items wird 2010 positiver bewertet als 2005 – ganz anderes beim Internet. Tageszeitungen werden als glaubwürdig, sachlich und kritisch wahrgenommen – jeweils vergleichbar mit dem lt. der ARD/ZDF Langzeitstudie ‚Alleskönner' TV, das selbst in der Modernität Internet übertrifft. Zukunftsorientierung wurde dabei vorsichtshalber 2010 nicht mehr abgefragt (siehe Abb. 4.4).

4.3 Mediennutzer als Zielgruppe der Werbetreibenden

Die zentrale Frage für die Werbeplanung und damit die Vermarktung von Werbeflächen und -zeiten an Werbetreibende und Agenturen ist, wie sich das Kaufverhalten und damit die ökonomische Werbewirkung durch die Digitalisierung verändert. Eine möglicher Zugang den Wandel zu erklären ist es, die sogenannte **Customer Journey** klassischer und digitaler Medien zu vergleichen, also die Phasen die ein Kunde durchläuft, zwischen Werbekontakt und Qualitätsbewertung des erworbenen Produkts bzw. der in Anspruch genommenen Dienstleistung.

Die einzelnen Kontakte bzw. Berührungspunkte die der Kunde mit den Produkten oder Dienstleistungen hat, werden auch als **Customer Touch Points** bezeichnet (vgl. Kreutzer

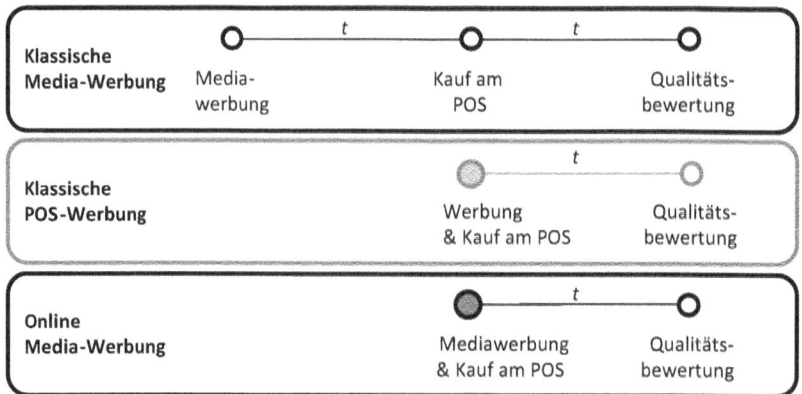

Abb. 4.5 Touch Points werbeinitiierter Customer Journeys nach Mediengattung

und Land 2013, S. 53). Die Mindest-Anzahl von Touch Points, so der Kauf über den Werbekontakt zustande kommt, wird in Abb. 4.5 veranschaulicht.

Online-Media-Werbung ist folglich das Äquivalent einer Kombination klassischer Mediawerbung (Erlöspotenzial für Medien-Anbieter) mit den Vorteilen klassischer POS-Werbung (bisher ohne Erlöspotenzial für Medien-Anbieter). Bei klassischer Mediawerbung war der Kauf bzw. die Inanspruchnahme beworbener Produkte und Dienstleistungen nicht unmittelbar möglich. Zwischen dem Werbekontakt durch Mediawerbung und dem Kauf am POS lag eine bestimmte Zeitspanne (t). Dies ist auch eine naheliegende Erklärung dafür, warum in der traditionellen Werbewirkungsforschung die Werbeerinnerung die häufigste Messgröße der Wirkungsintensität ist.

Online-Werbung funktioniert wie POS-Werbung, da die Kaufmöglichkeit bzw. Inanspruchnahme der Dienstleistung direkt (nur durch einen Klick) möglich ist und damit unmittelbar ohne Medienbruch. Bis der Kunde das Produkt erhält, kann es je nachdem ob die Kaufentscheidung für ein immaterielles oder materielles Produkt getätigt wurde Zeit dauern, bis die Qualitätsbewertung durch den Kunden vorgenommen werden kann. Doch für die Werbewirkung relevant ist, dass keine Zeitspanne zwischen dem Werbekontakt und der Kaufoption liegt. Trotz reduzierter notwendiger Anzahl benötigter Customer Touch Points steigt aber die Anzahl genutzter Informationsquellen bis zum Kauf an. Im Jahresvergleich 2010 auf 2011 von 5,3 Quellen auf 10,4 Quellen laut einer Studie bei US-Konsumenten (vgl. Lecinski 2011, S. 17 zit. nach Kreutzer und Land 2013, S. 55).

Die wachsende Anzahl als notwendig empfundener **Informationsquellen** ist zum einen auf die wachsende Anzahl verfügbarer einschlägiger Informationen (insbesondere durch Online-Konsumentenbewertungen) und zum anderen auf das Vertrauen bzw. die Glaubwürdigkeit zurückzuführen, das Kunden einzelnen Informationsquellen entgegenbringen bzw. diesen zuschreiben.

In einer Studie von Nielsen 2012 haben 27 % geantwortet, dass sie Empfehlungen von Bekannten absolut vertrauen, 8 % tun dies bei Online-Konsumentenbewertungen und redaktionelle Inhalte erhalten ebenso wie Markenwebsites nur 4 % des uneingeschränkten

4.3 Mediennutzer als Zielgruppe der Werbetreibenden

Vertrauens. Weniger vertrauenserweckend sind werbliche Contents in Zeitungen, Zeitschriften, Fernsehen, Sponsoring, Suchmaschinen-Ergebnissen, Online-Spots oder Sozialen Netzwerken mit je 3 % absoluten Vertrauens. Werbung in Radio, Plakaten, vor oder in Filmen, Online-Werbebannern, E-Mail-Newslettern trotz Permission, Werbe-SMS oder auf mobilen Endgeräten wird im Durchschnitt von je 2 % der Befragten absolutes Vertrauen entgegengebracht.

Im Umkehrschluss erachten über 80 % der Konsumenten Werbung auf mobilen Endgeräten, Werbe-SMS, Online-Werbebanner, Anzeigen in sozialen Netzwerken oder Online-Werbespots als absolut nicht bzw. nicht sehr vertrauensvoll. Geringeres Misstrauen (für 12–48 % der Konsumenten nicht bzw. nicht sehr vertrauensvoll) wird Empfehlungen von Bekannten, Online-Konsumentenbewertungen und redaktionellen Inhalten entgegengebracht.

Bei redaktionellen Inhalten unterscheidet sich die Glaubwürdigkeit stark nach Mediengattungen, wobei sich die Gewichtung von 2005 auf 2010 in klassischen Medien kaum verändert (siehe Abb. 4.6).

Die glaubwürdigsten Medien sind weiterhin Fernsehen und Tageszeitungen. Internet, das hier nicht spezifisch nach Funktionalitäten differenziert wird, gewinnt an Glaubwürdigkeit (+32 %), während – ausgenommen von Hörfunk – das Vertrauen in klassische Medien geringfügig (−3 bzw. −5 %) sinkt.

Glaubwürdig wird eine Information insbesondere durch möglichst objektive Darstellung. Im Falle von Empfehlungs-Marketing profitiert die Glaubwürdigkeit daher sogar von negativen Empfehlungsmöglichkeiten („abraten" vom Kauf). Für die Kundendrohung, bei

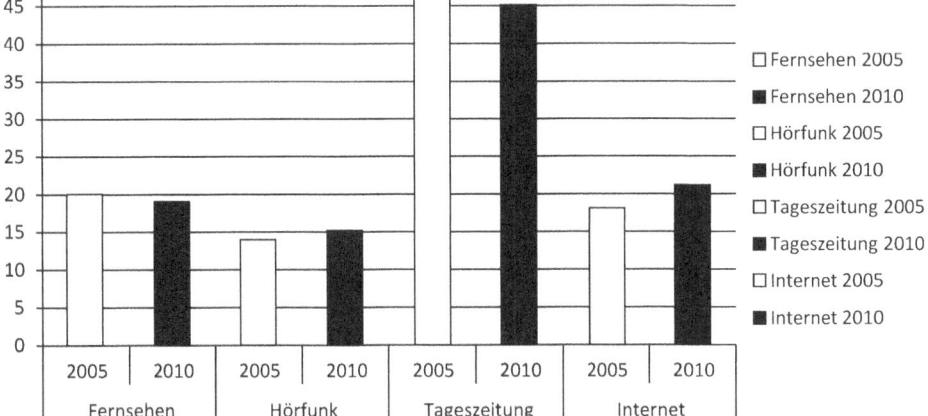

Abb. 4.6 Glaubwürdigkeit nach Mediengattung (ARD/ZDF-Langzeitstudie Massenkommunikation nach Ridder und Engel 2010, S. 542)

Unzufriedenheit an die Medienöffentlichkeit zu gehen, sind durch die Digitalisierung die Eintrittsbarrieren der Umsetzung dieser Ankündigung stark gesunken. Andererseits können positive Kundenbewertungen aber auch stark absatzfördernd wirken – so sie nicht analog zu PR-Meldungen durch das Unternehmen beauftragt werden.

Unterschieden wird demnach nicht mehr nur in Owned und Paid-Media-Advertisement Möglichkeiten, sondern – durch die teilnehmeroffene Kommunikationsplattform Internet – zusätzlich in Earned Media (siehe auch Tab. 2.4). Die Inhalte von Earned Media können Unternehmen nicht direkt steuern. Dennoch oder gerade deshalb können sie jedoch starke Auswirkungen auf den Absatz des Unternehmens haben. Essentielle Bedeutung bekommt dadurch das sogenannte (Social) Media Monitoring, mit dem Inhalte aus Kundenmeinungen zeitnahe erfasst werden können und ggf. Schritte gegen Aufkommende „Shit-Storms" eingeleitet werden (vgl. Grüblbauer und Haric 2013).

4.4 Werbeindustrie als Medienkunde

Die Ziele werbetreibender Unternehmen, die sie mit Hilfe der Nachfrage nach Gütern der Medienunternehmen erreichen können, sind:

- Positionierung eines Produktes, einer Firma, einer Marke (Markenbildung, Markenbekanntheit steigern, Markenwahrnehmung verstetigen oder verändern).
- Umsatzsteigerung: Neukundengewinnung, Anregen des Wiederkaufs von Produkten, Kundenerhaltung.
- Steigerung der gesellschaftlichen Akzeptanz von Produkten.

Als Instrumente zur Erreichung der genannten Ziele sind folgende Instrumente verfügbar:

- Werbung,
- Verkaufsförderung (Promotion, Point-of-Sales-Maßnahmen),
- Direktmarketing,
- Sponsoring,
- Eventmarketing,
- Online-Marketing.

Medienunternehmen stellen nur einen Teil dieser Instrumente zur Verfügung: Werbung und Online-Marketing. Auftraggeber für Werbeschaltungen sind Unternehmen, Media-Agenturen, Vereine, öffentliche Einrichtungen etc., deren Anteile titelabhängig sind. Betrachtet man das Geschäftsmodell von Zeitungsverlagen, so ist für den Werbemarkt als Kunden vor allem der TKP sowie Rabatte aussagekräftig, die sich nach Erfolgsfaktoren im Lesermarkt orientieren, insbesondere der Reichweite, die halbjährlich auf Basis der erinnerten Mediennutzung abgefragt und in Form von Durchschnittsberechnungen (LpA = Leser pro Ausgabe) für die Mediaplanung ausgewiesen wird. Die Ausweisung erfolgt

Tab. 4.4 Kennzahlen zur Bestimmung der Werbeleistung

Reichweite	Gesamtzahl der Kontakte eines Werbeträgers/Werbemittels (Bruttoreichweite: inkludiert auch Mehrfachkontakte); Nettoreichweite: Anzahl erreichter, unterschiedlicher Personen
Kontakthäufigkeit/Werbedruck	Bruttoreichweite geteilt durch Nettoreichweite = Anzahl der Kontakte je einzelnen Rezipient
Werbekosten/Streukosten	Wesentliche Maßzahl: Tausend-Kontakte-Preis (TKP) = Kosten für 1000 Rezipientenkontakte
Kontaktqualität/Streuverlust	Verhältnis von Kontakten innerhalb der Zielgruppe zu Kontakten außerhalb der Zielgruppe – kleinstmöglicher Streuverlust bedeutet höchste Effizienz der Verbreitung der eingesetzten Werbemittel
Conversion Rate	Aus dem Online-Bereich kommende Maßzahl: Umwandlung des Status einer Zielperson in einen neuen Status, z. B. Umwandlung eines Interessenten zu einem Kunden
ROMI	Ertrag einer Werbe-/Marketingaktion oder -Kampagne geteilt durch die Kosten

über die Media-Analyse (MA) und ist damit intramedial – und nach neuen Plänen auch bald intermedial vergleichbar.

Tabelle 4.4 zeigt die wesentlichen Kennzahlen zur Bestimmung der Werbeleistung als Grundlage für die Auswahlentscheidung von Medien und der Kampagnen-Konzeption auf.

Literatur

ARD/ZDF Onlinestudie. (2013). Mediennutzung der Onliner im Tagesverlauf „gestern" 2013. http://www.ard-zdf-onlinestudie.de/index.php?id=398. Zugegriffen: 6. Juni 2014.

Friedrichsen, M. (Hrsg.). (2009). *Medienzukunft und regionale Zeitungen. Der lokale Raum in der digitalen und mobilen Medienwelt*. München: Reinhard Fischer Verlag.

Fritz, A., Grüblbauer, J., & Förster, K. (2008). *Marktmodell für Zeitungsverlage: Marktstrukturen, Strategien und Erfolgsfaktoren von Wochenzeitungen in lokalen Märkten in Österreich*. München: Verlag Reinhard Fischer.

Grüblbauer, J., & Haric, P. (2013). Social media monitoring tools as instruments of strategic issues management. In M. Friedrichsen & W. Mühl-Benninghaus (Hrsg.), *Handbook of social media management. Value chain and business models in changing media markets* (S. 671–688). Heidelberg: Springer Science + Business Media.

Kreutzer, R., & Land, K.-H. (2013). *Digitaler Darwinismus. Der stille Angriff auf Ihr Geschäftsmodell und Ihre Marke. Das Think!Book*. Wiesbaden: Springer-Gabler.

Lecinski, J. (2011). *ZMOT Handbook. Ways to win Shoppers at the zero moment of truth*. Chicago: Google.

Ridder, C., & Engel, B. (2010). Massenkommunikation 2010: Funktionen und Images der Medien im Vergleich. Ergebnisse der 10. Welle der ARD/ZDF Langzeitstudie zur Mediennutzung und -bewertung In *Media-Perspektiven*, 11/2010 (S. 537–548). http://www.zdf.de/ZDF/zdfportal/blob/26551704/1/data.pdf. Zugegriffen: 6. Juni 2014.

Wirtz, B. W. (2013). *Medien- und Internetmanagement* (8. Aufl.). Wiesbaden: Springer-Gabler.

Zydorek, C. (2013). *Mediengüter, Medienmärkte, Akteure auf Medienmärkten*. Wiesbaden: Springer Fachmedien.

Media Management Basics 5

Die nach außen ‚sichtbare Hand'[1] der Unternehmen sind das Management und der Unternehmer. Im Sinne der Theorie der Unternehmung ist die Allokation von Ressourcen, gemäß der strategischen Ziele des konkreten Unternehmens, Aufgabe des Managements. So sind also wesentliche Funktion eines Managers oder Unternehmers eines Medienunternehmens:

- Koordination der Zusammenarbeit der Teilbereiche des Unternehmens, strategische Kooperationen mit externen Partnern etc.
- Identifikation, Planung/Entwicklung und Entscheidung der Verwendung von Ressourcen (Kapital, Arbeit, Information/Wissen) sowie Kontrolle der Zielerreichung, also insbesondere die Entscheidung von Sach- und Personalfragen, z. B. bei Fragen der Innovationsinvestitionen, Verkäufe und Käufe von Unternehmen und Unternehmensbereichen, Besetzung von Führungspositionen, Personalentwicklungsziele, Auf- und Ausbau von zukünftigen Erfolgspotenzialen/Wachstumstreibern wie z. B. Kernkompetenzen oder des Aufbaus von Sachvermögens (z. B. Maschinen, Anlagen etc.) und des immateriellen Vermögens (z. B. Rechte, Inhalte, Kompetenzen etc.)

Das folgende Kapital zeigt auf, wie diese Aufgaben durch ein systematisches Vorgehen in der Management-Praxis realisiert werden können. Dazu wird an Beispielen gezeigt, welche Instrumente dafür geeignet sind und wie diese in der realen Praxis von Medienunternehmen eingesetzt werden.

---

[1] Siehe auch ‚visible Hand' bei Chandler 1977.

5.1 Was ist strategisches Management

Strategisches Management als ein wesentlicher Teil der Unternehmensführung ist ein Zweig der Betriebswirtschaftslehre, dessen Gegenstandsbereich die Entwicklung, Planung und Umsetzung von Zielen zur Erreichung unternehmerischer Zwecke ist. Der Zeithorizont des strategischen Managements umfasst i. d. R drei bis fünf Jahre.

Gerade in den letzten Jahrzehnten, die geprägt waren von zunehmender Dynamik von Märkten und technischer Entwicklung, ist Strategiebildung und Strategieumsetzung zu einer der wichtigsten Funktionen des Managements geworden.

Aufgrund der Planung für längere Zeithorizonte sind zukünftige Entwicklungen in Form von Trends, die sich auf das Unternehmen auswirken können, in die Entwicklung der Strategien essentiell. Die aktuell wichtigsten Metatrends werden in Tab. 5.1 in einem systematischen Überblick dargestellt.

Für das Management bedeutet das in immer kürzerer Zeit eine Anpassung der Strategie und Planung als auch möglicherweise eine Neuausrichtung des Unternehmens. Insofern ist unter den Bedingungen der oben genannten Trends das Aufgabenspektrum des strategischen Managements wie folgt zu spezifizieren:

- **Langfristige Tendenzen** möglichst früh zu identifizieren, um das unternehmerische **Risiko** zu reduzieren.
- **Chancen** frühzeitig zu erkennen, um **Strategie, Planung und Ressourcen** so früh wie möglich anzupassen bzw. für mögliche Veränderungen bereits Planungen ausgearbeitet zu haben.
- **Erfolgspotenziale** systematisch für mögliche **Geschäftschancen** möglichst früh aufzubauen.

Mit der **Entstehung von Konzernen** in der ‚Zweiten Industriellen Revolution' am Ende des 19. Jahrhunderts, der Massenproduktion sowie der daraus resultierenden Massenmärkte und des Massenkonsums waren lange Zeit die Beschaffungsmärkte die Engpassfaktoren. Es galt, der wachsenden Nachfrage entsprechende Produktionsfaktoren zu beschaffen. Von daher genügt es bis in die fünfziger Jahre des 20. Jahrhunderts strategisches Management zunächst als jährliche Produktionsplanung zu betreiben.

Erst mit dem langsamen Ende der **Angebotsmärkte zu Nachfragemärkten** in den 1960er Jahren wurde eine strategische Planung erforderlich, die dem heutigen Ansatz des strategischen Managements entspricht. Vorher war Unternehmensführung wesentlich mit operativer Planung und der operativen Geschäftsführung an sich gleichzusetzen: Produktions- und Absatzplanung, meist in der Fortschreibung der vorhergehenden Jahresplanung in Anpassung an die Absatzprognosen, war grundsätzlich ausreichend.

Durch das Ende des Wirtschaftsbooms der Nachkriegsjahre in den Ende der 1960er und zu Beginn der 1970er Jahre, der zum Teil aus der **Sättigung der Konsumentenmärkte** zu erklären ist, entstanden neue Herausforderungen an das Management. Es stellte sich die Frage, welche neuen Produktnutzen in den bestehenden Märkten entwickelt werden konnten, welche neuen Märkte durch neue Produkte geschaffen werden konnten, welche

Tab. 5.1 Metatrends in der Unternehmensumwelt

Trendfeld	Beispiele wichtiger Metatrends
Ökonomischer Bereich	• Zunahmen internationaler Konkurrenz • Währungs- und Finanzmarktrisiken • Häufigere Staatsschuldenkrisen • Neue Betriebsformen • Marktsättigungen auf bestehenden Märkten, Entstehung neuer Wachstumsmärkte • Zunahme des langfristig gebundenen Kapitals durch Zunahme der Bedeutung von Forschung und Entwicklung zur Erhaltung der Wettbewerbsfähigkeit • Flexibilisierung (Lebens- und Arbeitsformen) • Dezentralisierung und zunehmend netzwerkartige Unternehmenszusammenschlüsse (Joint Ventures, Kreuzbeteiligungen etc.) • Wachsende Bedeutung von Venture Capital und Private Equity als Alternative zur Kreditfinanzierung von Innovation und Investition
Technologischer Bereich	• Immer schnellere Entwicklung neuer Basistechnologien: disruptive Technologien, die Geschäftsmodelle und Strukturen ganzer Branchen in Frage stellen • Daten-, Informations- und Technologiemanagement als Grundlage der Wettbewerbsfähigkeit • Neue Zahlungsformen • Weitergehende Digitalisierung und ‚Datafizierung'[a] von immer mehr Bereichen als Grundlage für den Erhalt der Wettbewerbs- und Steuerungsfähigkeit
Politisch-rechtlicher Bereich	• Zunehmende Verrechtlichung besonders im internationalen Bereich • Zunehmende Bedeutung internationaler Organisationen
Gesellschaftlicher Bereich	• Wachsendes Umwelt- und Qualitätsbewusstsein („Geiz ist geil" könnte Vergangenheit sein) • Wachsende Forderungen an die Verantwortung von Unternehmen • Arbeitszeitflexibilisierung • Zunehmende Anforderungen an die Integration von höher gebildeten Mitarbeitern mit dominanteren Zielvorstellungen an Beruf und Job (Suche nach Selbstverwirklichung, Wandel der Einstellung zu Arbeit und Leistung, Zunahme postmaterieller Werte)

[a] ‚Datafizierung' bezeichnet die Umwandlung unterschiedlichster Phänomene (z. B. auch bisher scheinbar irrelevante Informationen wie Standorte, Motor-Vibrationen, statische Belastungen etc.) in Datenform, um sie damit quantifizieren, also zahlenmäßig zu erfassen und anschließend analysieren zu können. Die Digitalisierung, schnellere Prozessoren, größere Speicher, Software und Algorithmen erleichtern diesen Prozess (vgl. Mayer-Schönberger und Cukier 2013, S. 101 und 241)

Innovationen möglich und nötig sind etc. Daraus entwickelte sich eine sehr viel umfassendere Planung als es bisher mit der Absatz- und Produktionsplanung durch Fortschreibung sich lange Zeit linear entwickelnder Märkte notwendig war.

In diesem Zeitraum entwickelte sich auch an den Universitäten und Business Schools die Managementlehre als ein kanonisiertes „Lehrgebäude" und eine Management-Forschung, die zunächst aus der **Operations Research** hervorging. Operations Research war ein modell-theoretischer Ansatz, der im 2. Weltkrieg auf der Basis von quantitativen Modellen und Methoden zur Entscheidungsunterstützung im militärischen Bereich entwickelt wurde. Aus diesem Ansatz ging sowohl die dynamische Programmierung als auch die Entscheidungs- und Spieltheorie hervor. Ihr Ziel war die Optimierung von Prozessen und Entscheidung auf statistisch-mathematischer Basis – wesentlich auch eingesetzt in der linearen Optimierung von Produktion und zur Kalkulation der Absatzplanung.

Peter Drucker, wird als ‚Vater des modernen Managements' bezeichnet und gilt bis heute als einer der einflussreichsten Management-Denker. Er hat den Grundstein für das **strategische Management** gelegt. Drucker entwickelte die Grundlagen der Management-Lehre in Forschungs- und Beratungsprojekten mit Konzernen wie General Motors und Sears Roebuck. Er begründete Management-Konzepte wie „Management by objectives" (MbO – Führen durch Zielvereinbarungen). Er verstand Management als Führungslehre und nicht als Business-Process Reengineering oder Six Sigma, eine Management System zur Prozessverbesserung auf Basis statistischer Qualitätsziele. Druckers Ansatz unterscheidet sich damit auch wesentlich von anderen Ökonomen seiner Zeit, da er sich nicht für Prozesse und Waren, sondern für Menschen interessierte: „I suddenly realized that Keynes and all the brilliant economic students in the room were interested in the behavior of commodities, while I was interested in the behavior of people." (Drucker 2004, S. 24).

Drucker stellte den in den 1950er Jahren vorherrschenden Ansatz von „Command and Control", der **hierarchischen Struktur von Großunternehmen** der Massenproduktion, in Frage, insbesondere weil deren Grundlage sich verändert hatte. Die großen Konzerne bedienten mit ihrer Produktionslogik und ihrem Management-Stil zunehmend reifere Märkte und waren immer weniger in der Lage sich den sich differenzierenden Konsumentenbedürfnissen zu stellen oder neue Produkte und Märkte zu kreieren. Auch richtete er seine Kritik auf die zeitgenössische „Größensucht": **Das Ziel von Unternehmen sei nicht Größe. Das Ziel eines Unternehmens ist es, Kunden zu generieren** – damit begründete Drucker letztlich auch das Marketing in seiner modernen Form als marktorientierte Unternehmensführung.

Und bereits Ende der 1960er Jahre rief er das **Ende der Großunternehmen** aus: In „The Age of Discontinuity" erklärt er, dass die Dynamik der Veränderungen dazu führen wird, dass Großunternehmen in ihrer bisherigen starr-hierarchischen Form überholt sind. So war auch Druckers Management-Konzept wesentlich auf Führung im Sinne der zielbezogenen Verhaltensbeeinflussung – also der Führung eines sozio-technischen Systems bezogen und nicht auf Prozesse und ‚Operationen'. Damit ist Druckers Management-Ansatz auch zunächst der erste moderne Ansatz des Managements, da er das ‚Wesen' des Managements nicht in Prozessen, also dem ‚Operativen' sah, sondern in Analyse, Zielplanung, Zielsetzung und Umsetzung von **strategischen Zielen**.

5.1 Was ist strategisches Management

Abb. 5.1 Von der Strategiebildung zu Handlungsfeldern des operativen Managements

Als Reaktion auf zunehmende Unsicherheit und Dynamik hat das strategische Management die **längerfristige Ausrichtung** des Unternehmens zum Ziel,

- indem die langfristigen Unternehmens- und Geschäftsziele definiert werden,
- die Positionierung des Unternehmens in den gewählten Märkten definiert wird,
- wettbewerbsrelevante Ressourcen (Kernkompetenzen) entwickelt und ausgebaut werden,
- unternehmerische Chancen und Risiken identifiziert werden.

Da sich die Umweltbedingungen seit spätestens Mitte der 80er Jahre durch die **intensivierte Globalisierung** und seit Mitte der 90er Jahre durch die **Digitalisierung** beschleunigt ändern, ist strategisches Management mittlerweile ein fortlaufender Prozess von strategischen Planungen, Entscheidungen und Handlungen, die die langfristige Performance eines Unternehmens beeinflussen sollen. In diesem Sinne bewegt sich strategisches Management permanent im Zyklus von Analyse, Planung, Entscheidung, Aktion, Kontrolle der Strategieumsetzung und des operativen Geschäfts und Neubewertung der Strategie die durch die in immer kürzeren Abständen sich ergebenden Veränderungen notwendig wird.

Grundsätzlich lassen sich zwei Ansätze in der Geschichte des strategischen Managements unterscheiden: ein **kreativ-intuitiver Ansatz** und ein **analytischer Ansatz**. Die Entwicklung beider Ansätze verläuft parallel zur militärischen Führungsforschung: War diese lange Zeit geprägt vom „Genius des Feldherrn", hat sich seit dem 2. Weltkrieg mit der sogenannten Operations Research – der statisch-mathematischen Modellierung von Entscheidungsproblemen – eine analytischer Ansatz herausgebildet. Die sich in den letzten Jahren durch die Digitalisierung abzeichnende „Datafizierung", also der Zunahme der Menge an quantifizierbaren Daten und Datenverarbeitungsmöglichkeiten, lässt erwarten, dass der analytische Ansatz in wachsendem Maße das Handwerk des Managements bestimmen wird. Auf der Ebene der Entscheidungsfindung hingegen wird es nicht nur um statistische Argumente und eindeutigen Zusammenhänge (Korrelationen) gehen, sondern vielmehr um die Interpretation von Analysen und um plausible Schlussfolgerungen (siehe Abb. 5.1).

5.2 Von der Unternehmensphilosophie zur Strategiebildung

5.2.1 Unternehmensphilosophie und Corporate Governance (Managementphilosophie)

Eine Unternehmensphilosophie enthält die Leitidee der Unternehmen und deren Positionierungsziele in politischen, gesellschaftlichen und wirtschaftlichen Zusammenhängen. Folgende Fragen sind als übergeordnete Fragen im Sinne des eigentlichen Zwecks des Unternehmens fernab von konkreten oder strategischen Zielen relevant:

- Welche Eigentümerinteressen gibt es? Soll das Unternehmen eine „money machine" im Sinne eines Instruments zur Generierung überdurchschnittlicher Rendite des eingesetzten Eigentümerkapitals sein? Oder gibt es über diesen Zweck hinaus noch eine gesellschaftlich-wirtschaftliche Bedeutung im Sinne der Befriedigung von gesellschaftlichen und ökonomischen Bedürfnissen?
- Führungsphilosophie (Managementphilosophie): Welches Menschenbild liegt dem Unternehmen zugrunde? Welches Organisationsbild liegt den Management-Philosophien zugrunde?

Zusammengefasst ergibt das die sogenannte Corporate Governance, die z. B. von Reinhard Mohn, Gründer von *Bertelsmann* und langjähriger geschäftsführender Eigentümer, in den 80er Jahren in einer „Unternehmensverfassung" in der bis heute für das Unternehmen gültigen Form wie folgt zusammenfasste (siehe Tab. 5.2): „Die Unternehmensverfassung ist der Spiegel des Selbstverständnisses des Unternehmens" (Mohn 1986, S. 136 ff.).

Die Führungsphilosophie ist eine normative Grundlage für die Ausgestaltung von Führungsentscheidungen. Welche Führungsleitsätze sich bei *Bertelsmann* in den 1980er Jahren entwickelt haben, wird in Tab. 5.3 dargestellt.

In Tab. 5.4 werden die Führungsprinzipien für diese Aufgabenverteilung und sonstige operative und organisatorische Fragen gegenübergestellt.

In Tab. 5.5 wird aufgezeigt, was *Bertelsmann* hinsichtlich des Führungsverhaltens von Vorgesetzten konkret erwartet.

Die „Unternehmensverfassung" enthält somit bereits Ziele, die für die Vision des Unternehmens von Bedeutung sind. Die von Peter Drucker definierten „wesentlichen Fragen, die das Management beantworten können sollte", sind damit beantwortet:

1. Was ist unsere Mission? Gewährleistung der Kontinuität und Ertragskraft; Umsatz und Gewinn nicht als Selbstzweck, sondern Maßstäbe für die wirtschaftliche Bedeutung des Unternehmens in der Gesellschaft und die Tüchtigkeit von Führung und Mitarbeitern; Ertragskraft ermöglicht es dem Unternehmen, sich weiter zu entwickeln, seine Leistungen zu verbessern, das eingesetzte Kapital zu verzinsen, Arbeitsplätze zu sichern; das Mittel: im In- und Ausland Informationen, Bildung und Unterhaltung vermitteln mit allen dem Unternehmen verfügbaren und geeignet erscheinenden Medien, um die freie

Tab. 5.2 Unternehmensverfassung am Beispiel *Bertelsmann* (vgl. Mohn 1986, S. 136 ff.)

Grund für die Unternehmensverfassung	„Eine Gemeinschaft verlangt aufgrund der Unterschiedlichkeit der Menschen das Einhalten von Regeln." In einer „Zeit, da Verhaltensweisen nicht mehr autoritär angeordnet werden, ... sondern von der Zustimmung aller Beteiligten getragen werden müssen", sind in einer Unternehmensverfassung „führungstechnische, organisatorische und ethische Fragen" für das Management des Unternehmens verbindlich festzulegen
Zielbild	„Das partnerschaftliche Unternehmen"
Führungsphilosophie	„Jeder Vorgesetzte muss heute begreifen, dass der kooperative Führungsstil der erfolgreichere Weg ist." „Es muss klar sein, dass sich die notwendige Motivation der Mitarbeiter nicht von allein einstellt."
	„Das Unternehmen ist liberal und fortschrittlich"
	„,Selbstverwirklichung' ist das Ziel der Mitarbeiterentwicklung"
	„Dezentralisierung und Delegation der Programmverantwortung"
	„ein betrieblicher Ordnungsrahmen, der bei gleichen Chancen jedem die Möglichkeit zur persönlichen Entfaltung schafft sowie materielle Gerechtigkeit, Beteiligung am Produktivvermögen, soziale Rücksichtnahme und ein ausgewogenes Verhältnis zwischen Rechten und Pflichten" („kritische Loyalität")
Institutionelle Maßnahmen der Mitarbeitereinbindung auf Konzernebene: Beteiligung am Unternehmenserfolg	„Vielerlei soziale Regelungen, ... die Gewinnbeteiligung, sowie die Beteiligung am Unternehmenskapital", Aufbau eines weitrechenden „Informationswesens" (ausführliches internes und externes Berichtswesen), regelmäßige Mitarbeiterbefragungen
Eigentümerinteresse	„Kulturelle und wirtschaftliche Ziele"
	„Zu den Zielen des Unternehmens die Gewährleistung seiner Kontinuität und Ertragskraft. Umsatz und Gewinn sind nicht Selbstzweck, sondern Maßstäbe für die wirtschaftliche Bedeutung des Unternehmens in der Gesellschaft und die Tüchtigkeit von Führung und Mitarbeitern. Die Ertragskraft ermöglicht es dem Unternehmen, sich weiter zu entwickeln, seine Leistungen zu verbessern, das eingesetzte Kapital zu verzinsen, Arbeitsplätze zu sichern und seine Verpflichtungen gegenüber dem Staat zu erfüllen"
Mission	„Wir sind ein Unternehmen, das im In- und Ausland Informationen, Bildung und Unterhaltung vermittelt. Dafür setzen wir alle uns verfügbar und geeignet erscheinenden Medien ein. Unsere Produktions-, Vertriebs- und Dienstleistungsbetriebe werden auch für fremde Auftraggeber tätig."
	„Unsere publizistische Arbeit soll die freie Meinungsbildung der Gesellschaft fördern. Wir verstehen uns deshalb als Verlagshaus der Alternativen, das unterschiedliche Meinungen veröffentlicht und für publizistische Freiheit und Vielfalt eintritt."

Unterzeichnet von Reinhard Mohn (Aufsichtsratsvorsitzender), Mark (Vorstandsvorsitzender) Wössner und J. Werner (Vorsitzender des Konzernbetriebsrats)

Tab. 5.3 Führungsleitsätze nach Organen am Beispiel *Bertelsmann* (vgl. Mohn 1986, S. 150)

Aufsichtsrat	Bestellt, berät und überwacht Tätigkeiten des Vorstands
Vorstand	Bestimmt Strategie und trifft Grundsatzentscheidungen
Bereichsvorstände	Unterstützen Vorstand in operativen Aufgaben und in der Beschaffung von Grundlagen der strategischen Planung
Geschäftsführer	Leiten Verantwortungsbereiche selbständig mittels mit dem Vorstand abgestimmten Planungen und sind Ergebnisverantwortlich
Leiter Bereiche, Abteilungen, Gruppen	Verantwortlich für Führung und Ergebnisse ihrer Arbeitsbereiche, handeln im Rahmen ihrer Zielvorgaben selbstständig

Tab. 5.4 Führungsgrundsätze am Beispiel *Bertelsmann*. (vgl. Mohn 1986, S. 151 f.)

Dezentrale Organisation	Die Organisation der Führung hat Vorrang vor den gesellschaftsrechtlichen Strukturen
Alleinverantwortlichkeitsprinzip	Die Leiter jeder Firma des Konzerns leitet in Alleinverantwortung
Delegationsprinzip	Aufgaben, Befugnisse, Verantwortung sollen soweit wie möglich unten in der Hierarchie angesiedelt sein
Vorrang der Strategie	Zielvorgaben des Konzerns haben Vorrang vor Interessen der einzelnen Firmen
Vergütung	Richtet sich nach Aufgabe, Leistung und Erfolg

Tab. 5.5 konkreten Führungsverhalten von Vorgesetzten am Beispiel *Bertelsmann* (vgl. Mohn 1986, S. 153 f.)

Verpflichtung zu Kooperation	Aktive Kooperation gegenüber anderen Firmen und Bereichen und Mitarbeitern
Verpflichtung zur Weiterbildung	Ständige Weiterbildung und weitere fachliche Qualifizierungen erwerben
Selbständiges Handeln fördern	Verantwortliche Mitarbeiter in ihren Aufgabenbereichen selbständig handeln und entscheiden lassen
Kommunikationsverpflichtung	Rechtzeitige und umfassende Information aller Mitarbeiter
Entscheidungen nach Rücksprache	Vorgesetzte fällen Entscheidungen nach Rücksprache mit Mitarbeitern
Pflicht zur Aussprache	Jeder Vorgesetzte hat die Pflicht, dem Wunsch der Mitarbeiter nach persönlicher Beurteilung und Aussprache nachzukommen. In Konfliktfällen muss er eine Möglichkeit der Aussprache mit dem nächsthöheren Vorgesetzten anbieten

Meinungsbildung der Gesellschaft fördern: „Wir verstehen uns deshalb als Verlagshaus der Alternativen, das unterschiedliche Meinungen veröffentlicht und für publizistische Freiheit und Vielfalt eintritt" (Mohn 1986, S. 136 ff.).
2. Was ist unser Plan? Stärkung des Kerngeschäfts, digitale Transformation, Aufbau von Wachstumsplattformen und Expansion in Wachstumsregionen (vgl. Bertelsmann 2013, S. 3).
3. Was sind unsere Ergebnisse? Steigerung der Ertragskraft des operativen Geschäfts und der Rentabilität des investierten Kapitals, gemessen durch den Bertelsmann Value Added (BVA). Der BVA misst den über die angemessene Verzinsung des investierten Kapitals hinaus erwirtschafteten Gewinn (vgl. Bertelsmann 2013, S. 54).

5.2.2 Vision, Mission und Geschäftsmodell

Grundsätzlich sind beide Bestandteile unterschiedlich. Häufig werden sie in der Praxis jedoch vermischt: Mission Statements enthalten visionäre Elemente und umgekehrt. Manchmal werden diese Inhalte auch als „Leitbild" bezeichnet.

Die Vision ist eine ganzheitliche Vorausschau in Form eines Zielbildes und einer „Wegbeschreibung", die als Leitidee für die strategische Planung und operative Handlungen dienen soll. Sinnlose Visionen wären z. B.: „Wir wollen die besten werden". Wie, in welchen Märkten, mit welchen Unternehmensressourcen und wann wären die ungeklärten Fragen. Deshalb sollten mindestens fünf Merkmale erfüllt sein:

- **Plastizität**: Klare und eindeutige Ziele – Antworten auf Fragen wie „wann", „wo", „womit", „mit welchen Mitteln, Produkten etc.", „mit welchem Nutzen für wen" etc.
- **Realisierbarkeit**: Die Realisierbarkeit einer Vision unterscheidet diese von der Utopie.
- **Spitzenanspruch**: Mittelmäßigen Visionen entwickeln keine Ehrgeiz bzw. lassen nur in den bestehenden Dimensionen denken. Wenn man über dies hinausgelangen will, sollte durch formulierte Spitzenansprüche ein Verpflichtung entstehen, dass „Undenkbare zu denken".
- **Nutzenversprechen**: Welchen Nutzen bieten wir welchen Zielgruppen? Wodurch werden wir unverzichtbar?
- **Selbstbild**: Wie sieht sich das Unternehmen selbst und wie seine Rolle in Wirtschaft und Gesellschaft?

Die Mission – synonym: Mission Statement oder Unternehmensleitbild – soll den Zweck des Daseins und den Nutzen der Produkte und des Unternehmens selbst für Wirtschaft und Gesellschaft darstellen (Darstellungs-, Legitimations- und Orientierungsfunktion). Beispiele für Visionen/Mission in Medienunternehmen werden in Tab. 5.6 aufgezeigt.

Das wohl am wenigsten auf das Unternehmen, vielleicht am ehesten noch auf die Kernkompetenz abstellt, ist das Statement von *Gruner + Jahr*. Als Unternehmensziel wird „nachhaltige Marktführerschaft" genannt – ein sehr unkonkretes Ziel. Offen bleibt: Was

Tab. 5.6 Visionen/Mission am Beispiel diverser Medienunternehmen (vgl. Comcast 2013; Bertelsmann 2013; Gruner+Jahr 2013; Axel Springer AG 2013a)

Comcast	Just as *Comcast* is dedicated to creating value for its subscribers, *Comcast* Spotlight is focused on creating value and opportunity for advertisers assembling the specific audiences our clients need to reach, even as the media landscape continues to become more fragmented. We've created an advertising marketplace where both large and small businesses can leverage our multi-screen (TV and online) capabilities, the ability to precisely target advertising based on geographic and demographic data, the most insightful marketing intelligence and the most innovative promotional opportunities. This approach – and the infrastructure behind it – allows us to create customized and compelling solutions for each advertiser
Bertelsmann	Im vergangenen Jahr hat *Bertelsmann* sich das Ziel gesetzt, das Unternehmen in den kommenden Jahren wachstumsstärker, digitaler und internationaler aufzustellen und über einen Zeitraum von fünf bis zehn Jahren umzubauen. Vor diesem Hintergrund haben sich Vorstand, Aufsichtsrat und Aktionäre auf eine Strategie verständigt, die vier Stoßrichtungen vorsieht: Stärkung der Kerngeschäfte, digitale Transformation, Aufbau von Wachstumsplattformen und Expansion in Wachstumsregionen
Gruner+Jahr	Wir sind ein Haus der Inhalte. Unsere vielfältigen Inhalte bieten wir über alle relevanten Plattformen an. Grundlage unseres Denkens und Handelns ist die konsequente Orientierung an den Interessen und Bedürfnissen unserer Leser, Nutzer und Kunden. Die tiefe Kenntnis unserer Communities of Interest ermöglicht uns, im Kontext unserer Inhalte auch Zusatzgeschäfte zu entwickeln. Damit wir als Inhalteanbieter in der digitalen Welt erfolgreich sind, werden wir unser Unternehmen erneuern. Unser Ziel ist nachhaltige Marktführerschaft und Wirtschaftlichkeit
Axel Springer AG	Wir wollen das führende digitale Medienunternehmen werden. Digitalisierung: Die *Axel Springer AG* stellt sich den mit der Digitalisierung und der veränderten Mediennutzung verbundenen Herausforderungen und hat die Geschäftsmodelle entsprechend weiterentwickelt. Die Digitalisierungsstrategie orientiert sich an drei Kernkompetenzen des Unternehmens: 1) Inhalte und Marken: Die *Axel Springer AG* überträgt bestehende Printmarken und Inhalte in digitale Vertriebswege und erwirbt Online-Marken. 2) Marketing: Der Ausbau der Online-Vermarktung sorgt dafür, dass die *Axel Springer AG* mit dem Markt der Online-Werbung weiter profitabel wächst. 3) Rubriken-Portale: Im Online-Rubrikenmarkt und bei den Marktplätzen baut die *Axel Springer AG* eigene Portale und Beteiligungen aus. Internationalisierung: Im Fokus der Internationalisierung stehen insbesondere wachstumsstarke Märkte in Osteuropa. Je nach regionaler Marktlage werden neue Titel gegründet oder hinzugekauft, Lizenzen erworben oder auch vergeben. Bestehende Marken und Konzepte werden gezielt in internationalen Zielmärkten eingeführt. Marktführerschaft im deutschsprachigen Kerngeschäft: die *Axel Springer AG* stärkt die führende Marktstellung im deutschsprachigen Kerngeschäft durch die Erschließung von neuen Erlöspotenzialen. Mit einer Vielzahl von Neugründungen wie beispielsweise *TV DIGITAL* oder *DIE WELT Kompakt* hat das Unternehmen bewiesen, dass auch in einem schwierigen wirtschaftlichen Umfeld kreative publizistische Konzepte zum Erfolg geführt werden können

5.2 Von der Unternehmensphilosophie zur Strategiebildung

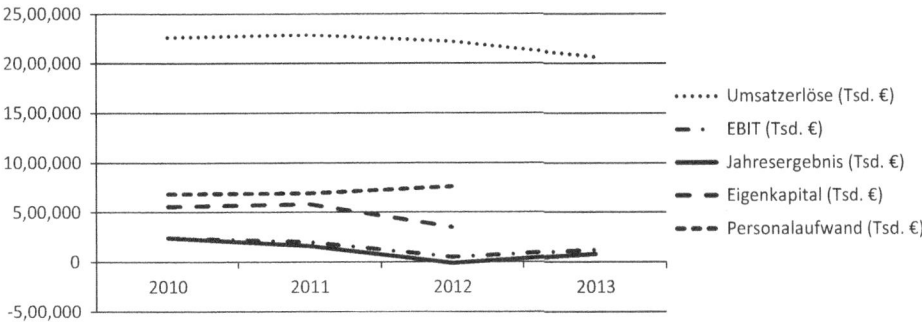

Abb. 5.2 Kennzahlen G+J. (Umsatzerlöse, EBIT, Jahresergebnis, Eigenkapital, Personalaufwand). (vgl. Gruner+Jahr 2013, S. 85 und März 2014).

ist nachhaltig? In welchen Märkten? Mit welchen ökonomischen Zielen? Wirtschaftlichkeit ist per se kein Ziel, sondern die Grundbedingungen der Existenz von Unternehmen. Im Jahresbericht 2012 von *Gruner+Jahr* heißt es dann auch: Qualitätsjournalismus ist das Geschäftsmodell (vgl. Gruner+Jahr 2013, S. 6). Die zugrunde liegende These ist: „Viele Leser sind sehr wohl (sic!) bereit, zu zahlen, auch im Netz – der Inhalt muss nur wertvoll sein" (vgl. Gruner+Jahr 2013, S. 8). In Abb. 5.2 werden die Zahlen dieses Geschäftsmodells dargestellt.

Die Umsatzerlöse des Geschäftsmodells Qualitätsjournalismus fallen leicht, es bleibt aber von diesen Erlösen zunehmend weniger übrig (EBIT). Das Eigenkapital, also das Eigentum der Gesellschafter des Unternehmens, wird beschleunigt aufgezehrt, das Jahresergebnis ist seit 2012 sogar negativ (−11 Mio. €). Lediglich die Kosten für das Geschäftsmodell steigen: Der Personalaufwand ist die einzig steigende Kennziffer.

Der Geschäftsbericht von *G+J* begründet diese Entwicklung wie folgt: „Umsatzverluste in Anzeigenmärkten für Publikumszeitschriften in Deutschland und anderen europäischen Ländern", der EBIT-Rückgang „ist wesentlich auf erhöhte Sondereffekte zurückzuführen, insbesondere die Kosten der Schließung der *Financial Times Deutschland*" (Gruner+Jahr 2013, S. 81). Wenngleich natürlich die Abschreibungen aus der Schließung der Financial Times Deutschland finanzwirtschaftlich-terminologisch richtig als Sondereffekt beschrieben wird, ist vor dem Hintergrund, dass Qualitätsjournalismus das Geschäftsmodell ist, die Schließung eines explizit qualitätsjournalistischen Erzeugnissen eine problematische Entwicklung.

Es ist zu vermuten, dass der erneute Führungswechsel 2012 seine Grundlage in der relativ negativen Entwicklung der Geschäftsgrundlage des Verlages hat. Die *Süddeutsche Zeitung* titelte zu dem Führungswechsel: „Großreinemachen bei *Gruner+Jahr*" (Busse 2013). Die SZ mutmaßt, dass jetzt der Eigentümer (*Bertelsmann*) durchgreift – nicht verwunderlich bei der Aufzehrung des Eigenkapitals von rund 40 % von 556 auf 350 Mio. € von 2010 bis 2012.

Tab. 5.7 Strategieinhalte und typische Ziele nach Strategie-Level

Strategie-Level	Strategieinhalt	Typische Ziele
Unternehmens-strategie	Festgelegt in der Vision, Mission, Leitbild	Globale qualitative Ziele
Strategische Planung (längerfristig: 3 bis max. 5 Jahren)	• In welchen Geschäftsfeldern ist das Unternehmen operativ tätig? (Geschäftsstrategie) • Welche Voraussetzungen sind zu schaffen für das erfolgreiche Bestehen des Wettbewerbs in diesen Geschäftsfeldern? (Wettbewerbsstrategie)	Umsatz, Gewinn, Marktanteile, ROE etc.
Operative Planung (Jahresplanung)	• Operationalisiert die strategische Planung in Form einer detaillierten Kosten- und Zeitplanung • Mit welchen Maßnahmen werden welche Marktanteile angestrebt? • Mit welchen Marketingmaßnahmen werden neue Produkte eingeführt? • Mit welchen Maßnahmen werden die Kundenbeziehungen verbessert? • Mit welchen Rationalisierungsmaßnahmen in der Wertschöpfungskette werden welche Effizienzsteigerungen erreicht?	Marktanteile und Umsätze je Marktsegment oder geografische Märkte, Deckungsbeiträge nach Segmenten, Aufwandsintensität nach Markt- und Produktsegmenten etc.
Dispositive Planung (sog. unterjährige Planung)	Wie ist das „Tagesgeschäft" auf Wochen- und Monatsbasis so zu gestalten, dass die Ziele der nächsthöheren Planungsebene erreicht werden?	Projektziele, Beschaffungsplanung von Roh- und Hilfsstoffen etc.

Sehr konkret hingegen ist das Statement der *Axel Springer AG*. Es nennt Ziele (führendes digitales Unternehmen – hier ist die Reichweite gemeint), die Wege zum Ziel werden beschrieben (Markenausbau, Beteiligungen an Rubriken-Portalen etc.). Ein Ansatz der – wie weiter unten dargestellt wird – wirtschaftlich sehr erfolgreich ist. Dem *Axel Springer*-CEO Döpfner wird hingegen die Abkehr vom Geschäftsmodell „Journalismus" kritisierend nachgesagt (vgl. u. a. Winterbauer und Fischer 2013). Man kann es anders formulieren: Döpfner zieht die Konsequenz auf den weiter oben geschilderten Umsatzrückgängen im Printmarkt und repositioniert sein Unternehmen mit einer expliziten Strategie.

Aus der Unternehmensstrategie wird dann in Stufen der Verfeinerung jeweils für die nächste Planungsstufe eine Präzisierung abgeleitet. Ein Beispiel wird in der Planungssequenz in Tab. 5.7 verdeutlicht.

5.2 Von der Unternehmensphilosophie zur Strategiebildung

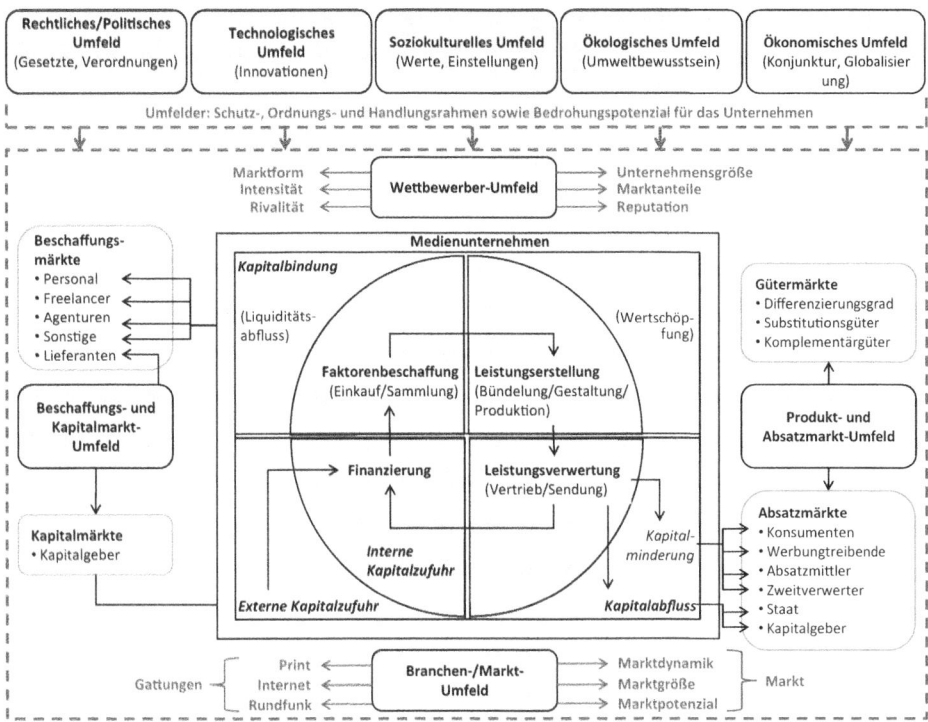

Abb. 5.3 Umwelt von Medienunternehmen (in Anlehnung an Dreiskämper 2011, S. 57)

Üblich ist der Beginn der Jahresplanung zum Jahresende mit Stichtag 1. Januar, also die Festlegung der operativen Ziele sowie der Teilplanungen für die einzelnen Funktionsbereiche des Unternehmens bzw. für strategisch und operativ relevante Projekte im Gegenstromverfahren mit dem Management der Funktionsbereiche, Geschäftsbereiche etc. In vielen Unternehmen wird dann besonders im ersten und zweiten Quartal nochmals eine Überprüfung und Aktualisierung der Planung durchgeführt – auch auf Grundlage der ersten Zahlen über die Geschäftsentwicklung für das laufende Geschäftsjahr.

5.2.3 Strategische Analyse

Strategische Planung baut auf Vision, Mission und Geschäftsmodell auf und realisiert sich auf Basis der Analyse der Unternehmenssituation, Planung, Umsetzung und Kontrolle der Unternehmensstrategie. Sachlogisch steht am Beginn der Analyse die Einschätzung der Chancen und Risiken des Unternehmens. Wesentliche Instrumente sind: Analyse der Makro- und Branchenumwelt sowie der SWOT-Analyse, der Produktlebenszyklusanalyse und der Portfolio-Analyse (siehe Abb. 5.3).

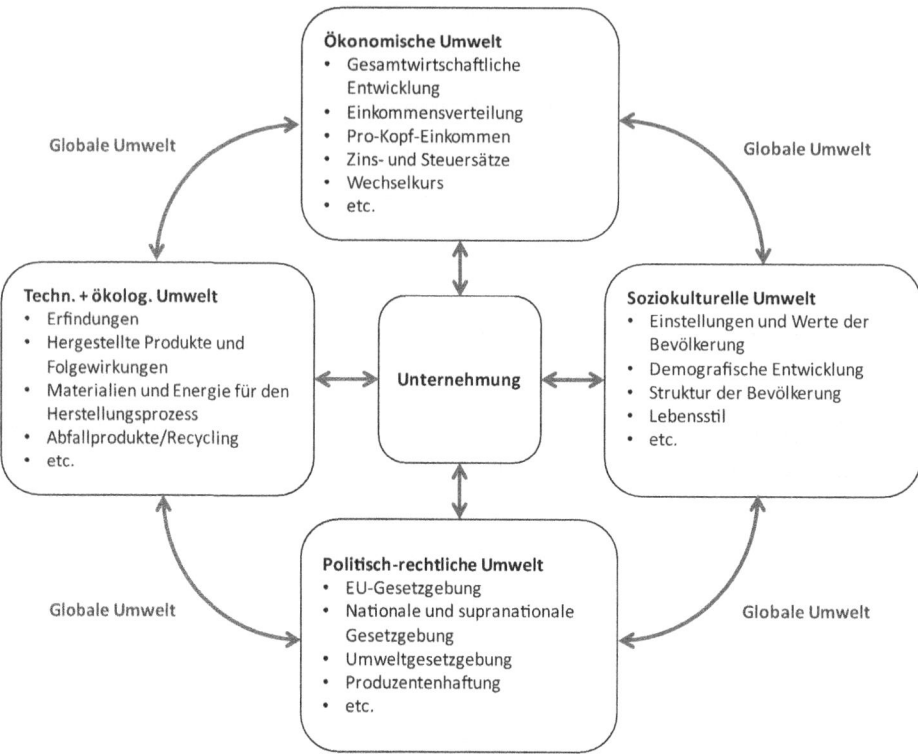

Abb. 5.4 Mako-Analyse-Dimensionen (In Anlehnung an Meffert et al. 2008, S. 64 f.)

5.2.3.1 Makro-Umweltanalyse

Zur Makroanalyse der Unternehmensumwelt gibt es verschiedene Modelle. Das wohl am weitesten verbreitete Modell ist die PEST-Analyse, die die politische-rechtliche (P), die ökonomische (E), die gesellschaftliche (S) und die technische (T) Umwelt als systematische Kategorien umfasst. Dieses Raster ist geeignet für ein systematisches Ordnen von relevanten Informationen (siehe Abb. 5.4).

5.2.3.2 Mikro-Umweltanalyse

Im Gegensatz zur Makro-Umweltanalyse spiegelt die Mikro-Umweltanalyse die enge Bindung zwischen Unternehmensaktivitäten und Transaktionspartnern wider. Die Five-Forces-Analyse nach Michael Porter (1980) bietet für eine systematische Darstellung der Miko-Systemumwelt einer Unternehmung ein geeignetes Raster. Der Ansatz ist als Branchenstrukturanalyse für das strategische Management und die strategische Planung entwickelt worden, deren Ergebnisse auch in eine SWOT-Analyse einfließen können. Die Kernbereiche der Five-Forces-Analyse sind:

1. Wettbewerbssituation I: Welche und zu welchem Grad besteht eine Rivalität zwischen den Wettbewerbern?

5.2 Von der Unternehmensphilosophie zur Strategiebildung

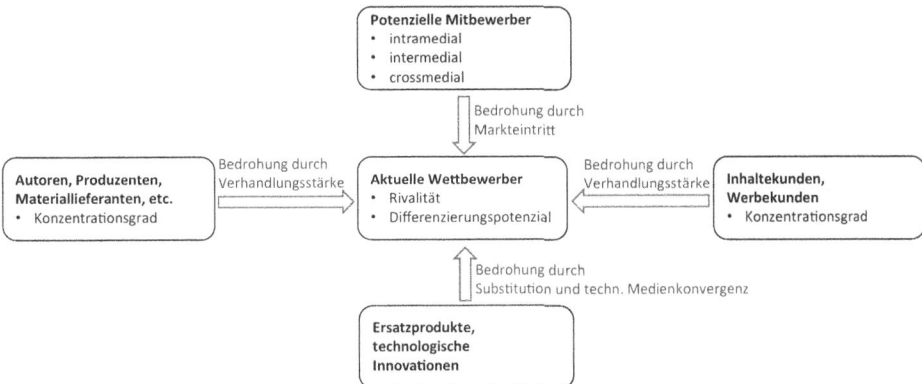

Abb. 5.5 Wettbewerbsanalyse (nach Porter 1980)

2. Wettbewerbssituation II: Welche neuen Anbieter könnten in den Markt eintreten bzw. wie hoch sind die Markteintrittsbarrieren für neue Anbieter in den bestehenden Markt einzutreten?
3. Lieferantenmacht: Wie hoch ist die Verhandlungsmacht von Lieferanten bei der Durchsetzung von Preisen und Konditionen bzw. wie hoch ist die Lieferanten-„Konzentration"?
4. Substitutionsprodukte: Wie hoch ist die Gefahr, dass die Leistungsmerkmale der Produktgattung durch andere Produktgattungen teilweise oder vollständig ersetzt werden können?
5. Abnehmermacht: Wie hoch ist die Verhandlungsstärke der Kunden, Preise und Konditionen durchzusetzen?

Wie die Matrix einer Five-Forces-Analyse für Medien aussehen könnte, wird in Abb. 5.5 dargestellt.

5.2.3.3 SWOT-Analyse

Zusätzlich zur Makro- und Mikroanalyse lässt sich eine Risikoanalyse durchführen. Für Aktiengesellschaften ist die Risikoberichterstattung in Deutschland verpflichtend und ist Teil der gesetzlich verbindlichen Lageberichterstattung (neben dem Chancen und Prognose-Bericht), die ergänzend zum Jahresabschluss anzufertigen ist (vgl. Zepp 2007, S. 1.).

Der Risikobericht kann getrennt vom oder mit dem Chancenbericht erfolgen (vgl. Heyd et al. 2013, S. 175). Tabelle 5.8 zeigt zu welchen Einschätzungen es z. B. im Falle der *Bertelsmann AG* kommen kann.

Chancen- und Risikobericht ergeben sich letztlich aus einem klassischen Management-Instrument: der SWOT-Analyse. Die SWOT-Analyse-Matrix erfasst die Stärken und Schwächen des Unternehmens und die Chancen und Risiken der Unternehmensumwelt. Die SWOT-Analyse beginnt mit der oben beschriebenen Analyse der Makro- und Mikro-Umwelt. Während die oben beschriebene Analyse grundsätzlich qualitativer und subjektiver Art ist, kann die SWOT-Analyse ein größeres Maß an Objektivität dadurch erreichen, dass die Faktoren, die auf das Unternehmen aus der Umwelt wirken, bewertet und gewich-

Tab. 5.8 Risiko-Analyse (Makro/Mikro) am Beispiel *Bertelsmann* (Geschäftsbericht 2012, S. 77)

Risikoart	Möglicher Mittelabfluss (Erwartungswert]
Strategische und operative Risiken	
Änderungen im Marktumfeld	Signifikant
Kundenrisiken	Signifikant
Konjunkturelle Entwicklung	Signifikant
Lieferantenrisiken	Signifikant
Mitarbeiterbezogene Risiken	Moderat
Preis- und Margenerosion	Moderat
Zuschauer- und Marktanteil	Moderat
Technologischer Wandel	Moderat
Rechtliche und regulatorische Risiken	Moderat
Finanzmarktrisiken	Gering

tet werden. Dies ist dann möglich, wenn die SWOT-Analyse mit mehreren Mitarbeitern des Unternehmens durchgeführt wird. So kann z. B. für den Markt eine Bewertungsmatrix wie in Abb. 5.6 veranschaulicht aufgebaut werden:

Für die Bewertung von Chancen und Risiken nach Punkten kann nun der Vorstand, Stabsmitarbeiter und das mittlere Management sowie besonders Vertriebsmitarbeiter einbezogen werden, die den Markt am besten kennen. Diese können mittels Fragebogen nach ihren Einschätzungen und Bewertungen befragt werden zu den Items, die – im Falle der Bewertung der Chancen und Risiken des Marktes – in der Mikro-Analyse auf Basis der Five-Forces-Analyse erarbeitet wurden. Auch die Gewichtung kann von den befragten Mitarbeitern vorgenommen werden. Gewichtung und Einstufung nach Chancen und Ri-

Zu beurteilende Kriterien	Gew.-Faktor intern 1-6	Risiken				Chancen			Wert
		-3	-2	-1	0	+1	+2	+3	
Marktvolumen	5						X		+10
Potenzial	3							X	+9
Marktwachstum	3					X			+3
Konkurrenzdichte	5		X						-10
Innovationen	2							X	+6
Substitutionsfähigkeit	2		X						-4
								Summe=	+14

Abb. 5.6 SWOT-Unternehmensanalyse – Markt (vgl. Dreiskämper 2011; Summe durch Anzahl der Kriterien=Durchschnittswert der Stärken und Schwächen = +2,33)

5.2 Von der Unternehmensphilosophie zur Strategiebildung

Zu beurteilende Kriterien	Gew.-Faktor intern 1-6	Risiken -3	-2	-1	0	+1	Chancen +2	+3	Wert
Marktposition	4			X					-4
DB-Entwicklung	2			X					-2
Umsatzprofil	5					X			+5
Altersstruktur	2		X						-4
Mitarbeiterqualifikation	5						X		+10
Servicepolitik	3					X			3
							Summe=		+8

Abb. 5.7 SWOT-Unternehmensanalyse – Unternehmen (vgl. Dreiskämper 2011; Summe durch Anzahl der Kriterien = Durchschnittswert der Stärken und Schwächen = +1,33)

siken wird dann durch den Durchschnitt der gesamten Antworten der Mitarbeiter jeweils gebildet.

Das gleiche Vorgehen kann auch für die Schwächen und Stärken des Unternehmens gewählt werden und wie in Abb. 5.7 dargestellt aussehen.

Überträgt man nun die Gesamtwertung für „Markt" (Wert: 2,33, siehe Abb. 5.6) und den Wert für „Unternehmen" (Wert: 1,33, siehe Abb. 5.7) ergibt sich die Marktposition wie sie in Abb. 5.8 dargestellt ist.

Zusätzlich zu der SWOT-Analyse des eigenen Unternehmens können auch Wettbewerber als Benchmark von den Mitarbeitern bewertet werden und z. B. im Chart „Marktposition" eingetragen werden, um eine Benchmark zu erhalten. Aus diesem Bewertungsprozess ergibt sich dann die Möglichkeit, strategische Ziele zu bestimmen, indem insbesondere Stärken und Chancen gegenübergestellt werden und in einem gesonderten Workshop herausgearbeitet wird, welche Stärken sich in Verbindung mit den Chancen nutzen lassen.

Insgesamt kann die Erstellung einer Mikro- und Makro-Analyse und eines SWOT-Profils sehr umfangreich sein. In kleineren Unternehmen lässt sich das in einem weniger umfangreichen und aufwändigen Prozess realisieren. Abbildung 5.9 zeigt als Beispiel für den Output eines Analyse-Prozesses die Umwelt- und Marktanalyse eines süddeutschen Regionalverlags.

Die „Umwelt- und Marktanalyse" des süddeutschen Zeitungsverlags beinhaltet sowohl Aussagen über die Makro- als auch die Mikro-Umwelt und ist somit eine ‚verkürzte' Umweltanalyse. Dennoch erfasst diese verkürzte Analyse die relevantesten Trends, auf die eine Unternehmensstrategie eingehen muss.

In der sehr reduzierten SWOT-Analyse in Abb. 5.10 sind wesentliche Teile der „Marktanalyse" in die Rubriken „Chancen" und „Risiken" eingeflossen.

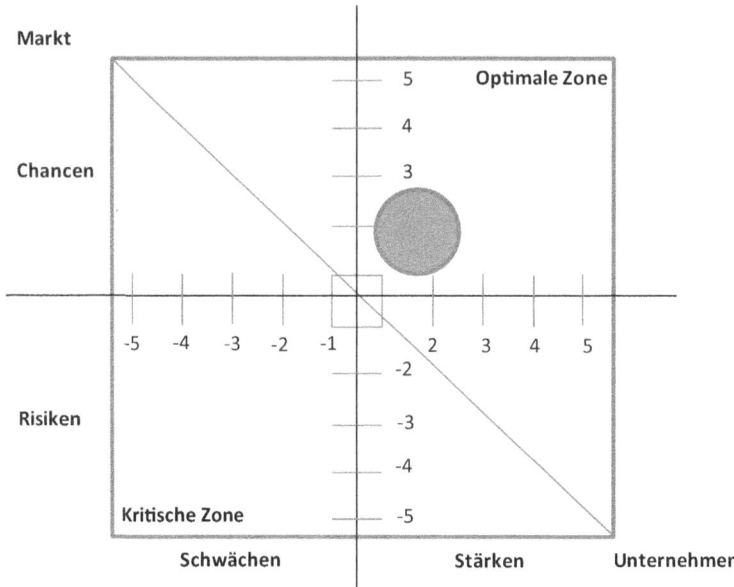

Abb. 5.8 Beispiel Positionierungsraster aus SWOT-Analyse (vgl. Dreiskämper 2011)

- Die Zeitungsauflagen in der westlichen Welt sinken seit Jahren
- Zunehmender Wettbewerb
- Ersatzprodukte wie TV, Radio und Internet (Substitution)
- Lesegewohnheiten und Mediennutzungsverhalten junger Menschen
- Demographische Veränderung
- Hohe Internetnutzung
- Das langfristige Problem ist nicht mehr nur Auflagenentwicklung, sondern größere Einbindung der Leser in das Produkt
- Rezession
- Anzeigenmarkt
  - Verfall des lokalen Einzelhandels
  - Abwanderung von Stellenanzeigen und Kleinanzeigen ins Internet
  - Wegfall der amtlichen Bekanntmachung
- Zeitungsverleger folgen einer Multi-Produktstrategie
- Entwicklung von Internet- und mobilen Produkten sowie Diensten für Leser und Nutzer
- Verlage kannibalisieren eigene Produkte
- Hohe Konsolidierungsaktivitäten in der Zeitungsbranche

Abb. 5.9 Umwelt- und Marktanalyse 2009 – Süddeutscher Regionalzeitungsverlag (Unternehmensdokument)

5.2.4 Strategieprozess

Die Makro- und Mikro-Analyse sowie die SWOT-Analyse sind der Ausgangspunkt für den Strategieprozess. Dieser kann idealtypisch, wie in Tab. 5.9 demonstriert, dargestellt werden.

5.2 Von der Unternehmensphilosophie zur Strategiebildung

Stärken:	Chancen:
• Jahrzehnte lange Erfahrung in der deutschen Zeitungs- und Verlagsbranche • Hohe lokale Markenbekanntheit • 96% Abonnementanteil/hohe Kundenbindung • Lokale Berichterstattung • Kenntnis des lokalen Geschäftslebens	• Technische Entwicklungen wie mobile Datenübertragung • Smartphones • Überdurchschnittliches HH-Einkommen in Weinheim • Zeitungen (noch) als beliebtestes Anzeigenmedium • *Stark verändertes Mediennutzungsverhalten*
Schwächen:	Risiken:
• Kundenorientierung • Langsame Anpassung an verändertes Marktumfeld/Entscheidungs- u. Umsetzungsprozesse • Mangelnde Kompetenz bei neuen Medien, bzw. technischen Entwicklungen und Trends • Homogene Zusammenstellung der Mitarbeiter in den einzelnen Abteilungen • Managementkapazitäten • Datenaustausch zwischen Standorten	• *Stark verändertes Mediennutzungsverhalten* • Entwicklung des lokalen Einzelhandels • Stellenangebote und Kleinanzeigen wandern ins Netz ab • Mangelndes Interesse für Zeitungen bei jungen Leuten • Menschen sind immer weniger bereit für Nachrichten und Informationen zu bezahlen • Wirtschaftliche Entwicklung in den nächsten 2 Jahren • Überangebot an Nachrichten und Informationen • Zunehmender Konsolidierungsdruck in der Branche

Abb. 5.10 SWOT-Analyse – Süddeutscher Regionalzeitungsverlag (Unternehmensdokument)

Tab. 5.9 Strategieprozess (vgl. Demske 2009, S. 17)

1.	*Strategische Analyse(Situationsanalyse)*	• Abgrenzung des Planungs- und Entscheidungsbereiches • Erhebung der Ist-Situation (Makro-, Mikro-, SWOT-Analyse) • Analyse der Ursache Soll/Ist-Abweichungen • Strukturierung der Problembereiche und Geschäftsmöglichkeiten • Festlegung des weiteren Vorgehens
2.	*Zielbildung*	• Zielfestlegung • Überprüfung der Realisierbarkeit der Zielerreichung • Bestimmung für die Kennzahlen der Zielerreichung
3.	*Szenarien- und Alternativplanung*	• Entwicklung von Alternativvarianten und -szenarien
4.	*Bewertung*	• Prognose der Zielwirkung der Alternativen und Szenarien • Auswahl einer Bewertungsmethode • Durchführung der Bewertung und Ergebnisvergleich
5.	*Entscheidung für strat. Optionen & Jahresplanung*	• Festlegung des Aktionsprogramms • Umsetzung in strategische und operative Planung
6.	*Kontrolle*	• Festlegung des Kontrollsystems • Analyse der Abweichungen von der Planung

Tab. 5.10 Grundlegende Teilziele des strategischen Managements

Teilziele	Kennzahl	Instrumente
Fokussierung auf die ertragreichen Geschäftsfelder	Marktgröße, Marktbewertung, Deckungsbeitrag je Produkt	• Analyse und Bewertung des Marktpotenzials • SWOT-Analyse • 5-Forces-Analyse • Fokussierung möglichst aller Ressourcen auf die Produkte/Marktsegmente mit den höchsten Erträgen
Mehr Nutzen bieten als die Konkurrenz	Reklamationsquote, Kundenzufriedenheit	• Analyse Kundenbedürfnisse • Permanentes Monitoring der Kundenzufriedenheit • Systematische Produktinnovation
Spitzenposition in den gewählten Geschäftsfeldern anstreben	Innovationsrate, Reklamationsquote (Kostenanteil Reklamationen), Kundenzufriedenheit, Kostenindex, Kostenelastizität; Marktführerschaft zumindest in einer Region/Segment	• Kostenmanagement und Effizienzsteigerung (Kostenführerschaft) • Qualitätsführerschaft anstreben • Innovationsführerschaft
Streuung des Risikos auf mehrere Produkte	Risikoanalyse	• Entwicklung mehrerer Produktlinien und Geschäftsfelder
Multiplikation erfolgreicher Geschäfts- und Erlösmodelle		• Systematisches Wachstum durch Erschließung neuer geografischer Märkte und Kundensegmente zur Nutzung des Skaleneffekts und der Erfahrungskurve

Abschluss der Ist-Analyse ist somit die Strukturierung der Problembereiche und des weiteren Vorgehens, also die Zielbildung. Beispielhafte Teilziele des Managements auf dem Weg zur Erreichung der Unternehmensziele werden in Tab. 5.10 gezeigt.

Die Ergebnisse der Ableitung von Zielen für den genannten süddeutschen Regionalzeitungsverlag aus der Ist-Analyse wird in Abb. 5.11 dargestellt.

Diese noch sehr allgemein gehaltenen Ansätze reichen für eine operative Steuerung und die Entwicklung in der Form noch nicht aus. Insofern ist der nächste Schritt das „Runterbrechen" auf konkrete Maßnahmen. Als „strategischer Ansatz" wurde u. a. das Thema „Verbesserung der Marktorientierung/Kundenorientierung" hervorgehoben. Die-

5.2 Von der Unternehmensphilosophie zur Strategiebildung

Abb. 5.11 Übergeordnete Unternehmensziele und strategische Ansätze – Süddeutscher Regionalzeitungsverlag (Unternehmensdokument)

Ziele:
- Sicherung der gesellschaftlichen und wirtschaftlichen Unabhängigkeit und damit die Sicherung der Unternehmensexistenz
- Förderung des unternehmerischen Denkens
- Anpassung an das besondere Marktumfeld 2009

Strategische Ansätze:
- Stärkung der für den Unternehmenserfolg entscheidenden Bereiche, vor allem Redaktion und Anzeigen
- Unterstützende Bereiche müssen reduziert werden
- Stärkere Marktorientierung/Kundenorientierung
- Verbesserung der Wettbewerbsfähigkeit
- Entwicklung von neuen Produkten
- Erschließung neuer Kundenpotenziale
- Ausschöpfung bestehender Kundenpotenziale
- Stärkeren Fokus auf Kundenbindung

Abb. 5.12 Stärkung Markt-/Kundenorientierung – Süddeutscher Regionalzeitungsverlag (Unternehmensdokument)

Maßnahmen:
- Erhöhung der Kundenzufriedenheit
- Verbesserung der Produktqualität: Reaktivierung des Qualitätsmanagements
- Verbesserung der redaktionellen Berichterstattung
- Verbesserung des Service (z. B. durch CRM)
- Bessere Unternehmenskommunikation
  - z. B. 1 x Woche GF-Sitzung
  - 1 x Monat FK-Sitzung
  - 1 x Woche Abteilungssitzung
- Reduzierung überflüssiger Kosten

ses allgemeine Ziel wurde in einem weiteren Schritt, wie in Abb. 5.12 gezeigt, konkretisiert.

Obgleich das „Maßnahmen-Paket" im Strategiepapier des süddeutschen Regionalzeitungsverlags noch recht allgemein gehalten ist, lässt sich hier schon die Konkretisierungsstufe erkennen. Qualitätsmanagement soll eingeführt werden, durch ein CRM (Customer Relationship Management) soll die Pflege der Kundenbeziehungen systematisiert werden. Als Maß zur Kontrolle des Umsetzungserfolgs im Bereich „Markt-/Kundenorientierung" wird „Kundenzufriedenheit" definiert, die sich z. B. durch von der Vertriebsabteilung durchgeführte Kundenbefragungen messen lässt.

Als „strategische Ansätze" wurden auch die „Erschließung neuer Kundenpotenziale" und „Ausschöpfung bestehender Kundenpotenziale" genannt (siehe Abb. 5.11). In den Maßnahmen zur „Stärkung Markt-/Kundenorientierung" wurde als Maßnahme – zunächst auch noch sehr allgemein – „Verbesserung des Service" genannt. Diese Maßnahmen werden für den Anzeigenmarkt jedoch noch weiter präzisiert (siehe Abb. 5.13).

In diesem Beispiel für einen süddeutschen Regionalzeitungsverlag wurde beispielhaft gezeigt, wie - ausgehend von der Ist-Analyse - die Zielbildung Schritt für Schritt

Abb. 5.13 Zieldefinition und Konkretisierung am Beispiel Anzeigen – Süddeutscher Regionalzeitungsverlag (Unternehmensdokument)

- Steigerung des Umsatzes durch bessere Marktausschöpfung und transparentere, gezieltere Kundenbetreuung, sowie Erhöhung der Austrittsbarrieren für Kunden.
- Umsatzziele 2009
  - Anzeigen Zeitung: EUR 2.530.000
  - Beilagen Zeitung: EUR 100.000
  - Extra: EUR 700.000
- Cross-Media Vermarktung
  - Weg von Einzelanzeigenverkauf hin zu Werbepaketen
  - Wir müssen unseren Kunden eine echte Medienberatung bieten und keine Zeitungsanzeigenverkaufsgespräche
- Handlungsbuch für Kundensegmente:
  - Besuche pro ABC-Kunden
  - Service-Aktivitäten pro ABC-Kunde
  - Rabattstaffelung für die einzelnen Kundensegmente
- Mitarbeiter-Ziele müssen genauer definiert werden + Anreize und Sanktionen
- Reorganisation der Anzeigenabteilung
- Leistungsgerechte Vergütung im Anzeigenverkauf

konkretisiert wurde. Die weiteren Schritte des Strategiebildungsprozesses aus Tab. 5.9 sind wesentlich komplexer und in der ausführlichen Form nur in größeren Unternehmen anzutreffen. Insofern soll hier auf die Entwicklung der weiteren Schritte des Strategieprozesses verzichtet werden und nur noch der letzte Schritt – das Controlling – erläutert werden.

Controlling leitet sich vom englischen „to control" ab und ist zu übersetzen als „regeln" oder „steuern". Häufig wird darunter im deutschen Sprachgebrauch nur „nachmessen" oder kontrollieren verstanden. Controlling ist aber nicht „nachkontrollieren" als eine Funktion des internen Rechnungswesens, sondern aktives Steuern der Unternehmensentwicklung anhand von Kennzahlen. Der Bezug zum internen Rechnungswesen ergibt sich nur durch dessen Funktion im Rahmen des Controlling-Prozesses als Stelle zur Beschaffung, Aufbereitung und Vorbereitung der Daten für die Entscheidung der strategischen Unternehmensführung.

Die Basiskennzahlen für eine Controlling-gestützte Unternehmensführung lassen sich wie in Abb. 5.14 dargestellt strukturieren.

Es stellt sich nun die Frage der Gewichtung der einzelnen Kennzahlen. Die grundlegendste Mindestanforderung an die Unternehmensführung ist die Aufrechterhaltung der Zahlungsfähigkeit. Ohne Zahlungsfähigkeit ist die Weiterführung des Unternehmens derart gefährdet, dass es Insolvenz anmelden muss. Deshalb heißt es häufig: „Cash is King". Gewinne sind zwar eine unverzichtbare Bedingung für den Unternehmenserfolg in dem Sinne, dass das Unternehmen nachhaltig zahlungsfähig (liquide) bleibt. Kurzfristig – und besonders in Konjunktur- oder Branchen-Abwärtsphasen – ist das „Geld in der Kasse" noch wichtiger. Deshalb ist das Forderungsmanagement von besonderer Bedeutung. So kann z. B. im Krisenfalle durch die Verkürzung der Zahlungsziele für Kunden oder z. B.

5.2 Von der Unternehmensphilosophie zur Strategiebildung

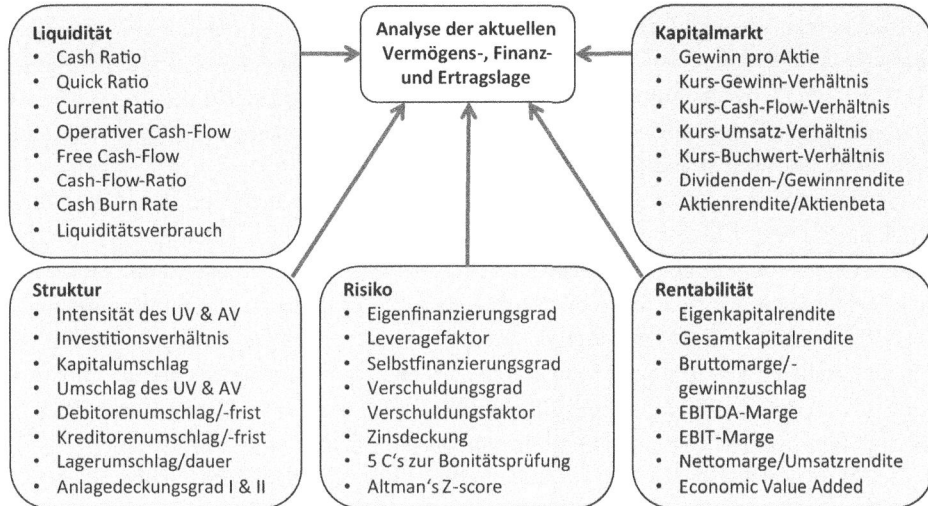

Abb. 5.14 Kennzahlenanalyse der Vermögens-, Finanz- und Ertragslage (in Anlehnung an Hail 2002, S. 56)

auch die Senkung des in Lagerbeständen für Roh-, Hilfsstoffe und Halbfertigprodukte gebundenen Kapitals eine schnelle Maßnahme sein, um die Liquidität kurzfristig zu erhöhen.

Der Cashflow ('Geldfluss') ist eine betriebswirtschaftliche Messgröße, die den aus der Geschäftstätigkeit erzielten Nettozufluss liquider Mittel während einer Periode darstellt (Liquidität). Der Cashflow ist definiert als positiver, periodisierter Zahlungsmittelüberschuss aus der betriebswirtschaftlichen Tätigkeit als Überschuss oder Saldo aus Erträgen und Aufwendungen, die nicht nur erfolgs-, sondern auch zahlungswirksam sind, also in der betrachteten Periode zu Einzahlungen oder Auszahlungen führen.

Die Messgröße 'Cashflow' ist aber auch zur Erreichung der Unternehmenswert-Steigerung die bedeutendste Kennzahl – für die Erhöhung des Unternehmenswertes ist der 'Free Cashflow' die wesentliche Kennzahl, als der Teil des Cashflows der zur freien Verfügung steht, da er nicht für notwendige Investitionen zur Erhaltung des Geschäftsbetriebs und der Fremdfinanzierung benötig wird (siehe Abb. 5.28).

Die Kennzahl Cashflow ermöglicht die Beurteilung der finanziellen 'Gesundheit' eines Unternehmens und zeigt, inwieweit ein Unternehmen im Rahmen des Umsatzprozesses die erforderlichen Mittel selbst erwirtschaften kann, die für die Substanzerhaltung des bilanzierten Vermögens und für Erweiterungsinvestitionen notwendig sind. Der Cashflow spiegelt also Zahlungskraft und Innenfinanzierungspotenzial eines Unternehmens wider: Ein positiver Cashflow versetzt ein Unternehmen in die Lage, aus den Einzahlungen, die das Unternehmen erhält, Kredite ordnungsgemäß zu tilgen oder neue Anlageinvestitionen zu tätigen.

Die Erhaltung der Liquidität ist die Voraussetzung für Rentabilität. Steigende Liquidität läuft steigender Rentabilität voraus. Das auf die Sicherung der Liquidität folgende Ziel ist Rentabilität: Wie viel Gewinn bleibt aus dem Umsatz minus Kosten übrig. Maßzahlen sind hier vor allem der EBITDA als absolute Zahl in Geldeinheiten und EBITDA-Marge als Anteil vom Umsatz in Prozent, wie es am Beispiel der Kennzahlen der *Axel Springer AG* im Kapitel „Kennzahlensystem des strategischen Managements bei *Bertelsmann* und *Axel Springer*" ab S. 109 erläutert wird.

Neben der Sicherung der Liquidität, die sich im Wesentlichen aus rentabler Geschäftstätigkeit (Betriebserfolg) ergibt, stellt sich dann die Frage der effizienten Kapitalverwendung. Als eine der wichtigsten Kennzahlen für das strategische Management wurde im Kapitel „Strategische Ziele und Kennzahlen" ab S. 91 der Return on Investment erläutert. Der ROI als Maß für die Rentabilität des Kapitaleinsatzes, auch Gesamtkapitalrentabilität genannt, stellt die Verzinsung des eingesetzten Eigen- und Fremdkapitals in das Verhältnis zum Betriebsgewinn: So zeigt ein ROI von 10%, dass mit 1,00 € Kapitaleinsatz 0,10 € Gewinn (vor Ertragssteuern und Fremdkapitalzinsen) erwirtschaftet wurde.

Bei Aktiengesellschaften wird der ROI als Maßzahl des Management-Erfolgs als ROIC erweitert. Hier wird vom Betriebsgewinn noch die Dividendenzahlung an die Aktionäre abgezogen. So hat z. B. die *Pro7Sat.1 Media AG* 2012 7,47% ROIC erwirtschaftet, die *Axel Springer AG* 6,67%, *Comcast Broadcasting* 5,45% aus 1,00 € erwirtschaftet. Hier zeigt sich bereits, dass das Geschäft mit klassischen Medien relativ geringen Return erwirtschaftet, wenn man es z. B. mit „New Media"-Unternehmern wie *Google Inc.* oder *Yahoo!* vergleicht: *Google Inc.* hat 2012 einen ROIC von 15,14% erzielt, *Yahoo!* sogar von 28,84%.[2]

Betrachtet man nun das gesamte Unternehmen als ‚reines Investment', so ist die Spitzenkennzahl der Economic Value Added (EVA). Am Beispiel *Bertelsmann* wird ein verwandtes Maß im Kapitel „Kennzahlensystem des strategischen Managements bei *Bertelsmann* und *Axel Springer*" ab S. 109 eingeführt: der Bertelsmann Value Added (BVA). Der BVA misst den über die angemessene Verzinsung des investierten Kapitals hinaus erwirtschafteten Gewinn, also der tatsächliche Wertzuwachs, der sich auf der Eigenkapitalseite des Unternehmens widerspiegelt. Der EVA wählt eine etwas andere Perspektive: Wenn der EVA > 0 ist, dann ist der Unternehmenserfolg größer als die mit dem eingesetzten Kapital am Kapitalmarkt risikolos durch festverzinsliche Anleihen erzielbare Rendite. (vgl. Preißler 2008, S. 108) Der EVA kann verschieden berechnet werden. Eine Möglichkeit ist: Gewinn (abzüglich Kosten, Steuern, Abschreibungen etc. – NOPAT = Net Operating Profit after Tax) minus [Kapitalkosten (Cap spending) mal eingesetztes Kapital (Capital Employed: gesamtes Vermögen eines Unternehmens (Umlauf- und Anlagevermögen) minus laufende Verbindlichkeiten)] (vgl. Preißler 2008, S. 108).

Ergibt sich ein EVA < 0, hätte der Unternehmer oder Manager bei Einsatz des gleichen Kapitals mit einem risikolosen Investment in langlaufende Staatsanleihen eine bessere Rendite erwirtschaftet als mit der ‚mühsamen' Geschäftstätigkeit unter Markt-, Währungs- und sonstigen Risiken. Wenn der Wert über Jahre unter 0 liegt, sollten sich die Eigenkapitalgeber fragen, ob es für sie nicht besser ist, eine alternative Investition in risi-

---

[2] Daten von der Wirtschaftsdatenbank morningstar.com.

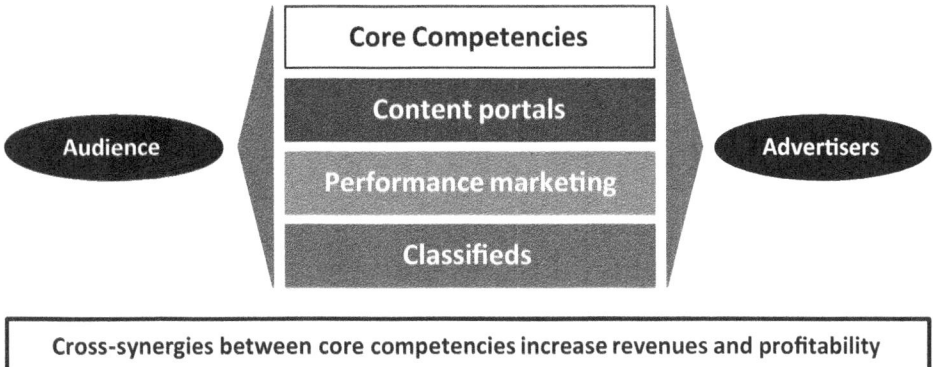

Abb. 5.15 Kernkompetenzen digitaler Geschäftsfelder am Beispiel der *Axel Springer AG* (Döpfner 2012, S. 8)

kolose Investmentalternativen zu tätigen. Insofern ist der EVA ein Maß für die Effizienz und Effektivität der Geschäftsführung. Ist der EVA dauerhaft >0, ist das weitere Investment in das Unternehmen attraktiv. Für das Unternehmen bedeutet dies einen Zuwachs im Eigenkapital und damit wachsende Finanzierungsmöglichkeiten ohne Kapitalkosten für Fremdkapital und damit die Möglichkeit weiteres Potenzial für zukünftige Wertsteigerung durch Erweiterungsinvestitionen und Entwicklungsinvestition aufzubauen.

5.2.5 Beispiel: Unternehmensstrategie der Axel Springer AG

Die Langzeit-Strategie der *Axel Springer AG* baut beispielsweise auf rund sechs Pfeilern auf wie Internationalisierung, Kreativität etc. Ziel ist nicht Marktanteilswachstum, sondern profitables Wachstum durch die Marktführerschaft im Kerngeschäft. Der strategische Kern ist die Digitalisierung. Ziel ist laut Geschäftsberichten seit 2006: „Wir wollen das führende digitale Medienunternehmen werden." Das digitale Geschäft baut seinerseits auf vier Hebeln auf (siehe Abb. 5.15).

Die Umsetzung der Digitalisierung mit dem Ziel des profitablen Wachstums baut auf den traditionellen Kernkompetenzen des *Axel Springer*-Verlags auf: Journalismus, Werbung, Kleinanzeigen (vgl. Axel Springer AG 2013a, S. 3). Diese Kernkompetenz werden (siehe Abb. 5.15): in die digitalen Bereiche übertragen: Journalistischer Content für die Inhalte-Portale, Kleinanzeigengeschäft durch Rubriken-Portale. Der Bereich „Marketing" ist die Mehrwert-Dienstleistung für Werbekunden: Angebote für Cross-Channel-Performance-Marketing, also die vollständige Kampagnenführung in alle Zielgruppen-Segmente über die im *Axel Springer*-Verlag gebündelten On- und Offline-Medien mit den von der *Axel Springer AG* angebotenen Kampagnen-Management-Tools.

Die *Axel Springer*-Strategie ist hinsichtlich der Strategie-Inhalte eindeutig quantifiziert (siehe Abb. 5.16).

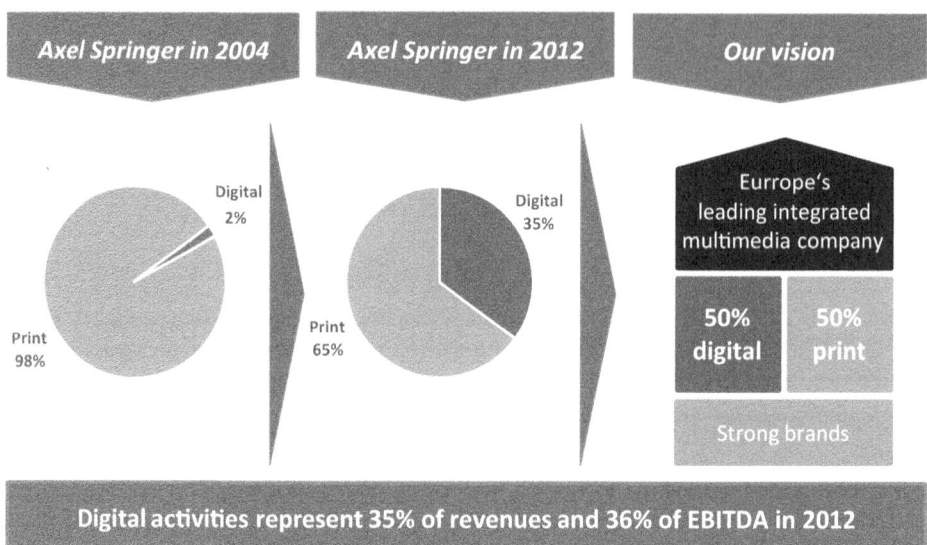

Abb. 5.16 Quantifizierung von Strategieinhalten am Beispiel der *Axel Springer AG* (Döpfner 2012, S. 3)

	2006-2011: selling non strategic assets, buying digital growth businesses	
~ 1.250 €m	Purchase price	~ 1.000 €m
~200 €m	EBITDA effect	<50 €m

Abb. 5.17 Visualisierung der Strategieumsetzung am Beispiel der *Axel Springer AG* (Döpfner 2012, S. 14)

Die Kern-Performance-Kennzahl der Axel Springer AG ist das EBIDTA, also das Ergebnis der Geschäftätigkeit in Form des Gewinns vor Zinsen, Steuern, Abschreibungen (auf Sachanlagen) und Abschreibungen (auf immaterielle Vermögensgegenstände). Ziel ist die Entwicklung des EBITDA im Verhältnis von Print und Digital in einem Verhältnis von 50:50.

Es stellt sich die Frage, wie dieses Ziel zu erreichen ist. Ein Qualitätsmerkmal einer Strategie ist die Darstellung des „Weges" zur Zielrealisierung. Abbildung 5.17, aus einem Chart einer Vorstandspräsentation für Finanzinvestoren, visualisiert die Strategieumsetzung:

Das Geschäftsfeld-Portfolio wird bereinigt um für die Strategie nicht relevantes Vermögen, wie z. B. den 2013 erfolgten Verkauf von regionalen Tageszeitungen (*Hamburger Abendblatt* und *Berliner Morgenpost*). Das Geschäftsfeld Digital wird im Wesentlichen durch Akquisitionen aufgebaut.

5.2 Von der Unternehmensphilosophie zur Strategiebildung

Four ways of digitalisation at Axel Springer

National	International
1. **Transformation** of marketing models into business models	
2. **Development** of existing business models	
3. **Creation** of new business models	
4. **Acquisition** of new business models	

Abb. 5.18 Implementierungspfade der Strategie Digitalisierung am Beispiel der *Axel Springer AG* (Müffelmann 2007, S. 14)

Neben der Akquisition von digitalen Plattformen und Geschäftsmodellen steht aber auch die Weiterentwicklung bestehender Business-Modelle hin zu einer mindestens digitalen Erweiterung des Offline-Geschäftsmodells bzw. auch die eigenständige Entwicklung von neuen Online-Geschäftsmodellen (siehe Abb. 5.18).

Neue eigenständig entwickelte Business-Modelle sowie die Weiterentwicklung von bestehenden Offline-Business-Modellen in den Online-Bereich (gewissermaßen als Line-Extension) und die Akquisitionen von neuem Business wird unterschieden durch zwei strategische Wege: „Organisches Wachstum" und „Wachstum durch Akquisition". Diese finden im Bereich der aus den traditionellen Kernkompetenzen (Journalismus, Werbung, Kleinanzeigen) in die Digitalisierung übertragenen Kernkompetenzen Inhalte-Portale, Rubriken/Marktplätze, Marketing statt (siehe Abb. 5.19).

Die Umsatzentwicklung seit 2006 zeigt einen kontinuierlichen Anstieg des Umsatzanteils des Digital Business am Gesamtumsatz und ist ein Indikator für die erfolgreiche Strategieumsetzung (siehe Abb. 5.20).

Die Effektivität der Strategie, also dass „das Richtige gemacht" wurde, zeigt sich im Vergleich des Anstiegs des Anteils des digitalen Umsatzes am Gesamtumsatz im Vergleich zur EBITDA-Rendite, also des EBITDA im Verhältnis zum Umsatz: Die EBITDA-Rendite der „Zeitungen National" beträgt 283 Mio. € im Jahr 2011 (siehe Abb. 5.21).

Im Vergleichsjahr 2011 beträgt die Konzern-EBITDA-Rendite 593 Mio. €, also machen die „Zeitungen National" knapp 50 % aus (siehe Abb. 5.21). Ein Rückgang der Werbeerlöse wurde erwartet, aber durch die digitalen Erlöse aufgefangen, wie Abb. 5.22 und Abb. 5.23 zeigen.

Es zeigt sich, dass der Anteil der „Zeitungen National" bei den Vertriebserlösen (also im Wesentlichen durch Zeitungsverkäufe) noch knapp 50 % im Vergleich zur „Gruppe" beträgt:

- Vertriebserlöse (2011): 1200 Mio. € „Gruppe" zu 617 Mio. „Zeitungen National".

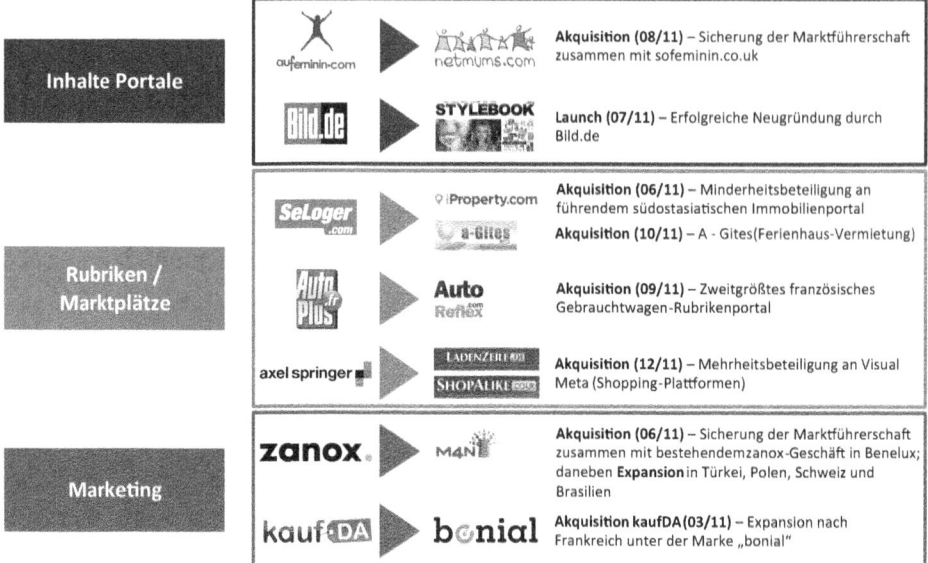

Abb. 5.19 Umsetzung einer Digitalisierungsstrategie durch organisches Wachstum und Akquisition am Beispiel der *Axel Springer AG* (Axel Springer AG 2012, S. 5)

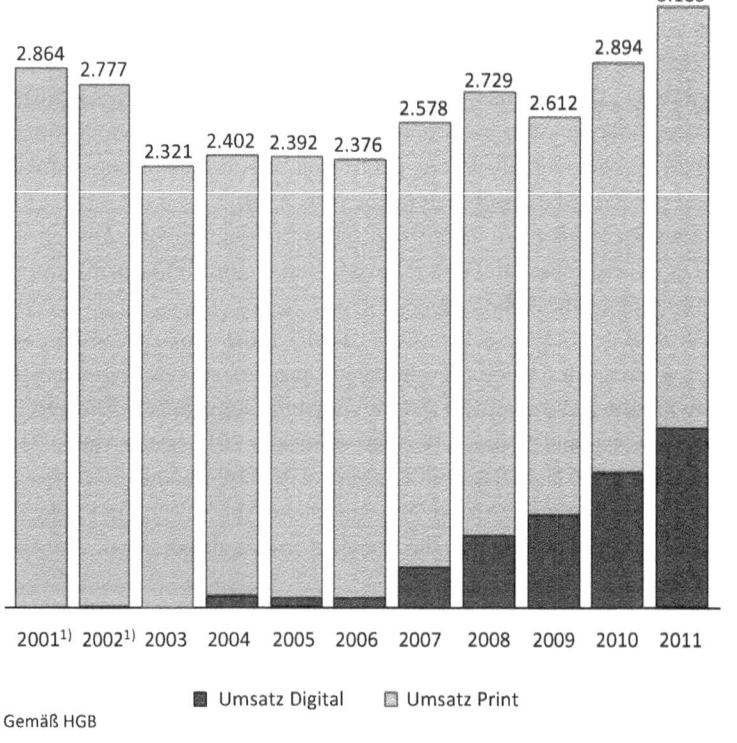

Abb. 5.20 Umsatzentwicklung (in Mio. Euro) infolge einer Digitalstrategie am Beispiel der *Axel Springer AG* (Axel Springer AG 2012, S. 13)

5.2 Von der Unternehmensphilosophie zur Strategiebildung

In Mio. €	2011	2010	Δ Vj.
Umsatz	**1.164,9**	**1.194,2**	**-2,4%**
Vertriebserlöse	617,6	616,7	+0,1%
Werbeerlöse	515,0	544,7	-5,5%
Übrige Erlöse	32,4	32,8	-1,3%
EBITDA	**282,7**	**296,0**	**-4,5%**
EBITDA-Rendite	24,3%	24,8%	-0,5pp

- Leichter Rückgang der Gesamterlöse
- Stabile Vertriebserlöse, unterstützt durch BILD-Preiserhöhung im Mai 2011
- Rückgang der Werbeerlöse im Rahmen der Erwartungen
- Starke EBITDA-Rendite von 24,3%

Abb. 5.21 Umsatzentwicklung „Zeitungen National" am Beispiel der *Axel Springer AG* (Axel Springer AG 2012, S. 15)

In Mio. €	2011	2010	Δ Vj.
Umsatz	**3.184,9**	**2.893,9**	**+10,1%**
Vertriebserlöse	1.204,5	1.174,3	+2,6%
Werbeerlöse	1.606,8	1.384,8	+16,0%
Übrige Erlöse	373,5	334,8	+11,6%
EBITDA	**593,4**	**510,6**	**+16,2%**
EBITDA-Rendite	18,6%	17,6%	+1,0pp

- Gesamterlöse um 10,1%ggü. Vorjahr gestiegen, konsolidierungsbereinigt um 3,9%
- Vertriebserlöse leicht gestiegen
- Wachstum der Werbeerlöse getrieben durch digitale Medien
- EBITDA auf Allzeithoch und EBITDA-Rendite von 17,6% auf 18,6% verbessert

Abb. 5.22 Umsatzentwicklung des Konzerns am Beispiel der *Axel Springer AG* (Axel Springer AG 2012, S. 14)

Hingegen liegt „Digital" bei den Werbeeinnahmen vorn: Die Werbeerlöse (2011) betragen 1600 Mio. € „Gruppe" zu 515 Mio. € „Zeitungen national". Der Anteil von „Zeitungen National" beträgt also knapp ein Drittel an den Gesamterlösen. Im Vergleich der Anteile an den Werbeerlösen zeigt sich dann für 2012, dass die Werbeeinnahmen „Digital" die der Zeitungen überholen (siehe Abb. 5.23).

Dennoch ist die EBITDA-Rendite „Zeitungen National" mit 24,3 % immer noch besser als die Rendite der „Gruppe". Das kann darauf hinweisen, dass das digitale Geschäft derzeit noch nicht so renditestark ist wie das Zeitungsgeschäft. Begründet werden kann dieser Umstand damit, dass durch das organische Wachstum die Aufwendungen im Bereich der Entwicklungskosten steigen. Eine geringere EBITDA-Rendite bei „Digital" muss also nicht bedeuten, dass das digitale Geschäft prinzipiell ertragsschwächer ist als das Offline-Geschäft.

Als Fazit lässt sich festhalten: Der *Axel Springer*-Verlag bietet eine Mustervorlage für Strategie-Bildung, Strategie-Formulierung und Strategie-Umsetzung: Die Ziele und Wege werden genau benannt und quantifiziert, die Zielerreichung wird kontrolliert durch die in der Strategie definierten Kennziffern.

Abb. 5.23 Einnahmen aus Werbung Print vs. Digital am Beispiel der *Axel Springer AG* (Döpfner 2012, S. 5)

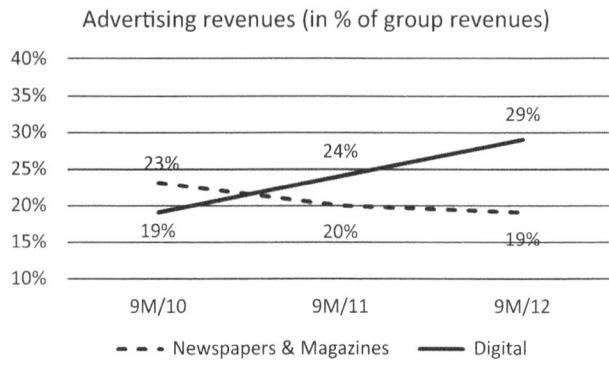

5.3 Was ist Erfolg im Management?

Strategisches Denken definiert inhaltliche Ziele, finanzielles Denken beurteilt und definiert den Erfolg des strategischen Denkens. Eine Strategie ist für Unternehmen nur dann relevant, wenn sie zu einem betriebswirtschaftlichen Erfolg führt, der sich auch in der Gewinn- und Verlustrechnung als Betriebserfolg (Betriebsergebnis) und als Jahresüberschuss sowie in der Bilanz als Bilanzgewinn ausdrückt. Insofern steht am Beginn einer unternehmerischen Entscheidung immer eine strategische Orientierung, die sich dann in einem finanziellen Erfolg realisieren muss, sonst ist das Unternehmen bei ausbleibenden finanziellen Erfolgen in seiner Existenz gefährdet.

Der Erfolg von Management misst sich am Unternehmenserfolg. Kriterien der Messung des Unternehmenserfolgs sind die Unternehmensziele. Folgende Zielkategorien lassen sich unterscheiden:

- Gewinn- und Wertsteigerungsziele: Gewinnwachstum und Kapitalrentabilität etc.
- Finanzziele: Liquidität und Unternehmenswert etc.
- Soziale Ziele: Motivation, Arbeitszufriedenheit etc.
- Markt- und Wettbewerbsziele: Marktanteil, Innovationskraft, Kundenzufriedenheit etc.
- Identitäts- und Eigenständigkeitsziele: Unternehmenskultur, Bewahrung der Eigenständigkeit etc.

Neben diesen Oberzielen lassen sich grundsätzlich die in Abb. 5.24 dargestellten Zielarten unterscheiden.

Oberstes Ziel und damit Maßstab für Erfolg im Management sind **Gewinnerzielung und langfristige Ertragskraft** – aus diesen Zielen lassen sich alle anderen Ziele verwirklichen:

- Eigenständigkeit kann gesichert werden,
- die Gewinnung von Markanteilen oder Innovation kann aus langfristigen Erträgen finanziert werden,
- Liquidität ergibt sich aus der Erwirtschaftung von Gewinnen.

5.3 Was ist Erfolg im Management?

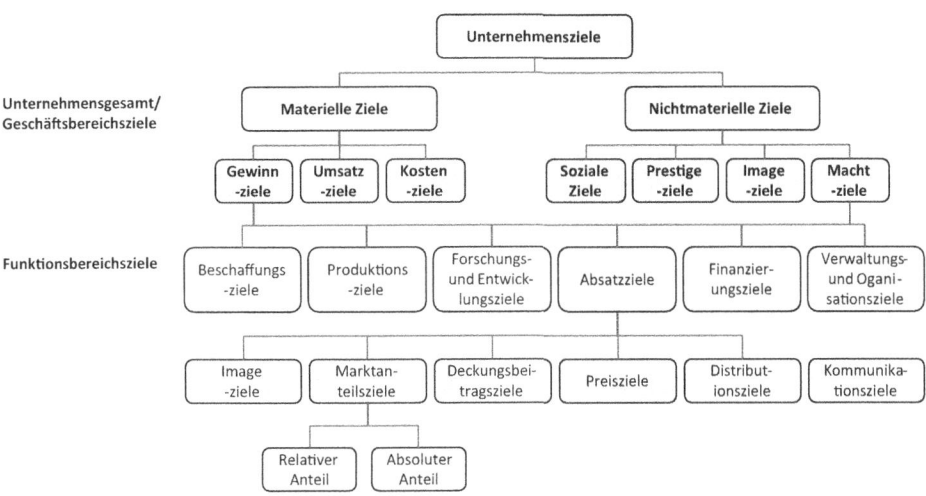

Abb. 5.24 Unternehmensziele nach Geschäfts- und Funktionsbereichen

Einige Ziele sind **vorlaufende Ziele**: Mitarbeitermotivation sowie Produkt- und Prozess-Innovation führt zu Kundenzufriedenheit, was wiederum zu Marktanteilen und Wettbewerbsfähigkeit führt etc.

Diskussionswürdig ist hingegen die Frage, ob Gewinn ein Unternehmensziel sein kann, da er viel mehr Resultat einer richtigen Strategie und deren richtiger Umsetzung ist.

Beispielsweise formulierte die *Axel Springer AG* in den Geschäftsberichten von 1998 bis 2005 als wesentliche Ziele in absteigender Reihenfolge nach Häufigkeit der Nennung: Umsatz, Gewinn, Erschließung neuer Märkte, Rendite (vgl. Eisenbeis 2007, S. 109). Hier zeigt sich, dass Umsatz und Gewinn im Zielsystem des Medienhauses zunächst dominant waren. Hingegen ändert sich das im Laufe der Zeit. 2012 nennt der Geschäftsbericht andere Konzernziele: das Konzern-EBITDA und das EBITDA im Segment „Digitale Medien" (vgl. Axel Springer AG 2013a, S. 70) (s. auch Kap. 5.3.6).

Interessant ist ferner, dass der Aufsichtsrat, also nicht das Management, diese Ziele definiert – hingegen wird der Managementerfolg daran gemessen. Deshalb ist auch der Grad der Zielerreichung Maßstab für den variablen Anteil der Management-Vergütung (vgl. Axel Springer AG 2013a, S. 70).

5.3.1 Einfache Kennzahlensysteme des strategischen Managements

Streitbar ist also die Frage, ob Gewinn ein Ziel, oder das Ergebnis von einer Strategie ist. So vertritt Malik (2013, S. 143) die Position, dass Gewinn das Resultat einer guten Strategie ist: „Aus Sicht von Navigation und Steuerung des Unternehmens hat Gewinn eine andere Funktion, nämlich die einer Steuerungsinformation. … Gewinn (ist) zu verstehen als Test für die Richtigkeit der Unternehmensmission … und als Gradmesser für die Qualität der Erfüllung der Unternehmens-Mission. Der Gewinn gibt somit für die manageriale Navigation zwei Schlüssel-Informationen, nämlich ob das Unternehmen das Richtige tut

– darin liegt die Effektivität des Handelns –, und ob das Unternehmen das Richtige (richtig und) gut tut – darin liegt die Effizienz des Handelns" (Malik 2008, S. 151).

„Steuerungssysteme bestehen aus einer Menge interdependenter Steuerungsgrößen, die sicherstellen sollen, dass die Handlungen einzelner Akteure in einem Unternehmen mit den Zielen des Unternehmens übereinstimmen" (Weber und König 2004, S. 22).

Zieldefinitionen enthalten unterschiedliche Gestaltungsparameter:

- Im ersten Schritt sollte ein **Zielobjekt** festgelegt werden: Sollen sich die Ziele auf ein gesamtes Unternehmen ausrichten oder nur auf einzelne Abteilungen? Im Folgenden wird vereinfachend von dem Gesamtunternehmen ausgegangen.
- Danach müssen die **Dimensionen eines Ziels** geklärt werden, wie Inhalt, Zeitbezug und Ausmaß (vgl. Weber und König 2004, S. 139 f.). Um die Informationen für das Ausmaß der Ziele zu erhalten, wird eine Deduktionsbasis benötigt: Man kann sich zum einen auf das Unternehmen an sich beziehen oder auf die Konkurrenz. Bei der wertorientierten Zielbildung wird sich vor allem auf den Kapitalmarkt ausgerichtet.
- Und zuletzt muss bedacht werden, wie der Zielbildungsprozess gestaltet wird.

Der Ansatz der wertorientierten Unternehmenssteuerung kann aus mehreren Perspektiven betrachtet werden (vgl. Ruhwedel und Schultze 2002, S. 602 ff.):

- Zum einen geht es um die Schaffung der Voraussetzungen für die (mehr)periodische Planung der wertorientierten Größe für das Gesamtunternehmen oder von Teilbereichen dessen sowie die Identifikation lohnender Investitionsobjekte, um darauf aufbauend zielorientierte Unternehmensentscheidungen anzuregen, zu treffen, durchzusetzen und im Anschluss an ihre Realisierung zu kontrollieren (**interne Sichtweise**).
- Zum anderen werden Informationen über die wertorientierte Unternehmenssteuerung auch von externen Interessenten erwartet und von Unternehmen im Weg des Value Reporting zur Verfügung gestellt (**externe Sichtweise**).

„Ein **Kennzahlensystem** ist eine geordnete Gesamtheit von Kennzahlen, die in einer Beziehung zueinander stehen und so als Gesamtheit über einen Sachverhalt vollständig informieren" (Horváth 1996, S. 546). Kennzahleninstrumente lassen sich anhand ihres Komplexitätsgrades kategorisieren in:

- **Eindimensionale Systeme** zeichnen sich durch eine rein monetär orientierte Spitzenkennzahl aus. Als Beispiele sind das DuPont-System mit dem Return on Investment (ROI) als Erfolgsziel und der Shareholder-Value Ansatz zu erwähnen (siehe Abb. 5.25).

Wesentlicher Nachteil des Dupont-Kennzahlen-System zur Zielsetzung und Controlling der Zielerreichung ist: kurzfristige Orientierung, d. h. dass langfristige Potenziale vernachlässigt werden.

5.3 Was ist Erfolg im Management?

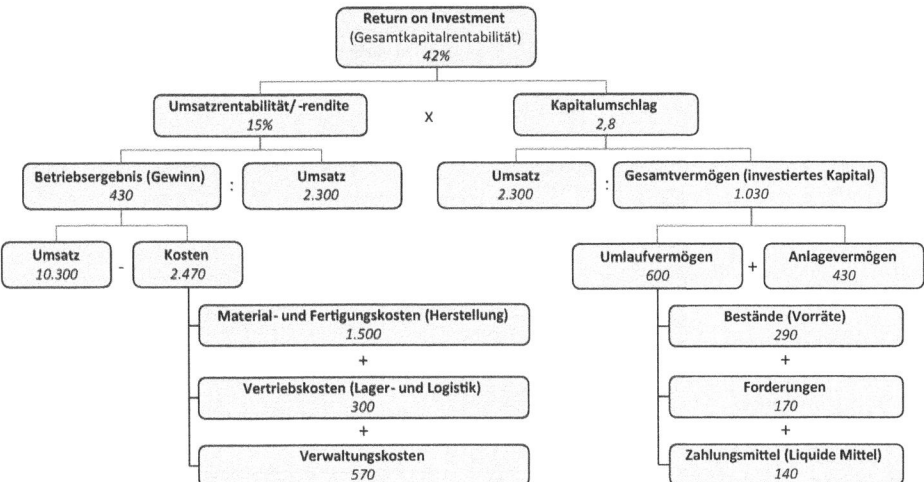

Abb. 5.25 Return on Investment (ROI), fiktives Beispiel für das DuPont-Kennzahlensystem (eigene Darstellung)

- **Mehrdimensionale Systeme** zeichnen sich durch monetäre als auch nicht-monetäre Spitzenkennzahlen aus. Hierzu zählen unter anderem das „Tableu de Bord" und die „Balanced Scorecard". Mithilfe von Partialansätzen wird die Leistung einer Unternehmung im eingeschränkten Sinne beurteilt. Dazu gehören zum Beispiel das „Target Costing" und das „Benchmarking".
Das „ZVEI- Kennzahlensystem" wurde vom Zentralverband der Elektrotechnischen Industrie e. V. (ZVEI) entwickelt und ist branchenneutral. Es ist vergleichbar mit dem „DuPont-Kennzahlensystem", verwendet allerdings zwei Analysestufen (Wachstums- und Strukturanalyse). Analyse und Steuerung sind die Hauptfunktionen des Systems. Spitzenkennzahl ist die Eigenkapitalrentabilität (siehe Abb. 5.26).

Mit der **Wachstumsanalyse** werden Geschäftsvolumen, Personal und wirtschaftlicher Erfolg beurteilt (Kennzahlen: Auftragsbestand, Cash Flow, Ergebnis der gewöhnlichen Geschäftstätigkeit (EGT=EBT), Personalkosten, Wertschöpfung und Mitarbeiter). Die Kennzahlen orientieren sich also an Jahresabschlussgrößen (vgl. Joos-Sachse 2002, S. 284).

Die **Strukturanalyse** ist dagegen perioden-bezogen und basiert auf einem hierarchisch und finanz-mathematisch verknüpften Kennzahlensystem. Spitzenkennzahl ist die Eigenkapitalrentabilität. Analog zum „DuPont-System" wird also auch hier die Spitzenkennzahl in konstituierende Elemente aufgegliedert, um Ursache-Wirkungs-Zusammenhänge aufzuzeigen. Das gelingt besser als im DuPont-System durch die weitgehende Differenzierung der Kennzahlen (vgl. Joos-Sachse 2002, S. 284).

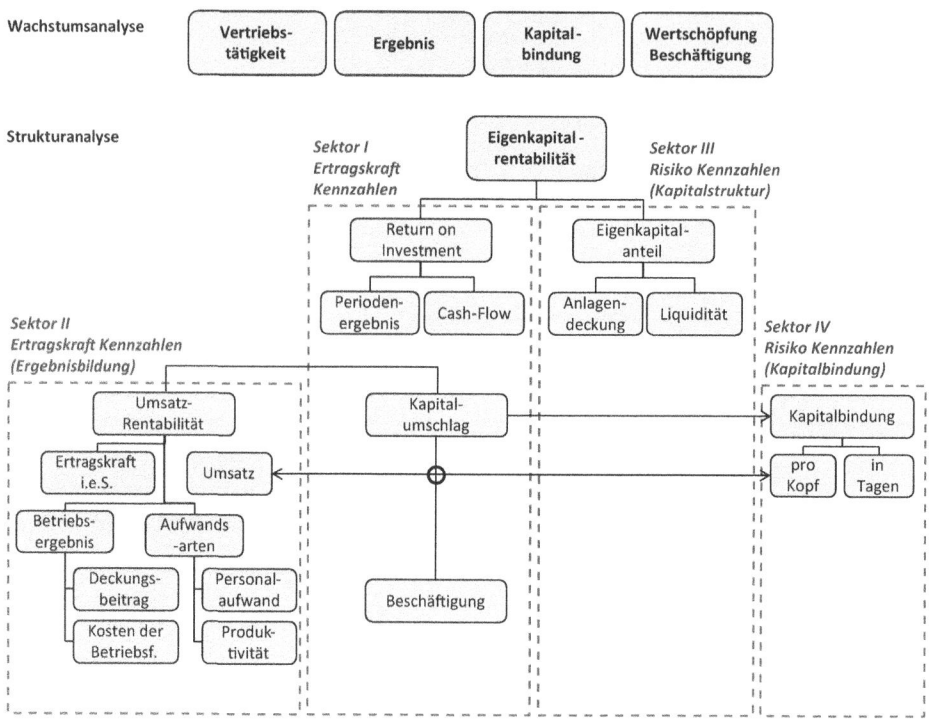

Abb. 5.26 Wachstums- und Strukturanalyse (eigene Darstellung in Anlehnung an Preißler 2008, S. 52)

5.3.2 Wertorientiertes Management

Die Bedeutung von Kennzahlen liegt darin, dass sie aus einer Unternehmensstrategie einen Maßstab für die Erreichung von Zielen generieren. Viele Unternehmensstrategien enthalten keine Kennzahlen. Damit sind sie letztlich „Makulatur": Es bleibt unklar, wie sich der „Weg", den die Strategie beschreibt, in realen zahlenmäßigen Ergebnissen widerspiegeln soll. Nur Ziel-Kennzahlen ermöglichen die Überprüfung des Managementerfolgs. Allgemeine, nur als Text formulierte Ziele, lassen sich immer als „irgendwie" erreicht darstellen, ohne dass die Unternehmensentwicklung wirklich einer Strategie gefolgt ist.

Hingegen ist die Frage, was wirklich relevante, zahlenmäßige Ziele sind. In vielen Unternehmen herrscht die Vorstellung, dass Umsatz oder die Steigerung der Verkaufskennzahlen Spitzenkennzahlen sein sollen. Hingegen sagt der Umsatz noch nichts über den tatsächlichen Betriebserfolg (Betriebsergebnis), also die Differenz zwischen den betrieblichen Leistungen und Kosten aus. Das Betriebsergebnis ermittelt sich aus dem Saldo der Aufwendungen und Erträge, die sich aus dem Rahmen des eigentlichen Geschäftszwecks (Unternehmensgegenstand) ergeben. Somit enthält der Betriebserfolg (auch: Operatives Ergebnis oder engl. Operating Profit oder EBIT (earnings before interest und tax)) nicht außerordentliche Aufwendungen oder Erträge z. B. aus Finanzgeschäften etc. Diese Kennzahl gibt somit an, wie erfolgreich das Unternehmen in seinem Geschäft ist und ob aus den Umsätzen wirklich auch Unternehmenserfolg erwirtschaftet wurde, mit dem die zukünftige Unternehmensentwicklung, also Wachstum und Ausbau des Geschäftserfolgs finanziert werden kann.

Nach King & Levine korreliert ein gesundes und damit profitables Wachstum stark mit der Finanz-Entwicklung, physischer Kapitalakkumulation und der Verbesserung der wirtschaftlichen Effizienz (vgl. King und Levine 1993, S. 717). Somit kann konstatiert werden, dass ein Unternehmen, das gesund wachsen soll, wertschöpfend handeln muss. Darauf basierend stellt das folgende Konzept der Wertorientierung (Value-based Management) ein Management-Konzept dar, dessen Ziel es ist, den Wert des Unternehmens kurz-, mittel- und langfristig zu erhöhen, um eine gesunde Entwicklung zu fördern.

Nach Koller (1994) kann Wertorientierung (value-orientation) definiert werden als ein „approach to management that aligns a company's overall aspirations, analytical techniques, and management processes to focus management decision making on the key drivers of value" (Koller 1994). Wertorientiertes Management (Value-based Management; VBM) ist dann ein Zielsystem für das Management auf der Basis eines Fundamentalwertes des Unternehmens, dass das operative Management, das strategische Denken und das Finanzmanagement in eine strategische Richtung bringt mit dem Ziel der Unternehmenswertsteigerung im Sinne der Stakeholder und insbesondere der Shareholder bzw. Eigentümer und der Finanzierung zukünftiger Erfolgspotenziale aus dem Residualgewinn (vgl. Schweickart und Töpfer 2006, S. 5; Rappaport 1999, S. 23).

Erfolg im Management oder im Unternehmertum misst sich also am Erreichen von Zielen wie z. B.:

- **Gewinnziele**: Steigerung der Umsatzerlöse, Kostenreduktion, Steigerung des Rohertrags und des operativen Gewinns (Betriebsergebnisses) und des Jahresüberschusses (in AGs: Bilanzgewinn).
- **Finanzziele**: Sicherung der langfristigen Ertragskraft, Steigerung des Unternehmenswertes, Ausweitung der Innenfinanzierungsfähigkeit und damit der Mittler für die Eigenfinanzierung der zukünftigen Wettbewerbsfähigkeit bzw. Sicherung der langfristigen Ertragskraft.
- **Markt- und Wettbewerbsziele**: Erschließung neuer Ertragsquellen (neue Märkte), oder ertragreicherer Märkte (Fokus auf ertragreichere Segmente in bestehenden Märkten).
- **Stakeholderziele**: Arbeitszufriedenheit, gesellschaftliche Verantwortung, Umweltschutz, Unternehmenskultur, Schutz der Eigentümerinteressen wie Eigenständigkeit bzw. Erhalt der Kontrolle über das eingesetzte Kapital.
- **Shareholder-Ziele**: Zahlung einer entsprechenden Rendite auf das eingesetzte Kapital, um im Vergleich zu alternativen Investments attraktiver zu sein, um z. B. weiteres „billigeres" Eigenkapital aufzunehmen bzw. das Abziehen von Eigenkapital zu verhindern.

5.3.3 Strategische Ziele und Kennzahlen

Der Erfolg eines Unternehmens lässt sich letztlich sehr gut mit relativ wenigen Kennzahlen bestimmen, die man in den Bilanzen und der Gewinn-Verlust-Rechnung von Unternehmen finden kann.

5.3.3.1 Aufbau von Bilanzen

Bilanzen unterscheiden in Vermögen (Aktiva) und Kapital (Passiva). Die Passiv-Seite zeigt die Mittelherkunft (Eigenkapital und Fremdkapital), die Aktivseite die Mittelverwendung, also wie das Kapital in Vermögenswerten gebunden ist (Anlagevermögen und Umlaufvermögen)

Vermögen (Passivseite der Bilanz) ist die Gesamtheit aller materiellen und immateriellen Güter, die in Übereinstimmung mit den Zielsetzungen des Unternehmens eine produktive Funktion erfüllen.

- **Anlagevermögen**: Gesamtheit der Vermögenselemente, die dazu bestimmt sind, dauernd dem Geschäftsbetrieb zu dienen und dem wirtschaftlichen Eigentum des Unternehmens zuzurechnen sind, z. B. Produktionsanlagen.
- **Umlaufvermögen**: Vermögenselemente, die nicht dauernd dem Geschäftsbetriebs dienen, z. B. Vorräte, Forderungen, Zahlungsmittel.

Die **Bilanz** zeigt die Umwandlung von Kapital in Vermögen: Investitionen (Mittelverwendung) auf der Aktivseite, **Finanzierung** (Mittelherkunft für Investitionen) auf der Passivseite:

Investition ist damit der zielgerichtete Einsatz finanzieller Mittel zur Schaffung des Sachvermögens (Anlagen) und des Finanzvermögens (u. a. Beteiligungen, Wertpapiere etc.) und schränkt zunächst die betriebliche Disposition ein mit dem Ziel, zukünftige Erlöse zu erwirtschaften. Eine wesentliche finanzwirtschaftliche Managementaufgabe realisiert sich somit in der Investitionsplanung: Hier kann erhebliches Kapital gebunden werden, das nicht sofort Rückflüsse durch Umsatz produziert.

Investition lassen sich in Sach- und Finanzinvestitionen unterscheiden:

- **Sachinvestitionen**: Ersatzinvestitionen zum identischen Ersatz oder Rationalisierung von Gegenständen des Sachvermögens (z. B. Produktionsanlagen), Erst- oder Einrichtungsinvestitionen als Grundlage geplanter Leistungserstellung, Erweiterungsinvestitionen zur Anpassung an erwartete Absatzsteigerung z. B. durch zunehmende Nachfrage in bestehenden Märkten des Unternehmens oder Ausweitung der Nachfrage durch Erschließung neuer Märkte (auch: Diversifikationsinvestitionen).
- Finanzinvestitionen: Die Passivseite der Bilanz gibt Auskunft über die Teile des Kapitals von den Eigentümern (**Eigenkapital**) und welche Teile von Gläubigern (**Fremdkapital**) zur Verfügung gestellt werden. Die Aktivseite zeigt, in welchen Vermögenspositionen das Kapital gebunden ist.

5.3 Was ist Erfolg im Management?

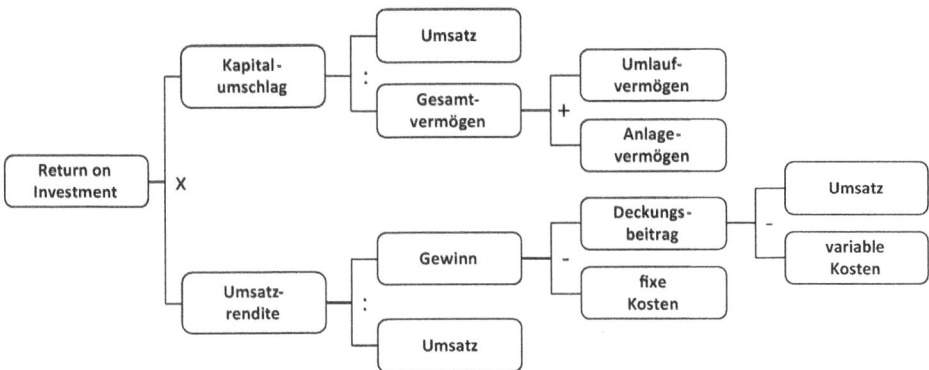

Abb. 5.27 Zusammenhang zwischen Umsatz und Gewinn im Verhältnis zum eingesetzten Kapital (Return on Investment – ROI), (eigene Darstellung des DuPont-Kennzahlensystems)

Das wichtigste Maß für den Unternehmenserfolg ist die Rentabilität. **Rentabilität** bezeichnet das Verhältnis von eingesetztem Kapital zu dem Ergebnis (Erfolg) des Einsatzes. So unterscheidet man verschiedene Formen der Rentabilität wie Eigenkapitalrentabilität (dem Erfolg des eingesetzten Eigenkapitals) oder Gesamtkapitalrentabilität (dem Erfolg aus dem eingesetzten Gesamtkapital). Bei nachhaltig erfolgreichen Unternehmen hat Profitabilität Vorrang vor einseitigem Umsatz- oder Marktanteilswachstum.

Das älteste Kennzahlensystem spiegelt diese Bedeutung der Rentabilität wieder – im, bereits in den 20er Jahren entwickelten, Dupont-Kennzahlensystem. Die Spitzenkennzahl ist die Rentabilität des gesamten eingesetzten Kapitals (ROI: Return on Investment), also die Rentabilität von Eigen- und Fremdkapitals (Gesamtkapital). Entsprechend ist der ROI die Gesamtkapitalrentabilität und errechnet sich wie folgt:

$$\text{ROI} = \frac{\text{Gewinn}}{\text{Gesamtkapital}}$$

Im Dupont-Kennzahlensystem bildet sich der zahlenmäßige Zusammenhang zwischen Umsatz und Gewinn im Verhältnis zum eingesetzten Kapital wie in Abb. 5.27 gezeigt wird.

Die Inhalte der strategischen Planung sind nur dann relevant, wenn sie einen **Zusammenhang zwischen den Maßnahmen und den finanzwirtschaftlichen Zielen** erkennen lassen. Das bedeutet, das Ziel: „Wir wollen Marktführer im Markt X oder Y werden", ergibt nur dann Sinn, wenn es sich in finanzwirtschaftliche Ziele übersetzen lässt.

Unternehmen lösen sich immer mehr von der Ausrichtung des Zielsystems an klassischen Gewinngrößen wie z. B. Jahresüberschuss. Die Betrachtung dieser Gewinngrößen zeigt deutlich ihre Schwächen als Zielgröße in der Wertschaffung. Die entscheidungstheoretische Begründung ist gegeben durch die Beurteilung der Vorteilhaftigkeit in das Unternehmen als Investment für Eigenkapitalgeber wie Investoren. Hier ist von besonderer Bedeutung der Residualgewinn, also der Free-Cashflow, aus dem Rückflüsse an Eigentümer und Investoren gezahlt werden oder weitere strategische Zukunftspotenziale für

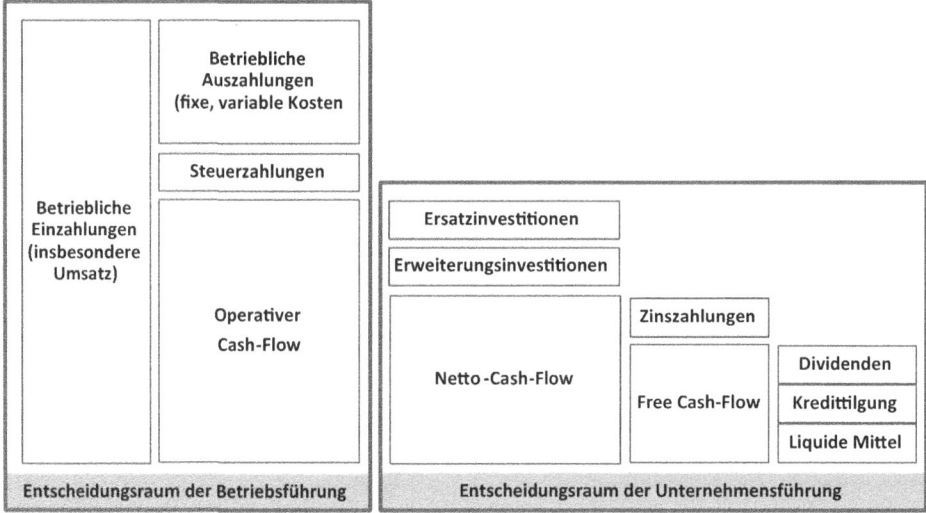

Abb. 5.28 Cashflow-Arten

das Unternehmen finanziert werden können. Cashflow bedeutet zunächst nichts anderes als „Geldstrom" oder „Geldumlauf" und gibt den aus der Geschäftstätigkeit entstandenen Nettozufluss an liquiden Mitteln an (siehe Abb. 5.28).

Betriebliche Auszahlungen, Steuerzahlungen, Ersatzinvestitionen und Zinszahlungen sind Outflow (Zahlungen), die für die Erfüllung aller Zahlungsverpflichtungen und der Fortführung des Betriebs in der bestehenden Form notwendig sind und so – wenn der Betrieb in der bestehenden Form fortgeführt werden soll – nicht mehr für das strategische Management zur Verfügung stehen, um z. B. neue Geschäftsfelder zu erschließen oder Markanteile in bestehenden Geschäftsfeldern auszubauen.

Der Netto-Cashflow ist derjenige Teil, der nach Abzug aller laufenden Kosten, Steuern, der Ersatzinvestitionen für neue Produktionsmittel oder Ersatzteile für diese sowie nach Abzug der Erweiterungsinvestitionen zur Aufstockung der Kapazitäten übrigbleibt. Zieht man noch die Zinszahlungen für Fremdkapital (Kredite etc.) ab, ergibt sich der Free Cashflow, also die dem Unternehmer oder Manager zur Verfügung stehenden Mittel, z. B. für Kredittilgungen oder für die Befriedigung von Eigentümer-Interessen.

Der Free Cashflow kann als strategische Reserve betrachtete werden. Er wird als Residual- oder auch Übergewinn bezeichnet: Aus ihm sind Dividendenzahlungen und Kredittilgungen möglich, aber auch strategische Investitionen, wie z. B. Diversifikationsinvestitionen für neue Produktlinien oder zum Eintritt in neue Märkte.

5.3.4 Operative Ziele und Kennzahlen

Auf der operativen Ebene bleiben also als Stellschrauben für die Erhöhung des Cashflows die betrieblichen Einzahlungen und die betrieblichen Auszahlungen, um den operativen Cashflow zu erhöhen. Vereinfacht formuliert bleiben zur Erreichung der strategischen

5.3 Was ist Erfolg im Management?

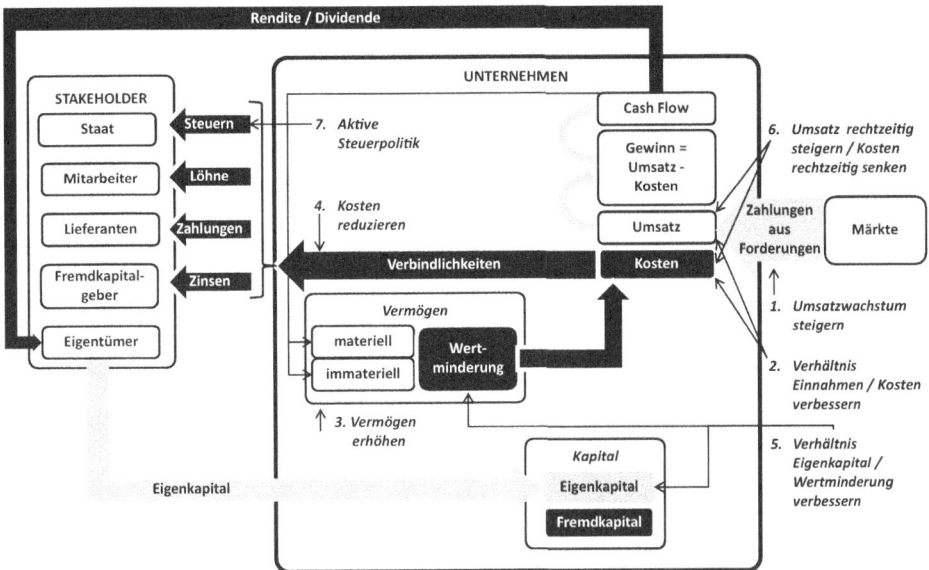

Abb. 5.29 Strukturmodell für Werttreiber (in Anlehnung an Töpfer und Duchmann 2006, S. 41)

Ziele auf operativer Ebene zunächst die ‚Stellschrauben' Umsatz und Kosten, neben den ‚Hauptstellschrauben' (Nr. 1, 2 und 3 in Abb. 5.29).

Kosten und Umsatz wirken unmittelbar auf den operativen Cashflow, ebenso wie eine aktive „Steuerpolitik" (active tax policy, Nr. 7) zur Senkung der Aufwendungen für die Steuerzahlung. Treiber für die zukünftige Erhöhung des Cashflows sind das Sach- und Anlagevermögen (tangible assets), z. B. durch Erweiterungsinvestitionen oder durch immaterielle Vermögenswerte, wie z. B. für Medienunternehmen Rechte an Content (Nr. 3). Die Erhöhung des Eigenkapitals (Nr. 5) kann ein Treiber für die Erhöhung des Free Cashflows sein, da dadurch die Finanzierungskosten gesenkt werden.

Die wichtigsten operativen Kennzahlen für das operative Management sind Umsatz, Kosten, Deckungsbeitrag, Gewinn, Rentabilität, Ertragswachstum und Kundenkapital (siehe Tab. 5.11).

Eine der wichtigsten Maße für die Steuerung und Bestimmung des Betriebserfolgs ist die Kostenbeitragsrechnung. Der Sinn der Kostenbeitragsrechnung liegt in der Bestimmung der Wirtschaftlichkeit von Produkten. Tabelle 5.12 zeigt, welche Beitragsrechnung sich z. B. für eine Zeitung aufstellen lässt.

Die Erkenntnisse aus der Deckungsbeitragsrechnung sind:

- Welche sind die ertragreichsten Produkte? Auf diese sollte sich das Unternehmen konzentrieren und seinen Marktanteil in diesen Produktgruppen ausbauen.
- Welche Produkte sind unrentabel und sollten deshalb nicht mehr produziert und vertrieben werden?
- Wo liegen die Gewinnschwellen für einzelne Produkte? Was ist nötig, um diese zu erreichen z. B. durch Kostensenkungen im Bereich Produktion und Vertrieb?

Tab. 5.11 Beispiele für Ziele und operative Kennzahlen von Medienunternehmen

Ziel	Definition	Beispiele Entscheidungsfragen	Wichtige Kennzahlen
Umsatz	Anzahl verkaufter Stück x Preis (Erlös) – entsteht als betrieblicher Erlös durch Forderungen aus dem Verkauf von Waren oder Leistungen. Nichtbetrieblicher Erlös entsteht z. B. aus Erlösen aus Finanzgeschäften, wenn diese nicht der eigentliche Unternehmensgegenstand sind.	Wie steht der Umsatz im Verhältnis zu den Kosten? Ziel eines Unternehmens ist es, dauerhaft mindestens die Kosten durch die Umsätze zu decken sowie einen über die Finanzierungskosten für die Geschäftstätigkeit notwendigen Gewinn zu erwirtschaften.	Umsatzerlös Umsatzentwicklung Umsatz einer Artikelgruppe (z. B. Zeitschriftentitel) Umsatzanteil nach Vertriebsform (z. B. Presse-Grosso/Aboverkauf) oder nach Media-Agenturen, Branchen etc.)
Kosten	Ausgaben für die Herstellung von Gütern und den Erhalt des Unternehmens (im Wesentlichen fixe und variable Kosten sowie Finanzierungskosten)	Sind die Kosten kleiner als der Umsatz? Wird als die „Gewinnschwelle" (Break-even) erreicht?	Fixkostenstruktur (Anteile fixer Kosten, die unabhängig von der produzierten Menge anfallen wie z. B. Büro- und Kommunikationskosten, Administrationskosten) und deren Anteil am Umsatz Gemeinkostenintensität (Anteil der Gemeinkosten an der Leistungserstellung) Kostenelastizität (Zeigt das Verhalten der Kosten an bei Veränderung des Beschäftigungsgrads)
Deckungsbeitrag	In der Kosten- und Leistungsrechnung die Differenz zwischen Umsatz minus variable Kosten	Ergibt der Deckungsbeitrag mindestens eine ausreichende Summe zur Deckung aller fixen und Finanzierungskosten?	Deckungsbeitrag je Einheit Deckungsbeitrag je Produktgruppe

Tab. 5.11 (Fortsetzung)

Ziel	Definition	Beispiele Entscheidungsfragen	Wichtige Kennzahlen
Gewinn	Erlös minus Kosten (Umsatz minus Aufwände)	Ermöglicht die Höhe des Gewinns mindestens die Bestandssicherung in Sinne der Kostendeckung plus der Erwirtschaftung eines Residualgewinns für die Finanzierung von Ersatzinvestitionen und Rationalisierungsinvestitionen? Ansonsten ist der nachhaltige Geschäftserhalt in Frage gestellt.	Operativer Gewinn, Jahresüberschuss
Rentabilität	Verhältnis von Gewinn zu eingesetztem Kapital (Verzinsungsprozentsatz des Kapitals)	Gibt es alternative Produkte, Geschäftsmodelle, Investments, die eine höhere Verzinsung versprechen?	Eigenkapitalrentabilität (ROE – Return on Equity) = Gewinn/ eingesetztes Kapital
Ertragswachstum	Wachstum strategisch bedeutender Werte, also Werte, die für den Bestand und das Wachstum des Unternehmens von Bedeutung sind	Wächst der Ertrag entsprechend zur Sicherung der notwendigen Ersatz-, Rationalisierungs- und Erweiterungsinvestitionen gemäß der Unternehmensstrategie?	Wachstum des operativen Ergebnisses (Betriebsergebnis), des Jahresüberschusses (Bei AG: Bilanzgewinn)
Kundenkapital	Ertragswert eines durchschnittlichen Kunden, Ertrag eines durchschnittlichen Kunden in spezifischen Kundensegmenten	Welche Kundensegmente leisten einen überdurchschnittlichen Ertragsbeitrag zum Gesamtergebnis? Anschlussfrage: Kann die Anzahl der Kunden in den ertragreichen Kundensegmenten ausgebaut werden?	Kundenwert: Ertrag pro Kunde pro Jahr mal Kundenbehaltedauer

Tab. 5.12 Deckungsbeitragsrechnung am Beispiel Zeitung (in Anlehnung an Fritz et al. 2008, S. 170)

Umsatz	Anzahl verkaufter Zeitungen mal Copy-Preis (Ladenpreis, Abopreis, rabattierter Preis)
- Provisionen	Verkaufsprovisionen (Händler etc.), Prämien (Verkäufer)
- Erlöskorrekturen	Reklamationen o.ä.; Skonti
= Nettoumsatz	Umsatz minus Provisionen
- Variable Kosten	Variable, direkt zuordenbare Kosten sind z. B. - Herstellungskosten/Heftkosten (Druck, Papier) - Vertrieb, Verpackung
=Deckungsbeitrag I	Der Deckungsbeitrag I ergibt sich also aus dem Umsatz minus variable Kosten

Für das operative Management ist das aus den genannten Faktoren sich ergebende Betriebsergebnis die Spitzenkennzahl für den Managementerfolg. Die Gewinn- und Verlustrechnung ist die Ergebnisrechnung der betrieblichen Aktivitäten. Erträge und Aufwendungen eines Geschäftsjahres werden gegenübergestellt und so Art, Höhe und Quellen unternehmerischen Erfolges aus finanzwirtschaftlicher Perspektive gegenübergestellt. Überwiegen die Erträge, ist der Erfolg ein Gewinn, andernfalls ein Verlust, der Betriebserfolg also negativ.

Tabelle 5.13 zeigt, dass Umsatzkosten- und Gesamtkostenverfahren jeweils mit den Umsatzerlösen beginnen. Diesen werden die Kostenarten nach unterschiedlichen Kriterien zugeordnet. Das Gesamtkostenverfahren berücksichtigt alle Kosten einer Rechnungsperiode, die bei der betrieblichen Leistungserstellung entstanden sind und stellt diesen alle Erlöse gegenüber. In Umsatzkostenverfahren werden nur diejenigen Kosten den Umsatzerlösen gegenübergestellt (Umsatzkosten), die für die tatsächlich verkauften Produkte angefallen sind.

Der zweite wesentliche Unterschied ist die Kostenarten-Gruppierung:

- Das **Gesamtkostenverfahren** gruppiert nach Kostenarten (Materialkosten, Personalkosten, Abschreibungen).
- Das **Umsatzkostenverfahren** gliedert die Kosten nach Funktionsbereichen (z. B. Produktion, Vertrieb, Verwaltung).

Für eine kurzfristige, z. B. monatliche Ergebnisrechnung, ist das Umsatzkostenverfahrens aussagekräftiger, da das Betriebsergebnis für einzelne Produkte oder Produktgruppen leichter zu ermitteln ist. Hingegen ist Aufschlüsselung nach Kostenarten nur nach Umrechnung möglich, sodass das Umsatzkostenverfahren nicht „verursachergerecht" ist. Dennoch führt die Berechnung des Jahresüberschusses bei beiden Verfahren zum gleichen Ergebnis.

5.3 Was ist Erfolg im Management?

Tab. 5.13 Gewinn- und Verlustrechnung nach dem HGB

Gliederung der Gewinn- und Verlustrechnung nach § 275 HGB

Gesamtkostenverfahren		Umsatzkostenverfahren	
1.	Umsatzerlöse	1.	Umsatzerlöse
2.	Erhöhung oder Verminderung des Bestands an fertigen und unfertigen Erzeugnissen	2.	Herstellungskosten der zur Erzielung der Umsatzerlöse erbrachten Leistungen
3.	Andere aktivierte Eigenleistungen		
4.	sonstige betriebliche Erträge (aus gewöhnlicher Geschäftstätigkeit, soweit anderen Positionen nicht zuzuordnen)	3.	Bruttoergebnis vom Umsatz
5.	Materialaufwand (Roh-, Hilfs-, Betriebsstoffe, bezogene Waren und Leistungen)	4.	Vertriebskosten
=	Rohergebnis nach dem Gesamtkostenverfahren		
6.	Personalaufwand (Löhne und Gehälter, Sozialabgaben, Altersvorsorge und Unterstützung)	5.	Allgemeine Verwaltungskosten
7.	Abschreibungen (Anlagevermögen (außer Finanzanlagen), unübliche Abschreibungen auf Umlaufvermögen)	6.	sonstige betriebliche Erträge
8.	sonstige betrieblichen Aufwendungen (aus gewöhnlicher Geschäftstätigkeit, soweit anderen Positionen nicht zuzuordnen)	7.	sonstige betrieblichen Aufwendungen (nur Aufwendungen, die nicht den Herstellungs-, Verwaltungs- oder Vertriebskosten zugeordnet werden können)
=	(Betriebsergebnis)	=	(Betriebsergebnis)
9.	Erträge aus Beteiligungen (nur laufende Erträge)	8.	Erträge aus Beteiligungen (nur laufende Erträge)
10.	Erträge aus anderen Wertpapieren und Ausleihungen des Finanzanlagevermögens	9.	Erträge aus anderen Wertpapieren und Ausleihungen des Finanzanlagevermögens
11.	sonstige Zinsen und ähnliche Erträge	10.	Sonstige Zinsen und ähnliche Erträge
12.	Abschreibungen auf Finanzanlagen und übliche Abschreibungen auf Wertpapiere des Umlaufvermögens	11.	Abschreibungen auf Finanzanlagen und auf Wertpapiere des Umlaufvermögens
13.	Zinsen und ähnliche Aufwendungen	12.	Zinsen und ähnliche Aufwendungen

Tab. 5.13 (Fortsetzung)

Gliederung der Gewinn- und Verlustrechnung nach § 275 HGB			
Gesamtkostenverfahren		Umsatzkostenverfahren	
=	(Finanzergebnis)	=	(Finanzergebnis)
14.	Ergebnis der gewöhnlichen Geschäftstätigkeit (Betriebs- und Finanzergebnis)	13.	Ergebnis der gewöhnlichen Geschäftstätigkeit (Betriebs- und Finanzergebnis)
15.	außerordentliche Erträge	14.	außerordentliche Erträge
16.	außerordentliche Aufwendungen	15.	außerordentliche Aufwendungen
17.	außerordentliches Ergebnis	16.	außerordentliches Ergebnis
18.	Steuern vom Einkommen und vom Ertrag	17.	Steuern vom Einkommen und vom Ertrag
19.	sonstige Steuern (alle anderen erfolgswirksamen Steuern)	18.	sonstige Steuern (alle anderen erfolgswirksamen Steuern)
20.	Jahresüberschuss/ Jahresfehlbetrag	19.	Jahresüberschuss Jahresfehlbetrag
Ergänzende Angaben für Aktiengesellschaften			
	Gewinnvortrag/Verlustvortrag aus dem Vorjahr		Gewinnvortrag aus dem Vorjahr
	Entnahmen aus der Kapitalrücklage		Entnahmen aus der Kapitalrücklage
	Entnahmen aus Gewinnrücklagen		Entnahmen aus Gewinnrücklagen
	Einstellungen in Gewinnrücklagen		Einstellungen in Gewinnrücklagen
	Bilanzgewinn/Bilanzverlust		

5.3.5 Die Ökonomie von Preis, Absatzmenge und Kosten

Aus mikroökonomischer Sicht ist die Unternehmung bestimmt durch Preis, Absatzmenge und Kosten. Diese drei wesentlichen Faktoren sind die Treiber der kontinuierlichen Unternehmensentwicklung. Angebot und Nachfrage wiederum entwickeln sich zyklisch. Eine idealtypische Darstellung der Zyklen von Angebot und Nachfrage zeigt Abb. 5.30.

Wie sich die einzelnen Phasen eines Konjunkturzyklus charakterisieren lassen, wird in Tab. 5.14 dargestellt.

Aus Unternehmenssicht ergeben sich in einem Konjunkturzyklus folgende idealtypischen Marktphasen in Form eines Wechsels von Verkäufer- und Käufermarkt. Verkäufermärkte werden von den Anbietern von Gütern bestimmt. Käufermärkte werden von den Nachfragen dominiert:

5.3 Was ist Erfolg im Management?

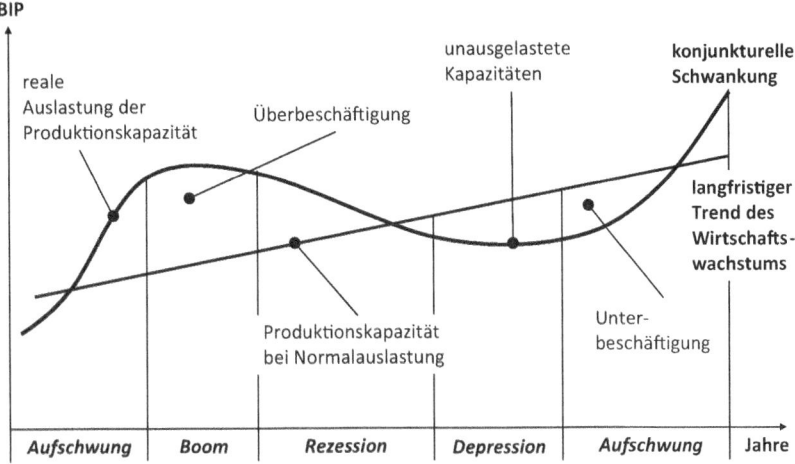

Abb. 5.30 Konjunkturzyklus der Unternehmensentwicklung (in Anlehnung an Wildmann 2011, S. 82 ff.; http://www.swisskbit.ch/vwl_konjunktur.htm)

Tab. 5.14 Charakteristika einzelner Phasen eines Konjunkturzyklus (in Anlehnung an Wildmann 2011, S. 82 ff., http://www.swisskbit.ch/vwl_konjunktur.htm)

Aufschwung (Expansion)	Boom	Abschwung (Rezession)	Tiefpunkt (Depression)
• Konsumentenstimmung steigt	• Produktion erreicht Kapazitätslimit	• Marktsättigung	• Nachfrage auf dem Tiefpunkt
• Nachfrage steigt	• Lagerbestände sinken	• Hohe Preise hemmen die Nachfrage	• Preisverfall durch ‚Kampfpreise'
• Erhöhung des Produktionsvolumens durch Einsatz von mehr Arbeitskräften	• Lieferengpässe	• Umsatz und Zinsen sinken	• Margen auf dem Tiefpunkt
• Auslastung steigt	• Preise und Teuerung steigen	• Margen und Gewinne sinken	• Arbeitslosenquote steigt weiter
• Margen steigen	• Margen auf dem Höhepunkt	• Unternehmen sparen und stoppen Investitionen	• Abbau von Überkapazitäten
• Umsatz und Gewinn steigen		• Auslastung der Maschinen und Arbeiter sinken	• Zinssenkungen (können evtl. Investitionen motivieren)
• Investitionen steigen		• Arbeitslosenquote steigt	
• Zinsen steigen			
• Sinkende Arbeitslosenquote			

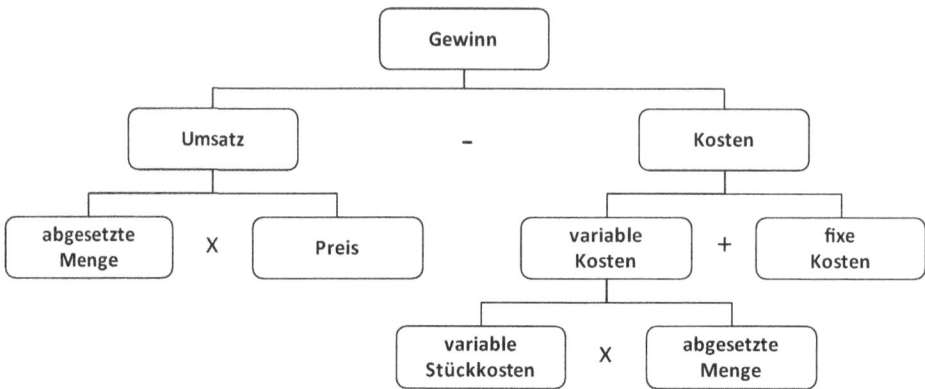

Abb. 5.31 Menge, Preis und Kosten als Gewinntreiber von Unternehmen

- Verkäufermarkt (in Aufschwung und Boomphase): Nicht alles, was in einer Phase steigender Nachfrage nachgefragt wird, kann produziert werden bzw. es steigen die Lieferzeiten für die gewünschten Leistungen. Lieferzeiten werden zu einem wichtigen Kaufkriterium. Auch der Managementfokus richtet sich auf die Beseitigung von Liefer- und Produktionsengpässen. Kundenorientierung und Service verschlechtern sich aufgrund der gestiegenen operativen Belastung und verlieren für den Verkaufserfolg an Bedeutung. Marketing und Verkauf fallen auf die Rolle der Angebotsinformation und des Verteilens der Güter zurück, während Marketing- und Verkaufseffizienz keine Rolle mehr spielen. Die Preise steigen, denn Preiserhöhungen sind leicht durchsetzbar.
- Käufermarkt (in Abschwung und Rezessionsphase): Nach einem Nachfrage-Überhang kommt es zunächst sehr schnell zu Überkapazitäten. I. d. R kommen Nachfragerückgänge – konjunkturell bedingt – relativ plötzlich in Form eines ‚Nachfrageeinbruchs', sodass die Mengenanpassung, also die Anpassung der Menge produzierter Güter, im Verhältnis nur verzögert wirksam wird:
  - Die Produktionskapazitäten sind immer weniger ausgelastet bei zunächst gleichbleibenden Fixkosten, denen weniger Absatz und damit Umsatz gegenüberstehen.
  - Ferner bleibt ein wachsender Anteil des Kapitals gebunden durch steigende Lagerbestände.

Aus dieser Situation entsteht ein Preisdruck: Die Anbieter (Unternehmen) versuchen i. d. R die Absatzmenge durch Rabatte und Preissenkung zu steigern, um so zunächst das in gelagerten Gütern gebundene Kapital zu ‚verflüssigen', also um Liquidität aufzubauen bzw. zu stabilisieren. Ferner steigt der Druck auf Marketing und Vertrieb, um die Absatzmenge zu erhöhen, was zunächst wesentlich nur durch die Steigerung der Effizienz möglich ist, also was durch Sofortmaßnahmen wie z. B. Abstellen von Innendienstmitarbeitern für den Außendienst, stärker erfolgsabhängige Bezahlung und Sonder-Incentives, Cross-Selling, Kundenrabatte etc. erreicht werden soll. Tendenziell steigen aber dadurch die Kosten für den Verkauf an und verringern das Betriebsergebnis.

5.3 Was ist Erfolg im Management?

Damit zeigt sich, dass die drei wesentlichen Gewinnhebel des Managements Absatzmenge, Kosten und Preis sind. Deren Wirkungszusammenhang wird in Abb. 5.31 dargestellt.

$$(abgesetzte\ Menge\ x\ Preis) - Kosten = Gewinn$$

Die **Entscheidung über den Preis** der angebotenen Produkte und Leistungen ist eine der wichtigsten unternehmerischen Entscheidungen und Führungsaufgaben. Das Preismanagement soll zur Erreichung der Marketing- und letztliche der Unternehmensziele – z. B. Gewinnmaximierung – durch Setzung optimaler Preise und Konditionen beitragen. Nachfrager können durch geschickten Einsatz des Preismanagements beeinflusst werden, ob sie kaufen oder nicht. Genau mit dieser Frage, was auf dem ‚Preisschild' stehen soll, beschäftigt sich das Preismanagement. Zu hohe Preise führen zu einem Nachfragerückgang, zu Leerkapazitäten und schließlich zu einem Gewinnrückgang, oder gar zu Verlusten. Zu niedrige Preise hingegen ‚verschenken' Deckungsbeiträge und können in einen Preiskampf als Reaktionen der Konkurrenz münden.

Der Preis ist der stärkste Gewinntreiber, da er unmittelbar auf die Umsatzerlöse wirkt. Wie oben geschildert beeinflusst der Preis auch die abgesetzte Menge unmittelbar, da Kunden i. d. R weniger kaufen, wenn die Preise steigen oder umgekehrt. Dadurch werden wiederum indirekt die Kosten beeinflusst, deren Höhe erheblich von der Absatzmenge abhängt.

Die Gewinne deutscher Unternehmen rangieren im internationalen Vergleich stets auf hinteren Plätzen (vgl. Simon 2010). Eine Folge niedriger Gewinne und Bewertungen ist die ausgeprägte Eigenkapitalschwäche in Form einer im Vergleich niedrigeren Eigenkapitalquote.

„Ich will mich hier auf mögliche einzelwirtschaftliche Ursachen beschränken. Nur diese unterliegen dem direkten Einfluss der Unternehmen. Und hier sehe ich eine ganz wesentliche Ursache in einer mangelnden Gewinnorientierung. Die folgende Aussage des Vorstandes eines DAX-Unternehmens aus der Automobilindustrie trifft den Nagel auf den Kopf: ‚Seien wir ehrlich: Offiziell heißt bei uns das Unternehmensziel Gewinn. Aber in Wirklichkeit rollen Köpfe, wenn wir 0,1 % Marktanteil verlieren. Wenn der Gewinn um 20 % einbricht, interessiert das keinen" (vgl. Simon 2010). Schon in Wachstums- und Boomphasen ist festzustellen, dass seitens deutscher Unternehmen eine Präferenz für die Alternative „niedrigerer Preis für höhere Absatzmenge" besteht.

In Krisenzeiten ist der Preissenkungsreflex noch deutlich ausgeprägter. Simon (2009, S. 46 ff.) hat mit einer einfachen Rechnung auf einen banalen Zusammenhang hingewiesen, der keineswegs selbstverständlich im Management beachtet wird und der sich auch am Beispiel der *Washington Post* zeigt: Steht das Management z. B. in Absatzkrisen vor der Entscheidung für

- Alternative A: Senken des Preises, um die Absatzmenge konstant zu halten,
- Alternative B: keinen Preisnachlass bei Hinnahme eines Rückgang des Absatzes,

Tab. 5.15 Preis, fixe und variable Kosten

Produktpreis	100 €
Absatzmenge	1 Mio. Stück
Fixkosten	30 Mio. €
Variable Stückkosten	60 €/Stück

Tab. 5.16 Rentabilität in Verkäufermarkt

Produktpreis	Absatzmenge	Umsatz	Variable Kosten	Fixe Kosten	Umsatzrendite (Return on Sales/ROS)
100,-	1 Mio.	100 Mio.	60 Mio.	30 Mio.	10 Mio. (10%)

entscheiden sich die meisten Manager für Alternative A (vgl. Simon 2009, S. 46 ff.). Eine einfache Rechnung am Beispiel der *Washington Post* zeigt, zu welchem Effekt die Entscheidung für konstante Absatzmenge durch Preissenkung führt: Umsätze werden erkauft und die Gewinnspannen sinken. Dies lässt sich an folgendem Beispiel demonstrieren (in Anlehnung an Simon 2009, S. 46 f.):

1. Die Ausgangslage wird in Tab. 5.15 zusammengefasst.
   - Der **Produktpreis** ist mit 100 € anzunehmen und wird entsprechend der Fallbeispiele gegebenenfalls durch Managemententscheidungen erhöht oder verringert.
   - Bei der **Absatzmenge** wird ebenfalls eine Basisanzahl vorgegeben (1 Mio. Stück), die entsprechend der Fallbeispiele modifiziert wird.
   - Der **Umsatz** berechnet sich durch Produktpreis x Absatzmenge.
   - **Variable Kosten** orientieren sich an der Absatzmenge und betragen 60 €/Stück (Absatzmenge x 60).
   - **Fixe Kosten** sind von der Absatzmenge unabhängig und werden im Basisbeispiel mit 30 Mio. € festgelegt.
   - Die **Umsatzrendite** berechnet sich indem man Gewinn und Umsatz ins Verhältnis setzt (Gewinn/Umsatz x 100). Der Gewinn ergibt sich aus Umsatz minus variable und fixe Kosten.
2. Die Rentabilitätsrechnung, die sich in einem Verkäufermarkt ergibt, zeigt Tab. 5.16.
3. Da in Verkäufermärkten der Anbieter eines Gutes den Preis anheben kann, ohne Absatzeinbußen zu erwarten, kann das Management in einer konjunkturellen Aufschwungphase – also einem Verkäufermarkt – den Preis um 5% erhöhen ohne Umsatzeinbußen. Tabelle 5.17 zeigt die daraus folgende Rentabilitätsrechnung.
   Im gegebenen Beispiel lässt sich damit durch eine Preiserhöhung um 5% die Umsatzrendite um 4,3 Prozentpunkte bzw. um 50% der Umsatzrendite in Mio. Euro steigern.

5.3 Was ist Erfolg im Management?

Tab. 5.17 Rentabilität im Verkäufermarkt bei Preissteigerung

Produktpreis	Absatzmenge	Umsatz	Variable Kosten	Fixe Kosten	Umsatzrendite (Return on Sales/ROS)
105,-	1 Mio.	105 Mio.	60 Mio.	30 Mio.	15 Mio. (14,3 %)

Tab. 5.18 Rentabilität im Käufermarkt bei Preissenkung

Produktpreis	Absatzmenge	Umsatz	Variable Kosten	Fixe Kosten	Umsatzrendite (Return on Sales/ROS)
95,-	1 Mio.	95 Mio.	60 Mio.	30 Mio.	5 Mio. (5,3 %)

Tab. 5.19 Rentabilität im Käufermarkt bei Rückgang der Absatzmenge um 5 %

Produktpreis	Absatzmenge	Umsatz	Variable Kosten	Fixe Kosten	Umsatzrendite (Return on Sales/ROS)
100,-	950.000	95 Mio.	57 Mio.	30 Mio.	8 Mio. (8,4 %)

Tab. 5.20 Rentabilität im Käufermarkt bei Rückgang der Absatzmenge um 10 %

Produktpreis	Absatzmenge	Umsatz	Variable Kosten	Fixe Kosten	Umsatzrendite (Return on Sales/ROS)
100,-	900.000	90 Mio.	54 Mio.	30 Mio.	6 Mio. (6,7 %)

4. Wandelt sich der Markt durch einen konjunkturellen Abschwung in einen Käufermarkt, führt dies zu einem Rückgang der Nachfrage. Tabelle 5.18 zeigt, wie sich die Situation darstellt, wenn sich das Management nun für eine Preissenkung um 5 % entscheidet, um den Absatz stabil zu halten.
5. Würde sich das Management hingegen entscheiden, statt des Preisnachlasses einen Rückgang des Absatzes um 5 % hinzunehmen, würde sich in diesem Beispiel eine Umsatzrendite von 8,4 % ergeben (siehe Tab. 5.19).
6. Selbst bei einem Rückgang der Absatzmenge um 10 % steht das Unternehmen immer noch besser da, wenn es keinen Preisnachlass gewährt (siehe Tab. 5.20).

Hinzu kommt: Senkt man die Preise in Abschwungphasen, ist die Preisanhebung auf das alte Niveau nicht ohne Zeitverzug umsetzbar, wenn der Käufer überhaupt noch den ‚alten' Preis akzeptiert. Im Zielkonflikt zwischen Absatz und Preis in zyklischen Abschwungphasen ist es im Hinblick auf den Gewinn also besser, einen Absatzrückgang hinzunehmen anstatt die Preise zu senken (vgl. Simon 2009, S. 47).

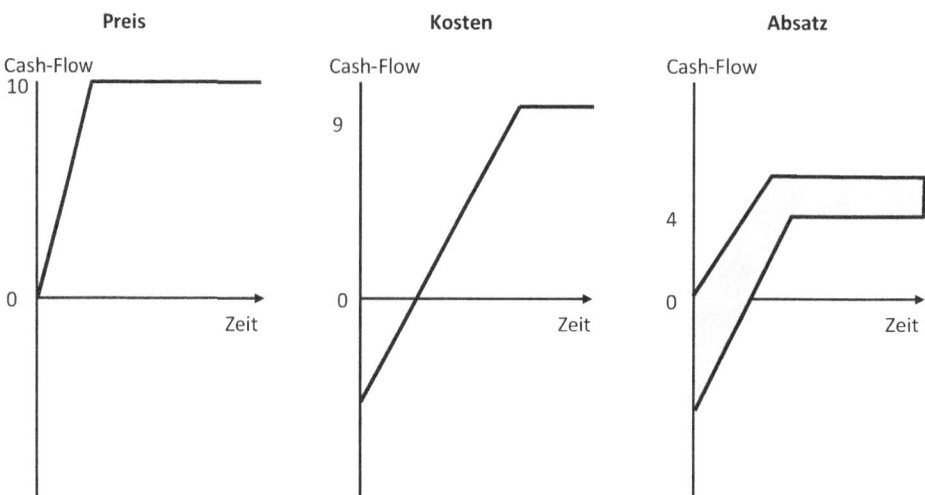

Abb. 5.32 Gewinntreiber und ihre Schnelligkeit der Wirkung (vgl. Simon 2009, S. 51)

Umgekehrt verhält es sich in konjunkturellen Wachstumsphasen: Nach Simon muss man für den gleichen Effekt, mit dem sich eine 5-prozentige Preiserhöhung auswirkt – in Wachstums- und Boomphasen i. d. R ohne Absatzminderung – 8,3 % variable Kosten oder 16,7 % bei den Fixkosten sparen, oder man muss die Absatzmenge um rund 12,5 % erhöhen (vgl. Simon 2009, S. 48).

In Abwärtszyklen gilt grundsätzlich die gleiche Korrelation: Eine Verteidigung des Preises auf gegebenem Niveau ist zunächst eine Sofortmaßnahme, z. B. durch sogenannten Naturalrabatte oder bessere Auslastung des Vertriebs (z. B. Innendienstmitarbeiter in den Außendienst). Denn wenn man den Preis beibehält (nicht um 5 % senkt), dann gilt nach der o. g. Hebelwirkung, dass man damit ein Äquivalent der Senkung von 16,7 % der Fixkosten oder 8,3 % der variablen Kosten nicht realisieren muss – selbst wenn man dafür einen Rückgang des Absatzes von 5 % in Kauf nehmen muss. Auch für die Absatzmenge gilt: Um einen vergleichbaren Effekt wie bei einer 5 % Preiserhöhung zu erzielen, muss bei sonst gleichbleibenden Faktoren die Absatzmenge um 12,5 % gesteigert werden. (vgl. Simon 2009, S. 48)

Hinzu kommt, dass die verschiedenen Hebel von Preis-, Kosten- und Absatzmaßnahmen zeitverzögert wirken (siehe Abb. 5.32).

In Abb. 5.32 ist dargestellt, dass eine **Preiserhöhung** sofort wirksam wird für den Cashflow, also als Nettozufluss liquider Mittel. Hingegen wirken **Kostensenkungen** zeitverzögert: Durch Arbeits- oder Lieferantenverträge etc. laufen Kosten zunächst eine gewisse Frist weiter. Soll die **Absatzsteigerung** kostenneutral erzielt werden, ist die Marketing- und Vertriebseffizienz zu erhöhen. Hier sind etwa Verkaufsschulungen (z. B. von Innendienstmitarbeitern) oder der Aufbau neuer Marketingkanäle durchzuführen. Auch können hier i. d. R Kosten z. B. für Agenturen, Trainer etc. anfallen. Insofern wirken Absatz- und Kostenhebel zunächst sogar negativ auf den Cashflow.

„Wachstum durch Preiserhöhung ist besser als Wachstum per Mengenerhöhung. Für die Krise gilt das Umgekehrte. Absatzrückgang ist weniger gewinnschädlich als Preis-

5.3 Was ist Erfolg im Management?

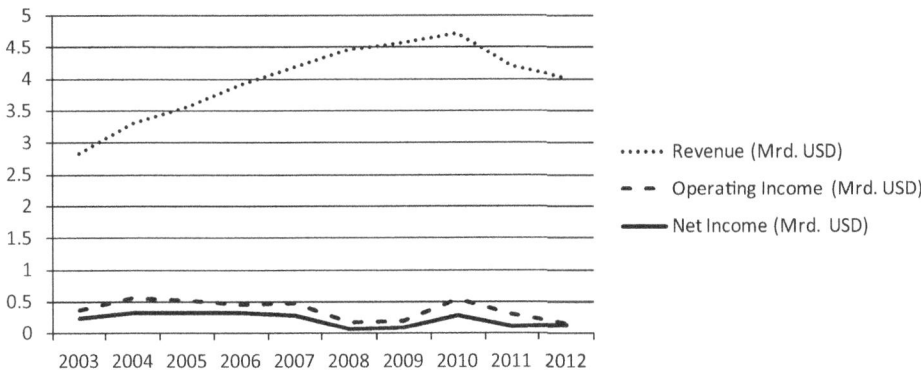

Abb. 5.33 Revenue, Operating und Net Income der *Washington Post* (2003–2013)

rückgang" (Simon 2009, S. 49). Es lässt sich insgesamt feststellen: Die Gewinnhebel besitzen unterschiedliche Hebelwirkung:

- Der Preis hat die stärkste Hebelwirkung.
- Die Absatzmenge ist hingegen im Vergleich weniger wirksam.
- Gleiches gilt für die Kostensenkung.

Für unterschiedliche Märkte ist die Schnelligkeit der Wirkung getroffener Maßnahmen von Bedeutung bei der Entscheidung für Handlungsalternativen zwischen Preis, Absatzmenge und Kostenmanagement:

- Preis wirkt am stärksten und schnellsten. Die Gefahr liegt hier darin, dass einmal vorgenommene Preissenkungen schwer reversibel sind.
- Die Wirkung der Maßnahmen ist besonders in den Bereichen Absatzmenge und Kosten verzögert.

Dieser vereinfacht modellierte Zusammenhang lässt sich anhand der Entwicklung der Betriebstätigkeit des Verlagsunternehmens *The Washington Post Company* nachzeichnen (siehe Abb. 5.33).

Der *Washington Post* gelingt es auch über die Finanzkrisenjahre 2007 bis 2009, den **Umsatz** (Revenue) zu steigern. Hingegen zeigt sich, dass in diesen Zeitraum jedoch das **Betriebsergebnis** (Operating Income) und der Jahresüberschuss bzw. die **Bilanzsumme** (Net Income) von einem niedrigen Niveau aus weiter sinken. Es liegt die Vermutung nahe, dass der Umsatz ‚teuer erkauft' wurde. Ob dies der Fall ist, zeigt sich an den Relationen von Umsatzkosten (COGS: Costs on Goods Sold), der Rohgewinnspanne (Operating Margin), den Kosten für Verkauf inklusive Fixkosten (SG&A) und der Umsatzrendite (Gross Margin).

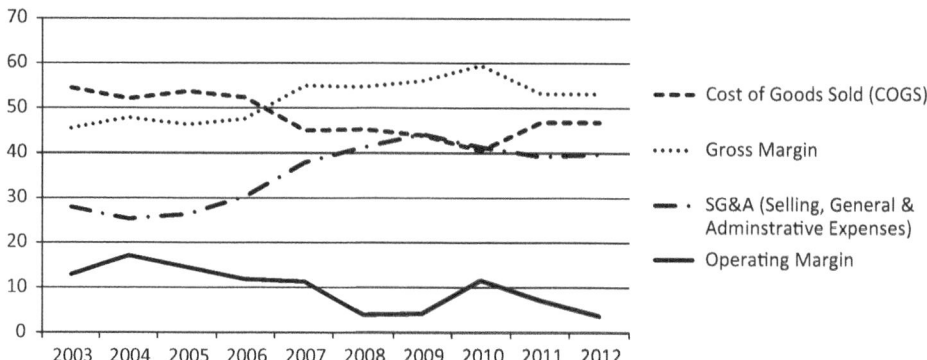

Abb. 5.34 Kosten und Profitabilität *Washington Post* (2003–2013) in Prozent vom Umsatz (Revenue)

Die Handelsspanne (Gross Margin) gibt die Differenz zwischen dem Stück-Preis und den variablen Stück-Kosten an. Die Berechnungsformel der Handelsspanne je Stück ist: Nettoverkaufspreis (Net Sales Price) abzüglich Einstandspreis (Cost of Sale/Acquisition Price). Lassen sich durch diese Handelsspanne die gesamten fixen Kosten abdecken, so entsteht ein Gewinn. Das bedeutet, je größer die Handelsspanne ist, desto eher können Fixkosten überkompensiert werden und desto schneller lässt sich im Unternehmen Gewinn erwirtschaften. Wird die Handelsspanne nicht relativ, sondern in absoluten Zahlen ausgewiesen, so ist auch von Rohgewinn, Rohertrag oder Stückspanne zu sprechen.

Nach Abzug der operativen Kosten (operational costs, SG&A) vom Rohgewinn, lässt sich die Kennzahl Gewinnspanne (Profit Margin) ermitteln. Die Cost-Income Ratio wird errechnet, indem die Betriebskosten (Operating Costs) im Verhältnis zum Bruttoertrag (Gross Revenue) ausgewiesen werden (siehe Abb. 5.34).

Hier zeigt sich: Vor dem Hintergrund des gesteigerten Umsatzes sind auch die Kosten für Verkauf inklusive der Fixkosten (SG&A) von 2003 bis 2009 bzw. 2010 erheblich angestiegen. Und das, obwohl die variablen Kosten (entsprechend der sinkenden Rohgewinnspanne/Costs of Goods Sold) sogar gesunken sind. Dadurch ergibt sich, dass zwar die Umsatzrendite (Gross Margin) steigt, das Betriebsergebnis in Prozent (Operating Margin) jedoch im selben Zeitraum sinkt.

Insofern liegt die Vermutung nahe, dass hier genau der oben beschriebene Effekt in Käufermärkten eingetreten ist: Der Umsatz wird immer ‚teurer' erkauft, da im Gegenzug der Vertriebs- und Marketingaufwand zunimmt: Rabatte, Incentives etc. werden immer häufiger eingesetzt, um den Umsatz bei sinkender Nachfrage zu halten.

Steigender Umsatz bei steigenden Kosten wird mit einem sinkenden Betriebsergebnis (siehe Abb. 5.34: Operating Margin) ‚bezahlt'. Die Reaktion der *Washington Post* auf den Wandel vom Verkäufer- zum Käufermarkt ist die klassische Reaktion von Unternehmen. Es wird jedoch oben dargestellt, dass diese „naheliegende" Reaktion falsch ist.

5.3 Was ist Erfolg im Management?

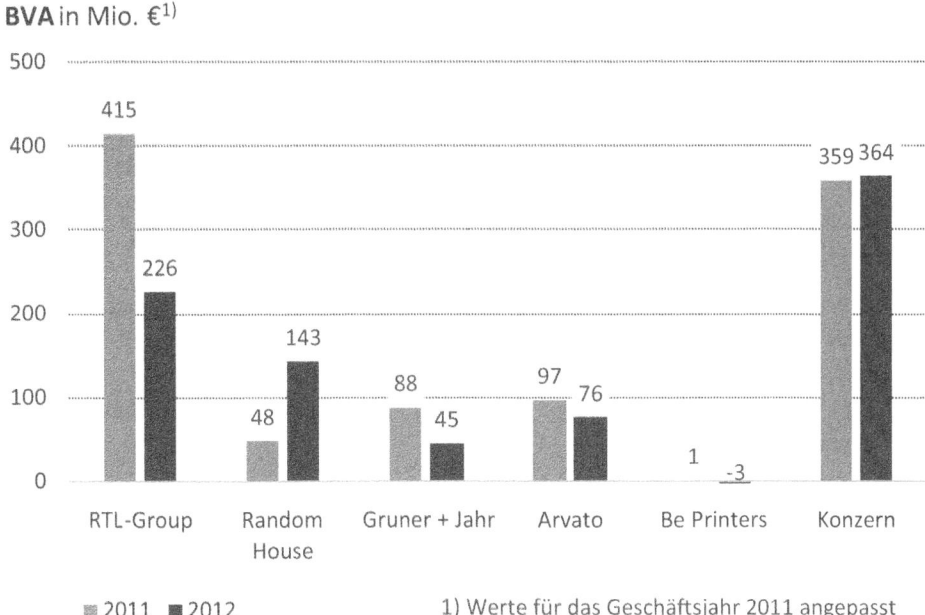

Abb. 5.35 BVA von *Bertelsmann* in Mio. Euro (Bertelsmann 2013, S. 54)

5.3.6 Kennzahlensystem des strategischen Managements bei Bertelsmann und Axel Springer AG

Das übergeordnete Ziel von *Bertelsmann* ist die kontinuierliche Steigerung des Unternehmenswerts über eine nachhaltige Verbesserung der Ertragskraft. Die zentrale Steuerungskennzahl zur Beurteilung der Ertragskraft des operativen Geschäfts und der Rentabilität des investierten Kapitals ist der *Bertelsmann Value Added* (BVA). Der BVA misst den über die angemessene Verzinsung des investierten Kapitals hinaus erwirtschafteten Gewinn (vgl. Bertelsmann 2013, S. 55). Diese Form der Wertorientierung findet sowohl in der strategischen Investitions- und Portfolio-Planung als auch in der operativen Geschäftssteuerung ihren Ausdruck und bildet die Grundlage für die Managementvergütung (vgl. Bertelsmann 2013, S. 54; siehe auch Abb. 5.35).

Der BVA (*Bertelsmann Value Added*) ist die Spitzen- und Steuerungskennzahl für die Bewertung der Managementleistung und der Erreichung der Unternehmensziele für die *Bertelsmann AG* (vgl. Bertelsmann 2013, S. 55). Neben dem BVA und dem Operating EBIT ist auch der Free Cashflow eine weitere relevante Steuerungsgröße (vgl. Bertelsmann 2013, S. 55) (siehe zum Cashflow, Kap. 5.3). Wie bereits erwähnt, ist der Free Cashflow der „residuale" Gewinn, der also nach Abzug aller Zins-, Steuer-, Dividendenzahlungen und Ersatz- und Erweiterungsinvestitionen für das Management oder den Unternehmer zur Verfügung steht für strategische Maßnahmen der Unternehmensentwicklung, um Zukunftspotenziale für weiteres Wachstum oder die Wertsteigerung des Unternehmens aufzubauen.

Die *Axel Springer AG* ist stärker auf die Steigerung der Profitabilität ausgerichtet. Entsprechend ist der Ertrag aus den erwirtschafteten Umsätzen, also der Gewinn vor Zinsen, Steuern und Abschreibungen (EBITDA), die wichtigste Steuerungs- und Zielgröße (vgl. Axel Springer AG 2012, S. 42). Der Unternehmenswert ist nicht Bestandteil der Erfolgsrechnung (vgl. Axel Springer AG 2012, S. 42). Im operativen Management misst die *Axel Springer AG* Managementerfolg im Wesentlichen an den Kennzahlen (vgl. Axel Springer AG 2012, S. 21):

1. Durchschnittliche verkaufte Auflage aller wesentlichen Zeitungen und Zeitschriften.
2. Unique Visitors/Visits im Monatsdurschnitt sowie geschäftsmodellbezogene Kennzahlen der Online-Medien und daraus resultierende Marktpositionen.
3. Reichweite der Medien im Werbemarkt sowie Kennzahlen der Marken- und Werbebekanntheit der Medien.

Diese operativen Ziel-Kennzahlen sind der operative Kern für die Messung des strategischen Erfolgs auf der Basis der Spitzenkennzahl EBITDA:

„Entlang unserer Konzernstrategie haben wir unser internes Steuerungssystem ausgerichtet und geeignete Kontrollgrößen definiert. Wir unterscheiden finanzielle und nicht finanzielle Leistungsindikatoren, mit denen wir den Erfolg unserer Strategie messbar machen. Ein wichtiges Modul unseres internen Steuerungs- und Kontrollsystems sind detaillierte Monatsberichte. Sie enthalten die Monatsergebnisse der wichtigsten Publikationen, eine Konzern-Bilanz, Gewinn- und Verlustrechnung sowie eine Kapitalflussrechnung. Anhand dieser Berichte gleichen wir Ziel- und Ist-Größen ab und leiten bei Abweichungen weitere Analysen oder geeignete Korrekturmaßnahmen ein. Ergänzt werden diese Berichte durch regelmäßige Prognosen zu den erwarteten Werbeerlösen der nächsten Wochen und Monate sowie Vorausschauen auf die wahrscheinliche Entwicklung der Ertragslage. Im Fokus steht für uns die nachhaltige Steigerung sowohl unserer Profitabilität als auch unseres Unternehmenswertes. Bei der Ertragskraft sind Umsatz und Ergebnis (gemessen am EBITDA) die wichtigsten Ziel- und Steuerungsgrößen. Das EBITDA ist zugleich Basis für die erfolgsorientierte Vergütung von Vorstand und Management. ... Beide Kennzahlen sowie die daraus abgeleitete EBITDA-Rendite sind in unserem internen Planungs- und Kontrollsystem verankert. Die erfolgreiche Umsetzung unserer Strategie überwachen wir anhand verschiedener relativer Kennzahlen. Dazu zählen u. a. der Anteil des Auslandsumsatzes am Konzernumsatz zur Betrachtung des Zieles Internationalisierung sowie der Umsatz des Segments „Digitale Medien" als Maßzahl für die Digitalisierung" (Axel Springer AG 2013a, S. 20; siehe auch Tab. 5.21).

Auch die *ProSiebenSat.1 Media AG* ist stark auf das EBITDA als Spitzenkennzahl ausgerichtet. Das Management sieht drei strategische Handlungsfelder: 1) Das Kerngeschäft werbefinanziertes Fernsehen stärken, 2) neue Geschäftsmodelle in verwandten Bereichen entwickeln und das Kerngeschäftsmodell durch Diversifikation ausbauen und 3) die Effizienz des operativen Geschäfts ausbauen (vgl. ProSiebenSat.1 Media AG 2012, S. 52). Zur Zielsteuerung auf strategischer Ebene werden das EBITDA und der Free Cashflow

Tab. 5.21 Finanzielle Steuerungsgrößen bei der *Axel Springer AG* (Axel Springer AG 2013a, S. 20)

Finanzielle Steuerungsgrößen					
Ausgewählte Steuerungsgrößen auf Konzernebene [in Mio. €)	2012	2011	2010	2009	2008
Gesamterlöse	3.310,3	3.184,9	2.893,9	2.611,6	2.728,5
Anteil uslandserlöse	*35,1%*	*32,9%*	*28,1%*	*21,0%*	*21,9%*
Anteil Erlöse Digitale Medien an den Gesamterlösen	*35,5%*	*30,2%*	*24,6%*	*18,0%*	*13,9%*
Anteil Erlöse Digitale Medien (pro forma)[1]	*37,2%*	*34,0%*	–	–	–
EBITDA	628,0	593,4	510,6	333,7	486,2
EBITDA-Rendite	*19,0%*	*18,6%*	*17,6%*	*12,8%*	*17,8%*

verwendet. Auf der operativen Ebene steht besonders der Zuschauermarktanteil der Free-TV-Sender im Vordergrund.

Im Vergleich zeigt sich: *Bertelsmann* setzt auf übergeordnete Ziele: den Unternehmenswert. Die *Axel Springer AG* und *ProSiebenSat.1* setzen zunächst auf untergeordnete Kennzahlen im Bereich Profitabilität. Wenngleich Profitabilität Voraussetzung für die Zukunftssicherung und Steigerung des Unternehmenswertes ist, ist es doch nicht dasselbe. Im Rahmen wertorientierter Unternehmensführung gibt es vier Wertsteigerungshebel: Unternehmensportfolio, Umsatzwachstum, Profitabilität, Finanz- und Vermögensstruktur (vgl. Lorenz 2010, S. 109).

Die Portfolio-Steuerung reguliert die Aktivitäten des Unternehmens in den verschiedenen Geschäftsfeldern und soll nicht nur den Umsatz erhöhen, sondern die Profitabilität – es nützt nichts, in umsatzstarken Geschäftsfeldern zu engagiert zu sein, wenn kein Gewinn bleibt. Damit wirkt die Portfolio-Steuerung nicht mittelbar auf die Unternehmenswertsteigerung, aber sie ist die Grundlage dafür, wenn das Portfolio-Management an der Profitabilität orientiert ist. Viel wichtiger also als die Umsatzsteigerung ist die Steigerung des Betriebserfolgs (EBITDA).

Dann ist aber die nächste Frage: Wie wird der Ertrag verwendet? Wird er an die Aktionäre ausgeschüttet als Dividende, in welche Erweiterungsinvestitionen wird er investiert etc.? Gerade die Verwendung für die Befriedigung von Eigentümerinteressen kann hier Unternehmenswert-mindernd wirken: Wird zu viel an Dividende gezahlt, bleibt weniger für strategische Investments in die Geschäftstätigkeit des Unternehmens.

Insofern ist also die Orientierung an Kennzahlen des Unternehmenswertes eine noch der Profitabilität nachgelagerte Stufe, die nicht nur die operative Profitabilität fokussiert, sondern auch noch, dass der Cashflow auch im Unternehmen verbleibt, entweder als Kapital oder in Form von Betriebsvermögen umgesetzt wird, sodass auch zukünftige Erträge realisiert werden können.

Literatur

Axel Springer AG. (2012). Bilanzpressekonferenz. 7. März 2012. Berlin. https://www.axelspringer.de/dl/514725/120307_Praesentation_BPK-2011.pdf. Zugegriffen: 11. Mai 2014.

Axel Springer AG. (2013a). Geschäftsbericht 2012. Berlin. http://www.axelspringer.de/dl/14843813/Geschaeftsbericht_2012_Axel_Springer_AG.pdf. Zugegriffen: 11. Mai 2014.

Bertelsmann. (2013). Geschäftsbericht 2012. http://www.bertelsmann.de/investor-relations/finanzpublikationen/finanzberichte/. Zugegriffen: 1. Juli 2014.

Bitterli, K. (2008). VWL, Konjunktur. http://www.swisskbit.ch/vwl_konjunktur.htm. Zugegriffen: 9. Mai 2015.

Busse, C. (2013). Alle Macht für Jäkel. SZ online. 10.04.2013. http://www.sueddeutsche.de/medien/gruner-jahr-alle-macht-fuer-jaekel-1.1645858. Zugegriffen: 11. Mai 2014.

Chandler, A. (1977). *The managerial revolution in American business*. Harvard: Harvard University Press.

Comcast. (2013). Geschäftsbericht 2012.

Demske, I. (2009). *Führung des Unternehmens* (3. Aufl.). Brandenburg: Agentur für wissenschaftliche Weiterbildung und Wissenstransfer an der FH.

Döpfner, M. (2012). Keynote. Capital Markets Day – Berlin. 11. Dezember 2012. Axel Springer. Berlin. http://www.axelspringer.de/dl/7921487/01_CMD2012_Doepfner.pdf. Zugegriffen: 11. Mai 2014.

Dreiskämper, T. (2011). Grundlagen des (Medien-)Marketings – Analyse und Planung. http://www.xn-dreiskmper-v5a.de/tl_files/dreiskaemper/pdf/Unterricht/WS%202011-12%20(WAM%20MeMa)%20Kap.%204a%20-%20Medienmarketing%20und%20Markenmanagement.pdf. Zugegriffen: 20. Dezember 2013.

Drucker, P. (2004): *The daily drucker: 366 days of insight and motivation for getting the right things done*. New York: HarperCollins Verlag.

Eisenbeis, U. (2007). *Ziele, Zielsysteme und Zielkonfigurationen von Medienunternehmen. Ein Beitrag zur Realtheorie der Medienunternehmen*. München: Rainer Hampp Verlag.

Fritz, A., Grüblbauer, J., & Förster, K. (2008). *Marktmodell für Zeitungsverlage: Marktstrukturen, Strategien und Erfolgsfaktoren von Wochenzeitungen in lokalen Märkten in Österreich*. München: Verlag Reinhard Fischer.

Gruner + Jahr. (2013). Geschäftsbericht 2012. Jahrbuch der Relevanz. http://www.guj.de/fileadmin/media/gb/2012_guj_jahresbericht_de.pdf. Zugegriffen: 1. Juli 2014.

Gruner + Jahr. (2014). Bericht zur Geschäftslage 2013. 27. März 2014. www.guj.de/fileadmin/media/Unternehmen/Zahlen_und_Fakten/G_J_Bericht_zur_Geschaeftslage_2013.pdf. Zugegriffen: 1. Juli 2014.

Hail, L. (2002). Kennzahlenanalyse. Beurteilung von Abschlussinformationen mit Hilfe finanzieller Kennzahlen und Kennzahlensysteme. In Der Schweizer Treuhänder (S. 53–66). 1–2/2002. http://asia.fhsg.ch/fhs.nsf/files/ifu_StU_Publikationen_Betriebswirtschaft%20f%C3%BCr%20F%C3%BChrungskr%C3%A4fte_Lehrmaterialien_Kapitel%203_Kennzahlenanalyse/$FILE/kennzahlenanalyse.pdf. Zugegriffen: 11. Mai 2014.

Heyd, R., Beyer, M., & Zorn, D. (2013). *Bilanzierung nach HGB in Schaubildern: Die Grundlagen von Einzel- und Konzernabschlüssen*. München: Vahlen Verlag.

Horvàth, P. (1996). *Controlling* (6. Aufl.). München: Vahlen Verlag.

Joos-Sachse, T. (2002). *Controlling, Kostenrechnung und Kostenmanagement: Grundlagen – Instrumente – neue Ansätze* (2. Aufl.). Wiesbaden: Springer-Gabler Verlag.

King, R. G., & Levine, R. (1993). Finance and growth: Schumpeter might be right. *The Quarterly Journal of Economics, 108*(3), 717–737.

Koller, T. (1994). What is value-based management? An excerpt from Valuation: Measuring and managing the value of companies, second edition. *The McKinsey Quarterly, 3,* 87–101. http://www.mckinsey.com/insights/corporate_finance/what_is_value-based_management. Zugegriffen: 24. Mai 2014.

Lorenz, M. (2010). *Unternehmensbewertungsverfahren: Theoretische Verbesserungen, Empirische Evidenz und Strategieimplikationen.* Wiesbaden: Springer–Gabler Verlag.

Malik, F. 2013. *Unternehmenspolitik und Corporate Governance: Wie Organisationen sich selbst organisieren.* 2. Auflage. Campus Verlag: Frankfurt am Main.

Mayer-Schönberger, V., & Cukier, K. (2013). *Big Data: Die Revolution, die unser Leben verändern wird.* München: Redline Verlag.

Meffert, H., Burmann, C., & Kirchgeorg, M. (2008). *Marketing: Grundlagen marktorientierter Unternehmensführung. Konzepte – Instrumente – Praxisbeispiele* (10., vollst. überarb. u. erw. Auflage). Wiesbaden: Springer–Gabler Verlag.

Mohn, R. (1986). *Erfolg durch Partnerschaft: Eine Unternehmensstrategie für den Menschen* (2. Aufl.). Berlin: Reinhard Siedler Verlag.

Müffelmann, J. (2007). Digitisation strategy. Capital Markets Day – Berlin. 17. September 2007. Axel Springer AG. http://www.axelspringer.de/dl/26586/06_digitisation_strategy_dr_mueffelmann.pdf. Zugegriffen: 11. Mai 2014.

Porter, M. E. (1980). *Competitive strategy: Techniques for analyzing industries and competitors.* New York: Free Press.

Preißler, P. (2008). *Betriebswirtschaftliche Kennzahlen: Formeln, Aussagekraft, Sollwerte, Ermittlungsintervalle.* München: Oldenbourg Wissenschaftsverlag.

ProSiebenSat.1 Media AG. (2012). Geschäftsbericht 2011.

Rappaport, A. (1999). *Shareholder-Value – Ein Handbuch für Manager und Investoren.* Stuttgart: Schäffer–Poeschel.

Ruhwedel, F., & Schultze, W. (2002). Value Reporting: Theoretische Konzeption und Umsetzung bei den DAX100-Unternehmen. *Schmalenbachs Zeitschrift für betriebswirtschaftliche Forschung (zfbf), 54*(7), 602–632.

Schweickart, N., & Töpfer, A. (2006). *Wertorientiertes Management: Werterhaltung – Wertsteuerung – Wertsteigerung ganzheitlich gestalten.* Berlin: Springer Verlag.

Simon, H. (2009). *33 Sofortmaßnahmen gegen die Krise: Wege fuÌr Ihr Unternehmen.* Frankfurt a. M.: Campus–Verlag.

Simon, H. (2010). Gewinn – was sonst?! Jubiläumskonferenz von Simon-Kucher & Partner. Frankfurt a. M. 1, http://www.blechnet.com/themen/management/articles/282358. Zugegriffen: 24. Mai 2014.

Washington Post. (2003–2013). Geschäftsberichte.

Weber, J., & König, A. (2004). *Wertorientierte Unternehmenssteuerung: Konzepte – Implementierung – Praxisstatements.* Wiesbaden: Springer–Gabler Verlag.

Wildmann, L. (2011). *Wirtschaftspolitik: Module der Volkswirtschaftslehre* (2. Aufl., Bd. 3). München: Oldenbourg Wissenschaftsverlag

Winterbauer, S., & Fischer, K. (2013). „Abkehr vom gedruckten Journalismus und auch von Traditionen". Einschätzung des Branchenbeobachters Stefan Winterbauer zum Verkauf der Springer-Titel. Deutschlandradio/Kultur Heute. 25. 07. 2013. http://www.dradio.de/dlf/sendungen/kulturheute/2191829/. Zugegriffen: 11. Mai 2014.

Zepp, M. (2007). *Der Risikobericht von Kreditinstituten: Anforderungen, Normen, Gestaltungsempfehlungen.* Berlin: Erich Schmidt Verlag.

Cases: Management traditioneller Medienhäuser 6

Größere Medienunternehmen werden auch als Medienhaus bezeichnet, insbesondere wenn sie im eigenen Haus mehrere Produktbereiche wie z. B. Zeitung, Zeitschriften, Radio, TV, Bücher, Online etc. zusammenfassen. Häufig wählen Medienhäuser dafür auch eine divisionale Struktur, die die einzelnen Geschäftsfelder nach Produktgruppen organisiert.

In diesem Kapitel wird eingangs die Entwicklung klassischer Medienmärkte in Deutschland im Überblick dargestellt. Dabei werden insbesondere Charakteristika des Printmarktes, des TV-Marktes und des Buchmarktes adressiert und auch international verglichen.

Beispielhaft werden drei große Medienhäuser verglichen: *Bertelsmann*, *Axel Springer AG* und *Comcast*. Da zwei der Unternehmen ihr Hauptgeschäft immer noch in Deutschland machen, werden aus Gründen der Übersichtlichkeit und Einfachheit jeweils die deutschen Märkte dargestellt. Es ist davon auszugehen, dass diese Märkte im nationalen Vergleich konvergente Trends haben, sodass die Grundtrends auch für andere nationale Märkte gelten, in denen die genannten Unternehmen tätig sind.

6.1 Entwicklung klassischer Medienmärkte

Die größten Medienhäuser Deutschlands haben zunächst als Verlage begonnen und sich erst später intermedial diversifiziert. Damit können vor dem Hintergrund der Entwicklung der großen Medienkonzerne klassische Mediengattungen wie Buch, Zeitung und Zeitschriften nicht isoliert betrachtet werden (vgl. Mühl-Benninghaus und Friedrichsen 2012). Sie haben i. d. R. die Erträge aus reifen Märkten für die Investition in neue, wachsende Märkte genutzt: *Bertelsmann* z. B. die Erträge von Buch und Tonträger erst für die Entwicklung von Privatfunk und -fernsehen, dann für die Digitalisierungsstrategie.

Einteilung in Mediengattungen Zeitungsmärkte zählen neben Zeitschriften- und Buchmärkten zu den Märkten für nicht elektronische Medien und werden häufig als Print-Märkte zusammengefasst (vgl. Wirtz 2013, S. 36). Auch wenn die Funktionen von Zeitungen[1] durch andere Vertriebskanäle substituiert werden können, etwa als ePaper, so werden diese generell nicht als Printmedien klassifiziert. Printmedien unterscheiden sich insbesondere vor dem Hintergrund ihrer Kostenstruktur erheblich von digitalen Substituten, wodurch aus Management-Perspektive die getroffene Kategorisierung trotz zunehmender Konvergenz durchaus sinnvoll scheint.

Produktdifferenzierung Deutschland ist der größte Zeitungsmarkt Europas, gemessen an der Titelvielfalt und Auflagenzahlen. Sieben von zehn Deutschen über 14 Jahren lesen regelmäßig eine Zeitung. Zeitungsleser können aus 351 unterschiedlichen Titeln wählen. Die meisten davon sind Regionalzeitungen, also Zeitungen, die in einem bestimmten Gebiet erscheinen und nur dort zu kaufen sind. Sie berichten vor allem aus ihrer Region (vgl. Hanke 2011; Friedrichsen 2009).

Als überregional gelten nur wenige deutsche Tageszeitungen. Die redaktionellen Schwerpunkte der überregionalen Presse liegen auf dem internationalen und nationalen Geschehen aus Politik, Wirtschaft und Kultur. Die regionale Berichterstattung findet in separat erscheinenden Lokalausgaben statt, die meist im Kernverbreitungsgebiet (Sitz von Verlag und Redaktion) und nicht im ganzen Verbreitungsgebiet erhältlich sind. Die überregionalen Zeitungen enthalten – mit Ausnahme der Boulevardzeitung *BILD* – einen quantitativ und qualitativ überdurchschnittlichen Politik-, Feuilleton- und Wirtschaftsteil (vgl. Hanke 2011).

Mögliche produktpolitische Differenzierungskriterien sollen hier am Beispiel der Kaufzeitungen erörtert werden. Sie sind jedoch unabhängig von deren Frequenz periodischer Veröffentlichungen gültig:

- Produkt wird maßgeblich optisch/haptisch und nach Format (Zeitungsformat), Umfang, Gliederung, Bindung, Papierqualität und vom Layout gestaltet und differenziert gegenüber konkurrierenden Angeboten (Produkt-Bundling als Wettbewerbsvariablen).
- Erscheinungsweise (Periodizität: Tageszeitung, Wochenzeitung, Monatszeitung etc.).
- Vertriebsart (Abo, Einzel-Kauf).
- Distribution: Gratis-Entnahme an hochfrequentierten Plätzen, Abonnement-Zustellung, Verkauf im Einzelhandel.

---

[1] Zeitungen zeichnen sich laut Definition durch folgende Merkmale aus:
- periodische Veröffentlichung (jeweilige Frequenz gilt als produktpolitisches Differenzierungskriterium),
- Aktualität (zeitnahe Berichterstattung), Redaktioneller Teil zum Zwecke der Distribution von Nachrichten (aktuelle Ereignissen z. B. aus den Bereichen Politik, Wirtschaft, Sport, Kultur und sonstigem),
- Publizität (öffentlich für alle Leser zugänglich),
- Universalität der Inhalte.

- Zielgruppen: allgemeine Bevölkerung oder spezifischere Zielgruppen wie z. B. bei Wirtschaftszeitungen (Wirtschaftstreibende und Wirtschaftsinteressiere) etc.
- Geografische Verbreitung.
- Erlösmodell: (verkaufte Auflage, (rein) Werbefinanziert, Genossenschaftsbeteiligung, …).
- Transportmedium (Papier).

Konzentration der Märkte Auf den meisten nationalen Märkten für Tageszeitungen sind keine wettbewerbsbeschränkenden Konzentrationen auf der Nachfrager- oder Anbieterseite zu identifizieren. Anders kann es sich hingegen bei regionalen oder lokalen Tageszeitungen verhalten (vgl. Friedrichsen 2009): Hier kann es z. B. in den USA durchaus zu monopolartigen Stellungen von Tageszeitungen kommen. In Ländern wie in Kanada, Australien oder Neuseeland, in denen es keine oder nur eine schwache Gesetzgebung gegen Monopole gibt, zeigen sich hingegen häufiger starke nationale Duopole (vgl. Dwyer 2010; Croteau und Hoynes 2014, S. 50). In Deutschland lässt sich keine monopol- oder oligopolartige Wettbewerbskonzentration feststellen (vgl. Sjurts 2005, S. 27).

6.2 Entwicklung der Kosten- und Erlösstrukturen klassischer Mediengattungen

Wie bereits in Kap. 2.1 erläutert, sind viele Medienprodukte duale Produkte: Sie finanzieren sich aus Werbe- und Vertriebserlösen. Diese stehen in wechselseitiger Abhängigkeit. Auflagensteigerungen werden durch den Wettbewerb um zielgruppenspezifische Nutzensteigerung gewonnen. Dies führt einerseits zur Kostendegression, also zum Sinken der Stückkosten. Andererseits sinkt – gleichbleibende Anzeigenpreise vorausgesetzt – der Tausend-Kontakte-Preis. Eine Umsatzerhöhung bei den Vertriebs- und Werbeerlösen kann also durch sinkende Kosten zu einer höheren Profitabilität führen, durch die wiederum eine weitere Nutzensteigerung für die Leser finanziert werden kann. Dieser Zusammenhang kann als Auflagen-Anzeigen-Spirale dargestellt werden (siehe Abb. 6.1).

Abb. 6.1 Anzeigen-Auflagen-Spirale

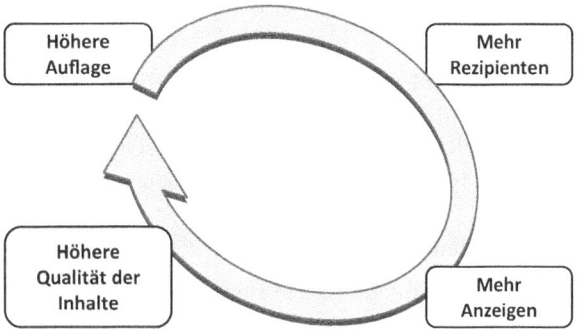

Der Zusammenhang wirkt aber auch umgekehrt: Je weniger Leser, desto weniger Anzeigen, umso weniger Investitionsbudget für die publizistische Qualität. Es ist darauf hinzuweisen, dass die Anzeigen-Auflagen-Spirale ‚nach oben' grundsätzlich empirisch in ihrer Kausalwirkung nicht bestätigt ist. Eine betriebswirtschaftliche Wirkung von sinkenden Anzeigenumsätzen führt jedoch grundsätzlich in Verringerung der Investition auch in die publizistische Qualität (vgl. Friedrichsen und Gertler 2011). Insofern entsteht hier eine Wirkung, die natürlich für jedes andere Unternehmen anderer Branchen auch gilt, wenn die Umsätze zurückgehen: Kosten müssen reduziert werden – und bei einem sich zu einem Trend verstätigenden Umsatzrückgang wird es Veränderungen in der Kostenstruktur geben müssen, die – wenn die Effizienzreserven ausgeschöpft sind – nur durch weitere Umstrukturierung im Produktmanagement aufgefangen werden kann, also durch Verminderung der Qualität (vgl. Friedrichsen und Gertler 2011).

In der Forschung wird vielfach darauf hingewiesen, dass dieser Wirkungszusammenhang bisher empirisch nicht überprüft oder bestätigt ist (Gieseking 2009, S. 43). Hingegen ist darauf hinzuweisen, dass z. B. aus Investoren-Perspektive das Investment in eine marktbeherrschende Regionalzeitung ein lohnendes Investment ist, wie es z. B. die fortwährenden Investments von *Warren Buffett* in US-amerikanische Regionalzeitungen zeigen. Die **Investment-Annahme** ist hier: Die Zeitungen (Tages- und Wochenzeitungen) werden auch trotz lokaler TV-Sender und des Internets – in dem etwa in Österreich insbesondere Wochenzeitungen lokale Informationen in Form von User Generated Content sammeln, die im Idealfall in der Printausgabe gedruckt werden – weiter die führenden und meistens auch einzigen Anbieter lokaler Informationen bleiben, sodass hier die Preismacht gerade im Anzeigenbereich gegeben ist.

Der Vergleich von Kosten- und Erlösstrukturen unterschiedlicher Mediengattungen zeigt: Den größten Kostenanteil der Leistungserstellung von Tageszeitungen, überproportional hoch gegenüber anderen Mediengattungen, nehmen die Produktion und die Distribution des Trägermaterials ein (48 %). Ebenfalls über 40 % Anteil an den Kosten, jedoch unterproportional hoch im Vergleich zu anderen Mediengattungen, sind First Copy Costs. Der Gewinn liegt bei Tageszeitungen mit 10 % knapp unter dem durchschnittlichen Gewinn, gleichauf mit TV. Internet wird häufig mit Verlagsprodukten kombiniert angeboten und hat die höchsten Gewinnspannen (siehe Abb. 6.2).

Am Beispiel Print wird dargestellt, wie sich Erlöse und Kosten im Detail zusammensetzen: Werbung verortet Wirtz (2013) für die Mediengattung Print generell mit einem Erlösanteil von 62 %. Im Falle der Abonnement-Zeitungen sind die Erlösanteile aus Werbung rückläufig, während die Vertriebserlöse mit einem Anteil von 55 % über jenen der Werbeerlöse liegen. Die Abhängigkeit von Werbung ist bei Tageszeitungen damit geringer als jene anderer werbesubventionierter Mediengattungen wie TV, Radio oder Internet (ein Überblick über Kosten- und Erlösstrukturen aller Mediengattungen wird in Abb. 6.10 gegeben).

Bei Zeitungen und Zeitschriften wird also z. B. jedes Exemplar durchschnittlich zu rund 62 % durch Werbeerlöse finanziert, der größte Kostenblock entsteht im Printbereich durch die Produktion und Distribution der Medienträger: rund 48 % der Wertschöpfung eines Exemplars.

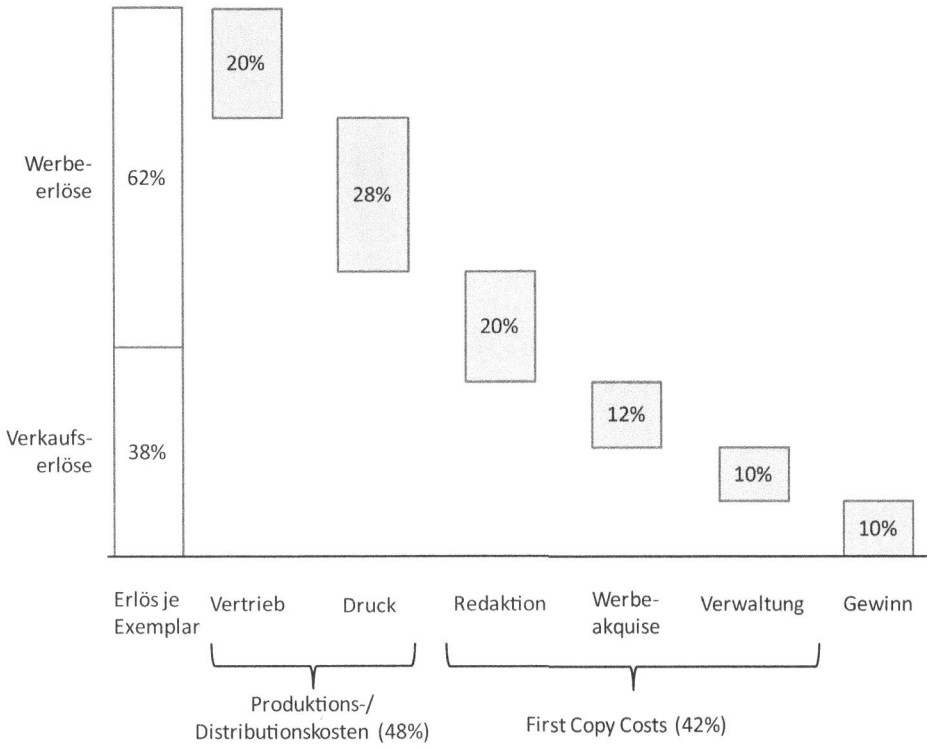

Abb. 6.2 Erlös- und Kostenstruktur von Zeitungen und Zeitschriften. (Wirtz 2013, S. 222)

Aus wettbewerbsstrategischer Sicht ist neben der Senkung der Produktionskosten die Absatzsteigerung der wesentliche Hebel zur Ertragssteigerung.

6.2.1 Entwicklung von Angebot und Nachfrage klassischer Mediengattungen

Der klassische Medienmarkt ist vor dem Hintergrund der Digitalisierung zunehmend mit rückläufigen Nutzerzahlen konfrontiert. Am Beispiel deutscher Tageszeitungen kann aufgezeigt werden, dass die Auflage seit Jahrzehnten kontinuierlich rückläufig ist (siehe Abb. 6.3).

Seit 1991 hat in Deutschland also die Nachfrage nach Tageszeitungen (Rezipientenmarkt) kontinuierlich abgenommen: zwischen 1991 und 2012 um rund 33 % – die Verbreitung des Internets scheint hingegen keine disruptive Auswirkung, sondern eher eine trendverstärkende Wirkung gehabt zu haben – ein beschleunigter Nachfragerückgang ist Mitte der 90er Jahre aus der Zeitreihe nicht ablesbar (vgl. auch Mühl-Benninghaus und Friedrichsen 2012). Anders hingegen zeigt es sich bei den Anzeigenerlösen (siehe Abb. 6.4).

Abbildung 6.4 stellt die Erlösentwicklung des Werbe- und Rezipientenmarktes gegenüber. Die Anzeigenumsätze brechen also ab 2000 massiv ein, während die Vertriebsum-

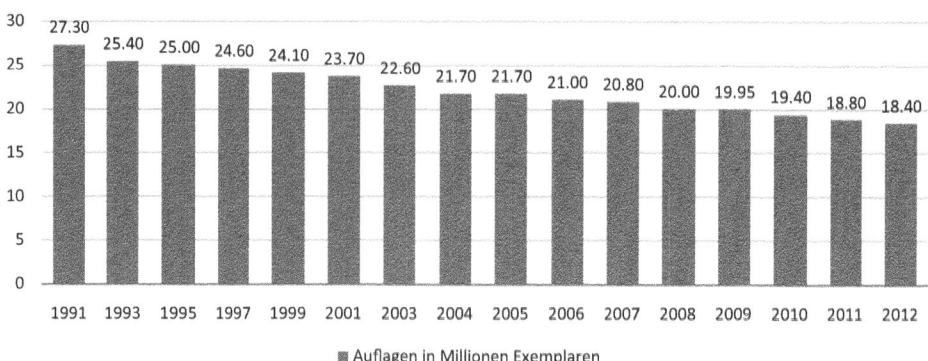

Abb. 6.3 Entwicklung Anzahl verkaufter Auflagen der Tageszeitungen in Deutschland von 1991–2012. (vgl. Pasquay 2013, S. 4)

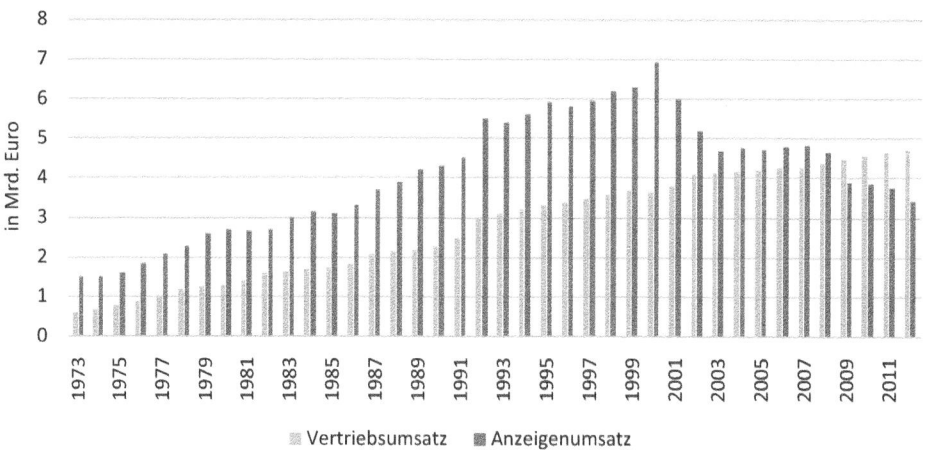

Abb. 6.4 Entwicklung Anzeigen- und Vertriebsumsatz deutscher Tageszeitungen von 1973 bis 2012. (vgl. u. a. Pasquay 2013, S. 19)

sätze, also die Erlöse aus dem Verkauf von Zeitungen, weiter kontinuierlich steigen. Vergleicht man nun den durchschnittlichen Umsatz pro Exemplar nach Anzeigen und Rezipientenmarkt, zeigt sich, dass Rezipienten sogar bereit sind, 44 % mehr pro Exemplar zu zahlen (siehe Tab. 6.1).

Insofern lässt sich zunächst festhalten: Das Problem von Tageszeitungen liegt weniger im Rückgang der verkauften Auflage im Rezipientenmarkt. Der Rückgang kann sogar umsatzmäßige durch Preiserhöhungen offenbar teils kompensiert werden (vgl. auch Malerius 2013). Hingegen ist der Einbruch im Anzeigenmarkt überdeutlich und kann nur durch offensichtliche Preisminderungen aufgefangen werden, was sich aus dem Anzeigenumsatz ableiten lässt, wenn man voraussetzt, dass der Anteil der Werbung je Exemplar zeitstabil geblieben ist.

6.2 Entwicklung der Kosten- und Erlösstrukturen klassischer Mediengattungen

Tab. 6.1 Entwicklung der Werbe- und Rezipientenmärkte 2002 vs. 2012. (vgl. BDVZ 2014a)

Tageszei-tungen	Verkaufte Auflage (bei 312 Erscheinungstagen)	Anzeigenumsatz	Vertriebsumsatz	Vertriebsumsatz/Exemplar	Anzeigenumsatz/Exemplar
2002	7.222.800.000	5.205.000.000	4.119.000.000	0,57	0,72
2012	5.740.800.000	3.432.000.000	4.716.000.000	0,82	0,60
Veränderung	−21 %	−34 %	+14 %	+44 %	−17 %

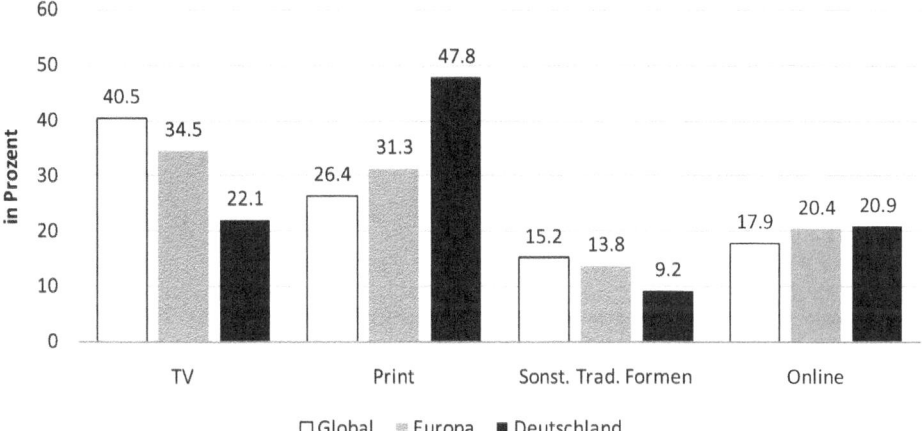

Abb. 6.5 Anteil Werbeumsatz nach Medientyp 2012. (Strategy Analytics Global Advertising Forecast 2012)

Dennoch ist Deutschland hinsichtlich des Werbeumsatzes geradezu ein ‚Hocherlös'-Land. Hier liegen die Anteile nach Mediengattungen im Vergleich zu Europa und der Welt noch auf einem sehr hohen Niveau (siehe Abb. 6.5).

Der relative hohe Anteil von Werbeumsätzen im Print lässt sich zum Teil erklären, wenn man die Verteilung nach Medienart aufschlüsselt. Abbildung 6.6 zeigt, dass insbesondere die Anzeigenblätter erheblich zu dem noch hohen Anteil von Print am Werbeumsatz beitragen.

Insgesamt wurden im Jahr 2012 Netto-Werbeeinnahmen von 18,42 Mrd. € erzielt und damit ein Rückgang von 3,2 % gegenüber dem Jahr 2011. Der relative Umsatzanteil-Erfolg von Print am gesamten Werbeumsatz lässt sich zunächst durch den hohen Anteil von Anzeigenblättern erklären. Es ist zu ergänzen: Anzeigenblätter sind auch ein Phänomen, das es in der Breite in anderen Ländern Europas und der Welt so selten gibt. Insofern erklärt sich auch der „Erfolg" von Print im europäischen und weltweiten Vergleich durch diese Besonderheit des deutschen Printmarkts. Dies wird noch deutlicher, wenn man Print in Zeitvergleich aufschlüsselt. Dann zeigt sich, dass gerade die Anzeigenblätter im Gegensatz zu Tageszeitungen und Publikumszeitschriften einen wachsenden Werbeumsatzanteil erreichen (siehe Abb. 6.7).

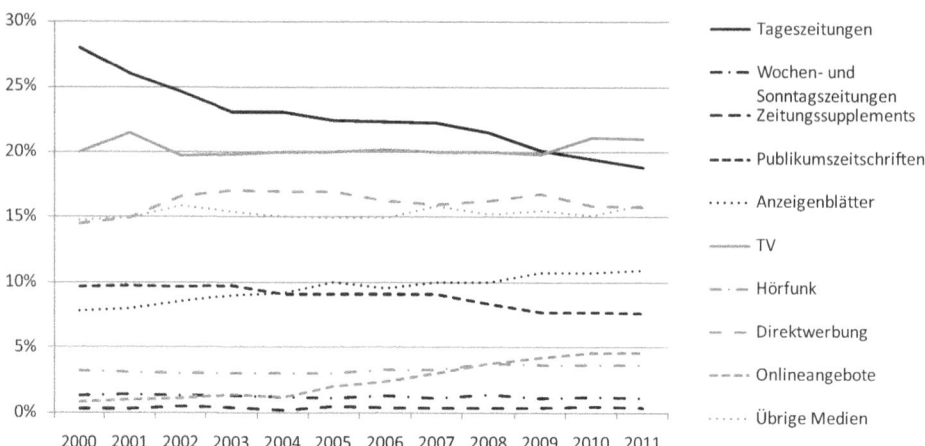

Abb. 6.6 Netto-Werbeeinnahmen erfassbarer Werbeträger 2012 in Deutschland. (vgl. BDVZ 2014b)

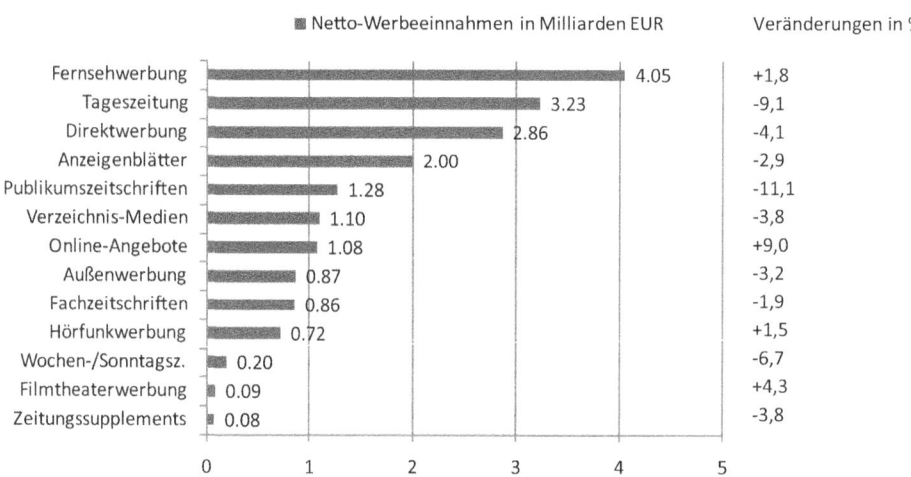

Abb. 6.7 Entwicklung Anteil Werbeumsatz nach Mediengattung 2000–2011 in Prozent. Marktanteile der Medien in Prozent. Bei der Addition können sich Rundungsdifferenzen ergeben. *Übrige Medien*: Verzeichnis-Medien, Außen-, Fachzeitschriften- und Filmtheaterwerbung. *Zeitungssupplements*: Bei Zeitungssupplements werden ab 2002 Vertriebs- und Anzeigenerlöse miteinander verrechnet und als Gesamtergebnis dargestellt. Dadurch ergibt sich ein geringfügig höherer Marktanteil. (vgl. Pasquay 2013, S. 21; BDVZ 2014)

Erklären lässt sich diese Entwicklung insbesondere im Vergleich der Reichweiten nach Alter. In Abb. 6.8 zeigt sich deutlich, dass lediglich in den Altersgruppen 60–69 und 70 und älter der Anteil an der verbreitete Auflage über die Jahre relativ konstant geblieben ist.

Jedoch in den Altersgruppen jünger als 49 nimmt die Reichweite von Tageszeitungen über ein Jahrzehnt kontinuierlich ab.

Im Vergleich der Nettowerbeerlöse klassischer Mediengattungen zählt Print zu den wenigen, die 2010 im Vergleich zu 1991 weniger Werbeeinnahmen generieren, während Fernsehen und Online zu den Gewinnern zählen. Von 2011 auf 2012 ist der Werbemarkt im TV weiter leicht gewachsen (+0,7), insbesondere konnte aber Online-Werbung die Einnahmen deutlich ausbauen (+15 %). Bei TV ist zu beachten, dass die relative Veränderung einen deutlich höheren Zugewinn in totaler Anzahl an Werbeeuros bedeutet als bei Online.

In den Jahren 2007 vs. 2010 sind die Nettowerbeerlöse über alle Mediengattungen tendenziell rückläufig. Einzig Anzeigenblätter, die den Printmedien zuzurechnen sind, verzeichnen tendenziell höhere Werbeerlöse im Vergleichszeitraum und liegen im Jahr 2010 insgesamt über den Werbeerlösen von Publikumszeitschriften. Den ‚Löwenanteil' der Webeerlöse machen sonstige Werbemedien aus, die nicht näher definiert sind. Dennoch ist das Erlösvolumen im Printbereich weiterhin höher als jenes des Fernseh-Marktes (siehe Abb. 6.9).

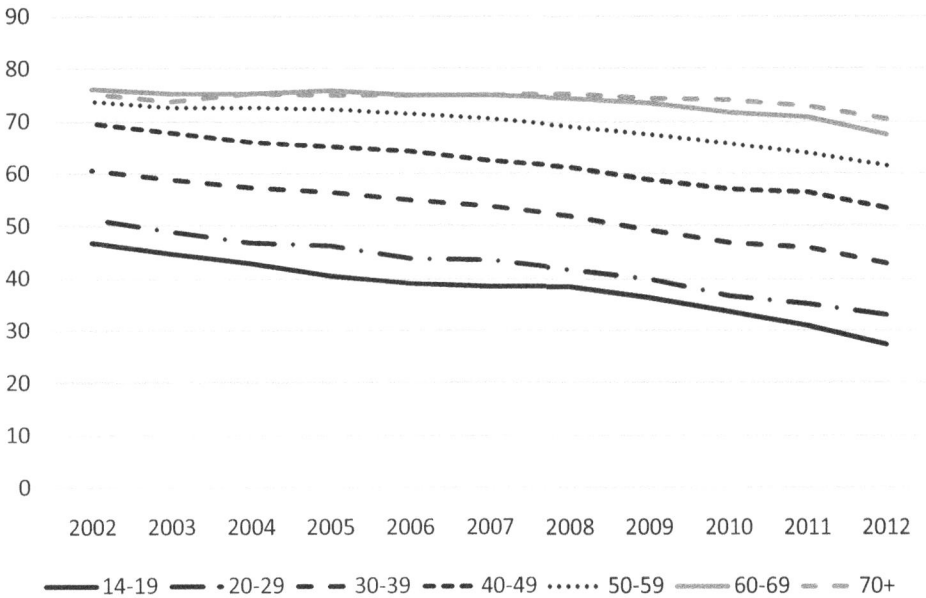

Abb. 6.8 Reichweiten von Tageszeitungen in Deutschland nach Alter 2002–2013 in Prozent. (vgl. Pasquay 2013, S. 28)

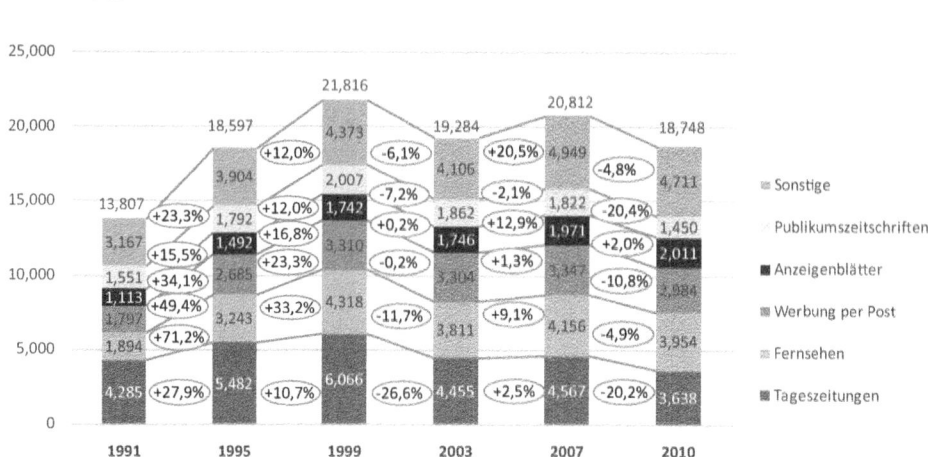

Abb. 6.9 Nettowerbeerlöse nach Mediengattung in Deutschland. (Wirtz 2013, S. 61)

Fast man also zusammen, so lässt sich für Abonnement-Zeitungen und insbesondere Tageszeitungen folgendes festhalten:

- Insbesondere jüngere Zielgruppen lesen immer weniger Zeitungen und Zeitschriften im Zeitreihenvergleich.
- Dennoch haben sich Vertriebsumsätze von Abonnementzeitungen und Tageszeitungen auch in den letzten Jahrzehnten positiv entwickelt, was insbesondere durch Preiserhöhungen möglich war.
- Der Anteil von Abonnementzeitungen an den Werbe-Erlösen geht massiv zurück.
- Dennoch bleibt der Anteil von Print an den Werbelösen in Deutschland im Vergleich zu anderen europäischen Ländern und weltweit sehr hoch. Deutschland ist damit also ein weiterhin interessanter Heimatmarkt für Verlags- und Medienhäuser mit einem mittleren bis hohen Printanteil.

Hingegen ist davon auszugehen, dass der Printmarkt einen hohen Reifegrad hat und im Grunde ein niedergehender Markt ist. Das bedeutet, dass nicht davon auszugehen ist, dass dieser Markt in den nächsten Jahren und Jahrzehnten wieder an Umsatz zunehmen wird, sondern langsam aber stetig an Umsatz verlieren wird. Wenn man den oben geschilderten Trend extrapoliert, dann ließe sich vermuten:

- Die Werbeerlöse tendierten dazu, weiter stark zu sinken, da hier durch das Internet ein Substitutionsgut entstanden ist, dass als einzige Mediengattung seit Jahren hohen Wachstumsraten aufweist.
- Die Vertriebserlöse können vermutlich nur mehr zum Teil durch Preiserhöhungen noch länger halbwegs stabil gehalten werden.

Zusammengenommen bedeutet das zunächst: Der Content wird immer wichtiger, da dieser für nachhaltige Umsätze am Rezipientenmarkt sorgt, wenngleich der Gesamt-Umsatz dieses Marktes tendenziell weiter sinkt, sodass nur im begrenzten Maße durch Preiserhöhungen stabilisiert werden kann. Hinzu kommt die demografische Falle: Der größte Teil der klassischen Zeitungsleser stirbt aus. Für den Trend in den jüngeren Generationen zu weniger Print lässt sich kein Argument finden um zu begründen, dass dieser Trend irgendwann einmal ein Ende finden wird.

So bleiben eigentlich nur drei Möglichkeiten für Medienhäuser:

- Internationalisierung des Geschäftsmodells, wenn dieses im Heimatmarkt erfolgreich ist und im Vergleich zu anderen nationalen Märkten einen Wettbewerbsvorteil gegenüber den dortigen Wettbewerbern bietet. Der wahrscheinlich erfolgreichste Weg ist der über Merger & Acquisition: Etablierte Medienmarken zu übernehmen und in die Richtung des eigenen Geschäftsmodells weiterentwickeln.
- Weiche Diversifikation: In angrenzende Bereiche, also andere Medienmärkte expandieren und die jeweilige Kernkompetenz (Prozesse, Strategie oder Content) übertragen auf ein neues Trägermedium.
- Harte Diversifikation: Entwicklung völlig neuer Geschäftsfelder z. B. durch Einstieg in den eCommerce in Verbindung mit dem Content-Geschäft, z. B. als crossmediale Werbe- und Handelsplattform etc.
- Für das bestehende Verlagsgeschäft ist davon auszugehen, dass dieses nur mehr die Funktion einer Cash-Cow erfüllt: Bestehendes Geschäft ist solange noch beizubehalten, bis die erwirtschaftete Gewinnspanne noch über der anderer Geschäftstätigkeiten oder einer simplen risikofreien Verzinsung an Finanzmärkten liegt. Vermutlich ist hier aber davon auszugehen, dass dann insbesondere die Kostenstruktur intensiv gemanagt werden muss. Wenn man jedoch berücksichtigt, dass der Content der wesentliche Nutzen für Rezipienten ist, ist das Einsparpotenzial im Bereich Redaktion mittlerweile recht gering. Es bleiben also nur die Prozesse im Vertrieb und in der Herstellung, um den Operating Profit aus dem Printgeschäft hoch zu halten.

Somit lässt also zunächst für die Strategie von Verlags- und Medienhäusern festhalten: Wenn ein bestehendes und gutlaufendes Geschäft im Sinne der Gewinnspanne aus diesem existiert, wird dieses noch bis zu einem gewissen Zeitpunkt fortgesetzt werden. Hingegen ist davon auszugehen, dass dieses Geschäft neue Geschäftsfelder mitzufinanzieren hat, bis es aus Gründen sinkender Gewinnspannen schließlich aufgegeben wird.

6.2.2 Entwicklung nicht werbefinanzierter Medien am Beispiel Buchmarkt

Am Beispiel des Buchmarktes lässt sich aufzeigen, wie sich ein Medienmarkt, der im Gegensatz zu den bisher dargestellten Massenmedien nicht werbefinanziert ist, entwickelt hat (vgl. Mühl-Benninghaus und Friedrichsen 2012).

Die europäischen Zeitschriften-, Zeitungs- und Magazinverlage erholen sich nur langsam vom Umsatzeinbruch, der durch die zurück liegende Wirtschaftskrise begründet wird. Im Jahr 2014 werden die Gesamterlöse (Verkauf und Anzeigen) der Zeitungen und Publikumsmagazine bei US$ 94,5 Mrd. liegen, wie die Wirtschaftsprüfungs- und Beratungsgesellschaft *PricewaterhouseCoopers* (*PwC*) im „Global Entertainment and Media Outlook: 2010–2014" prognostiziert. Das wären zwar rund US$ 3,5 Mrd. mehr als 2009, das Ergebnis von 2007 würde jedoch um mehr als acht Milliarden US-Dollar verfehlt. Die Differenz ist in erster Linie auf niedrigere Werbeeinnahmen zurückzuführen (vgl. PWC 2010). Um sich unabhängiger vom Anzeigengeschäft zu machen und neue Erlösquellen zu erschließen, bieten immer mehr Verlage deshalb kostenpflichtige Apps und den Download digitaler Zeitschriften und Magazine an. Dabei wecken attraktive Lesegeräte wie das *iPad* neue Hoffnungen in der Branche.

Vergleichsweise krisenfest hat sich hingegen der Buchmarkt entwickelt. Der Buchumsatz (Sachbücher, Belletristik, Lehr- und Schulbücher) sank in der Region EMEA[2] in den letzten Jahren. Dennoch rechnen Experten bis 2014 mit einem jährlichen Zuwachs von 1,2 % auf US$ 47,8 Mrd. Für den deutschen Markt prognostizieren sie ein durchschnittliches Plus von 1,9 % auf knapp US$ 10,7 Mrd. Damit bliebe Deutschland der umsatzstärkste Buchmarkt vor Frankreich (rund US$ 8,1 Mrd.) und Großbritannien (US$ 5,4 Mrd.). Der Umsatz mit belletristischen E-Books lag 2009 in der EMEA-Region lediglich bei US$ 25 Mio. Bis 2014 dürfte dieser Wert zwar um durchschnittlich über 50 % pro Jahr steigen, absolut betrachtet wird erwartet, dass der Erlös mit US$ 199 Mio. aber gering bleibt (vgl. PWC 2010).

Folgende Rahmendaten kennzeichnen den Buchmarkt (vgl. Gläser 2010, S. 186 ff.):

- Das Marktvolumen des Buchmarktes in Deutschland liegt bei rund 9,6 Mrd. € Umsatz, davon sind rund 4,5 Mrd. € in der Belletristik, 4,5 Mrd. im Bereich Schul- und Lehrbuch und 3 Mrd. im Fach- und Sachbuchbereich erwirtschaftet.
- Die Gesamtauflage in Deutschland liegt bei 963 Mio. Büchern. Deutschland ist der drittgrößte Büchermarkt hinter China und Großbritannien.
- Die Buchbranche ist kleinteilig organisiert (rund 6000 „buchhändlerische Betriebe") und durch viele kleine Anbieter geprägt. Damit ist der Markt sehr oligopolistisch und wettbewerbsintensiv.
- Über 50 % der Bücher werden über den Sortimentsbuchhandel distribuiert. Der Versandbuchhandel macht einen Anteil von rund 15 % (1,3 Mrd. €) aus – letztere verzeichnet die höchsten Steigerungsraten. Der Einzelverkauf dominiert – der Anteil von Reihen oder Abonnements ist gering, wenngleich einige Zeitungsverlage neuerdings mit Reihen reüssieren wie z. B. die *Süddeutsche Zeitung*.
- Eine geringe Preis-Elastizität kennzeichnet die Nachfrage, d. h. dass die Nachfrage unterproportional auf eine Preisveränderung reagiert (relative Mengenänderung < relative

---

[2] US-amerikanische Abkürzung für Wirtschaftsraum Europa, bestehend aus: **E**urope, **M**iddle **E**ast (Naher Osten) und **A**frica (Afrika).

Preisänderung). Dennoch stagniert der Preis für Bücher bei durchschnittlich rund 25 € bzw. rund 11 € bei Taschenbüchern.
- Rund 37 % der Gesamtbevölkerung über 14 Jahren liest täglich bzw. mehrmals wöchentlich Bücher – Frauen: 45 %, Männer: 29 % – durchschnittliche Lesedauer pro Tag: 25 min.
- Das Verhältnis von Erstauflage zu Neuauflage liegt bei 88:12, d. h. das rund 90 % der im Jahr gedruckten Titel Erstauflagen sind, d. h., dass letztlich mit einer Auflage die ganzen Entwicklungs- und Produktionskosten zu erwirtschaften sind.
- Der Buchhandel unterliegt einem erheblichen Interessen- und Leserverhaltenswandel: Die Zahl der Vielnutzer geht deutlich zurück das Buch wird immer mehr als Gebrauchsartikel und Konsumgut betrachtet, was sich auch in der Verschiebung vom „anspruchsvollen Buch" zum Boulevard-Buch („leichte Kost") zeigt. Entsprechend steigt die Nachfrage der Verlage nach Boulevard-Autoren zu Ungunsten der „Literaten".
- Ferner ist auch hier die Globalisierung spürbar. Haben sich ausländische Verlage bisher mit dem Erwerb von Lizenzen begnügt, sind gerade die weltweit größten Verlage immer mehr in den einzelnen Ländermärkten selbst aktiv und organisieren die gesamte Wertschöpfungskette von der Auswahl über den Druck bis zum Vertrieb. Insofern steigt hierdurch auch zusätzlich die Wettbewerbsintensität.

6.3 Märkte der Medienhäuser Bertelsmann und Axel Springer AG

Die drei in der vergleichenden Case Study behandelten Medienhäuser weisen vergleichbare Entwicklungspfade auf. *News Corp.* und *Axel Springer AG* haben sich von der Kernkompetenz Zeitung als Ein-Produkt-Unternehmen sukzessive in neue Medienmärkte ausgebreitet: *Axel Springer AG* setzt mittlerweile immer stärker auf das digitale Geschäft zu Ungunsten der Zeitung und verkauft sukzessive ihre regionalen Zeitungen. *News Corp.* hat zunächst die Kernkompetenz Zeitung zur Internationalisierung genutzt und hat von Australien ausgehend zunächst in Großbritannien damit reüssiert. Aus diesem Geschäft wurden dann die Erträge zu weiteren Investitionen in neue Geschäftsfelder in den USA generiert, es wurde das heute ertragreichere Geschäftsfeld „Broadcasting" aufgebaut und mittlerweile das Geschäftsfeld Zeitung abgespalten.

Einen ähnlichen Entwicklungspfad ist *Bertelsmann* gegangen, jedoch ausgehend vom Buchmarkt. *Bertelsmann* hat hier mittels der Vertriebsinnovation Buchclub (Direktvertrieb) als Marktführer generiert und anschließend in das Geschäft zunächst mit Tonträgern, dann mit Privatfunk und Privatfernsehen investiert. Anschließend hat *Bertelsmann* sehr früh in digitale Geschäftsmodelle investiert.

Somit waren alle drei Unternehmen in den oben behandelten Märkten aktiv. Allen drei Unternehmen ist es gelungen, durch aktives Geschäftsfeld-Portfolio-Management jeweils in neue Wachstumsmärkte einzusteigen und damit unter die Top-5 in der Welt oder Europa aufzusteigen. In allen drei Fällen wurden zunächst erfolgreiche Geschäftsmodelle multi-

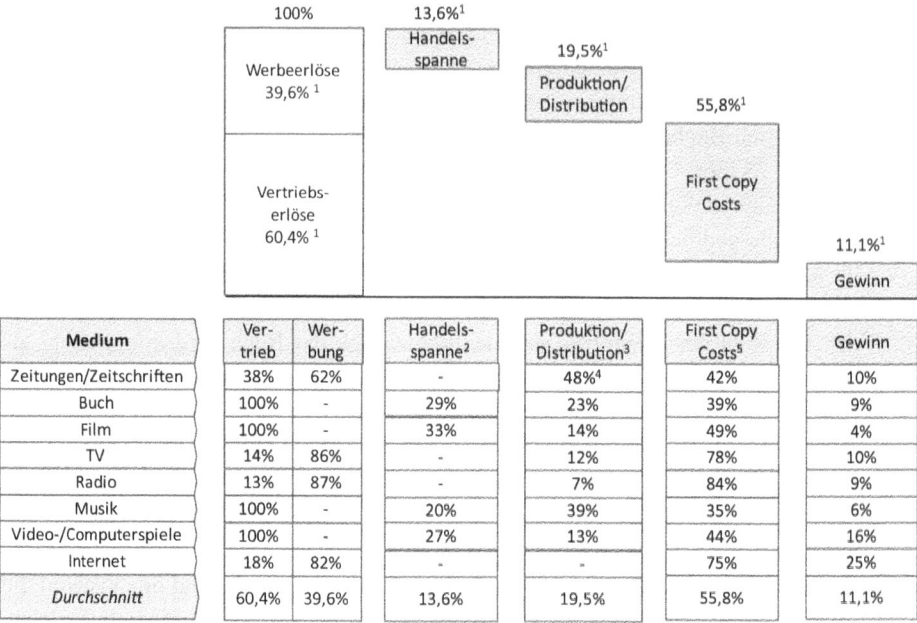

Abb. 6.10 Kosten- und Umsatzstruktur der Mediengattungen. (Wirtz 2013, S. 102)

pliziert und auf neue Märkte übertragen, teils durch Internationalisierung, teils durch Erschließung neuer Zielgruppen.

Diese Entwicklung lässt sich besonders gut nachvollziehen, wenn man die Kosten- und Umsatzstruktur der verschiedenen Märkte vergleicht (siehe Abb. 6.10).

Die größeren deutschen Print-Unternehmen sind selten spezialisiert. Die ursprüngliche Verbreitungsform unterschiedlicher Inhalte wie News, Nutzwertinformation, Special-Interesst-Inhalte, Romane, Sachbücher etc. nutzen historisch als Trägermedium Papier, während heute die Inhalte, die Verlagsunternehmen produzieren, auf verschiedenen Medienträgern distribuiert werden. Bis heute ist auch noch in vielen Verlagen ein großer Teil des Kapitals in Sachanlagen – sprich in Druckereien – gebunden. Mittlerweile lässt sich aber eine Desinvestment-Tendenz beobachten: Viele größere Verlage reduzieren den Anteil des in Sachanlagen gebundenen Kapitals und kaufen anstatt eigener Druckkapazität durch Beteiligungen an Druckereien diese Druckkapazität zu.

Damit ist global der aktuell größte Medienkonzern, der auch einen Schwerpunkt im deutschen Printmarkt setzt, der Gütersloher Medienkonzern *Bertelsmann* – während etwa TV und Internet durchwegs stärker durch internationale Konzernstrukturen geprägt werden.

Nimmt man die Marktanteile aller Zeitungsverlage in Deutschland im Rezipientenmarkt, so liegt der Markanteil der fünf größten Zeitschriftenverlage bei 42 %, der der 10 größten bei gerade 56 % (vgl. Sjurts 2005, S. 27). So lässt sich hier von einer moderaten

Konzentration sprechen (vgl. Wirtz 2013, S. 165). Der größte Anbieter im Rezipientenmarkt (Lesermarkt) ist die *Axel Springer AG* mit durchschnittlich rund 23 %. Hingegen hat die *Axel Springer AG* kürzlich das Produktportfolio bereinigt und hauptsächlich Printmedien, etwa die Tageszeitungen *Berliner Morgenpost* und das *Hamburger Abendblatt* und andere Printtitel, an die *Essener Funke Mediengruppe* (*FMG* – ehemals firmiert als *WAZ-Mediengruppe*) verkauft. Hinsichtlich der Distributionsform zeigt sich hingegen eine starke Konzentration zugunsten der *Axel Springer AG*: Im Bereich der Straßenverkaufszeitung liegt der Anteil von *Axel-Springer*-Zeitungsmarken bei rund 80 % (vgl. Sjurts 2005, S. 29), der Anteil der fünf größten Verlage bei rund 97 % (vgl. Wirtz 2013, S. 166). Auch bei den Publikumszeitungen gibt es in Deutschland eine höhere Konzentration: Je nach Periodizität (Erscheinungsfrequenz) gibt es eine steigende Konzentration: So haben z. B. bei den 14-tägigen Publikumszeitschriften die vier Großverlage *Bauer*, *Axel Springer AG*, *Burda* und *Gruner + Jahr* rund 79 % Markanteil im Lesermarkt (Wirtz 2013, S. 167).

Hinsichtlich Unternehmensstrukturen ist in Deutschland das typische „spezialisierte" Zeitungshaus kaum mehr existent. Lediglich auf regionaler Ebene finden sich noch die klassische Einheit von Druckerei, Verlag und Redaktion mit mehreren regionalen Tageszeitungen (vgl. Wirtz 2013, S. 167).

Auch hinsichtlich des Werbemarktes zeigt sich, dass eine hohe Konzentration vorliegt. Im Bereich der Publikumszeitungen ziehen die vier größten Verlage rund 70 % des Werbeumsatzes an (vgl. Wirtz 2013, S. 167).

Auf der Ebene Regional- und Lokalmedien gibt es aufgrund des engen Marktes fast immer eine sehr hohe Konzentration: So zeigt Sjurts, dass in den kreisfreien Städten Deutschlands durchschnittlich 90 % des Rezipientenmarktes nur zwei lokale/regionale Tageszeitungen in Konkurrenz stehen (vgl. Sjurts 2005, S. 27). Das erklärt sich natürlich aufgrund der engen Margen, die typisch sind für Märkte mit geringen Auflagen, die der Kostendegression enge Grenzen setzt (vgl. Beck 2011, S. 102): Selbst wenn hier ein finanzstarker Investor versuchen würde, eine dritte Zeitung in den Markt zu „drücken", würde das nur zu einem Verdrängungswettbewerb führen, der relativ schnell mit dem Verschwinden einer Zeitung enden würde. Aufgrund der geringen Volumina der regionalen und lokalen Lesermärkte ist eine Refinanzierung der Investition fast unwahrscheinlich, wenn nicht die deutliche Marktführerschaft erreicht werden kann. Daher sind die regionalen und lokalen Märkte häufig durch ein oder zwei „Traditionsmarken" geprägt, die i. d. R. – stetige Optimierung der Kostenstruktur vorausgesetzt – in der regionalen Nische halbwegs überleben können. Dass diese Nische durchaus betriebswirtschaftlich interessant sein kann, erklärt sich dadurch, dass hier wenige Substitutionsgüter verfügbar sind: Lokale Information und das Erreichen eines speziellen lokalen Kundensegments ist fast nur über eine oder zwei Tageszeitungen möglich. Insofern kann hier die „Markineffizienz" durch i. d. R. duopolistische Akteure bzw. Ein-Zeitungs-Kreise für eine Preis- und Absatzstabilität sorgen.

Anders sieht es hingegen mit den Gratis-Zeitungen aus: Hier ist den etablierten Regional- und Lokalzeitungen in den letzten Jahren eine erhebliche Konkurrenz auf den Werbemarkt entstanden. In Österreich haben z. B. zwei große Zeitungskonzerne einen „Regionalring" gegründet, der lokale Einzeltitel von Gratis-Wochenzeitungen aller Bezirke zu einem gemeinsamen Vermarktungskreis zusammenschließt (*Regionalmedien Austria*).

6.4 Medienhäuser: Vergleichende Fallstudie

6.4.1 Unternehmensentwicklung: News Corp., Bertelsmann, Axel Springer AG

Die *News Corp.* ist eines der weltgrößten Medienhäuser, gegründet 1979 von Rupert Murdoch als eine Holding für *News Limited*, hervorgehend aus der vom Vater geerbten Druck- und Verlagsgesellschaft der australischen Tageszeitung *Adelaide News*.[3]

Das Boulevardblatt *The Sun*, 1969 von Murdoch gekauft, war lange Zeit extrem profitabel und die Gewinne aus diesem Verlag ermöglichten Zukäufe und Markteintritt in neue Geschäftsfelder. *The Sun* erwirtschaftete fast 20 Jahre lang zwischen 60 und 70 % Umsatzrendite (vgl. Hack 2003, S. 344). Dies ermöglichte Murdoch, die Expansion in die USA zu finanzieren. Mit dem Erwerb der *San Antonio News* 1973 kaufte Murdoch erstmals in den USA ein Unternehmen. Bald darauf gründete er den *National Star*, eine Boulevardzeitung, und 1976 kaufte er die *New York Post*. 1983 erfolgte der Erwerb von *Sky Channel*. Dieser Erwerb markiert die verstärkten Bemühungen des Unternehmens, die Präsenz in TV-Markt massiv auszubauen (vgl. Sjurts 2005, S. 463). 1985 wurden die *20th-Century-Fox-Studios* und die Fernsehkette *Metromeide* erworben und mit *FOX-TV* ein viertes nationales Network in den USA geschaffen. Die bereits hier forcierte Ausdehnung von Printmedien zu elektronischen Medien wurden dann 1990 durch die Übernahme des Satlitensenders *Sky TV* und *British Satellite Broadcasting* (*BSB*) und der anschließenden Fusion zu *British Sky Broadcasting* (*BSkyB*) verstärkt.

1991 hatte die australische *News Corp.* hohe Schulden in der Bilanz kumuliert, insbesondere durch die Akquisitionen der vergangenen Jahre. Dies zwang Murdoch dazu, viele der Beteiligungen an amerikanischen Magazinen wieder zu verkaufen, die er Mitte der 1980er Jahre akquiriert hatte. Ein großer Teil der Schulden der *News Corp.* entstand durch die massiven Verluste beim britischen Satelliten-Bezahlsender *Sky Television*. Grundsätzlich waren die hohen Schulden jedoch kalkuliert, da Murdoch häufig schlecht laufende Unternehmen mit Potenzial aufkaufte und diese durch die Gewinne der anderen Holdings zunächst in den Jahren nach Akquisition quer-subventionierte. Durch die Fusion von *Sky* mit dem konkurrierenden Satellitenbetreiber *British Satellite Broadcasting* 1990 zur *BSkyB* ging jedoch auch diese Investition auf, da das neue Unternehmen seitdem den britischen Bezahlfernsehen-Markt dominiert und damit margenstark wurde.

1995 startete *News Corp.* in Australien das Bezahlfernsehen-Netzwerk *Foxtel* in Partnerschaft mit *Telstra*. 1996 gründete *FOX Broadcasting* in den USA den Nachrichtenkanal

---

[3] Zur ausführlicheren Geschichte von *News Corp.* siehe: Hachmeister und Rager 2005, S. 63–70.

Fox News Channel, einen 24-Stunden-Kabelkanal und ging damit in direkte Konkurrenz um Marktanteile mit dem Marktführer *CNN*.

1999 folgte durch die Übernahme der Kontrollmehrheit an einem führenden australischen Independent-Label, *Mushroom Records*, eine weitere Expansionswelle der australischen Musikholdings der *News Corp.* Die Akquisition wurde mit der *News-Corp.*-Firma *Festival Records* vereinigt zur *Festival Mushroom Records* (*FMR*).

Seit ungefähr 2000 ist *News Corp.* schwerpunktmäßig im Bezahlfernsehen engagiert. Ende 2003 erwarb die *News Corp.* von *General Motors* eine 34-Prozent-Beteiligung an *Hughes Electronics* für sechs Milliarden US-Dollar – *Hughes* ist Betreiber von *DirecTV*, dem größten amerikanischen Satellitenfernsehbetreiber. Im Oktober 2007 ging der Wirtschaftssender *Fox Business Network* auf Sendung. Damit ging *News Corp.* in den USA in Konkurrenz zum Business-TV-Marktführer *CNBC*. Im Januar 2008 erwarb *News Corp.* von Unitymedia den Anteil am deutschen Pay-TV-Sender *Premiere* in Höhe von 14 %, der seit 2009 als *Sky Deutschland AG* firmiert. Seit Januar 2013 hält die *21st Century Fox*, entstanden aus der Aufspaltung und Umfirmierung von *News Corp.*, mit 54,8 % die absolute Aktienmehrheit an *Sky Deutschland*.

2013 wurde die *News Corporation* in zwei eigenständige börsennotierte Unternehmen aufgespalten. Das Film- und Fernsehgeschäft wird unter dem Namen *21st Century Fox* weitergeführt, das Zeitungsgeschäft unter dem alten Namen *News Corp.* Rechtsnachfolger der alten *News Corp.* ist die *21st Century Fox*. Tabelle 6.2 fasst die Basisdaten der *News Corporation* für 2013 zusammen.

Die heutige *Bertelsmann AG* ist aus dem *Bertelsmann* Verlag mit angeschlossener Druckerei für „erbauliche christliche Lieder und Texte" hervorgegangen.[4] Der Aufstieg, über das Kerngeschäft mit ‚erbaulicher christlicher Literatur' hinaus, begann 1921 mit Übernahme der Geschäftsleitung des Unternehmens mit 80 Mitarbeitern durch Heinrich Mohn von seinem Vater. 1932 veröffentlichte *Bertelsmann* die ersten Romane als Volks-

Tab. 6.2 Basisdaten *News Corporation*. (vgl. Institut für Medien und Kommunikationspolitik 2013a)

Rechtsform	Corporation (Aktiengesellschaft)
Gründung	1979
Sitz	New York, Vereinigte Staaten
Leitung	Rupert Murdoch (Chairman/CEO)
Mitarbeiter	51.000 (2011)
Umsatz	US$ 33.706 Mrd. (2012)
Branche	Medien
Geschäftsfelder	Tageszeitungen, Anzeigenblätter, Digitalgeschäft, Film und Fernsehen, Kommunikation und Werbung

---

[4] Zur ausführlicheren Geschichte der *Bertelsmann AG* siehe: Handelsblatt Management Bibliothek 2005, S. 44–49; Kopper 2006, S. 77 ff.

ausgaben. In den folgenden Jahren wuchs der Verlag bis 1939 auf 400 Mitarbeiter. Im 2. Weltkrieg wurden der Verlag mit sogenannten „Feldausgaben" (Feldpostheften) zum wichtigsten Buchlieferanten der Wehrmacht unter anderem mit Büchern nationalsozialistischer Autoren. Von 1934 bis 1941 stieg der Umsatz von 105.000 Reichsmark auf rund 3,2 Mio. an (vgl. Anand, Rukstad und Köstring 2005, S. 2).

Nach kriegsbedingter Schließung 1944 bekam *Bertelsmann* 1946 eine Verlagslizenz erteilt. Der folgende, weitere Aufstieg des Unternehmens wurde wesentlich durch eine Vertriebsinnovation getragen. 1950 gründeten Reinhard Mohn und sein Mitarbeiter Fritz Wixforth den *Bertelsmann Lesering*. Allein in den ersten 12 Monaten nach Gründung hatte der Ring rund 100.000 Mitglieder, 1954 rund eine Million Lesering-Mitglieder (vgl. Anand, Rukstad und Köstring 2005, S. 2).

1956 übertrug *Bertelsmann* das Modell auf Tonträger und etablierte den Schallplattenring. 1958 erfolgte der Eintritt in den Musikmarkt mit der Gründung des Schallplattenlabels *Ariola* und dem Erwerb eines Presswerks für Schallplatten. Damit markiert das Jahr den Beginn der intermediären Diversifizierung. Deshalb und auch wegen der durch die Internationalisierung gestiegenen Anforderungen wurde in den 1960er Jahren eine divisionale Struktur eingeführt, um schnelles Wachstum mit den Fähigkeiten der Organisation und Steuerung des Betriebsprozesses in Einklang zu bringen.

1962 wurde das Geschäftsmodell *Buchclub* auch in europäischen Nachbarländern eingeführt, also das erfolgreiche Geschäftsmodell der Heimat durch geografische Diversifikation in Nachbarländer übertragen. 1964 stieg *Bertelsmann* auch in benachbarte Märkte ein und kaufte die *Ufa-Filmproduktionsgesellschaft* (weiche Diversifikation). Die Anteile an der gleichnamigen Kinokette wurden in den siebziger Jahren wieder verkauft. 1969 erwarb *Bertelsmann* eine Beteiligung von 25 % am Hamburger Verlagshaus *Gruner + Jahr*, 1973 dann die Mehrheitsbeteiligung – mit Spitzentiteln wie *Stern*, *Brigitte* und *Capital*. Der Versuch, 1970 ein Drittel des *Axel Springer Verlags* zu übernehmen, scheiterte jedoch.

Etwa 1970 hatte das Unternehmen bereits einen Umsatz von rund $ 400 Mrd. (vgl. Anand, Rukstad und Köstring 2005, S. 3). 1975 umfasste der *Buchclub* rund 7,5 Mio. Mitglieder, dem 25 Buch- und Schallplattengemeinschaften in 18 Ländern angehörten. 1977 erwarb der Verlag den Mehrheitsanteil an *Bantam Books*, dem bis dato größten Buchverlag der Welt sowie den Musikverlag *Arista*.

Die Übergabe der Unternehmensführung von Reinhard Mohn an Mark Wössner (1983) markiert eine strategische Zäsur: Wössner verfolgt den Ansatz: ‚Lieber besser sein, als der Größte sein' (vgl. Anand, Rukstad und Köstring 2005, S. 4). Dennoch wuchs das Unternehmen in den 1980er Jahren stark durch Akquisitionen wie z. B. des viertgrößten US-Labels *RCA* (u. a. die Rechte an Elvis Presley) und 1984 von *RTL Plus*.

Im Jahr 1985 hatte der *Buchclub* weltweit mehr als 16 Mio. Mitglieder und war damit der größte Bücherclub der Welt. 1990, mit der Wiedervereinigung Deutschlands, expandierte die *Bertelsmann AG* auch in Osteuropa. Dem Unternehmen gehörten damals 42.500 Mitarbeiter an und der Jahresumsatz betrug 13.323 Mrd. DM. 1995 trat *Bertelsmann* zusammen mit *AOL* in Europa ins Multimediageschäft ein. Die Anteile wurden jedoch im Jahr 1998 schon wieder für 1,4 Mrd. € an *AOL* zurückverkauft.

1997 fusionierte die *Ufa Film- und Fernseh-GmbH* mit der luxemburgischen *CLT*, der Mutter von *RTL*. Die TV-Gruppe von *Bertelsmann* umfasst damit 22 TV-Sender und 18 Radio-Stationen in elf Ländern. Im gleichen Jahr wurde in China das Geschäftsmodell *Buchclub* eingeführt. 1998 wurde der Verlag *Random House* mit Sitz in New York City aufgekauft. *Random House* ist der größte englischsprachige Buchverlag der Welt.

Ebenfalls 1998 übernahm Thomas Middelhoff den Vorstandsvorsitz von Mark Wössner. Zu diesem Zeitpunkt bestand das Unternehmen aus 5 Divisions: Books, *Gruner + Jahr*, Musik, TV und Industrial Services. Middelhoffs Einstieg markiert den Versuch, den Musik- und Buchverlag in das digitale Zeitalter zu führen. Bereits 1995 wurde mit Hilfe von Middelhoff eine Beteiligung bei *AOL* gestartet ($ 50 Mio.). Ferner wurden 75 % Anteil von *Pixelpark* und dem Portal *Lycos* erworben. Diese Erwerbungen gehörten zu der von Middelhoff definierten Multi-Channel-Strategie, die das traditionelle Mediengeschäft um neue Distributionskanäle erweiterte. Über diese sollten die einzelnen Divisionen miteinander verbunden werden, indem die Inhalte über verschiedene Kanäle distribuiert und mehrfachverwertet werden sollten (vgl. Anand, Rukstad und Köstring 2005, S. 5). Ziel war es, adäquat auf die von Middelhoff erwarteten Herausforderungen, wie die Fragmentierung der Konsumentenmärkte, die Medienkonvergenz auf der Basis Internet und die Anforderung der wachsenden Bedeutung der Finanzmärkte für die Finanzierung des notwendigen globalen Wachstums, zu reagieren. Dazu wurde nicht nur die Produktstrategie neu ausgerichtet, sondern auch das Unternehmen weiter dezentralisiert. Die gemeinsame Ausrichtung sollte über die gegründete *Bertelsmann University* aufgebaut und gestärkt werden.

1999 startete *Bertelsmann* zusammen mit den Gesellschaftern *Gruner + Jahr* sowie *RTL* die Internet-Auktionsplattform *Andsold.de*, musste diese aber Ende November 2000 wieder einstellen. Sukzessive wurde unter dem Label *BOL* (*Bertelsmann Online*) eine Vielzahl von Internet-Angeboten zusammengefasst.

Im Jahr 2000 entstand unter dem Namen *RTL Group* der größte Hörfunk- und Fernsehveranstalter Europas. Im selben Jahr wurde der Verkauf der Anteile an *AOL Europe* für US$ 6,75 Mrd. verkündet. 2001 wurde der Börsengang für 2005 angekündigt.

Middelhoff und *Bertelsmann* trennten sich bereits 2002, da bei Aufsichtsrat und Eigentümer nach einigen ‚digitalen Misserfolgen' Middelhoffs und dem Platzen der sogenannten Dotcom-Blase, also den Kursstürzen der Unternehmen der New Economy, erhebliche Zweifel an der Neuausrichtung des Unternehmens entstanden (siehe Abb. 6.11). Immerhin stieg das Unternehmen durch das Management Middelhoffs zum fünftgrößten Medienunternehmen der Welt auf, was allerdings auch daran lag, dass andere Unternehmen wegen sinkender Profitabilität abstiegen (vgl. Anand, Rukstad und Köstring 2005, S. 1). 2005 stand *Bertelsmann* damit in Sachen Portfolio und Ausrichtung in Konkurrenz mit *Disney*, *Time Warner*, *News Corp.* und *Viacom* (siehe Abb. 6.12). *Bertelsmann* war eines der wenigen Unternehmen, die trotz des Platzens der Dotcom-Blase in den Folgejahren Gewinne vorweisen konnte.

Criteria I
"We want to be in media business (worldwide)."

Criteria II
"We want to create corporate shareholder value." 　○ attractive markets 　○ strong Bertelsmann position 　　▪ #1 or 2 in relevant markets 　　▪ ROS according to BEX targets, BVA > 0, FCF > 100% of EBITA

Criteria III
"Integrated media business (i.e., synergies: the total is more than the sum of the parts)."

Abb. 6.11 Kommunizierte Strategie Bertelsmann 2002. (Anand, Rukstad und Köstring 2005, S. 28)

Content	Media Services	Direct-to-Consumer
▪ Book publishing 　- #1 worldwide ▪ Music 　- #5 worldwide ▪ Magazines 　- #1 Europe 　- #5 USA ▪ Television (Free TV) 　- #1 Europe ▪ TV Production 　- #1 Europe ▪ Radio 　- #1 Europe ▪ Professional Information 　- #1 Germany	▪ Print 　- #1 Europe ▪ Storage Media 　- #2 worldwide ▪ Distribution media products 　- #1 Germany ▪ Multimedia Agency 　- #1 Europe	▪ Book Clubs 　- #1 worldwide ▪ Music Clubs 　- #1 worldwide ▪ Media eCommerce 　- #2 Europe 　- #2 USA

Abb. 6.12 Bertelsmann: Wettbewerbsposition nach Business Units. (Anand, Rukstad und Köstring 2005, S. 24)

Der Rücktritt Middelhoffs, der eher als Entlassung zu bezeichnen ist, wurde von einem Rollback begleitet. Der neue CEO, Gunter Thielen, schlug 2002 einen neuen Kurs ein und setzte auf Einsparungen. Im Jahr 2002 übernahm *Bertelsmann Zomba Records* und stützte damit seine Musiksparte *BMG*.

2003 erwarb die Tochter *Random House* auch den *Heyne Verlag* aus München. 2004 fusionierte *BMG* mit der Musiksparte des *Sony* Konzerns zu *Sony BMG Music Entertainment*. Das neue Unternehmen war ein Joint Venture von *Sony* und *Bertelsmann*. 2006 verkaufte *Bertelsmann* den Musikverlag *BMG Music Publishing* an *Vivendi* (*Universal Music*) für 1,63 Mrd. €. 2007 erwarb *Bertelsmann* vom Medienkonzern *Time* die restlichen 50 % des 2000 gemeinsam gegründeten Unternehmens *Bookspan*. Nach vollständiger Übernahme war *Bertelsmann* zum größten Direktanbieter für Filme, Musik und Bücher in den USA aufgestiegen. *Time Inc.* erhielt dafür im Zuge seiner Konzentration auf sein Kerngeschäft rund 110 Mio. € von *Bertelsmann*.

Die *Bertelsmann AG* gab 2008 den beabsichtigten Ausstieg aus dem Joint Venture *Sony BMG Music Entertainment* und den Verkauf des 50-Prozent-Anteils an *Sony* bekannt. Das Musikunternehmen *Sony BMG* wurde zu einer hundertprozentigen Tochter der *Sony Corporation of America* und firmiert nun unter dem Namen *Sony Music Entertainment*. Die *Bertelsmann Music Group (BMG)* wurde neu ausgerichtet. *BMG* übernahm nun als eine Lizenzierungs- und Verwaltungsplattform das Management von Musikrechten.

Am 1. Juli 2013 fusionierten *Random House* (*Bertelsmann AG*) und *Penguin Books* (*Mediengruppe Pearson*) zum weltweit größten Publikumsverlag. *Bertelsmann* behält die deutsche Sparte von *Random House* zur Gänze und hält an der gemeinsamen *Penguin Random House Publishing Group* (*PRHGE*) 53 %, *Pearson* einen Anteil von 47 %.

Die *Bertelsmann AG* ist nach der Mediendatenbank des Instituts für Medien- und Kommunikationspolitik das derzeit neuntgrößte Medienunternehmen der Welt, mit Niederlassungen in über 50 Ländern und rund 112.000 Mitarbeitern (31. Dezember 2013). Der Umsatz betrug 2013 konzernweit 16,4 Mrd. €. Tabelle 6.3 fasst die Basisdaten von *Bertelsmann* für 2013 zusammen.

Axel Springer – gelernter Drucker und vor und während des 2. Weltkriegs im väterlichen Verlag (*Altonaer Nachrichten*) als Chefredakteur tätig – gründete 1946 den *Axel Springer Verlag* als GmbH in Hamburg. Erste Publikationen waren die erste deutsche TV-Programmzeitschrift *Hörzu* und die *Nordwestdeutschen Hefte – Hamburger Zeitschrift für den gebildeten Mittelstand* im Auftrag des Norddeutschen Rundfunks. 1952 etablierte Springer die Tageszeitung *BILD* im deutschen Tageszeitungsmarkt – die heute auflagenmäßig zehntgrößte Tageszeitung der Welt. Es folgte die Einführung weiterer regionaler

Tab. 6.3 Basisdaten Bertelsmann AG. (Basis: Bertelsmann 2014, S. 2; Institut für Medien- und Kommunikationspolitik 2014c)

Rechtsform	Kommanditgesellschaft auf Aktien
Gründung	1835
Sitz	Gütersloh, Deutschland
Leitung	Thomas Rabe (Vorstandsvorsitzender), Christoph Mohn (Aufsichtsratsvorsitzender)
Mitarbeiter	111.763 (31. Dezember 2013)
Umsatz	16.356 Mio. € (2013)
Gewinn	800 Mio. € (2013)
Bilanzsumme	21.448 Mio. € (31. Dezember 2013)
Kern-Geschäftsfelder	Fernsehen, Buch, Zeitschriften, Dienstleistungen, Druck

und überregionaler Tageszeitungen wie *Die Welt* und das *Hamburger Abendblatt*. 1959 folgt die Beteiligung an dem traditionsreichen Buchverlag *Ullstein*.

1970 wurde die Verlags-GmbH in eine AG gewandelt, 1985 erfolgte der Börsengang. Nach dem Tod Springers erwarb der Medienunternehmer Kirch ein größeres Aktienpaket an der *Axel Springer AG*. Diese ‚Union' führte zum Eintritt des *Axel Springer Verlags* in das Privatfernsehen-Geschäft 1988 mit *Sat.1*, gefolgt von weiteren Beteiligungen und Gründungen wie dem Telefondienstleister *CompuTel* sowie den TV-Sendern *Business TV International* und *Hamburg 1*.

Seit Mitte der 80er Jahre brachte der Verlag immer neue Ableger der *BILD*, von *Bild der Frau* bis *Sport-Bild* heraus und diversifiziert zunehmend noch im Inland (Line Extension). Erst in den 90er Jahren fand eine Neuausrichtung des Verlags statt: Der Verlag erweiterte mit der „Deutschen Wiedervereinigung" seine Geschäftstätigkeit in das angrenzende, besonders osteuropäische Ausland (vgl. Friedrichsen et al. 2011), sowie Frankreich, Spanien und Schweiz durch eigene Gründungen und Beteiligungen. Hingegen lässt sich die Internationalisierungsstrategie als „sehr zurückhaltend" bezeichnen (vgl. Sjurts 2005, S. 74). Auch war diese immer wieder von Misserfolgen begleitet, wie z. B. der Versuch in den britischen Zeitungsmarkt einzusteigen, der mit der Niederlage im Bieterverfahren um die Daily Telegraph endete. Seit der Fusion von *Pro7* und *Sat.1* ist der *Axel Springer Konzern* an der *ProSiebenSat.1 Media AG* beteiligt.

Auf dem Heimatmarkt sah der Konzern sich gegen Ende der 90er Jahre einer massiven Bedrohung der Wettbewerbsposition durch den Markteintritt der tagesaktuellen Gratiszeitungen in den Ballungsräumen Berlin, Hamburg und Köln bedroht (vgl. Sjurts 2005, S. 71).

Wesentliche Zäsur ist auch der vergleichsweise frühe Einstieg in das Geschäft mit digitalen Inhalten (vgl. Sjurts 2005, S. 77). Hier wurde schon früh auf Nutzwert-Information und Funktionsportale gesetzt, teils Eigenentwicklungen, teils durch das Beteiligungsgeschäft mit Startups. Produkte dieser Zeit sind z. B. *Bild-T-Online*, Plattformen für Ticketverkauf, PKW-Check etc. Auch versuchte man – wie bei dem *T-Online*-Ansatz – durch die Mehrfachverwertung des eigenen Contents durch Content-Syndication eine zusätzliche Erlösquelle aufzubauen.

2007 kaufte die *Axel Springer AG* zusammen mit der *PubliGroup AG* die *Zanox.de AG* für 214,9 Mio. €, für 284 Mio. € 41,4 % des französischen Frauenportal-Betreibers *auFeminin.com* sowie für 510 Mio. € 100 % des Postdienstleisters *PIN Group*. Im gleichen Jahr übernahm das zur *Axel Springer AG* gehörende Schweizer Unternehmen *Jean Frey* vom *Ringier-Verlag* die TV-Programm-Zeitschriften *Tele*, *TV4* und *TV2*.

Seit 2008 bündelt der Geschäftsbereich *Media Impact* die Vermarktung der Medienangebote der AG in Deutschland. Seit 2010 baut die *Axel Springer AG* mit *Ringier* auf der Basis einer 50:50-Holding *Ringier Axel Springer Media AG* das Osteuropa-Geschäft weiter aus. In die Holding wurde das Geschäft der *Axel Springer*-Tochtergesellschaften in Polen, Tschechien und Ungarn eingebracht, sowie *Ringier*-Beteiligungen und Töchter in Serbien, Slowakei, Tschechien und Ungarn. Damit wurden in der Holding 34 Zeitungen, 73 Zeitschriften und rund 70 Online-Angebote zusammengeführt. Das Joint Venture ist in

6.4 Medienhäuser: Vergleichende Fallstudie

Tab. 6.4 Basisdaten Axel Springer AG. (Basis: Institut für Medien- und Kommunikationspolitik 2014b)

Rechtsform	Europäische Aktiengesellschaft (SE)
Gründung	1946
Sitz	Berlin, Deutschland
Leitung	Mathias Döpfner (Vorstandsvorsitzender), Giuseppe Vita (Aufsichtsratsvorsitzender)
Mitarbeiter	12.843 (2013)
Umsatz	2.801,4 Mio. € (2013)
Gewinn	243,7 Mio. € (2013)
Geschäftsfelder	Tageszeitungen, Anzeigenblätter, Digitalgeschäft, Film und Fernsehen, Post und Logistik, Kommunikation und Werbung, Druck, Pressegroßhandel

Osteuropa einer der größten Anbieter im Zeitschriftensegment und Marktführer bei Boulevardzeitungen. Laut Bilanz 2013 erwirtschaftet die AG mit rund 12.800 Mitarbeitern knapp 2,8 Mrd. € Umsatz, von dem knapp 450 Mio. € als EBITDA verbleiben.

Lange Zeit war das Kerngeschäft Rollenoffsetdruck und Verlag von Zeitschriften und Tageszeitungen. 2013 verkaufte die *Axel Springer AG* jedoch für insgesamt 920 Mio. € eine Reihe von „Flaggschiffen" wie *Hörzu, Bild der Frau, Frau von heute, Funk Uhr, TV Digital, Bildwoche, TV Neu, Berliner Morgenpost* und *Hamburger Abendblatt* an die *Funke Mediengruppe* (vgl. Kap. 6.3). Die Verkäufe sind Teil einer strategischen Neuausrichtung auf digitale Inhalte. Dies wird zunehmend als Beleg dafür gesehen, dass die *Axel Springer AG* nicht mehr nur auf journalistische Produkte setzt (vgl. Institut für Medien- und Kommunikationspolitik 2014b).

Anfang Dezember 2013 wurde *Axel Springer* von einer AG in eine europäische Aktiengesellschaft, also eine Societas Europea (SE), umgewandelt. Die neue Rechtsform soll die europäische und internationale Marktausrichtung des Unternehmens unterstreichen und erleichtern. Unverändert bleiben jedoch das dualistische System, bestehend aus Vorstand und Aufsichtsrat sowie die Rechte von Aktionären und Mitarbeitern oder der Firmensitz (vgl. Axel Springer AG 2013b). Tabelle 6.4 fasst die Basisdaten der *Axel Springer SE* für 2013 zusammen.

6.4.2 News Corp.: Vom Verlag zum Broadcasting-Unternehmen

Auffällig ist, dass alle drei Unternehmen (*Axel Springer AG, Bertelsmann* und *News Corp.*) zunächst aus dem Verlagsgeschäft hervorgegangen sind und anschließend in den Fernsehmarkt expandiert haben.

- *Axel Springer AG*: Erster Schritt des Wachstumspfades des Verlags bestand in dem Wachstum durch zwei für den Zeitungs- und Zeitschriftenmarkt neue Formate: Programmzeitschrift (*Hörzu*) und „volksnahe Zeitung" (*BILD*) nach Vorbildern wie dem

San Francisco Examiner (1865 gegründet), *B.Z. am Mittag* (1904 gegründet) und der *Kronen Zeitung* (1900 gegründet). Die Differenzierung gegenüber ‚seriösen' Tageszeitungen: sensationsorientierte Aufmachungen, große Überschriften und großflächige Fotos, auffällige Farben und plakative Schlagzeilen. Bilder und Überschriften nehmen in den meisten Boulevardzeitungen den überwiegenden Platz ein, die Texte sind i. d. R. kurz, die Informationen durch schlagwortartige Sätze und Verzicht auf Hintergrundinformation hochverdichtet. So ist bei der *Axel Springer AG* der Massenmarkt für Tageszeitung bis heute der Cash-Generator für die weitere Diversifikation des Unternehmens, zunächst durch Diversifizierung der Märkte (Auslandsexpansion) und dann für die weiche Differenzierung in benachbarte Märkte wie dem Online-Geschäft. Hier zeigt sich der Erfolg der Internationalisierung Schritt für Schritt und der konvergenzinduzierten Cross-Media-Strategie.

- *News Corp*: Diese Preis-Mengen-Strategie der *Axel Springer AG* entspricht bei *News Corp.* dem ‚Projekt' *The Sun* – damit einhergehend auch analog der Auf- und Ausbau des Unternehmens. Zunächst zeigt sich bei *News Corp.* eine Preis-Mengen-Strategie im Massenmarkt für Tabloids, dann Multinationalisierung und Diversifizierung in benachbarte Märkte.

Umsatzmäßig zeigt sich diese Entwicklung besonders deutlich im ersten Jahrzehnt des 21. Jahrhunderts (siehe Abb. 6.13).

Während also der Bereich Zeitungen noch bis 2008 umsatzmäßig gewachsen ist, dann aber bis heute stagniert, ist der Bereich Kabeldienste von 2007 bis 2012 um mehr als 100% gewachsen und macht heute den größten Teil der Umsätze der *News Corp.* aus. Vergleicht man die Jahre 2007 und 2012, zeigt sich ein Wachstum, besonders durch den Ausbau der Kabeldienste und durch Zukäufe und Investition in die lange Zeit margenstarke Mediengattung Zeitung (siehe Abb. 6.14).

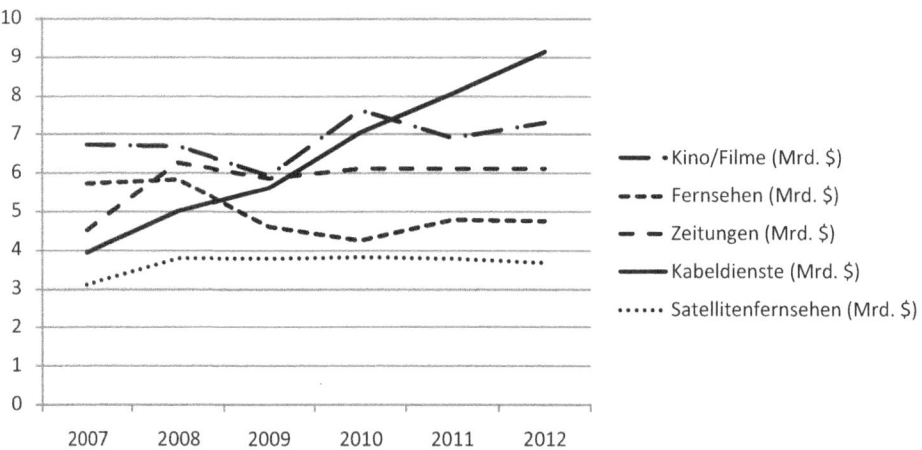

Abb. 6.13 Umsatz *News Corp.* nach Geschäftsfeldern 2007–2012. (vgl. News Corp. Annual Reports 2008–2013)

6.4 Medienhäuser: Vergleichende Fallstudie

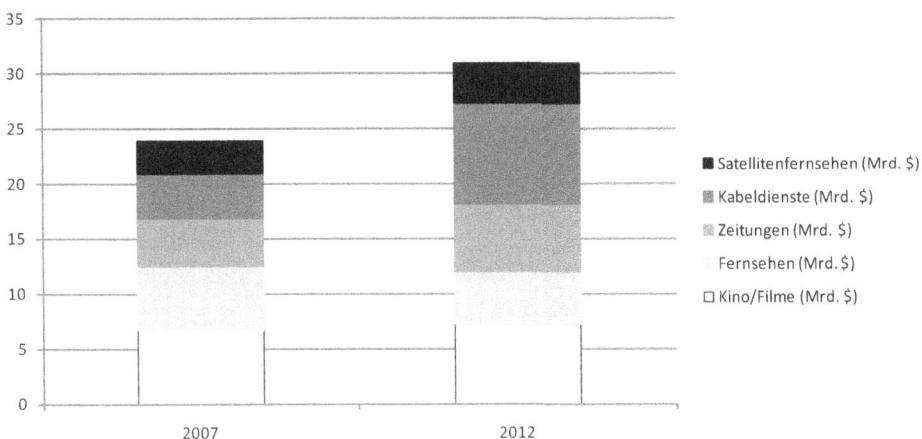

Abb. 6.14 Vergleich Umsätze *News Corp.* 2007 und 2012 nach Geschäftsfeldern. (vgl. Institut für Medien- und Kommunikationspolitik 2013a)

Es zeigt sich, dass der Bereich Kabeldienste, also alle Formate, die über Kabel distribuiert werden, deutlich zugenommen hat. Dies erklärt sich v. a. durch den Aufkauf und Aufbau von Kabelfernsehgesellschaften.

Bei der *Axel Springer AG* ist es das Geschäftsfeld „Digitale Medien", das – analog zu den Kabeldiensten bei *News Corp.* – der Wachstumsgenerator ist. Auch hier stagnieren das angestammte Geschäftsfeld Zeitungen und Print (siehe Abb. 6.15).

Beide Unternehmen sind also in Wachstumsmärkte eingestiegen und haben offensichtlich nicht mehr das angestammte Geschäft mit Zeitungen ausgebaut. Vergleicht man diese Take-off der Geschäftsfelder Kabeldienste bei *News Corp.* und „Digitale Medien" bei der *Axel Springer AG* mit dem bei beiden Unternehmen stagnierenden Umsätzen im Print-Be-

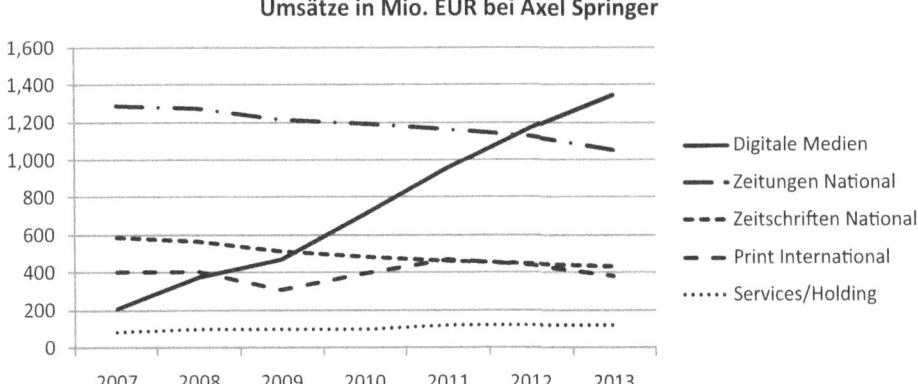

Abb. 6.15 Umsätze (in Mio. EUR) der Axel Springer AG nach Geschäftsfeldern. (Daten lt. Geschäftsberichten 2007–2013)

reich im Verhältnis mit der Entwicklung der Werbe- und Vertriebserlöse (siehe Abb. 6.4), so zeigt sich, dass beide Unternehmen durch das bereits frühzeitige Investment in andere Geschäftsfelder die Stagnation der Umsatzerlöse im Zeitungsgeschäft mehr als kompensiert haben.

Wachstumspfade
- **Bertelsmann**: Wenngleich sich *Bertelsmann* zu Beginn seiner Wachstumsgeschichte nicht als Zeitungsverlag etabliert, zeigen sich aber auch hier signifikante analoge Züge: Ebenso wie die *Axel Springer AG* und *News Corp.* entwickelt *Bertelsmann* ein neues ‚Format', um in einem etablierten Markt einen Massenmarkt zu entwickeln und das Unternehmen über eine Preis-Mengen-Strategie aufzubauen. Während die *Axel Springer AG* und *News Corp.* das Tabloid-Format einführen und so einen Massenmarkt schaffen mit Auflagenzahlen und Marktanteilen, die vorher nur wenige Verlage erreicht haben, entwickelt *Bertelsmann* in dem bis dato kleinteiligen Buchmarkt durch eine Vertriebsinnovation – dem Buchclub – ein neues Format in Form einer Distributionsinnovation. Die daraus generierten Gewinne werden bei *Bertelsmann* bereits relativ viel früher als bei der *Axel Springer AG* und *News Corp.* in neue Geschäftsfelder wie der Musikindustrie investiert, nachdem das bestehende erfolgreiche Geschäftsmodell zunächst in das angrenzende Ausland übertragen wurde. Ab den 90er Jahren setzt Bertelmann verstärkt auf den Markteintritt in das Online-Geschäft insbesondere durch erfolgreiche Zukäufe. Auch *Bertelsmann* diversifiziert bereits in einer sehr frühen Phase des Produktlebenszyklus und schafft so in neuen Wachstumsmärkten zukünftige Wachstumspotenziale, finanziert aus einem margenstarken Bestandsgeschäft.
- **News Corp.**: Strategisches Wachstum basiert offensichtlich sehr stark durch den kompletten Kauf (Übernahme) bzw. von Mehrheitsbeteiligungen bereits etablierter Dienste. Dies zeigt sich besonders bei *BSkyB*, *The Sun* und anderen Zukäufen. Dabei verfolgt das Unternehmen eine ‚klassische' intermediäre Diversifizierungsstrategie: Ursprünglich aus dem Zeitungsgeschäft kommend, hat sich der Schwerpunkt von Print- in das Kabel- und Satellitenfernsehen und das Geschäft mit Kino und Film verlagert. Das digitale Business als eigenständiges Erlösmodell wie bei der *Axel Springer AG* spielt bei *News Corps.* nur eine untergeordnete Rolle, wie die Segmentierung des Geschäftsberichtes zeigt, in der digitale Medien unter der Restkategorie „Others" eingeordnet werden (siehe Tab. 6.5).

Der Durchbruch mit dem Kabel- und Satellitenfernsehen kommt in den 90er Jahren durch den Kauf von Sportrechten. *FOX Sports Net* war der Hebel, mit dem sich *News Corp.* in den 90er Jahren entwickelte von Zeitungen und ersten Anfängen im TV-Broadcasting zu einem Film- und Fernsehunternehmen mit ergänzendem Zeitungsverlag. Diese Entwicklung geschah übrigens parallel zum sukzessiven Niedergang des Zeitungsmarktes.

Die Basis ist sowohl auf der Ebene der Rechteverwertung als auch auf der Ebene der Distribution zu sehen. Im Sport lässt sich exklusiver Content fast monopolartig sichern durch Senderechte für bestimmte Ligen, auch deshalb, weil die gesamten Senderechte

Tab. 6.5 Segmentierung der News Corp. laut Geschäftsbericht. (vgl. Annual Report 2012, 78 f.)

Cable network programming	Production and licensing of programming distributed through cable television systems and direct broadcast satellite operators primarily in the United States, Latin America, Europe and Asia
Filmed entertainment	Production and acquisition of live-action and animated motion pictures for distribution and licensing in all formats in all entertainment media worldwide, and the production and licensing of television programming worldwide
Television	Broadcasting of network programming in the United States and the operation of 27 full power broadcast television stations, including 9 duopolies, in the United States (of these stations, 17 are affiliated with the FOX Broadcasting Company („FOX") and 10 are affiliated with Master Distribution Service, Inc. („MyNetworkTV"))
Direct broadcast satellite television	Distribution of basic and premium programming services via satellite and broadband directly to subscribers in Italy
Publishing	Newspapers and information services, book publishing and integrated marketing services businesses (national newspapers in the United Kingdom, the publication of approximately 140 newspapers in Australia, the publication of a metropolitan newspaper and a national newspaper (with international editions) in the United States) (book publishing business consists (integrated marketing services business consists of the publication of free-standing inserts and the provision of in-store marketing products and services in the United States and Canada)
Others	Digital media and education technology businesses

für eine Liga die Budgets vieler Medienunternehmen übersteigt, sodass hier nur wenige in Frage kommen, die eingeräumten Rechte jedoch auch einen entsprechenden Umsatz garantieren können, damit sich der Rechteerwerb refinanziert.

Im Aufbau der strategischen Geschäftseinheit *FOX Sports Net*, die 1997 gelauncht wurde, wurden regionale und nationale Distribution meistens durch Mergers & Akquisition zusammengefasst. In die regionalen Stationen wurden nationale Sendefenster integriert. Der entscheidende Vorteil dabei: *FOX* war der einzige Sender – in Gegensatz zu den großen Konkurrenzsendern wie *ABC*, *NBC* etc. – der Werbeindustrie und werbetreibenden Unternehmen die Möglichkeit eröffnete, sowohl eine nationale Reichweite als auch ein Targeting von Zielgruppen-Segmenten auf lokaler Ebene aus einer Hand zu nutzen (vgl. Foster und Chang 2003, S. 10). Hinzu kam teils exklusiver Inhalt durch den Erwerb von Senderechten für die größten amerikanischen Ligen wie der *NFL (National Football League)* und der *NASCAR (National Association for Stock Car Auto Racing)*.

Der Erfolg dieser Strategie der intermedialen Diversifizierung – von Zeitungsverlag zum Broadcasting-Konzern – wird besonders sichtbar anhand der Entwicklung des Umsatzes (Revenues) und des Betriebsergebnisses (Operating Income). Insbesondere die Umsatzkurve der *News Corp.* steigt seit 1997, dem Beginn des Aufbaus der strategischen Geschäftseinheit *FOX Sports Net*, steiler an als zuvor (siehe Abb. 6.16).

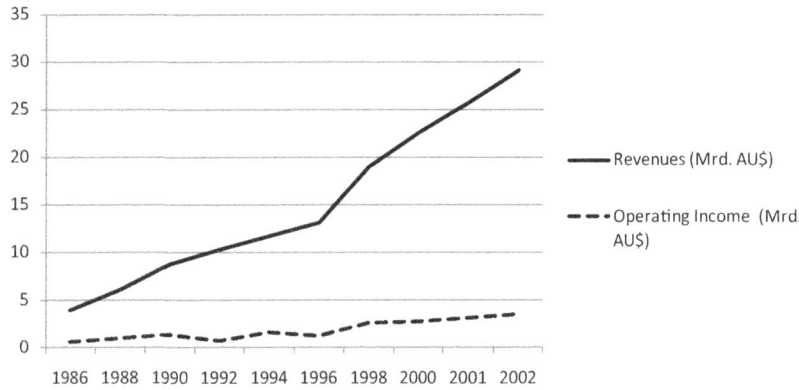

Abb. 6.16 Entwicklung von Umsatz und Betriebsergebnis am Beispiel News Corp. (Basis: Foster und Chang 2003, S. 23)

Seit etwa 2000 erfolgt der Umbau zum Bezahlfernsehen. Der Grund liegt darin, dass *News Corp.*, zumindest für den Sport-Bereich, „Free TV" für einen niedergehenden Markt hält:

> The biggest problem right now is that free over-the-air television is becoming a dying breed. We're limited to only one source of revenue and on top of that, the sports leagues are selling sponsorships to people who traditionally buy advertisements from us. For example, Nike will buy a sign in the stadiums instead of buying a TV ad with us. To make money, the NFL could move over to cable or a pay package. (so Chief Operating Officer Larry Jones 2003)

Der Kabel- und Satellitenfernsehen-Bereich entwickelte sich in den 2000er Jahren zu der Cash-Cow des Unternehmens. Anders hingegen der Printbereich: Das Festhalten an dem niedergehenden Zeitungsgeschäft wurde lange dem Unternehmensgründer Murdoch als nostalgische Starrheit zugeschrieben. Seit 2012 läuft der Umbau und Abspaltung des Verlagsgeschäfts. Zwei separate Unternehmen sollen entstehen: ein Zeitungs-, Buch- und Bildungskonzern und ein Film- und Fernsehunternehmen. Zuvor waren Paid-Content-Strategien mit den Webauftritten gescheitert. In gewisser Hinsicht ist Murdoch deshalb auch mit seiner Strategie gescheitert, die er 1999 wie folgt formulierte: „Try and build the world's preeminent, vertical integrated global communications company, create the most amount of content in television and movies and sports, and have the most number of outlets to display them whether those are satellite outlets around the world, newspapers, television stations, cable channels" (Murdoch, R. auf CNN, zit. n. Rohm 2001, S. 59 f.). Zeitung als Distributionsform von Informations- und Unterhaltungsformaten zu erhalten, ist offensichtlich gescheitert.

6.4.3 Bertelsmann: Vom Verlag zum Multi-Channel-Unternehmen

Die rund vier Jahre der Geschäftsführung durch Middelhoff (von 1998 bis 2002) haben einen sichtbaren Entwicklungsschub für die *Bertelsmann AG* erzeugt (siehe Abb. 6.17).

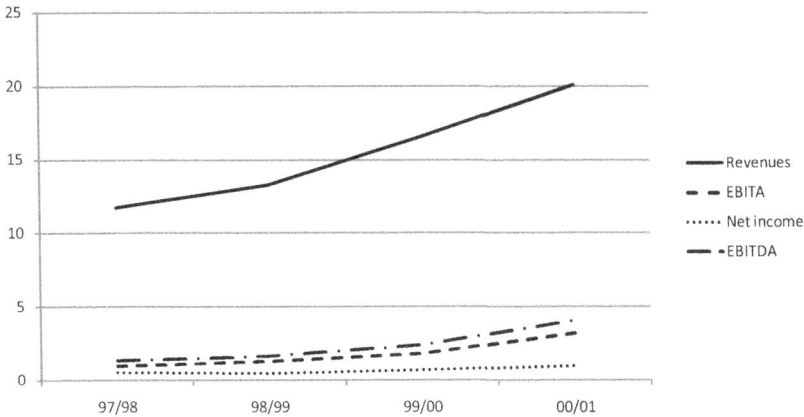

Abb. 6.17 Aktiva-Entwicklung Bertelsmann unter Middelhoff. (Basis: Anand, Rukstad und Köstring 2005, S. 17)

Tab. 6.6 Entwicklung Bertelsmann unter Middelhoff. (Basis: Anand, Rukstad und Köstring 2005, S. 17)

	1997/1998	1998/1999	1999/2000	2000/2001
Revenues	11.738	13.289	16.524	20.036
EBITA	940	1.252	1.770	3.167
Net income	573	465	672	970
EBITDA	1.345	1.655	2.380	4.044

Es zeigt sich zunächst eine signifikante Steigerung des Umsatzes (Revenues), aber nicht auf Kosten der Gewinnspannen, also von EBITA und EBITDA. Die Umsatzsteigerung wurde also nicht „erkauft", durch Rabatte, Preisnachlässe oder aggressiven Vertrieb. All dieses hätte Kosten verursacht und die Margen gedrückt.

Betrachtet man die Entwicklung ausgewählter Kennzahlen, wird die enorme Leistung von Middelhoff deutlich (siehe Tab. 6.6).

Der Umsatz der *Bertelsmann AG* hat sich in vier Jahren unter Middelhoff auf einem hohen Niveau ($ 11 Mrd.) fast verdoppelt, das EBITDA verdreifacht.

Es stellt sich also die Frage, wie das erreicht werden konnte. Es wurde bereits darauf hingewiesen, dass unter der Führung von Middelhoff Beteiligungen und Akquisitionen im Vergleich zu seinem Vorgänger erheblich forciert wurden, die natürlich in der Bilanz zu erheblichen Veränderungen auf der Kapitalseite (Passivseite) hätten führen müssen. In Abb. 6.18 wird die Entwicklung der Passiva von 1997/1998 bis 2000/2001 dargestellt.

Die Verbindlichkeiten (Net Financial Debt) reduzieren sich sogar, während das Eigenkapital (Total Equity) und die Bilanzsumme (Total Assets), also das Kapital, das dem Unternehmen zur Verfügung steht, um rund das 2,5-fache zunimmt (von $ 7 Mrd. auf 17,5 Mrd.) (vgl. Anand, Rukstad und Köstring 2005, S. 17). D. h., die Investitionen haben nicht zu einer Minderung des Eigenkapitals oder zur Erhöhung von Fremdkapital in Form von z. B. Krediten oder Anleihen (Schuldverschreibungen des Unternehmens) geführt.

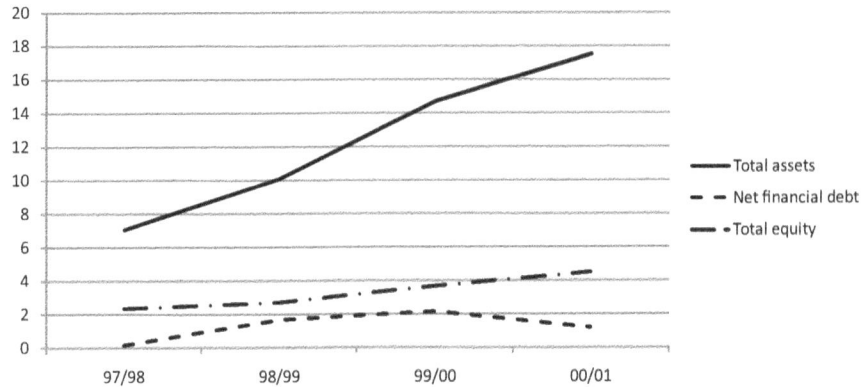

Abb. 6.18 Passiva-Entwicklung Bertelsmann unter Middelhoff in Mrd. $. (Basis: Anand, Rukstad und Köstring 2005, S. 17)

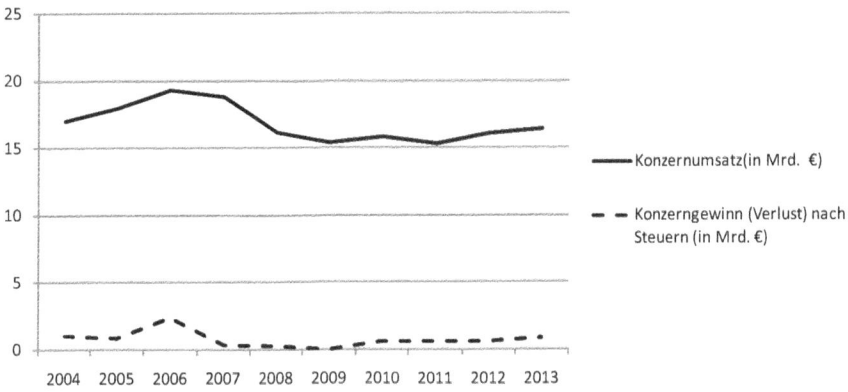

Abb. 6.19 Entwicklung Bertelsmann AG nach Ausstieg Middelhoff. (vgl. Institut für Medien- und Kommunikationspolitik 2014c; Geschäftsberichte)

Womit wurden also die M & A finanziert? Hier lässt sich zunächst auf den „Fall" *AOL* verweisen. Bereits vor Geschäftsübernahme durch Middelhoff war dieser u. a. für das digitale Geschäft zuständig. In diesem Rahmen hat er 1995 die Beteiligung bei *AOL* für $ 50 Mio. forciert, die in seiner Zeit als CEO im Jahr 2000 für $ 6,75 Mrd. verkauft wurde – also für rund $ 6,2 Mrd. Reingewinn.

Dies ist ein Beispiel von einer ganzen Reihe von Kauf und Verkauf von Beteiligungen – Investments, die auch vor Middelhoff bereits in Form eines aktiven strategischen Portfolio-Managements zu sehen sind, die i. d. R. auch – als Einzelinvestment betrachtet – profitabel waren.

Ganz anders entwickelte sich das Unternehmen dann unter Middelhoffs Nachfolger. Abbildung 6.19 veranschaulicht die Umsatz- und Gewinndynamik der Jahre 2004–2013.

Konzernumsatz und Konzerngewinn waren rückläufig und haben sich auf niedrigerem Niveau stabilisiert. Die einzige Dynamik zeigt sich in der Zahl der Mitarbeiter (siehe Abb. 6.20).

6.4 Medienhäuser: Vergleichende Fallstudie

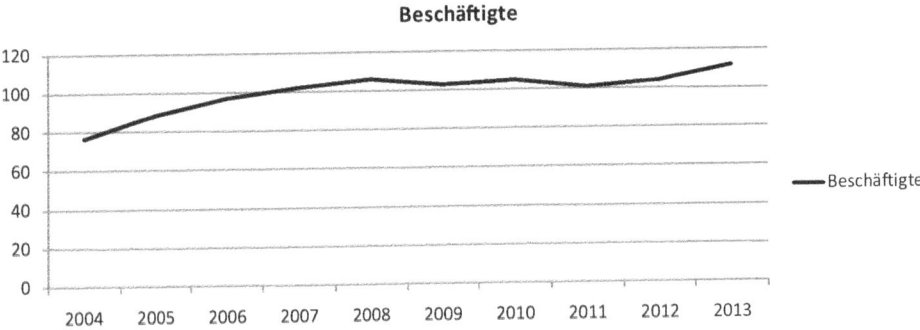

Abb. 6.20 Mitarbeiter-Entwicklung Bertelsmann AG nach Ausstieg Middelhoff in Tsd. (vgl. Institut für Medien- und Kommunikationspolitik 2014c; Geschäftsberichte)

Mit mehr Mitarbeitern, also mehr Kosten, wurde weniger Umsatz und Gewinn erwirtschaftet.

6.4.4 Axel Springer AG als Beispiel einer Digitalisierungsstrategie

Der Markterfolg von Zeitungsverlagen lässt sich anhand unterschiedlicher Indikatoren bemessen. Besonders relevant sind:

- Gesamtreichweite,
- Verkaufte Auflage/Umsatz durch verkaufte Auflagen,
- Werbeerlöse/Umsatz aus Werbung.

Die *Axel Springer AG* ist im Segment Print, dem traditionellen Kerngeschäft von Zeitungsverlagen, sehr erfolgreich positioniert, da sowohl die reichweitenstärkste Tageszeitung *BILD* als auch *Die Welt* (Rang vier im deutschen Reichweiten-Ranking der Tageszeitungen) aus dem *Axel Springer Konzern* kommen. Betrachtet man die Konzernstruktur, so wird deutlich, dass die Division Print nicht mehr die einzige Säule ist, auf welcher der Konzern seinen Erfolg begründet. Der Verlag teilt seine Tätigkeiten intern in insgesamt fünf Sparten auf, in denen diverse Angebote subsummiert werden:

- Digitale Medien,
- Zeitungen National,
- Zeitschriften National,
- Print International und
- Services/Holding (Service und Holding stehen für die drei eigenen nationalen Zeitungsdruckereien, den Bereich Logistik sowie die Service- und Holdingfunktionen).

Welche Einzelangebote in diesen Sparten-Zusammenfassungen im Jahr 2012 subsummieren werden, wird im Überblick in Abb. 6.21 dargestellt.

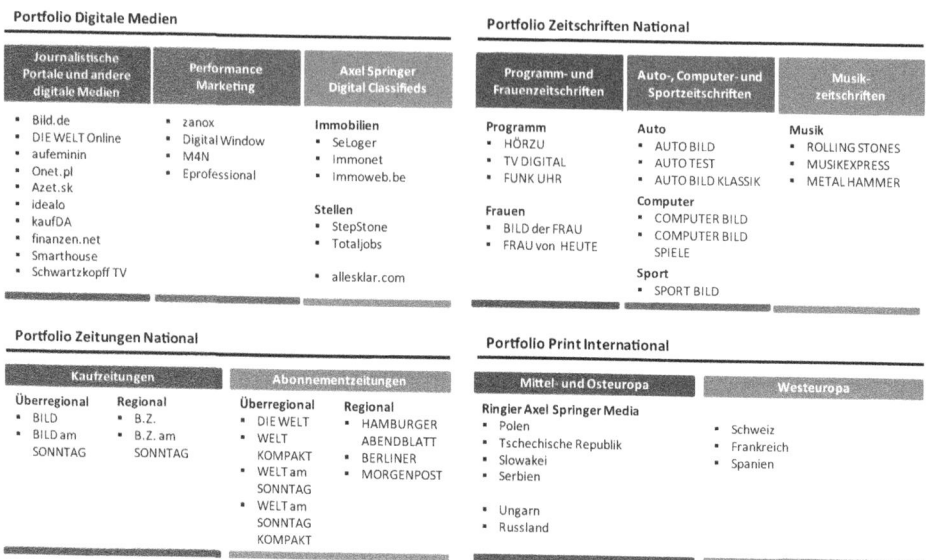

Abb. 6.21 Einzelangebote nach Sparten am Beispiel der Axel Springer AG. (Axel Springer AG 2013a, S. 12 und 15 f.)

Seit 2002 ist Mathias Döpfner Vorstandsvorsitzender der *Axel Springer AG* und hält selbst Anteile im Ausmaß von 3,3 % des Konzerns. Döpfners Bestrebung ist es, den traditionellen Printverlag, der zudem eigene Druckereien und Vertriebsgesellschaften sowie Beteiligungen im TV- und Radio-Sektor hält, als führendes digitales Medienunternehmen zu positionieren – dabei soll der journalistische Aspekt, also Content, im Fokus bleiben und für diverse Endgeräte (Devices) aufbereitet werden. Die *Axel Springer AG* verfolgt im Bereich „Digitale Medien" vor allem die multimediale Ansprache durch redaktionelle Inhalte etablierter Marken und baut diese sukzessive zu Multimediamarken aus. Ziel ist es auch, sich gegen strukturell bedingte Umsatzrückgänge im Vertriebskanal Print abzusichern und traditionell gute Gewinnmargen weiterhin zu nutzen.

Eine konsequente profitable Wachstumsstrategie, die sowohl Umsätze als auch Gewinne des Konzerns proportional steigert, lässt sich insbesondere durch zwei Ansätze erzielen:

- Organisches Wachstum,
- Akquisition von Unternehmen.

Die Akquisition im digitalen Bereich bezieht sich besonders auf Start-Up Unternehmen, die Entwicklungskosten und damit Risiken für die *Axel Springer AG* mindern können. Durch die Integration von Start-Ups in Konzerne ergibt sich eine Win-Win-Situation für beide Seiten:

- Für Start-Ups ist ein Verkauf von Anteilen an die *Axel Springer AG* interessant, da sie damit vom Know-How des Konzerns profitieren können und nicht – wie bei Beteiligung durch Finanzinvestoren – nur finanzielles Kapital gewinnen. Durch Wissenskapital des Konzerns können die Wertschöpfung der Start-Ups gesteigert werden.

6.4 Medienhäuser: Vergleichende Fallstudie

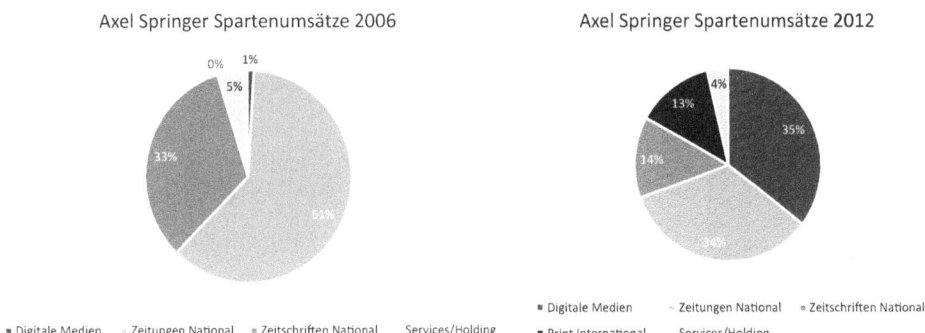

Abb. 6.22 Anteile der Sparten-Umsätze der Axel Springer AG 2006 vs. 2012. (vgl. Axel Springer AG 2007, S. 42 und 2013, S. 27)

- Die *Axel Springer AG* profitiert durch die Beteiligung in Form von Innovationsbeschleunigung ohne eigene Entwicklungskosten. Neben Start-Up Akquisitionen wird Wissenskapital auch durch internationale Austauschprogramme – insbesondere im *Silicon Valley* – für Top-Manager gefördert, aus denen etwa auch Joint-Ventures entstehen können.

Inwiefern die Wachstumsstrategie erfolgreich umgesetzt wird, bemisst sich in erster Linie an relativen Kennzahlen, wie dem Anteil der Umsätze einzelner Sparten (siehe Abb. 6.22).

Die *Axel Springer AG* hat ihr Portfolio, wie die Gegenüberstellung der Umsatzanteile zeigt, in den letzten sechs Jahren signifikant verändert. Insbesondere das Segment „Digitale Medien" wurde strategisch fokussiert und von 1 % (2006) auf einen Anteil von 35 % am Gesamtumsatz (2012) ausgebaut. „Digitale Medien" enthalten neben Internet-Angeboten auch in kleinerem Umfang Beteiligungen an TV (Free, Regional und Produktion) sowie Hörfunksendern. Die Zahlen für 2006 wurden dem Geschäftsbericht 2007 entnommen, da 2007 jenes Jahr war, in dem der Konzern seine digitale Wachstumsoffensive begonnen hatte und sowohl organisch als auch durch Akquisitionen massiv ausbaute (und auch weiterhin ausbauen wird).

Die Print-Segmente sind nur begrenzt vergleichbar, da die Klassifikation „Internationalen Printmedien" erst später eingeführt wurde. Dennoch zeigt sich, dass der Gesamtanteil von Printmedien innerhalb von sechs Jahren von einem Umsatzanteil von 94 % um 33 Prozentpunkte auf insgesamt 61 % schrumpfte.

Die Darstellung der Spartenerlöse (Umsätze) bei der *Axel Springer AG* seit 2008 zeigt, dass die Erlöse aus „Zeitungen National" kontinuierlich abnehmen, während Erlöse aus „Digitalen Medien", die in diesem Konzern laut Geschäftsbericht fokussiert werden, jährlich hohe Zuwächse verzeichnen. Dadurch liegen im Jahr 2012 die Erlöse aus „Digitalen Medien" sogar erstmals über jenen aus „Zeitungen National" – und „Digitale Medien" sind aus Umsatz-Perspektive das größte Segment des Konzerns. Die Erlöse im Segment „Digitale Medien" wuchsen organisch, wobei Akquisitionen das Wachstum zusätzlich verstärkten.

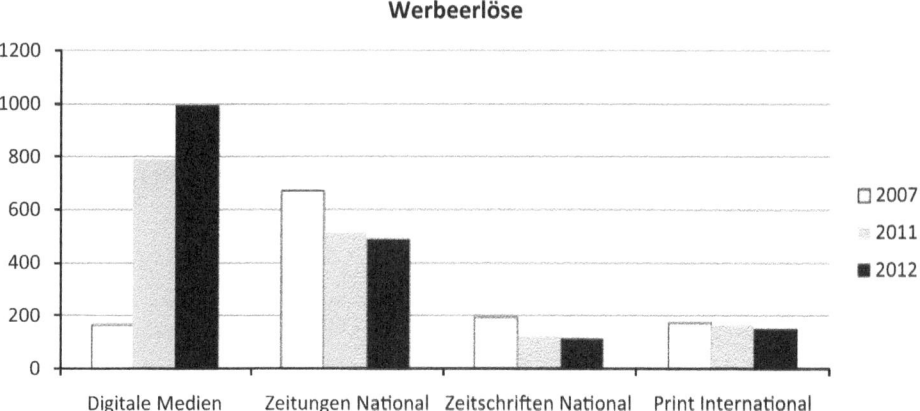

Abb. 6.23 Werbeerlöse der Axel Springer AG nach Sparten. (vgl. Axel Springer AG 2008, S. 29 ff. und 2013, S. 31 ff.)

Generell bauen sich die Umsätze von Medienunternehmen auf drei Säulen auf:

- Werbeumsätze,
- Vertriebsumsätze,
- sonstige Erlöse.

Wie sich die Einnahmen durch Werbe-, Vertriebs- und übrige Erlöse im *Axel Springer Konzern* nach Sparten im Detail gestalten, wird in Abb. 6.23, 6.24 und 6.25 dargestellt.

Die Werbeerlöse resultieren aus der Vermarktung der Reichweiten von Online- und Printmedien. Die Darstellung zeigt, dass die höchsten Vermarktungserfolge der Jahre 2011 und 2012 im Bereich „Digitale Medien" entstanden sind und im Jahresvergleich deutlich

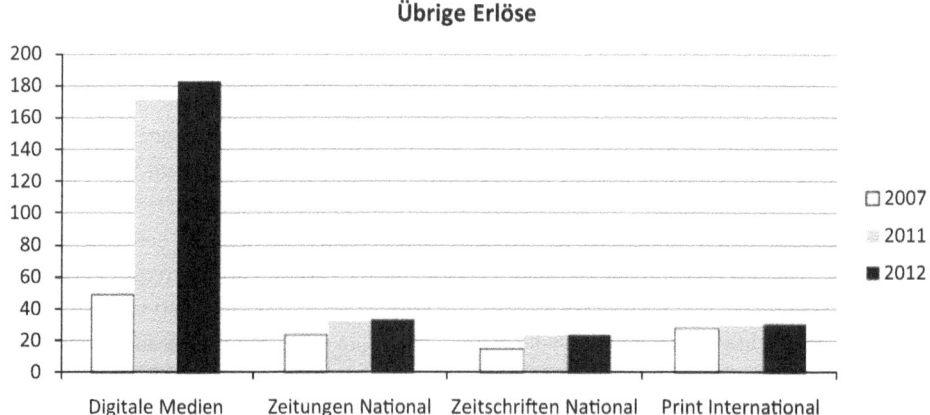

Abb. 6.24 Übrige Erlöse der Axel Springer AG nach Sparten. (vgl. Axel Springer AG 2008, S. 29 ff. und 2013, S. 31 ff.)

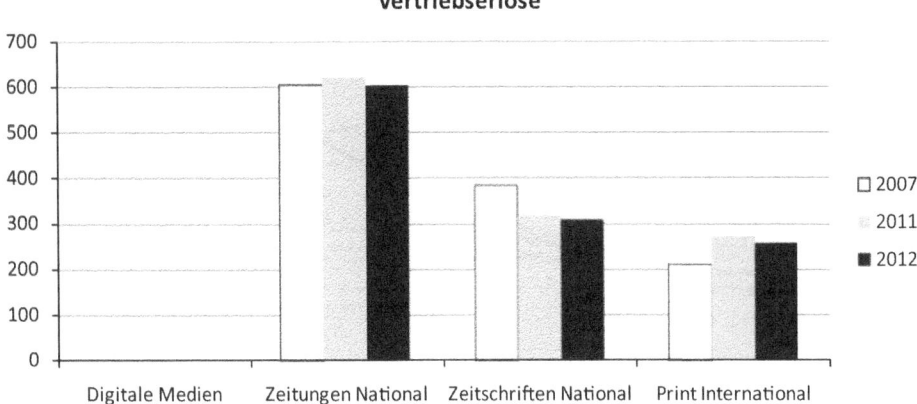

Abb. 6.25 Vertriebserlöse der Axel Springer AG nach Sparten. (vgl. Axel Springer AG 2008, S. 29 ff. und 2013, S. 31 ff.)

ausgebaut werden konnten. Damit kann der relativ junge digitale Werbe-Bereich die rückläufigen Werbeerlöse aus Printmedien kompensieren (siehe Abb. 6.23).

Die übrigen Erlöse können zum Beispiel aufgrund von Verkäufen (Entkonsolidierungs-Effekte) entstehen und sind etwa im ersten Quartal 2013 von 45,8 Mio. € um 8,1 % gesunken, vor allem durch den Erlös von Verkäufen durch *gamigo*, einem Anbieter von Online-Spielen. In allen vier Segmenten konnte der Bereich übrige Erlöse im Jahresvergleich marginal gesteigert werden (siehe Abb. 6.24).

Die Vertriebserlöse stammen aus dem Verkauf von Zeitungen, Zeitschriften sowie digitalen Informations- und Unterhaltungsangeboten. Die Darstellung zeigt, dass bei der *Axel Springer AG* bisher noch keine Vertriebserlöse aus dem Verkauf von digitalen Informations- und Unterhaltungsangeboten entstehen, also etwa Paid-Content-Angebote bisher nicht etabliert sind. Priorität hat bei der *Axel Springer AG* derzeit die Etablierung von Abonnement-Modellen für digitale Angebote von Multimediamarken wie *Bild* oder *Welt* (siehe Abb. 6.25).

Neben dem Umsatzwachstum ist parallel auch stets zu beachten, ob sich der Gewinn des Konzerns durch einzelne Sparten steigert, um ein profitables Wachstum zu gewährleisten. Explizit verdeutlicht wird der sich aus den Erlösen ergebende Gewinn am international vergleichbaren EBITDA, der vor allem dann herangezogen wird, wenn Unternehmen unterschiedlich besteuerter Länder verglichen werden (siehe Abb. 6.26 und 6.27).

Die Darstellung der EBITDA in Prozent (Abb. 6.27) interpoliert den Gesamt-EBITDA-Rückgang von 2009 über alle Sparten (Abb. 6.26) und zeigt daher eine konstantere Entwicklung der Printsparten.

Auf Unternehmensebene weist die Kennzahl EBITDA (Ergebnis der gewöhnlichen Geschäftstätigkeit plus Zinsen, Steuern und Abschreibungen) den Saldo aus den Umsatzerlösen, abzüglich der Produktionskosten wie Materialaufwand, Personalaufwand und sonstige Kosten aus. D. h. so kann etwa gegenübergestellt werden, wie viel von den Umsatzerlösen der Printmedien, die sehr hohe Anteile an Produktionskosten haben, gegen-

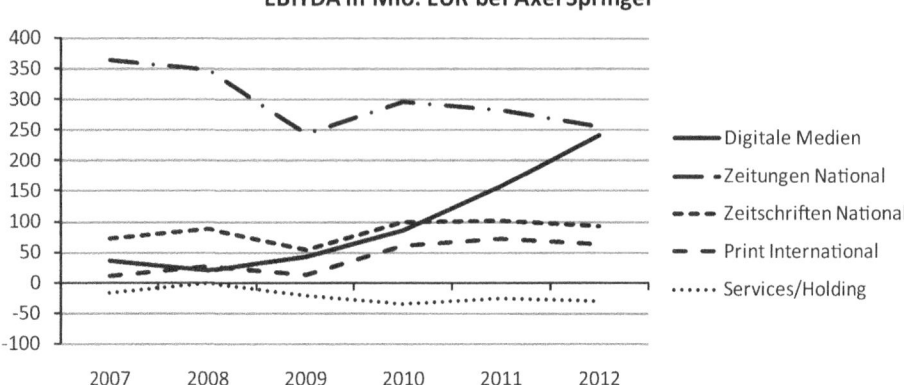

Abb. 6.26 EBITDA (in Mio. EUR) der Axel Springer AG nach Sparten. (vgl. Axel Springer AG 2008, S. 29 ff. und 2013, S. 31 ff.)

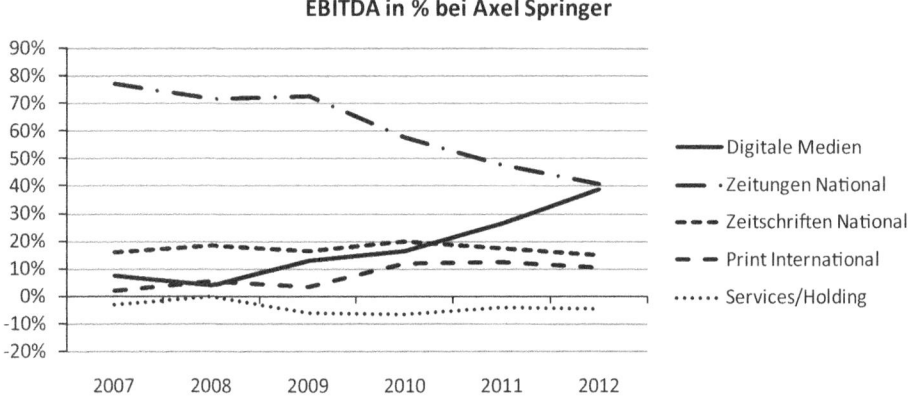

Abb. 6.27 EBITDA-Anteile (in Prozent) der Axel Springer AG nach Sparten. (vgl. Axel Springer AG 2008, S. 29 ff. und 2013, S. 31 ff.)

über digitalen Medien bleibt. Anhand dieser Kennziffer kann abgelesen werden, ob und in welcher Intensität beispielsweise eine bestimmte Sparte eines Medienkonzerns profitabel ist – etwa gedruckte Tageszeitungen gegenüber digitalen Angeboten des Verlages. Dennoch muss bei der Interpretation des EBITDA berücksichtigt werden, dass bis zum Nettogewinn noch eine Reihe von Abzugsposten in der GuV dazukommen, etwa Zinsen oder Ertragssteuer.

- Zinsen: sind abhängig von der Finanzierungsstruktur und fallen bei Fremdfinanzierung an.
- Ertragssteuern: fallen an, wenn das operative Geschäft zu einem positiven Ergebnis führt, das die Besteuerungsgrundlage für Ertragssteuern bildet.

Die meisten dieser Posten sind nicht zwingend im operativen Geschäft begründet. Das EBITDA kann vor diesem Hintergrund als grobe Schätzung herangezogen werden, ob ein Geschäftsmodell grundsätzlich positive Erträge erwirtschaftet.

Man kann davon ausgehen, dass die vielfach kolportierte Notwendigkeit der Querfinanzierung von digitalen Medien durch Printmedien damit der Vergangenheit angehört – „Digitale Medien" erwirtschaften bei der *Axel Springer AG* 2012 ein EBITDA das nahezu jenem der „Zeitungen National" entspricht und über dem EBITDA anderer Print-Segmente liegt. Im Gegenteil: Der deutliche Ergebnisanstieg im Segment „Digitale Medien" kompensierte den Ergebnisrückgang im Printgeschäft. Der Bereich „Digitale Medien" wird später noch im Detail betrachtet.

Die negative Performance des Bereichs „Services/Holding" veranschaulicht sehr gut, dass ein Konzern, der sich auf „Digitale Medien" fokussiert, Kernkompetenzen die in eigenen Druckereien und Vertriebs-Units gebunden sind, nicht mehr ausschöpft. D. h. während gedruckte Zeitungen ‚Economies of Scale' durch eigene Druck- und Vertriebsgesellschaften lukrieren konnten, sind diese für digitale Business-Units ohne Bedeutung und binden vor allem Anlagevermögen. Die Druck- und Vertriebs-Auslastung ist durch zunehmende Digitalisierung nicht mehr gewährleistet. D. h., hier müsste angestrebt werden, Druckauslastung durch Fremddruck (für andere Unternehmen) zu erreichen. Hintergrund für die Einbehaltung bestehender Maschinen im Unternehmen kann sein, dass Druckmaschinen etwa sieben Jahre für ihre Amortisierung benötigen. Anders ist dies etwa bei der Österreichischen Tageszeitung *Der Standard*, die seit Beginn keine Beteiligungen an Druckereien oder Vertriebsdienstleistern besessen hatte und Druck nur per Outsourcing in die Wertschöpfung eingebunden hatte.

Im Detail schlüsselt die *Axel Springer AG* zudem die Umsätze sowie EBITDA in einzelne Segmente digitaler Medien auf (siehe Abb. 6.28).

Einen guten Einblick in die Profitabilität einzelner Sparten gibt die jeweilige EBITDA-Rendite, die für den Anteil des EBITDA am Umsatz steht (siehe Abb. 6.29).

Es zeigt sich, dass das *Axel Springer AG* Geschäftsfeld „Digital Classifieds" besonders profitabel wirtschaftet, gefolgt von „journalistischen Online-Portalen" und „Zeitungen National". Die Gegenüberstellung verdeutlicht, dass sich „Digital Business" nicht zwingend durch gedruckte Zeitungen des Konzerns querfinanzieren muss, sondern sich daraus durchaus auch für sich genommen Erfolgspotenzial schöpfen lässt. Im Mai des Jahres 2012 gründeten die *Axel Springer AG* und der Wachstumsinvestor *General Atlantic* die *Axel Springer Digital Classifieds GmbH* mit den Portalen *immonet*, *SeLoger* und *StepStone* (Schwerpunkte: Immobilien und Stellenanzeigen), um gemeinsam das akquisitionsbezogene Wachstum im Marktbereich der Online-Rubriken weiter zu beschleunigen. Im Rahmen der Wachstumsoffensive im Online-Rubrikenbereich hat *Axel Springer Digital Classifieds GmbH* Anfang November 80 % der Anteile an *Immoweb S.A.*, Brüssel, Belgien, erworben. 30 % der Anteile an der *Axel Springer Digital Classifieds GmbH* wurden im Geschäftsjahr 2012 an *General Atlantic* veräußert.

Der **Gesamtumsatz** der *Axel Springer AG* stieg von 2003 auf 2012 um 43 % von 2321 Mio. € auf 3310,3 Mio. € an. Im Vergleich zu 2011 ist die Steigerung vor allem auf

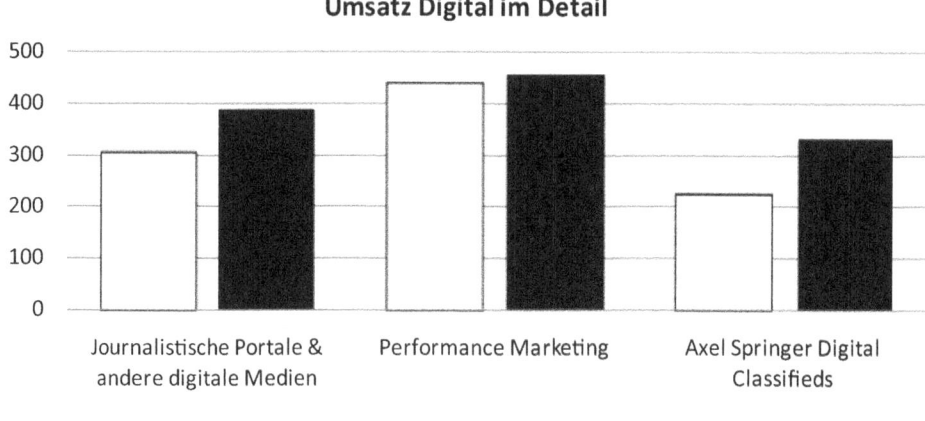

Abb. 6.28 Umsatz und EBITDA der Sparte Digital der Axel Springer AG. (vgl. Axel Springer AG 2013a, S. 31 ff.)

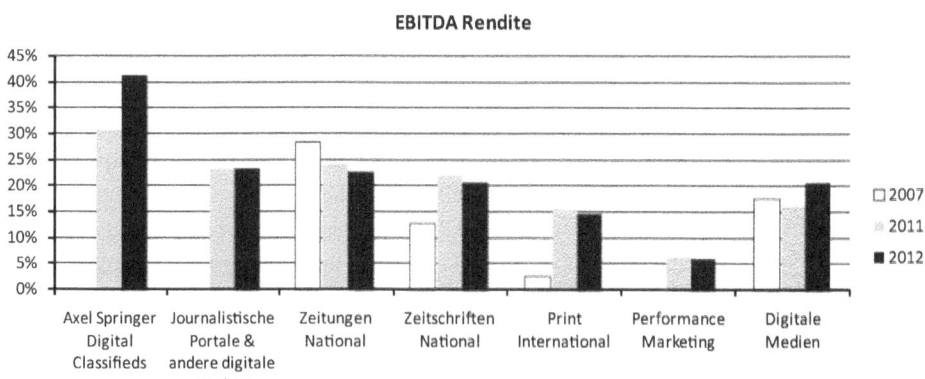

Abb. 6.29 EBITDA-Rendite der Axel Springer AG nach Geschäftsfeldern. (vgl. Axel Springer AG 2008, S. 29 ff. und 2013, S. 31 ff.)

6.4 Medienhäuser: Vergleichende Fallstudie

Konsolidierungseffekte im Segment „Digitale Medien" zurückzuführen. Die Umsätze aus „Digitalen Medien" stiegen alleine durch organisches Wachstum von 2011 auf 2012 im zweistelligen Bereich und wurden zusätzlich durch Akquisitionen gestärkt. Rückgänge im Umsatz sind bei Printmedien zu verzeichnen.

Das **EBITDA** stieg beim Vergleich der Ergebnisse 2003 zu 2012 um 117% von 290 auf 628 Mio. € an. Die stärkere Steigerung der EBITDA gegenüber der Gesamtumsatzsteigerung zeigt an, dass die Kosteneffizienz der Wertschöpfung des Konzerns deutlich gesteigert wurde.

Die **EBITDA Rendite** oder EBITDA Marge ist eine Maßzahl für den prozentualen Anteil des EBITDA am Umsatz eines Unternehmens und ist damit für die Profitabilität in einem bestimmten Zeitraum aussagekräftig. Sie wird in Prozent ausgedrückt. Je höher die Prozentzahl, desto profitabler ist das Unternehmen. Berechnung:

$$EBITDA\ Rendite = ((Gewinn/Umsatz) \times 100).$$

Vergleicht man die EBITDA Marge (Rendite) der Geschäftsberichte 2003 zu 2012 so zeigt sich, dass eine Steigerung von 10,3 Prozentpunkten von 9,3% auf 19,6% gelungen ist und damit, dass die *Axel Springer AG* im Jahr 2012 wesentlich profitabler agierte als 2003.

Bei der *Axel Springer AG* muss beachtet werden, dass sich der variable Anteil von Managergehältern am EBITDA ausrichtet. Die Kennzahl wird in der Wirtschaftsberichterstattung häufig als leicht manipulierbar dargestellt. Das EBITDA vergleicht die operative Ertragskraft von Gesellschaften, die unter verschiedenen Standards bilanzieren. Über die wahre Ertragskraft des Unternehmens sagt das aber wenig aus. Wie hoch sich das vom Kapitalgeber investierte Kapital innerhalb einer Rechnungsperiode verzinst hat, zeigt die **Eigenkapitalrentabilität** (Return on Equity), die sich aus dem Gewinn im Verhältnis zum Eigenkapital berechnet, bzw. aus EBIT zu Eigenkapital. Die Eigenkapitalrentabilität 2012 (Jahresüberschuss 2012 = 371,9 Mio. € zu Eigenkapital 2012 = 1529,0 Mio. €) beträgt 24%, das heißt die Verzinsung des eingesetzten Eigenkapitals beträgt 24%, bei einer Eigenkapitalquote von 46,9% (siehe Tab. 6.7).

Da im Vergleich zu 2006 zwar die Eigenkapitalrentabilität gestiegen ist, jedoch die Eigenkapitalquote gleichzeitig auch gesunken ist, muss zusätzlich die Gesamtkapitalrentabilität in Betracht gezogen werden (siehe Tab. 6.8).

D. h. das Gesamtkapital 2012 wurde trotz höherer Eigenkapitalrentabilität weniger gut verzinst und damit weniger gut eingesetzt als 2006.

Tab. 6.7 Eigenkapital-Kennzahlen der Axel Springer AG. (vgl. Axel Springer AG – Geschäftsberichte)

	2003	2006	2012
Jahresüberschuss	112	291	371,9
Eigenkapital	678	1.795	1.529
Eigenkapitalrentabilität (%)	17	16	24
Eigenkapitalquote (%)	32,1	57,5	46,90

Tab. 6.8 Rentabilitäts-Kennzahlen der Axel Springer AG. (vgl. Axel Springer AG – Geschäftsberichte)

	2006	2012
Jahresüberschuss	291	371,9
Gesamtkapital	3.124,00	4.808,20
Gesamtkapitalrentabilität (%)	9	8

Tab. 6.9 Cashflow-Kennzahlen der Axel Springer AG. (vgl. Axel Springer AG 2007, S. 45 und 2013, S. 35)

Mio. Euro	2006	2012
Cashflow aus Investitionstätigkeit	−47,1	−572,7
Cashflow aus Finanzierungstätigkeit	−202,5	123,3

Investitionen betrugen im Jahr 2003 159 Mio. € und wurden im Jahr 2012 als Desinvestitionen in der Höhe von −80,7 Mio. € angegeben. „Die Desinvestition ist eine strategische Entscheidung, die über eine Anpassung des Produktprogramms und/oder des Potenzialsystems (leistungswirtschaftlicher Aspekt) an Unternehmensteilen zu einer Reduzierung der Kapitalbindung (finanzwirtschaftlicher Aspekt) führt" (Gehrke 1999, S. 15). Sowohl in Zeiten wirtschaftlichen Wachstums als auch im Zuge von Krisen führen immer mehr Unternehmen eine systematische Prüfung ihrer Unternehmensportfolios durch. So erlangen Desinvestitionen – also Verkäufe von Teilen des Portfolios – einen zunehmend hohen Stellenwert im Unternehmensgeschehen.

Der **Cashflow aus laufender Geschäftstätigkeit** betrug im Jahr 2003 317 Mio. € und 2012 463,9 Mio. € und wurde damit um 46 % gesteigert, sodass hier weitere Innenfinanzierungsquellen für zukünftiges Wachstum erwirtschaftet werden konnten – hauptsächlich durch die Gewinne aus dem digitalen Geschäft. Hinzu kommt, dass die Investitionsintensität im digitalen Geschäft niedriger ist. Druckmaschinen und die gesamte Hardware des Prints bedürfen deutlich höherer Investition in Sachanlagen als das digitale Geschäft. Dadurch werden Mittel frei, insbesondere für z. B. Zukäufe von Unternehmen, wie es sich in den Cashflow-Kennzahlen zeigt (siehe Tab. 6.9).

Es zeigt sich, dass – parallel zum höheren Anteil digitaler Geschäftsfelder in Umsatz und EBITDA – auch der frei verfügbare Cashflow, also die Liquidität von 2008 bis 2012, stark gestiegen (+75 %) ist, insbesondere wurden aber Investitionstätigkeiten intensiviert (+141 %) (siehe Abb. 6.30).

In den bisher genannten Kennzahlen zeigen sich also deutlich die Ergebnisse eines Desinvestments im Bereich Print und eines verstärkten Investments in das Digital Business. Die gleiche Tendenz zeigt sich sowohl in der Strategie als auch in den operativen Tätigkeiten und Ergebnissen. Die Auszug aus dem Geschäftsbericht 2012 der *Axel Springer AG* in Tab. 6.10 zeigt, wie sich die Schwerpunkt-Verschiebung von Print auf Digital in einem Medienhaus im Detail beispielhaft darstellen.

Die im Geschäftsfeld journalistische Portale beinhaltete *Bild.de* ist Deutschlands größtes und reichweitenstärkstes News- und Entertainmentportal, das zudem mit Apps für *iPhone, iPad, Android*-Smartphones, Tablet-PCs und Smart-TVs sowie dem Mobil-

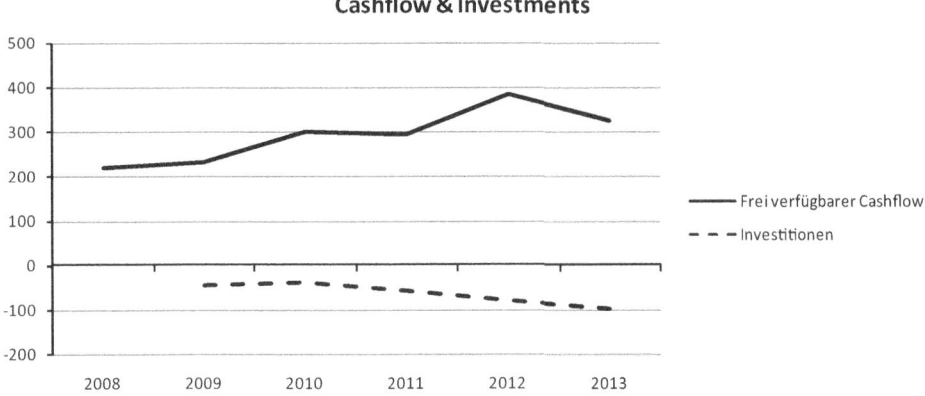

Abb. 6.30 Cashflow und Investments der Axel Springer AG. (vgl. Axel Springer AG 2007, S. 45, 2013, S. 35, 2014, S. 3)

portal auf allen digitalen Kanälen vertreten ist. Das Portal der *WELT*-Gruppe gehört im Segment der deutschen Qualitätszeitungen zu den erfolgreichsten im stationären und mobilen Internet. Online-Angebote deutscher Regionalzeitungen und Zeitschriften sowie ausländischer Printmedien erweitern das Angebot. Das Frauenportal *aufeminin.com* ist der europäische Marktführer unter den Webangeboten für Mode, Beauty und Lifestyle. *Onet.pl* erreicht rund 70 % der polnischen Internetnutzer und wurde im November von *Ringier Axel Springer Media* akquiriert. *idealo.de* ist weiterhin Deutschlands führendes und reichweitenstärkstes Portal für Produktsuche und Preisvergleiche. *finanzen.net*, das reichweitenstärkste Finanzportal in Deutschland. *kaufDA.de* ist Deutschlands führendes Verbraucherinformationsportal rund um das lokale Einkaufen. *Smarthouse Media* ist ein europaweit führender Anbieter von komplexen webbasierten Finanzapplikationen für Banken, Online-Broker und andere Finanzdienstleister. *CarWale.com* ist in Indien eines der führenden Portale im Bereich der Neu- und Gebrauchtwagenvermittlung im Internet. *Schwartzkopff TV* ist eine Produktionsfirma für TV-Unterhaltungsformate.

Im Geschäftsfeld **Performance Marketing** ist die *Axel Springer AG* durch die *zanox*-Gruppe (inkl. *Affiliate Window*, *M4N* und *eprofessional*) Eigentümer des führenden Performance-Advertising-Netzwerks für erfolgsbasiertes Online-Marketing in Deutschland und Europa.

Die Eigenkapitalquote wurde ab 2007 sukzessive wieder erhöht, was positive Auswirkungen auf die Zinszahlungen für Fremdkapital hat (siehe Abb. 6.31).

Eine hohe Eigenkapitalquote deutet darauf hin, dass das Insolvenzrisiko des Unternehmens gering ist. Somit hat das Insolvenzrisiko gegenüber 2008 abgenommen. Eine zu hohe Eigenkapitalquote wirft die Frage auf, ob eine Fremdkapital-Aufnahme die Rentabilität für Eigenkapitalgeber nicht erhöhen könnte. Kralicek et al. (2008, S. 168) bewerten z. B. eine Eigenkapitalquote über 30 %, wie sie von der *Axel Springer AG* erfüllt wird, als gut.

Tab. 6.10 Axel Springer Verlag – Überblick Geschäftsbericht 2012. Geschäftsbericht 2012 der Axel Springer AG – Highlights

Standorte	• In 44 Ländern aktiv • 132 Gesellschaften, davon 75 außerhalb Deutschlands
Geschäftsmodell	• Multimedial integriertes Medienunternehmen • Gedruckte und digitale Angebote • Kernkompetenz: exzellenter Journalismus, Marketing, Rubrikenportale • Etablierte Markenfamilien, deren Printmarken und Inhalte in digitale Welt übertragen werden
Wichtige Produkte, Dienstleistungen, Geschäftsprozesse	• Erlöse = Vertriebs- und Werbeerlöse • Vertriebserlöse = Verkauf von Zeitungen, Zeitschriften, digitalen Informations- und Unterhaltungsangeboten • Werbeerlöse = Vermarktung der Reichweiten von Online- und Printmedien
Crossmediale Wertschöpfungskette	• Neue redaktionelle verbesserte grafische Konzepte, neue Angebote • Marktforschung und Pilotprojekte zur Trendidentifikation • Medienübergreifend um Synergien, Kompetenzen, Reichweiten optimal zu nutzen
Redaktion	• Newsroom für Print- und Online gesammelte Inhalte unterschiedlich aufbereiten • Integrierte Newsrooms, zunehmend auch titelübergreifend
Produktion	• Verarbeitung, Aggregation von Informationen in Datenbanken oder journalistische Aufbereitung von Inhalten • Drei eigene Offsetdruckereien, • bis hin zur Versandlogistik im Konzern
Vertrieb	• Digitale Angebote über verschiedene Kanäle • Einzelhandelsverkaufsstellen • Presse-Großhandelsunternehmen, Presse-Importgesellschaften
Digitale Medien	• Saison 2013/2014 → exklusive Verwertungsrechte für Bundesliga Highlight Berichterstattung für 4 Jahre gesichert • Neue Abo-Modelle für digitale Angebote = Bezahlmodell für bisher kostenfreie Webseite gestartet. • Performance Marketing: Werbekunden zahlen nur, wenn Werbeschaltung erfolgreich zustande gekommen ist
Zeitungen national	• Rückläufig
Zeitschriften national	• Rückläufig • Programmzeitschriften und Frauenmedien im Hochpreissegment Position weiter ausgebaut

6.4 Medienhäuser: Vergleichende Fallstudie

Tab. 6.10 (Fortsetzung)

Strategie	• Digital: Internationalisierung, Akquisition, Investition • Print: Kosteneinsparung bei Beibehaltung journalistischer Exzellenz • Weiterentwicklung starker Marken in Verbindung mit crossmedialen Werbeformaten • Boulevard sells – und erzielt auch Online hohe Gesamtreichweite • Inhalteportale verstärken Bezahlinhalte, kostenpflichtige Premiuminhalte und -angebote • Classifieds organisches Wachstum und weiter Zukäufe, Synergien aus Kombination Inhalteportale und Printtitel
Finanzielle Steuerungsgrößen	• Kennzahl für Ertragskraft und Umsatz = EBITDA • Kennzahl für erfolgsorientierte Vorstands- und Managervergütung = EBITDA • EBITDA-Rendite: für internes Planungs- und Kontrollsystem • Erfolgreiche Strategieumsetzung = relative Kennzahlen, Anteil Auslandsumsatz am Konzernumsatz für Internationalisierung, Umsatz digitaler Medien als Messzahl für Digitalisierung • Wirtschaftlichkeit und Risiken von Investitionen mittels Kapitalwertverfahren sowie Kapitalmarktgleichgewichtsmodell mittels Beta und Marktprämie
Nicht finanzielle Steuerungsgrößen und Frühindikatoren	• Kontrolle für Kunden, markt- und angebotsbezogene Leitung • Online: Unique Visitors/Visits im Monat, geschäftsmodellbezogene Kennzahlen • Print: Verkaufte Auflagen • Reichweite im Werbemarkt, Marken- und Werbebekanntheit • Kundenbindungsindex • Nachhaltigkeitsbericht
Finanzielle Steuerung – Digitale Medien	• Organisches Wachstum +10,5 % auf 37,2 % • Auslandserlöse +11 % auf 35,1 % • Gesamtaufwendungen +4,9 % auf 2969,3 Mio. • Materialaufwandsquote sinkt durch Digitalisierung um 1,2 % auf 31,9 %, • Personalaufwand steigt um 8,1 %, vor allem durch neue Tochtergesellschaften, Personalaufbau, Neubewertung virtueller Aktienoptionsprogramme. Anzahl Mitarbeiter: +5,9 % • Unique User um 15 % angestiegen • Größte Effekte Erlöszuwachs bei übrige Erlöse: Schwartzkopff TV und SeLoger
Finanzielle Steuerung – Print	• Hohe Restrukturierungaufwendungen
Finanzlage	• Mittelabflüsse durch Digitalisierungs- und Internationalisierungsstrategie = Unternehmenserwerb • Mittelzuflüsse aus laufendem Geschäft und Veräußerung • Nutzung für allgemeine Gesellschaftszwecke und Akquisitionen

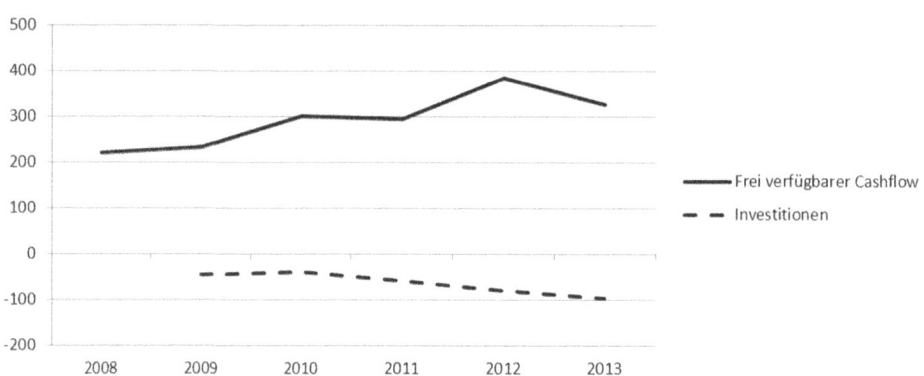

Abb. 6.31 Eigenkapitalquote der Axel Springer AG. (vgl. Axel Springer AG 2004–2014)

6.5 Fazit: Innovationen der Business Modelle von Zeitungsverlagen

Das **Business Modell von Zeitungsverlagen** setzt bei der Generierung von Erlösen zum einen auf den Erlös aus der Publikation von Content (Verkaufseinnahmen, deren Anteil im Verhältnis zu alternativen Erlösen (Werbeerlösen) wächst) und zum anderen auf die Herstellung von Zielgruppen, die andere zum Absatz ihrer Produkte nutzen, also die Werbewirtschaft bzw. andere Güterproduzenten (also werbetreibende Unternehmen).

Die hier analysierten Unternehmen können die ganze Bandbreite an Medienkonsum durch Angebote abdecken. Alle der analysierten Unternehmen mixen regionale mit überregionalen Angeboten. Bei *News Corp.* war der Erfolg dieser Strategie besonders in den Werbemärkten auffällig.

Hingegen haben sich im Bereich der Internationalisierung die Unternehmen sehr unterschiedlich verhalten. Die *Axel Springer AG* ist bis heute nicht richtig in der Internationalisierung vorangekommen, sondern hat ihren Fokus nur auf Europa ausgeweitet. *Bertelsmann* hat zunächst in den europäischen Nachbarländern internationalisiert und ist dann direkt in das „große Geschäft" in Amerika durch Zukäufe eingestiegen, hat aber – v. a. durch die Multiplikation des Geschäftsmodells *Buchclub* im mittlerweile globalen Maßstab und durch Aufkäufe von einem der größten Buchverlage – den Sprung in die internationalen Top-10 geschafft. Gerade die Beteiligungsgeschäfte unter Middelhoff waren auch extrem erfolgreich, wenngleich die Digitalisierung nach seinem Fortgang nicht in der Intensität weitergeführt wurde. *Bertelsmann* hatte z. B. eine der ersten Digitalplattformen, mit denen richtig Geld verdient wurde, insbesondere durch Buy and Sell von Firmenanteilen oder ganzen Unternehmen (Bsp. *AOL*), also durch Akquisitionen und Verkauf von ertragreichen Geschäftsmodellen.

News Corp. hat durch das Investment in ein ertragreiches Tageszeitungsgeschäft in UK das Kapital für die Kreuzdiversifizierung von dem Zeitungsgeschäft in das Broadcasting-Geschäft geschaffen – mittlerweile ist das Tageszeitungsgeschäfts sogar ausgegliedert worden, da es keine Erträge mehr generiert.

Die *Axel Springer AG* zeigt hingegen, dass die Weiterentwicklung des Printmodells und die in diesem Markt gewonnenen Kernkompetenzen auf den digitalen Markt übertragbar sind und innerhalb von rund sechs Jahren eine Konversion von einem Printverlag zu einem digitalen Medienhaus erfolgreich gestaltet werden konnte.

Literatur

Axel Springer AG. (2012). Bilanzpressekonferenz. 7. März 2012. Berlin. https://www.axelspringer.de/dl/514725/120307_Praesentation_BPK-2011.pdf. Zugegriffen: 11. Mai 2014.

Axel Springer AG. (2013a). Geschäftsbericht 2012. Berlin. http://www.axelspringer.de/dl/14843813/Geschaeftsbericht_2012_Axel_Springer_AG.pdf. Zugegriffen: 11. Mai 2014.

Axel Springer AG. (2013b). Axel Springer vollzieht Umwandlung in eine Europäische Aktiengesellschaft. Presseinformation vom 2. Dezember 2013. Berlin. http://www.axelspringer.de/presse/Axel-Springer-vollzieht-Umwandlung-in-eine-Europaeische-Aktiengesellschaft_19557269.htmlc. Zugegriffen: 11. Juni 2014.

Axel Springer AG. (2014). *Geschäftsberichte*. Berlin.

BDZV, Bundesverband Deutscher Zeitungsverleger e. V. (2014a). Wirtschaftliche Lage – Vertriebsmarkt – Anzeigenmarkt – Reichweiten. http://www.bdzv.de/markttrends-und-daten/wirtschaftliche-lage/. Zugegriffen: 6. Juni 2014.

BDZV, Bundesverband Deutscher Zeitungsverleger e. V. (2014b). Wirtschaftliche Lage – Vertriebsmarkt – Anzeigenmarkt – Reichweiten. http://www.bdzv.de/markttrends-und-daten/wirtschaftliche-lage/schaubilder/artikel/-8937743f67/10254/. Zugegriffen: 6. Juni 2014.

Beck, H. (2011). *Medienökonomie: Print, Fernsehen und Multimedia* (3. Aufl.). Heidelberg: Springer.

Croteau, D. R., & Hoynes, W. D. (2014). *Media/society: Industries, images, and audiences* (5. Aufl.). Thousand Oaks: Sage .

Dwyer, T. (2010). *Media convergence*. Maidenhead: Open University Press.

Foster, G., & Chang, V. (2003). FOX Sports and News Corp.'s Sports Empire. Case. In Harvard Business Review. 3. September 2003. Stanford Graduate School of Business.

Friedrichsen, M. (Hrsg.). (2009). *Medienzukunft und regionale Zeitungen. Der lokale Raum in der digitalen und mobilen Medienwelt*. München: Reinhard Fischer.

Friedrichsen, M., & Gertler, M. (2011). *Medien zwischen Ökonomie und Qualität. Medienethik als Instrument der Medienwirtschaft*. Baden-Baden: Nomos.

Friedrichsen, M., Wendland, J., & Woronenkova, G. (Hrsg.). (2011). *Medienwandel durch Digitalisierung und Krise. Eine vergleichende Analyse zwischen Russland und Deutschland*. Baden-Baden: Nomos.

Anand, B., Rukstad M., & Köstring C. (2005). Bertelsmann AG. HBS Case. In Harvard Business School Publishing. 28. November 2005. Boston.

Gieseking, T. (2009). *Gewinnoptimale Preisbestimmung in Werbefinanzierten Märkten: Eine Conjoint-analytische Untersuchung eines Publikumszeitschriftenmarktes*. Wiesbaden: Springer-Gabler.

Gläser, M. (2010). *Medienmanagement* (2. Aufl). München: Vahlen.

Hachtmeister, L., & Rager, G. (2005). *Wer beherrscht die Medien: Die 50 größten Medienkonzerne der Welt*. München: Beck.

Hack, R. (2003). *Clash of the Titans*. California: New Millennium Press.

Handelsblatt Management Bibliothek (2005). *Der erfolgreichsten Unternehmer L-Z* (Bd. 05). Frankfurt a. M.: Campus.

Hanke, K. (2011). Die Tageszeitungen Deutschlands. http://www.goethe.de/wis/med/pnt/zuz/de8418130.htm. Zugegriffen: 11. Mai 2014.

Institut für Medien- und Kommunikationspolitik. (2013a). News Corp. Ltd. / 21st Century Fox. http://www.mediadb.eu/datenbanken/internationale-medienkonzerne/news-corp-ltd-21st-century-fox.html. Zugegriffen: 6. Juni 2014.

Institut für Medien- und Kommunikationspolitik. (2014b). Axel Springer SE. http://www.mediadb.eu/datenbanken/internationale-medienkonzerne/axel-springer-se.html. Zugegriffen: 1. Juli 2014

Institut für Medien- und Kommunikationspolitik. (2014c). Bertelsmann SE & Co. KGaA. http://www.mediadb.eu/datenbanken/internationale-medienkonzerne/bertelsmann-se-co-kgaa.html. Zugegriffen: 1. Juli 2014.

Kopper, G. (2006). *Medienhandbuch Deutschland: Fernsehen, Radio, Presse, Multimedia, Film*. Reinbek bei Hamburg: Rowohlt.

Kralicek, P., Böhmdorfer, F., & Kralicek, G. (2008). *Kennzahlen für Geschäftsführer* (5., aktualisierte und erweiterte Auflage). München: mi-Fachverlag.

Malerius, F. (2013). Zeitungen: Deutlich mehr Erlöse durch Preiserhöhungen. Dnv online, Das Neueste aus Presse-Marketing und -Verkauf. 12.06.2013. http://www.dnv-online.net/handel/detail.php?rubric=Handel&nr=79447. Zugegriffen: 6. Juni 2014.

Mühl-Benninghaus, W., & Friedrichsen, M. (2012). *Geschichte der Medienökonomie*. Baden-Baden: Nomos.

Pasquay, A. (2013). Die deutschen Zeitungen in Zahlen und Daten. Auszug aus dem Jahrbuch „Zeitungen 2012/13". Bundesverband Deutscher Zeitungsverleger e. V. (BDVZ). http://www.bdzv.de/fileadmin/bdzv_hauptseite/markttrends_daten/wirtschaftliche_lage/2012/assets/ZahlenDaten_2012.pdf. Zugegriffen: 6. Juni 2014.

PWC, Price Waterhouse Coopers. (2010). Medienausblick: Print wackelt – Buchmarkt passt - Online hat Luft nach oben. http://www.pwc.de/de/pressemitteilungen/2010/medienausblick-print-wackelt-buchmarkt-passt-online-hat-luft-nach-oben.jhtml. Zugegriffen: 6. Juni 2014.

Sjurts, I. (2005). *Strategien in der Medienbranche: Grundlagen und Fallbeispiele* (3., überarb. u. erw. Aufl. 2005). Wiesbaden: Springer-Gabler.

Strategy Analytics Global Advertising Forecast. (2012). Share of advertising revenue by media type 2012. https://www.strategyanalytics.com/. Zugegriffen: 5. Mai 2013.

Töpfer, A., & Duchmann, C. (2006). Die integrierte Sicht des wertorientierten Managements im Dresdner Modell. In Schweickart, N., & Töpfer, A. (Hrsg.), *Wertorientiertes Management. Werterhaltung – Wertsteuerung – Wertsteigerung ganzheitlich gestalten* (S. 40–63). Springer: Berlin.

Wirtz, B. W. (2013). *Medien- und Internetmanagement* (8. Aufl.). Wiesbaden: Springer-Gabler

7 Cases: Management von Creative Media-Unternehmen am Beispiel der Musikindustrie

Im diesem Kapitel wird am Beispiel der Musikindustrie im ersten Schritt die generelle Entwicklung der Musikindustrie vor dem Hintergrund der Digitalisierung aufgezeigt und anschließend die Reaktion des Managements der Cases *EMI* und *Edel AG* auf diese Entwicklung und die Resultate der getroffenen Maßnahmen dargestellt.

Entscheidend für das Verständnis der Entwicklung der Musikindustrie ist es, die strukturellen Veränderungen des Marktes zu kennen, um die Management-Maßnahmen nachvollziehen zu können. Die Fallbeispiele *EMI* und *Edel AG* wurden ausgewählt um darzustellen, inwiefern Managemententscheidungen die Entwicklung der Unternehmen bei gleichen Marktbedingungen zu Erfolg oder Misserfolg führen können.

7.1 Entwicklung der Musikindustrie

Die Musikindustrie gehört zu einem der zentralen Bestandteile der Unterhaltungsindustrie (vgl. Vogel 2001, S. 23). In ihrer Entwicklung ist die Musikindustrie immer wieder durch Phasen des starken Marktwachstums und der Verkleinerung gegangen (vgl. Ennis 1992, S. 17; Friedrichsen et al. 2004; Jakob 2008, S. 77; Wörner 2009, S. 114; Metzinger 2011, S. 20; Friedrichsen et al. 2010):

- Ein starker Verkaufsanstieg in den frühen 1920er Jahren erreicht seinen Höhepunkt am Ende der Dekade bei einem Industrieumsatz von 100 Mio. USD.
- Durch die große Depression in den 1920er Jahren wird die gesamte Industrie fast gänzlich ausgelöscht, bis in den 1940er Jahren Tonträgerverkäufe wieder stetig zunehmen.

Einige Teile dieses Kapitels wurden in Zusammenarbeit mit Marie Clausen (Marketingleiterin, marie.catharine.clausen@gmail.com) erstellt.

- In den 1950er Jahren bleiben die Verkäufer konstant bis leicht abfallend, bis in den 1950er Jahren durch die Entwicklung des „Rock n Roll" Marktes ein fast 15 Jahre anhaltender starker Anstieg der Verkaufszahlen zu verzeichnen ist.
- Die Verkäufe stagnieren von 1978 bis 1982.
- Es dauert bis 1992, bis die Musikindustrie die Spitzenverkäufe von 1978 wieder erreicht.
- Mitte der 1990er Jahre verzeichnet der Musikmarkt einen weiteren starken Einbruch, „Back-Katalogverkäufe" sind gesättigt und das Verkaufsformat CD veraltet. Versuche, „Back-Katalogverkäufe" durch neue Formate wie die Digital Compact Cassette und Minidisk zu aktivieren, scheitern.
- Das Fraunhofer-Institut entwickelt 1999 das MP3-Format. Durch dieses Komprimierungsverfahren konnte die Datenmenge von CD-Musikdateien fast verlustfrei reduziert werden. Gleichzeitig geht die erste illegale Musiktauschbörse online. Dies machte es möglich, dass ohne die Einwilligung der Rechteinhaber Musik weltweit verbreitet werden konnte – ohne Qualitätseinbußen. Die einfache Verbreitung von Musik im Internet und die fehlenden digitalen Geschäftsmodelle der Tonträgerindustrie führen zu einem rapiden Sinken der Umsätze.
- Von 1995 bis 2007 verringert sich der Umsatz um 38 % mit der Folge, dass Tausende von Arbeitsplätzen bei Labeln und Musikvertrieben gestrichen werden. Neben illegalen Musikdownloads und der raschen Verbreitung des Internets spielten anfänglich noch illegale CD-Raubkopien eine große Rolle.
- Erst seit 2011 ist erstmals wieder ein globales Umsatzwachstum von immerhin 0,1 % festzustellen. Dies zeigt eine Trendwende an, die auf die steigende Anzahl digitaler Verkaufsplattformen und einem „Re-Engineering" des Geschäftsmodells zurückzuführen ist.[1] „0,2 % Marktwachstum in 2012", wie die IFPI[2] verkündet, ist ein Wert, der für andere Industrien als negativ einzuschätzen wäre, für die Musikindustrie aber positive Neuigkeiten bedeutet. Es handelt sich um das erste Marktwachstum seit 1999.

Eine Dynamik, die 2011 erstmalig in einer Zunahme der Verkäufe in USA spürbar ist, hat sich bestätigt. Der Musikmarkt hat durch die Einführung der Musikdatei *MP3* und der Entstehung des Peer-to-Peer Konzepts eine Phase disruptiver Innovation durchschritten, die dem Anfang einer digitalen Revolution gleicht und zum Zusammenbruch und Neuordnung des Musikmarktes geführt hat. Resultat dieser „Revolution" ist die Entwicklung der Tonträgerindustrie – wie sie sich ursprünglich selbst nannte – zur Musikindustrie (vgl. Den Ouden 2012, S. 64). Gleichzeitig ist das Thema disruptive Innovation und der daraus

---

[1] 2003 startete *Apple* die Verkaufsplattform *iTunes*. Mittlerweile gibt es insgesamt rund 500 weitere Online-Dienste, die in 78 Ländern mehr als 20 Mio. Songs legal zur Verfügung stellen. Hierbei sind vor allem der schwedische Musik-Streaming-Service *Spotify*, der 2012 in den deutschen Markt eingestiegen ist, und *Deezer* zu nennen.

[2] „International Federation of the Phonographic Industry".

resultierende Wandel von Geschäftsmodellen in anderen Medienindustrien, wie der Zeitungs-, Werbe- und Buchindustrie, hochaktuell. Es besteht die Gefahr, dass bestehende Produkte und Dienstleistungen völlig verdrängt werden. Neue Marktsegmente entstehen, die oftmals aus der Nische ein unerwartetes Volumen entwickeln und im Zeitverlauf etablierte Produkte teilweise oder komplett verdrängen. Durch disruptive Innovationen werden die Regeln einer Branche neu geschrieben (vgl. Den Ouden 2012, S. 64).

7.1.1 Struktur des Marktes der Musikindustrie

Die Musikindustrie dreht sich um die Produktion und den Vertrieb von Tonträgern. Tonträger werden in den Verkaufsformaten CD, Vinyl, MP3 verbreitet. Umgeben ist diese Infrastruktur von einer Zusammensetzung aus Produktionsfabriken, Lagerhäusern, Frachtunternehmen, Großhandelsvertrieben, Groß- und Einzelhandel, Musiklabel, Produzenten, Künstler-Management, „Booking-Agenturen", Presse-, Radio- und Online-Agenturen.

Major-Unternehmen verfügen über eigene Produktionsfirmen und Vertriebe. Sie veräußern ihre Produkte direkt an den Großhandel. Eine Vielzahl an Independent-Labels hat einen eigenen digitalen Vertrieb und verkauft direkt an *iTunes*, *Amazon* etc., ohne einen Vertrieb zwischen Musiklabel und Handel zu schalten. Im Vergleich zum Vinyl sind CDs leichter und schneller zu produzieren. Die Produktionszeit der CD beträgt durchschnittlich 5 Tage, beim Vinyl rechnet man mit mindestens 2 Wochen[3]. Die durchschnittlichen Produktionskosten betragen ca. 0,80 € bei CDs und 2,50 € bei Vinyl.

Als Urheber zählen Komponist und Autor, wobei beide Funktionen abhängig vom Entstehungsprozess von einer Person übernommen werden können oder auf verschiedene Personen verteilt werden. Der Komponist ist verantwortlich für die Tonfolge eines Musikstücks und der Autor für den dazu passenden Text, wobei beide Personen Urheberrechte erlangen. Die Urheberrechte werden an einen Musikverlag vergeben. Der ausübende Künstler erhält Leistungsschutzrechte für die Darbietung des Musikstücks, wobei dieses Recht als geringer eingestuft wird als das Urheberrecht, da es auf einem schon bestehenden Werk aufbaut. Fertige Musikwerke können entweder zur Auswertung von der Plattenfirma lizenziert werden oder werden direkt von dem unter Vertrag genommen Künstler für das Musiklabel erschaffen (vgl. Homann 2007, S. 6; Friedrichsen et al. 2004).

Die Verträge zwischen Plattenfirma und Künstler können verschiedene Formen annehmen (vgl. Homann 2007, S. 159). Bekannte Künstler arbeiten typischerweise unter langjährigen Verträgen mit mehreren Optionen und werden kompensiert durch Vorschüsse sowie Lizenzgebühren zwischen 10–20 %. Die Investitionen in Musikvideos, „Remixe", Studiokosten und andere Werbekosten können zusätzlich zu dem Vorschuss als wieder einzubringende Kosten verrechnet werden. D. h., der Künstler erwirtschaftet erst dann

---

[3] Durch die große Nachfrage nach Vinyl sind die Produktionsfirmen oft im Voraus ausgebucht, sodass es oftmals zu längeren Produktionszeiten kommt.

Gewinne, nachdem alle Kosten gedeckt sind und die Veröffentlichung die Gewinnschwelle erreicht hat[4].

Bis 1940 ist die Aufnahme von Musik sehr teuer und aufwändig gewesen und wurde primär in den Aufnahmestudios der Major-Unternehmen durchgeführt (vgl. Mühl-Benninghaus und Friedrichsen 2012). Mit der Entwicklung des Magnetbands wird die Aufnahmetechnik vereinfacht. Der daraus resultierende geringe Kostenaufwand und der vereinfachte Zugang zu Aufnahmegeräten führen zu einem Aufschwung im Tonträgermarkt (vgl. Wikstrom 2009, S. 53).

Gegenwärtig ist es durch die Entwicklung von digitalen Aufnahmetechniken für Künstler möglich, hochqualitative Aufnahmen zu erstellen ohne die Unterstützung eines Musiklabels oder Studios. Insbesondere elektronische Musik resultiert aus diesem Technologiesprung.

Die Marktstruktur der Industrie ist oligopolistisch (vgl. Vogel 2001, S. 23). Der Markt ist dominiert von einer kleinen Anzahl an Unternehmen, den Major Label, die einen Marktanteil von mehr als 70 % bestreiten (vgl. Rothenbuhler und McCourt 2004, S 229). Zu den Major-Unternehmen zählen *Vivendi* (*Universal Music Group*), *Warner Music Group* und *Sony Music Entertainment*. Durch diese Dominanz ist es den Unternehmen möglich, auf Preispolitik, Eintrittsbarrieren und Industriestandards einzuwirken. Die Tonträgerindustrie erwirtschaftet den Großteil der Gewinne an der Spitze der „Musik-Charts". In diesem Segment entstehen die signifikantesten Kosten, die ausgehen von der nationalen– und internationalen Print-, Presse- und Online-Promotion, Werbung und Vertrieb. Feststellen lässt sich eine negative Korrelation von Industriekontrolle und Musikvielfalt in den „Charts": Je höher der Konzentrationsgrad desto geringer die Vielzahl an Songs, die Geschwindigkeit des Chartwechsels und die Anzahl neuer Künstler (vgl. Rothenbuhler und McCourt 2004, S. 231; Friedrichsen et al. 2004).

Major-Unternehmen sind schon in der Vergangenheit stark vertikal integriert gewesen. Jedes der Unternehmen verfügt über einen eigenen Verlag, Produktionsfirmen, Musikvertriebe und Radio-, Presse- und Online-Agenturen. Teilweise sind Major-Unternehmen auch beteiligt in Unternehmen, die technisches Equipment und Abspielgeräte produzieren. Vertikale Integration ist eine der stärksten Schlüsselkräfte der Major-Unternehmen, um die Oligopol-Struktur des Marktes aufrecht zu erhalten (vgl. Shuker 2012, S. 14). Durch die Kontrolle jeder Verbindung zwischen Künstler und Konsumenten gelingt es ihnen, ausgeprägte Vorteile gegenüber den Mitbewerbern aufzubauen. Wie zum Beispiel die Erhöhung von potentiellen Einnahmequellen und die Zentralisierung von Funktionen. Ein Musiklabel, das auch über das Verlagswesen des Musikstücks verfügt, kann Kosten durch Verlagsabgaben als Erlöse auf Seiten des Verlags deklarieren. Durch die Zentralisierung

---

[4] Heutzutage sind die Einnahmen im Live Entertainment Bereich für Künstler um ein Vielfaches größer als im „Recorded Music Market" dadurch ist der Anreiz eines Künstlers einen Vertrag mit einem Musiklabel abzuschließen nicht mehr monetär sondern liegt in der medialen Aufmerksamkeit, die durch die Radio-, Online- und Presse Promotion entsteht. Als Folge einer erfolgreichen Veröffentlichung steigen auch die Gagen und der Bekanntheitsgrad des Künstlers. Es sind dann steigende Einnahmen aus alternativen Einkommensquellen zu erwarten.

von Funktionen wie Management und Rechnungswesen werden administrative Kosten gespart. Paradoxerweise sichert die vertikale Integration der „Major-Labels" oftmals auch die Existenz von „Independent-Unternehmen".[5]

In der Theorie sind die Markteintrittsbarrieren in den Musikmarkt sehr niedrig. Es gibt so viele Songwriter und Performer wie noch nie in der Geschichte der Musikindustrie, Aufnahmetechniken sind so günstig wie nie und trotzdem bleiben die Markteintrittsbarrieren in den umsatzstarken regionalen wie internationalen „Mainstream-Märkten" sehr hoch. Der Zugang zu diesen Märkten ist abhängig von einem hohen Kapitaleinsatz und einem starken Vertriebs-und Promotion-Apparat. Deshalb werden auch heute noch die Mainstream-Marktsegmente von den Majors beherrscht (vgl. Vogel 2001, S. 14; Mühl-Benninghaus und Friedrichsen 2012).

Zu unterscheiden ist in diesem Zusammenhang zwischen dem physischen und dem digitalen Markt für Tonträger. Einen tatsächlichen Markteinfluss hat ein Label nur, wenn beide Vertriebskanäle simultan bedient werden. Digitale Vertriebskanäle sind für neue Anbieter leicht zugänglich, beim physischen Vertrieb ist die Eintrittsbarriere hoch. Durch die limitierte Anzahl von Ladenflächen werden nur etablierte Produkte in den physischen Markt aufgenommen und der Zugang zu diesen Vertriebsnetzten setzt Marktwissen, Marktrelevanz und den Einsatz von Kapital voraus. Investment in das Einzelhandel-Marketing, wie kostenintensive Preissenkungen, Einkauf von Regalfläche und Anzeigen sind nur ein Bruchteil des Investments, das ein Tonträgerunternehmen tätigen muss, um ein Produkt erfolgreich im Markt zu platzieren (vgl. Friedrichsen et al. 2010).

Im digitalen Vertrieb ist die Produktplatzierung nicht weniger relevant. Ziel ist, eine möglichst prominente Platzierung auf der Startseite oder „Genre Page" der digitalen Verkaufsplattformen zu erhalten. Voraussetzung dafür ist ein marktrelevantes Produkt, starke Verkaufsargumente und eine gute Geschäftsbeziehung zum Vertrieb und Handel. Neue Markteinsteiger sind gegenüber etablierten Anbietern in dieser Hinsicht im Nachteil, eine gleichwertige Ausgangsposition zu erreichen, doch hilft der einfache Zugang zum digitalen Musikmarkt langfristig Eintrittsbarrieren abzubauen. Zum jetzigen Zeitpunkt stellen in Deutschland 80 % der Einnahmen Verkäufe aus physischen Tonträgern dar. Die digitalen Einnahmen stiegen 2012 um 19,3 % und werden langfristig das physische Format überholen. Mit dieser Entwicklung werden die Markteintrittsbarrieren zukünftig sinken (vgl. Friedrichsen et al. 2004).[6]

---

[5] Independent Label *Motown Records* ist 1988 von *MCA* gekauft worden, *MCA* wird 1994 von *The Polygram Group* gekauft und anschließend von *Universal Music*. *Motown* ist wieder aktiviert worden unter *The Island Def Jam Music Group Abteilung* von *Universal Music Group* 2011.

[6] Im Zuge der Digitalisierung verzeichnet der Musikmarkt eine Neuordnung des Marktes. Dabei ist eine zunehmende Anzahl von neu gegründeten „Independent- Unternehmen" zu verzeichnen. Diese Unternehmen operieren in einer sehr spezialisierten Marktnische, erreichen jedoch beachtlich schnell eine marktrelevante Größe, da sie sich nicht nur auf ein Verkaufsgebiet konzentrieren, sondern das Potenzial der Digitalisierung ausnutzen und in einer internationalen Marktnische operieren. Für etablierte Unternehmen stellt diese Dynamik einen Risikofaktor dar.

Vor dem Hintergrund der Erweiterung strategischer Optionen durch die Digitalisierung sind folgende produktpolitischen Entscheidungsbereiche von Relevanz:

- *Content-Unterscheidung*: Genre (Klassik, Pop etc.), Künstlermarke (Bandname, Komponist, Orchestername etc.), Kontext der Musikkonsumtion (Partymusik, Entspannungsmusik.
- *Zielgruppendifferenzierung*: Zielgruppen von Musikkonsumenten (sozio-demografische und psychologische Unterscheidungsmerkmale).
- *Produktbündelung*: Titelbündelung nach Verwendungskontexten, Künstlern, Themen, als Album etc.
- *technische Merkmale*: Codierung, Kompression, Format (MP3, WAV etc.).
- *Rechtemanagement*: Kopierschutz, begrenzte Anzahl von Abspielgeräten.
- *Verfügbarkeit*: Download, Stream, Cloud.
- *Erlösmodell*: Abo, Einzeldownloads, Flatrate (statt Preis pro Titel).
- *Usability*: Vorhörfunktion, Bestellabwicklung, Suchfunktionen etc.

Das Produktsegment der Online-Musikdienste zeichnet sich durch folgende spezifische Charakteristika aus (vgl. Friedrichsen et al. 2010):

- Unmittelbarer Konsum von Musiktiteln (24/7-Verfügbarkeit).
- Konsum ist hochgradig individualisiert.
- Grundsätzlich kostenpflichtige Nutzung.
- Nutzung mit unterschiedlichsten Endgeräten (Smartphone, *iPad*, Heimkinosysteme etc.).
- Verfügbarkeit unmittelbar nach Veröffentlichung des Musiktitels.

Das Nutzenversprechen von Musikverlagen ist: zielgruppenspezifisches Lebensgefühl. Unterhaltung ist nur sekundär, denn kein Nutzer hört jedes Genre oder jede Musikgruppe, sondern immer nur die, die zu seinem situativen Lebensgefühl passen.

7.1.2 Wirtschaftliche Rahmenbedingungen der Tonträgerindustrie

Die Musikindustrie war eine der ersten Industrien, deren Geschäftsmodell durch das Internet in seinem Kern – dem Ertrag aus Verwertungsrechten von fremden Urheberrechten mittels Tonträgern – fragwürdig geworden ist. Bereits im Jahr 2000 war durch die Musik-Tauschbörse *Napster*, die 1999 gegründet wurde, ein erheblicher Rückgang der Umsätze zu verzeichnen. Zwar wurden *Napster* und nachfolgende Tauschbörsen wie *Kazaa* durch eine Klageflut zum Abschalten gezwungen. Dies konnte jedoch letztlich nicht verhindern, dass die Tonträgerindustrie – wie sie ursprünglich auch genannt wurde – bis heute nicht aus der Krise ihres Geschäftsmodells herausgefunden hat (vgl. Friedrichsen et al. 2010).

Bereits der Begriff ‚Tonträgerindustrie' zeigt den Kern des Problems: Im eigentlichen Sinne verdiente die Musikindustrie an der Distribution von Musik. Künstler waren auf die Distribution durch Tonträger angewiesen, damit ihre Werke an die Zielgruppe distribuiert werden konnten. Mit der Digitalisierung, und der damit einhergehenden fehlerfreien, materielosen Reproduktion von Musik, waren Tonträger und damit der gesamte Geschäftsprozess der Musikindustrie für die Distribution der Werke von Musikern überflüssig. Künstler konnten jetzt direkt vermarkten, Konsumenten konnten ohne Qualitätsverlust quasi infinit vervielfältigen. Sämtliche Versuche des Kopierschutzes wurden im Wettlauf gegen das illegale Entschlüsseln („cracken") des Kopierschutzes immer wieder bedeutungslos. Auch hatten die Nutzer für die sie in ihrem privaten Konsum behindernden Maßnahmen des Kopierschutzes kein Verständnis und der Kauf-Boykott von ‚konsumbehindernden' Tonträgern führte letztlich dazu, dass die Musikindustrie den Kopierschutz als Strategie gegen Produktpiraterie aufgab.

Insofern zeigte sich in der ‚Tonträgerindustrie' das Problem der Produktpiraterie in verschärfter Form: Original und Fälschung sind nicht mehr zu unterscheiden. Die Fälschung/das Kopieren ist mit leichtesten Mittel für jeden, vollständig ohne Qualitätsverlust möglich, sodass Produktpiraterie keine Eintrittsbarrieren mehr hat, besonders im Sinne der Verfügung über Produktionsressourcen wie Maschinen, Mitarbeiter etc. zur Herstellung der ‚Imitate'. Insofern ist die Musikindustrie ein Beispiel dafür, die bereits am Schluss des vorhergehenden Kapitels dargestellte Konsequenz – Prävention statt Reaktion – zu vertiefen. Die These ist: Der Erfolg oder Misserfolg der Musikindustrie hängt nach wie vor davon ab, ob sie „umstellen" kann von Tonträger-Industrie auf ein anderes Geschäfts- und Verwertungsmodell. Anders formuliert: In der Musikindustrie zeigt sich in verschärfter Form, dass Innovation der beste Schutz gegen Produktpiraterie ist – und Innovation geht hier über Produktinnovation hinaus und kann nur Geschäftsinnovation bedeuten, denn hier ist nicht das einzelne Produkt, sondern das gesamte Geschäftsmodell durch Produktpiraterie bedroht.

Noch in den 1990er Jahren herrschte großer Optimismus: Durch die Einführung der CD hatte sich die Ertragslage der Musikindustrie gegenüber dem Trägermedium Schallplatte erheblich verbessert: Wenngleich nur 10–20 % der Produktionen der unter Vertrag stehenden Künstler (also die ‚Exploration von Musikrechten') kostendeckend waren. Insgesamt war aber aufgrund der durch die CD erheblich gesunkenen Produktionskosten in der Zweitverwertung der Anteil variabler Kosten – also den dem Produkt unmittelbar zurechenbaren Kosten – deutlich gesunken, sodass hier die Ertragslage erheblich verbessert werden konnte, da der Anteil der Zweitverwertung rund 30 % der gesamten Umsätze ausmachte (vgl. Seibold 1994, S. 2 ff.). Auch die Umsätze weltweit hatten sich von 1985 bis 1995 verdreifacht (vgl. Dolata 2008, S. 348). Dies ergab sich besonders auch durch das Aufkommen des Spartenfernsehsenders wie *MTV* etc. (vgl. Seibold 1994, S. 3).

Seit Ende der 1990er Jahre hat sich die Umsatzentwicklung insbesondere durch das Internet als Distributionskanal von illegalen Kopien stark geändert: Von 1999 bis 2006 sank der weltweite Umsatz der Musikindustrie von US$ 40 Mrd. auf 32 Mrd. (vgl. Dolata 2008, S. 349). Die wesentliche technische Voraussetzung für die illegale Verbreitung von Kopien war das MP3-Format (vgl. Dolata 2008, S. 349).

Durch die Digitalisierung von Musik veränderten sich erhebliche Charakteristika von Musik als **ökonomisches Gut**: Die Speicherung, Transport und Reproduzierbarkeit ist innerhalb kurzer Zeit kostenlos geworden. Die Versuche, den massiven Einbruch der Umsatzzahlen zu kontrollieren, waren juristischer und technischer Art und umfassten die Klage gegen Filesharing-Service-Betreiber, einzelne Konsumenten, verschiedenste Versuche mit Kopierschutz etc., die jedoch nicht zu Erfolgen führten, sondern vielmehr zu erheblichem Imageschaden (vgl. Ehmer und Porsch 2008, S. 3).

Einerseits hat die „MP3-Szene" das MP3-Format (Audiodaten-Kompressionstechnik) gegen die Intentionen der Tonträgerindustrie als Standard für die Musikindustrie durchgesetzt (vgl. Ehmer und Porsch 2008, S. 215), u. a. auch, weil dadurch Musikdateien nicht nur speicher- und verteilbar, sondern auch streambar wurden, was das Abspielen einer Datei schon beim Übertragen derselben erlaubt. Andererseits sind aus Sicht der Tonträgerindustrie die Verluste aus entgangener Geschäftstätigkeit hoch.

Würde man eine gesamtmarktkonforme Absatzentwicklung der Musikindustrie aus den Daten seit 1999 extrapolieren und in Verhältnis zur Beschäftigtenzahl zum gleichen Jahr setzen, so lässt sich konstatieren, dass in Jahren bis 2010 allein in Deutschland rund 6000 Arbeitsplätzen als Auswirkung von digitaler Produktpiraterie verloren gegangen sind (vgl. Martens et al. 2012, S. 11).

Heute wird insbesondere in den Medien- und Kommunikationswissenschaft diskutiert, ob es sich bei der bis heute andauernden Krise um Management-Fehler gehandelt hat (vgl. Friedrichsen et al 2004). Disruptive Technologien[7] hätten strukturkonservative Strategien zerstört, da die Akteure nicht adaptionsfähig gewesen seien(vgl. Dolata 2008, S. 356). Diese seien letztlich daran gescheitert, da ihre Funktion der Verbreitung von Musik nicht mehr gebraucht wurde, weil die Distribution zwischen Künstlern und Konsumenten ohne Tonträgerindustrie möglich geworden war (vgl. Mildner 2004, S. 124).

Dies führte zu einer Verschiebung vom Verkauf physischer Tonträger mit mehreren Titeln zu Einzeltiteln als digitale Musikdateien sowie der Ausschaltung der Musikindustrie in der Produktion und Distribution: Künstler können selbst zu immer geringeren Kosten produzieren und ohne Kosten distribuieren. Musiker gehen dazu über, die sogenannten Major-Labels nur mehr punktuell in die Produktion und Distribution einzubeziehen (vgl. Dolata 2008, S. 358).

So werden im Einzelnen als Ursache für die Krise angesehen (in Anlehnung an Dolata 2008, S. 363):

- Schwierige Antizipation der Bedeutung der technischen Veränderungen bzw. unterschätzte Technik.
- Organisationale Trägheit: Strategisches Management war auf das Kerngeschäft („Tonträger" und nicht z. B. die Verwertung von Musikrechten etc.) zugeschnitten.

Als weiterer wichtiger Grund für die Krise wird die von der Tonträgerindustrie selbst überschätzte Marktmacht angesehen: ein oligopolistischer Markt übt i. d. R. nur geringen

---

[7] Technologien, die radikale Veränderungen mit ungewissem Ausgang erzeugen.

Adaptionsdruck aus. Der Markt ist als nicht wettbewerbseffizient zu bezeichnen, da rund 80 % von fünf Unternehmen kontrolliert werden (vgl. Wurm 2003, S. 15). Es ist daher anzunehmen, dass die damit einhergehenden, seit langem bestehenden hohen Eintrittsbarrieren den Anpassungsdruck derart verringert haben, dass die organisationale Trägheit gesteigert wurde. Einerseits ist die Möglichkeit in dem oligopolistischen Markt hohe Preise durchzusetzen Folge des mangelhaften Wettbewerbs, andererseits deren Ursache (vgl. Wurm 2003, S. 16), sodass man auch formulieren kann: Die Tonträger-Industrie ist aufgrund ihrer eigenen oligopolistischen Preispolitik gewissermaßen selbst der Verursacher eigener organisationaler Trägheit.

7.1.3 Restrukturierung des Musikmarktes

So ist dann auch die These gerechtfertigt, dass bestehende Urheberschutzbestimmungen aus marktökonomischer Sicht nicht als effizient zu betrachten sind (vgl. Wurm 2003, S. 17). Vielmehr zeigt das Beispiel der aus der Tonträgerindustrie hervorgegangene Musikindustrie, dass das Verletzen der Rechte von Rechteinhabern nicht notwendigerweise schadet, sondern durchaus die Gesamtwohlfahrt steigern kann (vgl. Wurm 2003, S. 18), deren einzige Rechtfertigung aus Sicht einer wohlfahrtstheoretischen Betrachtung nur mehr in der Marketingleistung besteht (vgl. Wurm 2003, S. 22 ff.).

Festzuhalten bleibt zunächst: Die einzige Strategie der ‚Tonträgerindustrie' bestand in den Versuchen zur Aufrechterhaltung des Oligopols mit juristischen Mitteln und unter Einsatz von Produktschutztechnologien, die auf massive Ablehnung bei den Konsumenten stieß und den Unternehmen nicht mehr als Imageschaden einbrachte (vgl. Dolata 2008, S. 355). Zudem hat die Tonträgerindustrie durch die Digitalisierung die Kontrolle über die Verbreitung von Musik verloren(vgl. Ehmer und Porsch 2008, S. 1).

Der wichtigste Impuls zur Markt-Restrukturierung kam von außerhalb der traditionellen Tonträgerindustrie: Das Unternehmen *Apple* etablierte für seine Hardware (zunächst für den *iPod*, später für das *iPhone*) 2003 die Plattform *iTunes Store* – eigene Versuche der Tonträgerindustrie zur Internet-Distributionen waren hingegen gescheitert. *iTunes* ist heute Marktführer für den bedarfsgerechten Einzelverkauf von Musikstücken.

Die Plattform *iTunes* bot das, was bereits in den 90er Jahren diskutiert wurde, jedoch vielleicht aufgrund der guten Ertragslage des bestehenden Geschäftsmodells (damals nannte sich die Industrie noch Tonträgerindustrie) keine Umsetzung fand. Denn bereits in den 90er wurde diskutiert, dass durch die Individualisierungsmöglichkeiten, die mit der Musikkassette gegeben waren, eine weitere Preiserhöhung für CDs nicht sinnvoll wäre, weil dann das Kaufrisiko für den Konsumenten noch größer wird, insbesondere bei unbekannten Künstlern, wenn er hier eine CD mit mehreren Liedern kaufen muss, obwohl er z. B. nur eines kennt und nur eigentlich dieses erwerben möchte (vgl. Seibold 1994, S. 124 f.). *iTunes* hat dieses Problem durch zwei Funktionen gelöst: Einzelverkauf der einzelnen Titel sowie durch die Möglichkeit, eine kurze Sequenz des Titels vor Kauf anzuhören.

Die Zukunft sehen die großen Unternehmen der Musikindustrie in der Übertragung ihrer bisherigen Wertschöpfungsarchitektur in netzwerkartigen Strukturen auf der Basis von neuen Medien. Neue Distributionspartner, veränderte Position der Produzenten im Stakeholder-Netzwerk – hier führt insbesondere die immer geringer werdende Vertriebsmacht sowohl zu neuen Erlösmodellen wie Casting-Shows (vgl. Kiefer 2005, S. 308) und anderen Formen von Angeboten mit Nutzen für alle Beteiligten – nicht nur für wenige – also das gesamte Stakeholder-Netzwerk (vgl. Stähler 2002, S. 296). Dies ist nur möglich, wenn die Tonträgerindustrie den Sprung zur wirklichen Musikindustrie schafft, indem sie ihr tonträger-basiertes Erlösmodell durch ein Erlösmodell für die Verwertung von Urheberrechten über verschieden Kanäle, Plattformen, Partner etc. ablöst.

Christensen (1997) erläutert in seiner Innovationstheorie, warum erfolgreiche Unternehmen trotz ausgezeichnetem Management an Innovationen scheitern. Er untersucht, aus welchem Grund Entscheidungen, die als richtig für den Erfolg des Unternehmens bewertet werden, sich zugleich auch als Faktoren für ein späteres Scheitern des Unternehmens erweisen. Christensen beschreibt diese Situation als Innovationsdilemma (vgl. Christensen 1997, S. xiii): Bei der Entstehung neuer Absatzmärkte müssen Unternehmen die Entscheidung treffen, Ressourcen zu investieren oder abzuwarten, ob die Innovation tatsächlich relevant ist. Christensen differenziert zwei Arten von Technologien (vgl. Christensen 1997, S. xv ff.):

- Erhaltende Technologien („sustaining technologies").
- Ablösende Technologien („disruptive technologies").

a. **Erhaltende Technologien:** Unternehmen innerhalb eines Wertenetzwerkes sind kundenorientiert und investieren die Unternehmensressourcen in eine Verbesserung des Kundennutzens. Diese sogenannten erhaltenden Innovationen fokussieren sich somit auf die Verbesserung und Neuentwicklung von schon bestehenden Dienstleistungen und Produkten. Durch die Fokussierung auf die Kundenbedürfnisse erzielen Unternehmen höhere Endpreise, maximieren ihre Gewinnmargen und verfügen über konstante Absatzmöglichkeiten. Die Konsumenten wiederum profitieren von der ständigen Leistungsverbesserung der Produkte. Erhaltende Innovationsstrategien (vgl. Christensen 1997, S. xvii ff.) werden hauptsächlich von führenden Unternehmen verfolgt, um sicher zu stellen, dass das angebotene Produkt über einen möglichst langen Produktlebenszyklus verfügt.[8]
Eine kontinuierliche Leistungsverbesserung birgt auch Risiken in sich. Ein negativer Effekt tritt ein, wenn die vom Kunden gewünschten Merkmale überschritten werden und der zu zahlende Endpreis höher ist als der Kunde bereit ist auszugeben. Dieser Effekt tritt vor allem ein, wenn der Kunde keine Verwendung für die neue Leistungsverbesserung hat und nur ein kleines Segment der Zielgruppe Nutzen an dem neuen Produkt findet.

---

[8] Als Beispiel für erhaltende Technologien dient die Weiterentwicklung der Leistung des *iPhone*. Das Mobiltelephon verfügt im Vergleich zur ersten Version über vielzählige neue Funktionen, wie zum Beispiel *FaceTime* und Sprachsteuerung (vgl. Leitner 2003, S. 20).

b. **Disruptive Technologien:** Eine disruptive Technologie ist eine Innovation, die möglicherweise eine bestehende Technologie, eine Dienstleistung oder auch ein Produkt gänzlich verdrängen kann (vgl. National Research Council 2010, S. 13). Disruptive Technologien entstehen meistens in der Nische bestehender oder neuer Märkte. Sie können ein unerwartetes Volumen erreichen, das potenziell dazu führen kann, dass ein ganzheitlicher Markt in vollem Umfang verschwindet. Vor allem für etablierte Unternehmen kann diese Entwicklung sehr unerwartet kommen, da diese Innovationen auf Grund ihrer geringen Gewinnmarge zunächst erst einmal für Unternehmen im Hauptwettbewerb wirtschaftlich uninteressant sind (vgl. Williams 2010, S. 2).

Disruptive Technologien weisen Produktattribute gegenüber herkömmlichen Technologien auf, die nur für ein geringes Kundensegment interessant sind. Sie sind für die jeweiligen Marktführer wirtschaftlich uninteressant und befinden sich am unteren Bereich des Marktes. Dort wecken sie das Interesse von Unternehmen, die sich auf Grund von hohen Eintrittsbarrieren in den Massenmarkt in einer Nische positioniert haben. Erfolgt eine erfolgreiche technische Weiterentwicklung, die auch das etablierte Kundensegment anspricht, findet ein Wechsel vom unteren in den oberen Teil des Marktes statt, der die Gefahr der Verdrängung etablierter Unternehmen birgt. Zu diesem Zeitpunkt ist der „Disruptionsprozess" zumeist schon so weit fortgeschritten, dass eine Reaktion der etablierten Unternehmen auf die Disruption erfolglos ist.

Zusammenfassend gelten folgende Indikatoren als Zeichen disruptiver Technologie:

- Eine neue Technologie ist noch *zu speziell* für den Massenmarkt und liefert in der vorliegenden Dimension keine zufriedenstellende Leistung (Kressin 2012, S. 14).
- Die neue Innovation setzt sich durch *Preis und Qualität* vom schon bestehenden Produkt ab und ist *einfacher* zu bedienen.
- Bei der ersten Markteinführung ist das Produkt nur für Kundensegmente im *unteren Preis-Bereich* des Marktes interessant.
- Technische *Verbesserungen* ermöglichen dem neuen Produkt den Einstieg in den *etablierten Markt*. Der „Disruptionsprozess" ist zu diesem Zeitpunkt unaufhaltsam.

Die Musikindustrie wird geprägt von Unternehmen und Akteuren, die sich auf die Aufnahme, den Vertrieb, die Produktion, die Bewerbung, die Verwertung sowie Darbietung von Musik spezialisieren. Die Technik der Tonaufzeichnung und des Abspielens ist bis in die 1950er Jahre aufwendig, teuer und qualitativ bescheiden geblieben. Erst durch die Erfindung der Vinyl-Schallplatte 1949 wurde die Qualität verbessert und Produktionskosten gesenkt. Die Vinyl-Schallplatte wird weit verbreitet. Es entstehen Musikverlage, Plattenlabels, Radiosender und Presswerke. Die Musikindustrie floriert (vgl. Tschmuck 2012, S. 9).

1983 wird die von Sony und Philips entwickelte Compact Disc (CD) in den Markt eingeführt (vgl. Tschmuck 2012, S. 163). Es ist das erste digitale Format und löst die Vinyl Schallplatte als Hauptformat ab. Vermarktungsschwerpunkt ist hauptsächlich Popmusik, die auf dem „Hit"–Prinzip aufbaut. Durch die neue technische Entwicklung und Vermarktung steigen die Verkäufe stetig. Im Jahre 1996 erwirtschaftet die Musikindustrie einen Spitzenumsatz von 39 Mrd. USD. Dominiert wird die Branche vor allem von den vier großen Major Label[9], die Distributionskanäle, Medien, und Verkaufsformate kontrollieren.

In den folgenden Jahren stoppt der Branchenwachstum und es kommt zu erheblichen Umsatzeinbußen. Neben der Einführung des MP3s haben sich auch die Lebensgewohnheiten der Konsumenten geändert: Die CD konkurriert nun mit der Computerspiele- und Filmindustrie. DVDs und Games konkurrieren wiederum um das Zeit-Budget der Konsumenten (vgl. Friedrichsen et al. 2011). Von 1997 bis 2007 verringert sich der Umsatz um 38 % mit der Folge, dass Tausende Arbeitsplätze bei Labeln und Musikvertrieben gestrichen werden. Neben illegalen Musikdownloads und der raschen Verbreitung des Internets, spielten anfänglich noch illegale CD-Raubkopien eine große Rolle. Während in Deutschland die Zahl der CD-Rohlinge im Zeitraum von 1994 bis 2004 von 58 auf 303 Mio. gestiegen ist, sind die CD-Verkäufe rapide von 240 auf 146 Mio. gesunken.

Abbildung 7.1 zeigt den Umsatzschaden der Musikindustrie in Deutschland von 1999 bis 2010. Die Abbildung veranschaulicht den fallenden Umsatz physischer Tonträger von 1999 bis 2010. Ab 2004 werden erste minimale Einnahmen aus digitalen Verkäufen sichtbar, die in den folgenden Jahren steigen. Trotzdem sind die addierten Erlöse aus beiden Verkaufsquellen weiterhin rückläufig und bleiben weit hinter der prognostizierten BIP-konformen Entwicklung zurück. Von 2004 bis 2010 steigen die digitalen Verkaufszahlen von 13 auf 204 Mio. Stück. Eine vibrierende „Start-Up" Szene entwickelt sich und domi-

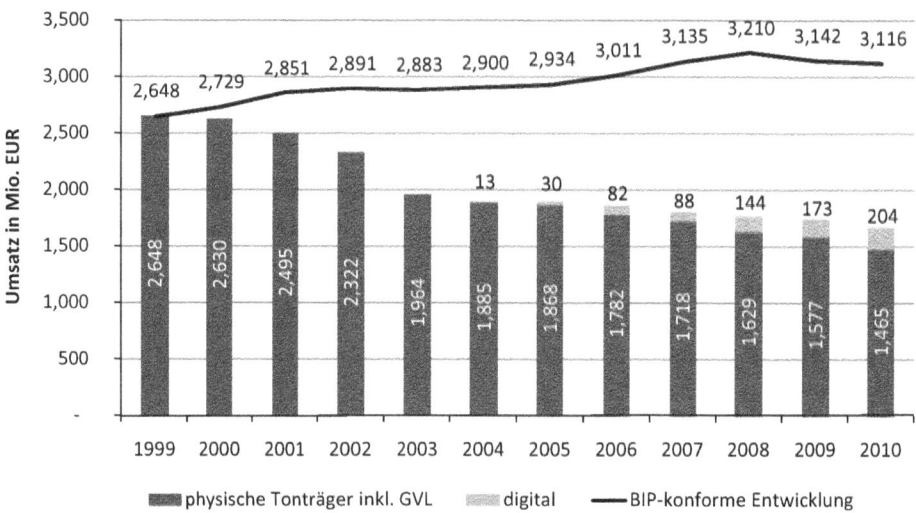

Abb. 7.1 Umsatzschäden Musikindustrie durch Produktpiraterie (vgl. Martens et al. 2012, S. 10)

---

[9] *Universal Music Group*, *Warner Music Group*, *EMI Music Group*, *Sony Music Entertainment*.

niert den musikalischen Digitalmarkt. Diese Bewegung findet außerhalb des Wertenetzwerks der Major statt.

Abbildung 7.2 verdeutlicht den Arbeitsplatz-Verlust der Musikindustrie durch die Produktpiraterie. Angegeben wird auf der X-Ache der Zeitraum der Auswertung von 1999–2010. Die Y-Achse stellt die Anzahl der Beschäftigten der Musikindustrie dar. Die Anzahl der Arbeitsplätze beträgt 1999 rund 13.000 Beschäftigte und fällt kontinuierlich auf 8099 in 2010. Durch die Darstellung der gesamtmarktkonformen Entwicklung wird eine starke Diskrepanz deutlich. In dem Abschlussjahr der Auswertung beträgt die Differenz 5537 nicht realisierte Arbeitsplätze. Die Zahlen zeigen, dass die Branche durch die digitale Revolution schwer getroffen wurde. Die „disruptive" Technologie des MP3's führte dazu, dass die Spielregeln der Branche neu definiert werden mussten (vgl. Christensen et al. 2011, S. 203).

a. **Die Entwicklung des MP3:** Die Entwicklung des MP3 entsteht in den 1970er Jahren an der *Friedrich-Alexander Universität Erlangen-Nürnberg* durch Professor Dieter Spreitzer (vgl. Christensen et al. 2011, S. 203). Forschungsziel ist es anfangs gewesen, Sprache in hoher Qualität über Telefonleitungen zu übertragen. Aufgrund mangelnder Forschungsgelder wurde das Projekt jedoch eingestellt. Spreitzer motivierte engagierte Studenten weiter zu forschen, dieses Mal mit dem Ziel eine digitale Speicheraufnahme so weit wie möglich zu minimieren, ohne dabei einen Qualitätsunterschied zur Originalaufnahme zu hören (vgl. Christensen et al. 2011, S. 203). 1988 gelang der erste Durchbruch, der es ermöglichte, durch ein Kompressionsverfahren ein Audiosignal von hoher Qualität wiedergeben zu können. Dieses dient als Grundgerüst für weitere Forschungen. Nach über 20 Jahren Forschung legt 1995 das Fraunhofer Institut

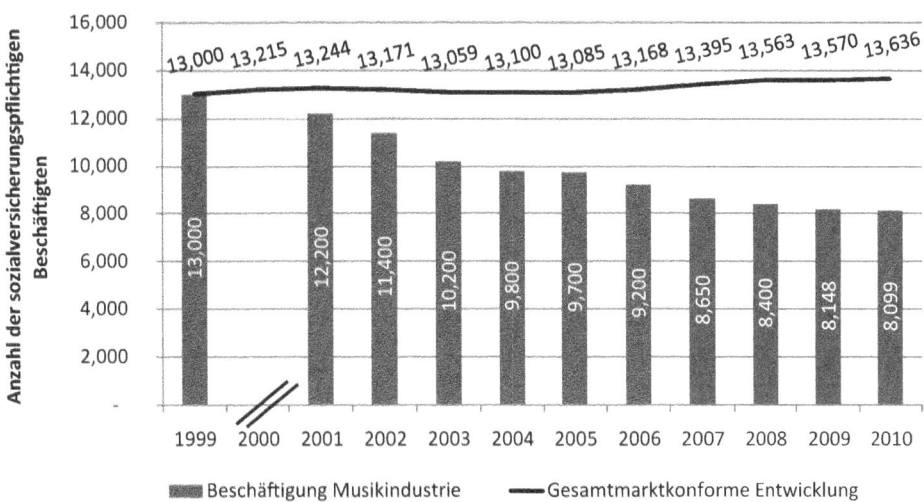

Abb. 7.2 Arbeitsplatz-Verlust in der Musikindustrie durch Produktpiraterie (vgl. Martens et al. 2012, S. 11)

die Datei-Endung MP3 für einen neuen Standard der Audiokompression fest. Bei der Audiokompression werden Teile der Musik, die für das menschliche Gehör gut wahrnehmbar sind, besonders genau dargestellt, andere nicht. Durch diesen Vorgang wird Speicherplatz gespart.

b. **Das MP3 – ein Nischenprodukt:** Zu diesem Zeitpunkt ist es unvorhersehbar, dass das MP3 die Musikindustrie revolutionieren würde, da die technischen Voraussetzungen dazu fehlen. PCs sind noch sehr selten, das Internet befindet sich in der Entwicklungsphase und der tragbare MP3 Player ist noch nicht erfunden. Erst Mitte der 1990er entstehen durch die Entwicklung des MP3 Players erste Visionen der neuen Musikdistribution. Das MP3 ist zu diesem Zeitpunkt ein Nischenprodukt, nur eine kleine Anzahl an Musikern und Fans verbreitet Musik erstmalig online. Das neue Musikformat gilt nicht als massentauglich und wird von der Musikindustrie als irrelevant eingestuft. Vor allem durch den fehlenden Gesetzesrahmen erscheint das MP3 als eine Technologie, die hauptsächlich Piraterie hervorruft.

Der Nischenmarkt ist zu klein für den Wachstumsdrang der Major-Unternehmen. Für die vier großen Unternehmen stehen zu diesem Zeitpunkt Wachstum und hohe Quartalsabschlüsse im Vordergrund. Im sich entwickelnden Online Geschäft ist der Erlösanteil gegenüber der CD um ein vielfaches geringer[10]. Ein starker Wettbewerb zwischen den Marktteilnehmern führt dadurch zu einem umsatzgetrieben Management mit Fokussierung auf den CD-Massenmarkt. Die Integration des Downloadgeschäfts wird dabei außer Acht gelassen, stattdessen führen die Major-Unternehmen 1999 die sogenannte Super Audio Compact Disc (SACD) und die DVD-Audio ein. (vgl. Christensen et al. 2011, S. 206) Beide Formate zeichnen sich durch eine höhere Audioqualität aus, sie können Videos abspielen und verfügen über einen Kopierschutz (vgl. Vercammen und Maes 2001, S. 18). Beide Formate werden mit sehr hohen Erwartungen eingeführt und sollten zukünftig als neuer Standard der Musikbranche gelten.

Sie scheitern an den technischen Voraussetzungen des Formates. Zum Abspielen der SACD muss ein entsprechendes Abspielgerät erworben werden und die SACD lässt sich nicht in Computerlaufwerken abspielen. Im Jahr 2008 betrug die Verkaufszahl dieses Formates grade einmal 0,5 % der Gesamtverkäufe. Das MP3 ist in der gleichen Zeit konstant weiter entwickelt worden und kann nun durch gleiche Qualität konkurrieren.

c. **Neueinsteiger erobern den Markt:** Es ist eine neue Form der Internetkriminalität entstanden: die sogenannte „MP3-Szene" (vgl. Rau 2004, S. 214). Wesentliche Akteure sind:

1. *Mitarbeiter der Musikindustrie*, die Zugang zu Vorabveröffentlichungen wie „Promotion-Copies" etc. haben. Sie erlangen unter den Musikfans eine besondere Bedeutung aufgrund der Exklusivität, die neue Produktion eines Künstlers bereits als „Erster" zu hören. Die genannten Mitarbeiter nehmen die Rolle von „Suppliern" ein.

2. Eine zweite Gruppe sind die sogenannten *„Ripper" oder „Encoder"*, die ggf. den Kopierschutz von CDs umgehen und damit Musikdateien einer CD verbreitbar machen. Auch sie fungieren als „Supplier" (vgl. Rau 2004, S. 219).

---

[10] Er beträgt bei der CD 3,90 € und bei einem Mp3-Download 0,31 €.

3. Eine dritte Gruppe sind die sogenannten „*Profit-Pirates*". Sie bieten Download-Seiten (Filesharing-Seiten) an und finanzieren diese durch Werbeeinnahmen aufgrund der Reichweite (Besucherzahl der Website) (vgl. Rau 2004, S. 223).

Diese genannten Gruppen konstituieren das Distributionsnetzwerk, ohne die der Konsument nicht in der Lage wäre, anonym Musik zu distribuieren bzw. sich anzueignen.

Auf der Konsumentenseite zeigt sich folgendes kriminologische Bild bei Nutzern von Tauschbörsen: zu 90 % männlich, durchschnittlich 26 Jahre alt, zu 60 % Abitur und mit einer Wahrscheinlichkeit von 50 % berufstätig. Weitere 36 % sind im Studium. 62 % der MP3-Piraten kaufen regelmäßig CDs. Durchschnittlich werden rund 14 Musikdateien pro Monat heruntergeladen. 82 % downloaden nicht nur, sondern stellen selbst Dateien zur Nutzung bereit. Fast alle gehen davon aus, dass ihr Handeln – weder Download noch Upload eigener Dateien – nicht illegal ist (vgl. Rau 2004, S. 234).

Im Jahr 1998 launcht Shawn Fanning die Musiktauschbörse *Napster* (vgl. Wikstrom 2009, S. 2). Diese Plattform ermöglicht Fans Musiktitel übers Internet gratis auszutauschen (vgl. Ambrosek 2007, S. 25). Zu Spitzenzeiten ist *Napster*, aufgrund der Kostenfreiheit und der attraktiven Inhalte, die am schnellsten wachsende Gemeinschaft des Internets gewesen. Sie umfasste zu ihrem Höhepunkt 80 Mio. Nutzer weltweit, die durchschnittlich pro Monat rund 2 Mrd. Dateien tauschten (vgl. Ambrosek 2007, S. 6). Durch die rechtlichen Verstöße gegen das Urhebergesetzt wird *Napster* 2003 nach einer erfolgreichen Klage mehrerer US-amerikanischen Komponisten und Plattenfirmen abgeschaltet.

Mit der Einführung des *iPods* und der Eröffnung des *iTunes Music Stores* setzt Steve Jobs einen weiteren Meilenstein. Ihm gelingt es zunächst das größte Musik-Label *Universal Music* von seinem Geschäftsmodell zu überzeugen. Kurz danach lizenzieren die restlichen Major-und Independent-Labels ihre Produkte an *iTunes*. *Apple* verkauft in den nächsten 5 Jahren über das Online Portal *iTunes* über 4 Mrd. Musikstücke und hatte 2008 einen Marktanteil von über 70 % aller Online Verkäufe.

Zusammenfassend findet man alle von Christensen beschriebenen *Merkmale einer disruptiven Innovation* im Strukturwandel des Musikmarktes.

1. Das innovative Produktmerkmal, die digitale Komprimierung des MP3's, wird von den führenden Unternehmen der Branche nicht geschätzt (vgl. Ambrosek 2007, S. 204).
2. Das Musikformat MP3 ist qualitativ einfacher als das CD-Format und wird zu einem günstigeren Preis, teilweise sogar umsonst, angeboten.
3. Zum Zeitpunkt der Einführung spricht das Produkt nur untere Kundengruppen an, die für die führenden Unternehmen auf Grund des begrenzten Gewinnpotenzials als unattraktiv gelten (vgl. Ambrosek 2007, S. 206). Verbesserung im Laufe der Zeit ermöglicht es, dass das MP3 auch von den Hauptkunden im Massenmarkt geschätzt wird. *Apple* ist durch *iTunes* der Einstieg in den Massenmarkt gelungen.
4. Etablierte Unternehmen reagieren mit Managementmethoden der erhaltenden Technologien auf die Disruption. Durch die Leistungsverbesserung der CD zur SACD wird versucht das Geschäftsmodell aufrecht zu erhalten (vgl. Ambrosek 2007, S. 206).

Festzuhalten bleibt: Die Strategie der „Tonträgerindustrie" im Umgang mit der Krise besteht in dem Versuch, das Oligopol mit juristischen Mitteln und unter Einsatz von Produktschutztechnologien aufrecht zu erhalten. Sie stoßen damit auf massive Ablehnung bei den Konsumenten, die in einen Imageschaden für die Unternehmen und den Verlust über die Kontrolle der Digitalisierung mündet.

Der wichtigste Impuls zur Markt-Restrukturierung kam hingegen von außerhalb der traditionellen Tonträgerindustrie: Das Unternehmen *Apple* etablierte für seine Hardware (zunächst für den *iPod*, später für das *iPhone*) 2003 die Online-Plattform *iTunes* – eigene Versuche der Tonträgerindustrie zur Internet-Distributionen waren hingegen gescheitert (vgl. Ambrosek 2007, S. 206). *iTunes* ist heute Marktführer für den bedarfsgerechten Einzelverkauf von Musikstücken.

7.1.4 Der Skaleneffekt

Durch Oligopole und Konglomerate entstehen signifikante Skaleneffekte für Unternehmen (vgl. Rothenbuhler und McCourt 2004, S. 234). Ein Großteil der Kosten, der aus der Produktion und dem Vertrieb entsteht, sind Fixkosten. Dazu gehören auch Lizenzgebühren, Studio-und Werbungskosten, die je nach Veröffentlichung in den Vertragsverhandlungen festgelegt werden. Die Kosten der Erstproduktion eines Tonträgers werden verteilt auf die Anzahl aller verkauften Einheiten, unabhängig davon, ob die Erstproduktion eine Kopie oder eine Million Einheiten verkauft. Als Resultat dessen wird deutlich, dass je mehr Kopien verkauft werden, desto geringer wird der Fixkostenanteil und desto höher wird die Gewinnspanne. Das heißt, je höher die Anzahl der verkauften Tonträger, desto höher der Gewinn pro verkaufter Einheit (vgl. Shuker 2012, S. 14).

Nachdem ein Album die Rentabilitätsschwelle erreicht hat, entwickeln sich die Gewinne rapide. Die Realität zeigt, dass nur eine aus zehn Veröffentlichungen tatsächlich rentabel ist. Der finanzielle Verlust wird dann von den erfolgreichen Veröffentlichungen getragen (vgl. Rothenbuhler und McCourt 2004, S. 236). Die Herausforderung ist wie bei allen kulturproduzierenden Industrien, die richtigen Projekte zu fördern und Künstler zu finden, die das Potenzial zu einem Marktdurchbruch haben (vgl. Wikstrom 2009, S. 24). Sehr erfolgreiche Veröffentlichungen wie *Adeles* Album *21* erzielen innerhalb eines Jahres 26.400.000 Verkäufe und erreichen Spitzenumsätze in der Industrie.

Wie jede andere Industrie benötigt auch die Musikindustrie Instrumente zur Prognose, Planung und Kontrolle. Schwierig ist es dabei die Schnelllebigkeit der Industrie einzuschätzen. Aus diesem Grund ist man bestrebt ungewisse Faktoren wie Kreativität isoliert zu betrachten von Organisationseinheiten, die Planung und Kontrolle benötigen (vgl. Rothenbuhler und McCourt 2004, S. 236).

Möglichst präzise Verkaufserwartungen werden erstellt durch die Analyse der Verkaufshistorie, dem derzeitigen Marktwert des Künstlers und den beteiligten Akteuren, wie Produzent, Künstlermanagement und Konzertagenturen. Investments in Künstler, die ihr Debut geben, sind am risikoreichsten (vgl. Rothenbuhler und McCourt 2004, S. 237). Bis zur endgültigen Veröffentlichung durchläuft das Musikprodukt eine große Anzahl von Vorauswahlsystemen, wie zum Beispiel durch den „A&R", den Einzelhandel, die Radio-, Online-, TV- und „Social Media Promotion". Beim Durchlaufen der einzelnen Phasen funktionieren die jeweiligen Prozesseigentümer als „Gatekeeper" bei der Auswahl des Albums. Nur nach dem Durchlauf aller Filter in jeder Stufe hat das Musikalbum Chancen auf eine erfolgreiche Platzierung im Markt.

Die traditionelle Musik-Zulieferungsquelle vor der Digitalisierung (vgl. Wikstrom 2009, S. 6) ist größtenteils kontrolliert von den Major-Labeln. Nachdem der Künstler unter Vertrag genommen wird, unterstützt das Musiklabel das Produzieren des Albums durch die Finanzierung der Studio- und Aufnahmekosten, Lizenzierung von Musikstücken und künstlerische Beratung durch den A&R (vgl. Wikstrom 2009, S. 58). In der Vergangenheit liegen die Kosten für moderne hochqualitative „Multi-Track-Aufnahmegeräte" außerhalb des Möglichen für die meisten Künstler (vgl. Clement et al. 2008, S. 41). Die Finanzierung wird deshalb von dem Musik-Label getragen. Nach der Fertigstellung des Album Masters werden Singles ausgewählt und die physische Verpackung des Musikalbums gestaltet. Anschließend wird das physische Produkt produziert[11]. Das fertige Produkt wird im Anschluss durch den Musikvertrieb in den Groß- und Einzelhandel verkauft. Parallel dazu hat das Musiklabel die Aufgabe das Album durch Radio-, TV und Pressepromotion inklusive der Produktion von Musikvideos, Werbung, und Einzelhandel Marketing erfolgreich im Markt zu platzieren (vgl. Wikstrom 2009, S. 56).

Das Musiklabel ist damit nicht nur stark in jeden Entstehungsschritt von der Konzeption des Albums bis hin zum Verkauf an den Konsumenten involviert, es bestreitet auch den Großteil des Gewinns. Die durchschnittlichen Erlöse durch den Verkauf liegen bei einem Verkaufspreis an den Konsumenten von 13,50 bei 8,00 € für das Musiklabel. Der Einzelhändler bestreitet 5,00 €. Von den Einnahmen durch den CD-Verkauf führt das Unternehmen, nachdem die vertraglich vereinbarten Kosten gedeckt sind, eine Lizenzgebühr an den Künstler ab.

Die Digitalisierung hat die traditionelle Zulieferungskette in mindestens drei wichtigen Punkten verändert:

1. Durch den digitalen Vertrieb entfallen *Produktions-, Lager- und Frachtkosten*, die bei dem physischen Produkt eine signifikante Rolle spielen.
2. Die Möglichkeit, im Internet illegal *Musik umsonst zu hören*, hat Unternehmen dazu gezwungen, digitale Geschäftsmodelle zu entwickeln, die attraktiver sind als Substitute aus der Piraterie (vgl. Shuker 2012, S. 13; Doerr 2012, S. 80).
3. Die Möglichkeit *individuelle Songs* digital zu *kaufen*, vermindert weiter die Wichtigkeit des traditionell lukrativen Musikalbums in seiner ganzen Länge.

Die Digitalisierung erlaubt Künstlern und Musiklabels, via *iTunes*, *Amazon digital*, *E-Music* etc. ihre Produkte online zu verkaufen. Die Kunden können über eine Suchfunktion die Startseite des Händlers durchsuchen und nach Zahlung das gewünschte Produkt herunterladen.

---

[11] Das traditionelle Produkt besteht aus den Formaten: Vinyl, Kassette und CD.

Ein neues Geschäftsmodell im digitalen Bereich ersetzt den eigentlichen Verkauf von Musik durch das Angebot Musik mit Werbeunterbrechungen kostenlos zu „streamen" (vgl. Doerr 2012, S. 81). Der US-Anbieter *Pandora* lässt den Kunden einen beliebigen Künstler auswählen und „streamt" dann ähnliche Musik über das Internet (vgl. Doerr 2012, S. 16). Konsumenten haben nicht die Möglichkeit ein ganzes Album zu hören, vielmehr funktioniert *Pandora* wie ein kundenspezifisches Radio. Die Musik wird von Zeit zu Zeit durch Werbung unterbrochen und es werden „banner ads" auf der Website und dem Abspielgerät des Kunden platziert. Ein weiterer Anbieter ist *Spotify* (vgl. Doerr 2012, S. 11). Dieser Anbieter erlaubt dem Kunden eine volle Discographie sowie „Playlists" und „Singles" aus dem *Spotify*- Repertoire zu hören, unterbrochen bei kommerziellen Werbepausen. *Spotify* und *Pandora* bieten beide eine Premium-Version ihres Angebots an ohne Werbung und Einschränkungen beim Konsum (vgl. Doerr 2012, S. 78). Durch die Kenntnis über die musikalischen Vorlieben der Konsumenten ermöglichen beide Anbieter Zielgruppenmarketing bei der Promotion von neuer Musik. Es werden dem Konsumenten neue Titel empfohlen, die ihm mit einer großen Wahrscheinlichkeit gefallen werden.

7.1.5 Rivalität unter den bestehenden Wettbewerbern

Porter identifiziert das Ausmaß der folgenden Einflussfaktoren als Zeichen einer hohen Rivalität zwischen den bestehenden Wettbewerbern und einer damit einhergehenden sinkenden Branchenrentabilität (vgl. Maier 2008, S. 59).

- Vielzahl an ähnlichen Wettbewerbern mit ähnlicher Größe, Macht, Ressourcenausstattung, Strategieausrichtung.
- Geringes Branchenwachstum.
- Hohe Fixkosten bei hohen Kapazitätsreserven.
- Preisreduzierung als einzige Möglichkeit der Differenzierung zwischen konkurrierenden Unternehmen.
- Hohe Austrittsbarrieren.

Bei einem negativen Branchenwachstum kann ein Unternehmen nur auf Kosten anderer seine Marktposition erhalten und wachsen. Dieser anhaltende negative Effekt führt zu einer starken Rivalität zwischen den Marktteilnehmern und ist als hohes Risiko eines verschärften Wettbewerbs einzuschätzen (vgl. Best und Weth 2010, S. 123). Der Faktor einer hohen Austrittsbarriere sowie die Höhe der Fixkosten bei hoher Kapitalbindung sind in dem Wettbewerb der Musikindustrie nicht von Bedeutung (vgl. Best und Weth 2010, S. 61). Der Wettbewerb innerhalb der Musikindustrie wird von den Major-Unternehmen *Universal Music*, *Warner Music*, *Sony Music Entertainment* dominiert (Wirtz 2013, S. 499).

7.1.6 Bedrohung durch neue Anbieter

Einzuschätzen ist, wie hoch die Bedrohung durch neue Mitbewerber in der Branche ist. Abhängig ist diese Gefahr von der Höhe der Eintrittsbarriere (vgl. Rothenbuhler und McCourt 2004, S. 235) in den Markt, die Porter durch die folgenden Analysefaktoren untersucht:

- Höhe des Kapitalbedarfs.
- Loyalität des Kunden durch Produktunterschiede.
- Umstellungskosten.
- Zugänge zu Vertriebskanälen.
- Größenunabhängige Kostenvorteile.
- Eintrittsbarrieren durch staatliche Politik.

Etablierte Unternehmen profitieren häufig von früher getätigten Leistungen, zum Beispiel durch einen guten Ruf oder einen hohen Grad an Käuferloyalität. Sie haben sich ein Alleinstellungsmerkmal erarbeitet, das ihnen hilft, einen Wettbewerbsvorteil gegenüber neuen Anbietern weiter auszubauen. In der Musikindustrie ist zu unterscheiden zwischen der Loyalität der Endkonsumenten und der Loyalität von anderen Marktteilnehmern. Die Nachfrage des Endkonsumenten ist nicht an ein bestimmtes Musiklabel geknüpft, sondern an einen Interpreten. Damit ist die Kundenloyalität gegenüber neuen Anbietern gering und stellt in diesem Zusammenhang keine Markteintrittsbarriere dar. Die Loyalität anderer Marktteilnehmer zu etablierten Unternehmen ist jedoch vorhanden und durchaus von Vorteil. Sie hilft bei der Platzierung neuer Künstler den Wettbewerbsvorteil weiter auszubauen und das Investmentrisiko zu verringern. Für neue Anbieter ist es schwer, gleichwertige Beziehungen aufzubauen (vgl. Maier 2008, S. 51).

In der Musikindustrie entsteht der höchste Kapitaleinsatz in Form von Vorleistungen, bestehend aus Vorschüssen beim Vertragsabschluss, Produktionskosten zur Fertigstellung des Masters sowie Marketing- und Promotionskosten zum Ausbau des Künstlerprofils (vgl. Maier 2008, S. 53 f.). Durch die Entwicklung von digitalen Aufnahmetechniken sind die Kosten der Audioproduktion deutlich gesunken. Ein ähnlicher Effekt ist bei der Werbung und Promotion festzustellen. Eine deutliche Zunahme der Bedeutung von Online-Promotion, „Search Engine" Optimierung, sowie „Banner Kampagnen" reduzieren die klassischen Werbekosten und erleichtern den Markteinstieg durch einen sinkenden Kapitalbedarf.

7.1.7 Verhandlungsstärke der Lieferanten

Porter beschreibt mit der Verhandlungsstärke der Lieferanten die Gefahr, von mächtigen Lieferanten, die Branchenrentabilität zu beeinflussen. Lieferantengruppen sind dann dominierend, wenn folgende Faktoren eintreten (vgl. Olbrich 2006, S. 38):

- Stark konzentrierte Lieferantengruppe, die einen zersplitterten und schlecht organisierten Abnehmermarkt beliefert.
- Geringe Marktrelevanz der zu beliefernden Branche.
- Das Produkt des Lieferanten ist nicht substituierbar.
- Produktdifferenzierung auf Seiten des Lieferanten führt zu hohen Umstellungskosten bei den Abnehmern.
- Eine glaubhafte Vorwärtsintegration der Lieferanten ist möglich.
- Das gelieferte Produkt ist in der Leistungskette des Käufers nicht ersetzbar.

Die Lieferanten der Musikindustrie sind die Künstler, Komponisten und Produzenten eines Musikwerks. Bei der Entstehung eines Werkes ist die Rollenverteilung der einzelnen Lieferanten fließend. Alle Funktionen können von einer Person allein oder mehreren Personen ausgeführt werden. Eine starke Verhandlungsmacht ist vorhanden bei Weltstars, wie *Rihanna*, *Madonna* und *Justin Timberlake*, die eine weltweite Marktrelevanz vorweisen (vgl. Clement et al. 2008, S. 41). Es gibt nur eine knappe Anzahl an Lieferanten in diesem Spitzensegment des Musikmarktes und Vertragsabschlüsse werden nur mit sehr hohen Investitionen in Form von Vorschüssen erzielt.

Es ist festzustellen, dass Künstler, die sich schon am Markt bewiesen haben und über eine stabile Verkaufshistorie, einen festen Kundenstamm und professionelles Management verfügen, eine gute Verhandlungsposition haben (vgl. Naumann 2010, S. 22). Außerhalb dieser Lieferantengruppe ist die Verhandlungsmacht als gering einzuschätzen. Es gibt eine große Anzahl an nicht etablierten Künstlern, deren Verhandlungsposition auf Grund geringem Verkaufsvolumens und Unbekanntheit schwach ist, da eine Markteinführung risikoreich ist (vgl. Rothenbuhler und McCourt 2004, S. 236) und ein hohes Engagement von beiden Seiten, dem Künstler und der Plattenfirma erfordert. Das Musikwerk an sich ist nicht substituierbar, jedoch kann ein besonderer „Sound" oder „Image" eines Künstlers leicht nachgeahmt werden, sodass Substitute entstehen, die die Handlungsposition der Lieferanten weiterhin schwächen.

7.1.8 Verhandlungsstärke der Abnehmer

Abnehmer aller Branchen versuchen Druck auf das Preisniveau eines Marktes auszuüben (vgl. Maier 2008, S. 51). Sie fordern ein höheres Leistungsniveau, bessere Qualität zu geringeren Preisen. Als Folge dessen verringern sich Rentabilität und damit Attraktivität einer Branche (vgl. Olbrich 2006, S. 38).

An folgenden Faktoren lässt sich die Verhandlungsstärke der Abnehmer feststellen:

- Hohe Marktmacht auf Seiten der Abnehmer.[12]
- Hoher Anteil an den Gesamtkosten der Abnehmer.
- Standardisierte Produkte.

---

[12] Ein Großteil der Umsätze wird mit wenigen Abnehmern erzielt.

- Niedrige Umstellungskosten.
- Ertragsprobleme bei den Abnehmern.
- Drohung mit Rückwärtsintegration.
- Vollkommene Information des Käufers.

Als Abnehmer ist im Musikmarkt zu unterscheiden zwischen dem Handel und dem Endkonsumenten. Zum Groß- und Einzelhandel der Musikbranche zählen Kauf- und Warenhäuser, Medienfacheinzelhandel, Versandhandel, Buchhandel, Elektrofachmärkte, Download- und Streaming Anbieter, E-Commerce etc.

Laut Porter sind diejenigen Anbieter am verhandlungsstärksten, die einen großen Anteil am Gesamtumsatz der Branche[13] ausmachen. Durch den Verkauf großer Mengen sind diese Anbieter in der Lage, Druck auf das Preisniveau auszuüben und setzen erheblich niedrigere Einkaufspreise um. Für die Musiklabels ist eine prominente Verkaufsplatzierung der Produkte im Handel Voraussetzung für eine erfolgreiche Veröffentlichung im Markt und führt zu einer weiteren Abhängigkeit der großen Anbieter. Verlierer ist der unabhängige Musikfacheinzelhandel, dessen Position auf Grund der Größe und zersplitterten Organisation am schwächsten ist. Die zweite Gruppe der Abnehmer sind die Endkonsumenten. Die Verhandlungsmacht der Endkonsumenten wird vor allem deutlich an dem Fakt, dass 2012 63 % aller Deutschen kein Geld für Musik ausgegeben haben[14]. Die von Porter als weitere Faktoren für eine verhandlungsstarke Position angeführten Gründe sind: alternative Lieferanten, nicht vorhandene Umstellungskosten der Abnehmer und ein undifferenziertes Produkt. Sie sind vorhanden und untermauern die starke Position der Endkonsumenten[15] (vgl. Olbrich 2006, S. 37). Dies ist als Bedrohung der Branchenrentabilität einzuschätzen.

7.1.9 Bedrohung durch Ersatzprodukte

Substitute sind andersartige Produkte, die das gleiche Kundenbedürfnis eines schon vorhandenen Produktes befriedigen. Fast jedes Produkt ist durch ein anderes Produkt oder eine Dienstleistung ersetzbar. Substitute sind eine Gefahr für die Branchenrentabilität. Die

---

[13] Im Musikmarkt wird der Großteil des physikalischen Umsatzes von *Mediamarkt*, *Saturn*, *Amazon* und *Müller* bestritten. Als besonders erfolgreich haben sich die digitalen Verkaufsplattformen: *iTunes*, *Musicload*, sowie der Streamingservice *Spotify* positioniert.

[14] Der hohe Beliebtheitsgrad von Musik ist diametral zur Kaufbereitschaft und verdeutlicht, dass die Wertschätzung von Musik sich nicht in der Kaufbereitschaft widerspiegelt. Eine kleine Anzahl von Intensivkäufern war 2012 für 43 % der Musikumsätze verantwortlich. Ein Viertel der Deutschen kauft gelegentlich Musik und sorgt damit für ein Drittel der Umsätze. Zurückzuführen ist die geringe Zahlungsbereitschaft auf die starke Ausprägung von Substituten. Durch Tauschbörsen und Raubkopien ist Musik zwar illegal, aber auf eine unkomplizierte, vielschichtige Art zu erhalten (vgl. Martens et al. 2012, S. 12; Clement et al. 2008, S. 42).

[15] In der Historie der Musikindustrie haben Substitute zu einer einschlägigen Krise geführt, mit der Folge, dass ein kompletter Markt fast gänzlich verdrängt worden ist (vgl. Mühl-Benninghaus und Friedrichsen 2012).

Bedrohung durch Substitute ist abhängig vom Preis-Leistungsverhältnis zum Ursprungsprodukt sowie der Konsumentenbereitschaft auf ein Substitut umzusteigen. Die stärkste Einkommensquelle in der Musikindustrie ist die Auswertung von Tonträgern. Substitute sind in diesem Fall, illegale Raubkopien und Peer-2-Peer Netzwerke, die den Tonträger illegal und unentgeltlich teilen und damit das Kundenbedürfnis, das Hören von Musik, als Substitut ersetzt. Obwohl 2012 zum ersten Mal ein positives Wachstum des Musikmarktes festzustellen ist, stellen Substitute und die damit verbundene sinkende Zahlungsbereitschaft noch immer die größte Bedrohung der Branchenrentabilität der Musikindustrie dar (vgl. Martens et al. 2012, S. 11).

7.2 Case: EMI vs. Edel AG

In der folgenden vergleichenden Fallstudie werden zwei Unternehmen in ihrem jeweiligen Umgang und ihrer Strategie unter der Herausforderung durch disruptive Technologien analysiert: *EMI*, ehemals in den Top-5 der Musikindustrie, wurde 2011 aufgrund wirtschaftlichen Misserfolgs größtenteils zerschlagen, während das Independent-Label *Edel AG* trotz einer erheblichen Unternehmenskrise durch zu schnelles Wachstum in den Jahren 1998 bis 2001 und dem Umsatzrückgängen durch disruptive Innovation wieder auf den Pfad organischen Wachstums zurückkehrte und durch frühzeitige Diversifizierung der Geschäftsfelder und ‚Gesundschrumpfen' nach der Finanzkrise 2007–2009 wieder langsam, aber solide wächst.

7.2.1 EMI Unternehmensüberblick

EMI ist ein multinationales Unternehmen mit Hauptsitz in London und Niederlassungen in über 50 Ländern weltweit. *EMI* verfügt zusätzlich über den Musikverlag *EMI Publishing*. Das Unternehmen ist 1931 aus einem Merger zwischen der *Columbia Gramophone Company* und der *British Gramophone Company* entstanden. Hintergrund des Mergers ist der Umsatzrückgang durch die ‚Große Depression'. Die neue Unternehmung produziert Tonträger, aber auch Aufnahme-und Abspielgeräte. Das Künstler Repertoire von *EMI* besteht in den 1950er Jahren größtenteils aus englischen Orchestern. In den späten 50er bis zu den frühen 70er Jahren ist das Unternehmen durch Künstler wie *Frank Sinatra*, *Cliff Richard*, *Nat Cole* und den Gruppen *The Shadows*, *The Hollies*, *The Beach Boys* und *The Beatles* bekannt geworden. In den späteren Jahren werden mit Schwerpunkt britische und amerikanische Künstler unter Vertrag genommen. Zu ihnen gehören: *The Rolling Stones*, *Stevie Wonder*, *Diana Ross*, *Pink Floyd*, *Queen*, *Snoop Dog*, aber auch Stars aus anderen Kulturen, wie der libanesische Künstler *Fairuz* (vgl. Leurdijk und Nieuwenhuis 2012, S. 99).

Beide Unternehmen, *Gramophone Company* und die *British Gramophone Company*, sind schon vor ihrem Merger international aufgestellt. Die *Gramophone Company* verfügt über Niederlassungen in Europa, Russland, Mittlerer Osten, Afrika und China. Die *Columbia Gramophone* hat Niederlassungen in Indien, Australien, Neuseeland und den USA (vgl. Leurdijk und Nieuwenhuis 2012, S. 100).

Wie alle anderen Major-Unternehmen hat sich *EMI* lange Zeit gegen die „Disruption" durch das Internet und die Digitalisierung im Musikmarkt gewährt. Der Fokus hat dabei auf strategische Maßnahmen gegen Musikpiraterie, Entwicklung des Kopierschutzes und Leistungsverbesserung der CD gelegen. Eine ganzheitliche Adaption des Geschäftsmodells an das neue digitale Umfeld findet erst zu einem späten Zeitpunkt statt. Folgende Meilensteine sind dabei prägnant:

- 1994: *EMI* stellt GBP 2 Mio. Verlust fest, durch illegalen Konsum von Musik und bildet strategische Allianzen zum Schutz des geistigen Eigentums.
- 1998: *EMI* „streamt" das gesamte Album *Mezzanine* von *Massive Attack* online (vgl. Leurdijk und Nieuwenhuis 2012, S. 100).
- 1999: Erstes Digital Album im Download von *David Bowie's Hours*.
- 2001: Launch der ersten Internet Video Single.
- 2007: Veröffentlichung des gesamten Katalogs ohne DRM („Digital Rights Management") via *iTunes*.

In 2007 ist das Unternehmen von der Equity-Fonds *Terra Firma Capital Partner* für GBP 4,2 Mrd. übernommen worden. GBP 3 Mrd. der Gesamtsumme sind aus Geldern der *Citibank* finanziert worden. In einer großen Restrukturierung und Entlassungswelle ist ein Drittel aller 5500 *EMI* Mitarbeiter entlassen worden. Viele Künstler beendeten als Folge ihre Verträge. Die *EMI Gruppe* gibt 2009 einen Verlust vor Steuern von GBP 1,75 Mrd. an, zusätzlich ist das Unternehmen hoch verschuldet. Nach einem strategischen Meeting 2010 kündigt das Unternehmen eine Re-Positionierung zur Intensivierung der Rechteverwaltung mit dem Fokus Dienstleistungen für Künstler und Liederkomponisten zu erstellen an. Das Unternehmen verändert sein Hauptaugenmerk vom Produzieren auf die Verwaltung und Auswertung von Urheberrechten durch verschiedenste Plattformen und Dienstleistungsanbietern. Diese Veränderung wird unterstrichen durch die Ernennung des früheren *EMI Publishing* Leiters Robert Fax zum neuen Geschäftsführer der gesamten *EMI Gruppe* in 2010 (vgl. Leurdijk und Nieuwenhuis 2012, S. 100).

Das Geschäftsmodell von *EMI* besteht aus der Verwertung von Musik in jeglicher Form (vgl. Leurdijk und Nieuwenhuis 2012, S. 99). Dies geschieht vermehrt durch die verstärkte Auswertung des Katalogs, aber auch durch den Vertragsabschluss neuer Künstler. Dabei liegt der Fokus auf einer umfassenden Rechtegewinnung von verschiedensten Auswertungsformen[16]. Durch die Zusammenlegung der Geschäftsbereiche *EMI Music Publishing* und *EMI Music Recordings* beabsichtigt das Unternehmen die Synergien zwischen den beiden Bereichen zu verstärken. *EMI* verfügt über eine exzellente Marktposition in Japan

---

[16] z. B. durch Platzierungen des Musikwerks im Radio, Film, Werbung, in Spielen für den Computer sowie durch den physischen und digitalen Vertrieb.

und Europa, liegt aber hinter ihren Konkurrenten im US Markt. Laut Nielsens *SoundScan* verfügte *EMI* im Jahre 2011 über 8,8 % der Musikverkäufe und lag im Vergleich weit hinter den direkten Konkurrenten *Universal Music Group* (29,5 % Marktanteil), *Sony Music* (29,4 % Marktanteil) und *Warner Music* (19 % Marktanteil) (vgl. Leurdijk und Nieuwenhuis 2012, S. 100).

Im Jahre 2011 wurde *EMI*'s Holding Company *Maltby Akquisition Limited* von dem privaten Investor *Citibank* übernommen, wodurch es *EMI* ermöglicht wurde, einen Großteil der Schulden abzuschreiben (vgl. Leurdijk und Nieuwenhuis 2012, S. 100). Seit 2000 hat es eine große Anzahl an gescheiterten Versuchen eines Mergers mit *Warner Music* gegeben (vgl. Leurdijk und Nieuwenhuis 2012, S. 99). Sie sind jeweils aus Anti-Trust-Gründen oder höheren Angeboten gescheitert. Im September 2012 verkaufte *Citibank* das *EMI Verlagswesen* an *Sony/ATV* und veräußerte *EMI Musik* an die *Universal Music Group*. Gefolgt wurde die Übernahme durch *EMI* von dem Verkauf von Teilen des *EMI Kataloges*. Dieser Verkauf ist von der Europäischen Kommission gefordert worden, um einer Marktkonzentration entgegen zu wirken. *Universal Music* wird die Geschäfte von *EMI Music* unter gleichem Namen weiter führen. *Warner Music* inkorporiert *EMI* in das *Warner Music* Label Portfolio. Das Unternehmen *EMI* ist in seiner ursprünglichen Form damit zerschlagen.

7.2.2 Edel AG Unternehmensüberblick

Die *Edel AG* ist heute einer der größten unabhängigen deutschen Unternehmen (Independent Label) im Bereich Musik und Unterhaltung (Entertainment), mit mehreren Sublabels und Tochtergesellschaften weltweit. Das Unternehmen wurde 1986 gegründet und begann als Der Firmensitz des Unternehmens befindet sich in Hamburg. Das Unternehmen wurde mit der Firmierung *edel Gesellschaft für Produktmarketing mbH* 1986 als Plattenversand gegründet und verfolgte damit anfänglich ein vergleichbares Geschäfts- und Erfolgsmodell wie auch *Virgin Records* in den ersten Jahren seiner Geschäftstätigkeit. Ebenso wie *Virgin Records* gelang dann die *Edel AG* mit einigen Künstlern wie *Scooter*, und *Holly Johnson* (Frankie goes to Hollywood) und viele anderen, eine erfolgreiche Ausweitung des ursprünglichen Geschäftsmodells hin zu einem Musiklabel und konnte sich in den 90er Jahren als sehr erfolgreiches Pop-Musik-Label auch international mit eigenen Künstlern, eigener Tonträgerproduktion und Vermarktungs- und Distributionskapazitäten etablieren. Einer der wesentlichen Erfolge war in diesem Zusammenhang auch der Verlag der Werke des Pop-Musikers *Prince*, der nach seiner Trennung von *Warner Brothers* 1994 von *Edel* unter Vertrag genommen wurde. Im gleichen Jahr begann *Edel* auch mit der Eigenproduktion von CDs in Deutschland mit einer Produktion von 40 Mio. CDs allein 1996 (vgl. Advameg Inc. 2002). Es lässt sich also zunächst festhalten, dass *Edel* in den ersten 10 Jahren seines Bestehens sich vom nationalen Lizenzhändler zu einer internationalen Plattenfirma entwickelt hat.

7.2 Case: EMI vs. Edel AG

Entsprechend erfolgt der Börsengang 1998, um frisches Eigenkapital für die weitere Expansion zu erhalten. Der Börsengang brachte der *Edel AG* rund 60 Mio. Deutsche Mark (DM), was zu dieser Zeit dem Jahresnettoerlös[17] (55,8 Mio.) entsprach (vgl. Börsen-Zeitung 2015). Im Jahr 1998 konnte die *Edel AG* 34 Singles, 18 Alben und 19 Compilations in den Media Control Charts platzieren sowie rund vier Produktionen in den Top-10-Album-Charts (vgl. Edel AG 1999b). Ausgestattet mit frischem Eigenkapital und stetig steigenden Jahresüberschüssen setzte die *Edel AG* die internationale Expansion beschleunigt fort, insbesondere durch die Übernahme ausländischer Labels wie der *PIAS-Group* in Belgien und *Eagle Rock* in Großbritannien sowie des größten US-Schallplattenvertriebs *RED* von *Sony Music* 1999. 2000 wurde über 1 Mrd. DM Konzernumsatz erzielt mit einem Plus gegenüber dem Vorjahr von 260 % (450 Mio. DM Konzernumsatz in 1999), (vgl. Edel AG 2001) während die Geschäftstätigkeit nicht mehr nur auf die großen Märkte wie Europa und die USA ausgerichtet war, sondern zunehmen auch auf die damals noch kleineren Märkte z. B. in Lateinamerika und Asien (vgl. Edel AG 2000, S. 4). Und obwohl *Edel* in den 90er Jahren in die Produktion von CDs eingestiegen ist, begann man bereits Ende der 90er Jahre auf die disruptive Innovation durch das Internet zu reagieren, indem man in die digitale Distribution einstieg, sich also somit nicht gegen den ‚Strom der Zeit' stemmte wie *EMI*, die noch lange versuchten, den Vertrieb von Musik ausschließlich über das Trägermedium CD durch verschiedene juristische und technische Maßnahmen zu erhalten. Die *Edel AG* hatte hingegen bereits 199 einen Chief Technology Officer in den Vorstand berufen, (vgl. Edel AG 2000, S. 12) also digitale Technologie auf Vorstandsebene verankert, während man allerdings die Eigenproduktion von 40 Mio. (1996) auf rund 73 Mio. CDs und DVDs (1999) ausbauen konnte (vgl. Edel AG 2000, S. 24) und besonders die Effizienz der CD-Produktion und Logistik betonte. So berichtete das Unternehmen im Jahresbericht 1999, dass CDs innerhalb von 48 h produziert, verpackt und versendet werden können und die Fertigungskapazitäten für CDs weiter ausgebaut werden sollen (vgl. Edel AG 2000, S. 26). Insgesamt war man also auf weitere Expansion im klassischen Tonträgergeschäft eingestellt: „Wir halten weiter an unserem Ziel fest, das weltweit größte unabhängige Musikunternehmen zu werden" (Edel AG 2000, S. 30).

Im Zusammenhang mit der allgemeinen Krise des Musikgeschäfts, wie sie sich auch bei *EMI* zeigte, dem Zusammenbruch des deutschen Börse-Segments „Neuer Markt" – in dem *Edel* gelistet war – in Folge des Platzens der Dotcom-Blase und aufgrund der die hohen Kosten für die Integration der akquirierten Unternehmen geriet das Unternehmen 2001 in eine gefährdende Krise. So heißt es in Jahresbericht 2001:

> Wir werden uns in Zukunft voll und ganz auf unser Kerngeschäft konzentrieren, in dem wir seit über einem Jahrzehnt äußerst erfolgreich sind: die Entwicklung und Vermarktung von Künstlern und ihrer Produkte. Der Aufbau und die Verwertung eigenen Repertoires wird dabei unser Hauptfokus sein. … Aus den Aktivitäten, die damit nicht unmittelbar zusammen hängen, ziehen wir uns zurück. Das beinhaltet die konsequente, wenn auch zum Teil schmerzhafte Rückabwicklung der Akquisitionen der letzten Jahre. Am Neuen Markt, den

---

[17] Umsatz minus Rabatte, Boni, Skonti, sonstige Preisnachlässe und Warenrücksendung.

wir inzwischen verlassen haben, galt Umsatzwachstum lange Zeit mehr als solide Erträge. Aber heute wissen wir: Wir müssen kein Weltkonzern werden, wir brauchen keinen zehnstelligen Umsatz. Lieber sind wir wieder die gesunde Record Company mit organischem Wachstum, die wir bis zu unserem Börsengang immer waren. (Edel AG 2002, S. 4)

Der Vorstandsvorsitzende und Unternehmensgründer Haentjes musste konzedieren, dass das Unternehmen an eine „*Wendepunkt*" ist, weil die „*Wachstumsstrategie, die wir seit unserem Börsengang konsequent verfolgt haben, unter den veränderten Marktbedingungen nicht erfolgreich zu Ende führen können*" (Edel AG 2002, S. 4).

Offensichtlich war der Expansionskurs auch im hohen Maße durch Fremdkapital getrieben und nicht nur eigenfinanziert gewesen. So erklärt CEO Haentjes 2002: „*Erfreulicherweise haben wir die hohen Bankverbindlichkeiten ... inzwischen fast vollständig abbauen können. Dieser Schritt zur Sanierung unseres Unternehmens wurde durch Beteiligungsverkäufe und ein Refinanzierungskonzept ermöglicht, mit dessen Hilfe wir einen weitgehenden Gläubigerverzicht erwirken können*" (Edel AG 2002, S. 4). Es zeigt sich also, dass die ehrgeizigen Expansionsziele der Vorjahre, die offensichtlich mit einem hohen Fremdkapital-Hebel erreicht wurden, durch die veränderten Rahmenbedingungen, wie insbesondere auch der Einbruch der Weltkonjunktur nach dem Platzen der Dot-Com-Blase und dem Anschlag auf das World-Trade-Center (9/11), zu einer erheblichen, existenzgefährdeten Krise führten. Diese konnte nur durch teilweisen Verzicht der Gläubiger auf Forderungen vorerst abgewendet werden konnte. Das Unternehmen befand sich also grundsätzlich nicht mehr nur in einer Turnaround-Phase, sondern in einer Phase der Unternehmenssanierung, in die das Unternehmen innerhalb von nur rund zwei Jahren gerutscht war.

Die Gründe für die Unternehmenskrise wurden besonders auch in den internationalen Absatzverlusten gesehen und „*vor allem in der massiven Zunahme unautorisierter CD-Kopien und Internet-Downloads. Das verbreitete Brennen von CDs, oft mit Repertoire, das von illegalen Online-Angeboten stammt, übt weltweit einen negativen Einfluss auf die Verkäufe von bespielten Tonträgern aus*" (Edel AG 2002, S. 22). Dies führte jedoch nicht zu einem grundsätzlichen Wandel des bestehenden Geschäftsmodells. So heißt es im Geschäftsbericht 2001:

> Die Aktivitäten der edel music AG werden sich künftig wieder mehr um die Kernkompetenz der edel-Gruppe als Entwickler und Vermarkter von musikalischem Repertoire fokussieren. Dabei will das Unternehmen sich auf seine traditionellen Stärken – Potential im Bereich Künstlerentwicklung, ein starkes Distributionsnetz in Europa und sehr profitables und hochmodernes CD-Werk – konzentrieren. (Edel AG 2002, S. 25)

Ebenso wie *EMI* setzte als auch die *Edel AG* grundsätzlich noch auf die Verbreitung von physischen Tonträgern als Kern ihres Geschäftsmodells. Allerdings hatte man bereits erste Schritte in die Online-Distribution mit damals führenden Online-Plattformen gesetzt, (vgl. Edel AG 2002, S. 26) womit sich *Edel* ganz erheblich von *EMI* unterscheidet, die noch längere Zeit versucht haben, diese mit juristischen Mitteln aus dem Markt zu drängen bzw. durch Kopierschutz CDs als quasi-monopolistisches Trägermedium zu erhalten.

7.2.3 Strategie: EMI

Die Analyse der Unternehmensstrategie von *EMI* bezieht sich auf den Analysezeitraum von 1990 bis 2004. Tabelle 7.1 zeigt die Entwicklung der Unternehmensstrategie dieser

Tab. 7.1 Strategieentwicklung *EMI*. (Basis: EMI 1991–2005. Jahresberichte)

Jahr	Strategie	Strategische Maßnahme	Strategie Realisierung
1990	Wachstums- und Internationalisierungsstrategie	Verbesserung der globalen Wettbewerbsfähigkeit	Kosteneinsparungen durch das Ausnutzen von Skaleneffekten
		Expandierung in den asiatischen Markt	Formierung eines Expertenteams zur Strategieentwicklung im asiatischen Markt
1991	Wachstums- und Internationalisierungsstrategie	Aufkauf von Musikunternehmen	Akquise „BET Holdings", Konzentrierung auf einige wenige Geschäftsbereiche mit größtem Wachstumspotential
1992	Marktdurchdringungs- und Wachstumsstrategie	Marktführer in den Geschäftsbereichen „Musik" und „Vermietung"	Akquise „Virgin Music Group", 50 % Anteil „Chrisalis Records" und „SBK Records"
			Kontinuierliche Investitionen, um den Wachstum des Unternehmens zu unterstützen
			Ausstieg aus dem Elektronik Sektor in Großbritannien
1993	Marktdurchdringungsstrategie	Marktführer in den Geschäftsbereichen „Musik" und „Vermietung"	Weiterentwicklung der Kernkompetenzen des Unternehmens
			Kontinuierliche Investitionen um den Wachstum des Unternehmens zu unterstützen
			Leistungsverbesserung des Unternehmensoutputs, Kosteneinsparungen
1994	Marktdurchdringungsstrategie	Schutz des geistigen Eigentums	Schließung von Bündnissen zum Kampf gegen Internet-Piraterie
		Vergrößerung der Abnehmer/ Kundengruppen	Schließung strategische Kooperationen und Investment in Musik TV & Digitales Radio
		Vergrößerung des Produktangebotes- und Service	

Tab. 7.1 (Fortsetzung)

Jahr	Strategie	Strategische Maßnahme	Strategie Realisierung
1995	Deinvestitions- und Marktentwicklungsstrategie	Deinvestition	Komplett Ausstieg aus dem Elektronik Markt
		Erschließen neuer Einnahmequellen	Joint Venture TV Channel „VIVA 1", „VIVA 2", Aufkauf „Intercord Tongesellschaft"
		Verstärkung des Unternehmens	Ausbau Einzelhandelskette „HMV"
		Verbesserung des Leistungsangebots der CD	Entwicklung CD-Rom, Digitale Video Disc, Super Audio CD
1996	Marktentwicklungsstrategie	Verbesserung des Leistungsangebots der CD	Entwicklung CD-Rom, Digitale Video Disc, Super Audio CD
		Marktausweitung	Geschäftsausbau Philippinen, Kolumbien, Mittlerer Osten
1997	Marktentwicklungsstrategie	Produktweiterentwicklung: Verbesserung CD Format	Entwicklung CD-Rom, Digitale Video Disc, Super Audio CD
		Erschließung neuer Einnahmequellen	Erschließung digitaler Vertriebsnetze
		Kosteneinsparung	Errichtung eines zentralen Warenlagers in Deutschland
		Erschließung neuer Märkte	Geschäftsaufbau in Singapur, Süd Korea, Uruguay, Libanon
1998	Marktentwicklungsstrategie	Produktdifferenzierung	Entwicklung von lokalem Künstler Repertoire
		Erschließung neuer Technologien	Entwicklung und Anpassung der Online Promotion
		Kosteneinsparung	Restrukturierung
1999	Marktentwicklungsstrategie	Anpassung der Unternehmensausrichtung an neue Technologien	Digitalisierung des Back-Katalogs
		Erschließung neuer Einnahmequellen	Erweiterung des Vertriebnetzes durch Partnerschaften im Versandhandel
2000	Marktentwicklungsstrategie	Optimierung Kerngeschäft Musik & Verlag	Schließung strategischer Partnerschaften mit Medienunternehmen
			Ausgliederung der Produktion und des Vertriebs

Tab. 7.1 (Fortsetzung)

Jahr	Strategie	Strategische Maßnahme	Strategie Realisierung
2001	Marktentwicklungsstrategie	Optimierung Kerngeschäft Musik & Verlag	
		Wirtschaftlichen Fokus auf Europa und USA	
		Restrukturierung des Unternehmens	Absage des Merger mit „Warner Music"
		Aufbau Digitalgeschäft	Partnerschaft mit „MusicNet" (Musik Subscription Service)
2002	Marktentwicklungsstrategie	New-Media Strategie	Tonträger wird durch alle vorhandenen Vertriebskanäle angeboten
			Repertoire wird weltweit lizensiert
		Kampf gegen Internet-Piraterie	Ausarbeitung/Verbesserung des Gesetzesrahmen zum Schutz geistigen Eigentums auf Regierungsebene
			Einführung des Kopierschutz auf allen Formaten
2003	Marktentwicklungsstrategie	New-Media Strategie	Integration der neuen Formate: Download, Klingelton, Streaming, Digitales Radio, Online Radio
		Priorität liegt auf Profitabilität und nicht auf Marktmacht	Restrukturierung Unternehmensoperation
2004	Marktentwicklungsstrategie	Fokus auf Entwicklung neuer Einnahmequellen	Ausbau der Partnerschaft mit „Apple", Bildung weiterer Kooperationen mit Medienunternehmen
		Verbesserung der Finanzlage	Refinanzierung Unternehmenskredit
		Restrukturierung	Auslagerung der Produktion in Europa und USA

vierzehn Jahre auf. In der Zeit von 1990 bis 1991 ist eine klare Wachstums- und Internationalisierungsstrategie erkennbar. Ziel ist die Expansion in den asiatischen Markt, der verstärkte Aufkauf von Musikunternehmen und die Verbesserung der globalen Wettbewerbsfähigkeit. Realisiert wird die Strategie durch die vermehrte Ausnutzung von Skaleneffekten, die Formierung eines Expertenteams spezialisiert auf den asiatischen Markt, die Akquise von *BET Holdings* und der Ausstieg aus dem Elektronik Markt in Großbritannien. Im Jahr 1992 strebt *EMI* die Marktführerschaft an und behält weiterhin eine Wachstumsstrategie bei, die z. B. durch den Kauf von 50 % der *Virgin Music Group*, *SBK Records* und 50 % von *Chrisalis Records* verfolgt wird.

1993 und 1994 stand eine weitere kontinuierliche Investition in das Unternehmenswachstum, eine Leistungsverbesserung der Unternehmensprodukte und die Weiterentwicklung der Kernkompetenzen im Vordergrund. Frühzeitig ist ein Bewusstsein für die Gefahr durch Digitalisierung vorhanden, denn schon 1994 schließt *EMI* strategische Allianzen zum Schutz geistigen Eigentums und investiert in Musik TV und digitales Radio. Sir Colin Southgate, Vorstandsvorsitzender *EMI* kommentiert das wie folgt:

> The pace of change in the music industry and in related delivery technologies presents new opportunities for the business. Strategic collaborative investments in both music television channels and digital cable radio two areas of potential growth – were made in Europe and the USA during the year. At the same time, EMI is giving its full weight to industry moves to secure enhanced international protection of intellectual property rights and to reduce significantly the estimated $ 2 billion loss of music industry revenue due to piracy and counterfeiting, which are endemic in certain parts of the world. (Thorn EMI plc. 1994, S. 3 f.)

Das Jahr 1995 ist geprägt durch den ganzheitlichen Ausstieg aus dem defizitären Elektronik-Markt. Eine Marktentwicklungsstrategie mit dem Ziel, neue Einnahmequellen zu erschließen, das Unternehmen zu stärken und eine Leistungsverbesserung der CD wird formuliert. *EMI* schließt einen Joint Venture mit den TV Kanälen: *VIVA 1*, *VIVA 2* und konzentriert sich auf den Ausbau der Einzelhandelskette *HMV*. Weiterhin wird an der Markteinführung der CD-ROM, Digitale Video Disc und Super Audio CD gearbeitet, die auch 1996 weiter fortgesetzt wird.

Die Erschließung neuer Einnahmequellen wird 1997 durch den ersten Versuch, ein digitales Vertriebsnetz aufzubauen, deutlich. Weiterhin stehen im Vordergrund: die Leistungsverbesserung der CD, die Marktausweitung nach Singapur, Süd Korea, Uruguay und Libanon und die Realisierung von Kosteneinsparungen durch den Aufbau eines zentralen Warenlagers in Deutschland.

Im Jahre 1998 entscheidet sich *EMI* für eine weitere Differenzierung der Auswahl des Künstler-Repertoires. Anstelle einer globalen Künstlerauswertung fokussiert sich das Unternehmen nun auf den Ausbau lokaler Repertoires. Gleichzeitig wird die Werbestrategie des Unternehmens angepasst und ein Aufbau der „Online-Promotion" realisiert.

Der zunehmende Einfluss der Digitalisierung ist auch in den Unternehmenszielen von 1999 sichtbar. Es steht die Anpassung der Unternehmensausrichtung an neue Technologien im Vordergrund und die Digitalisierung des „Back-Katalogs" wird vorgenommen. Weiterhin wird aktiv die Erschließung neuer Einkommensquellen durchgesetzt durch eine Erweiterung des Vertriebsnetzes mit dem Versandhandel, wie zum Beispiel *Amazon*. Ken Berry, CEO *EMI Recorded Music* äußert sich dazu wie folgt:

> We have also started the process of preparing Recorded Music to take advantage of the many opportunities that will arise from the Internet and other new media. Indeed, music and the Internet were made for each other.
> The Internet gives us much greater access to, and knowledge of, the people who buy music and it creates opportunities for us to be far more flexible in what we offer to them. It is a new creative outlet for artists, taking them closer to their audience and helping us to promote and support them. The Internet is an enormous marketing opportunity for the music industry

giving us direct – and inter-active – access to the consumer for the first time and enabling us to work with artists to develop their careers in ways that were not previously possible.
We have been very active on the Web and have been fast and responsive in our approach, learning where the potential lies and how we can harness it for our business. EMI already attracts 3m visitors a month to its 45 sites around the world and has a wide range of commercial links with companies on the Internet, including Microsoft, Amazon.com, Broadcast.com and AOL. We are progressing with the digitization of our audio, video and graphic properties, as well as investing in people and resources for the new technologies; we expect to start digital downloading within the year.
Like the rest of the music industry, we are very concerned that our copyrights, and those of our artists, are given proper protection. We have been an active participant in the development of industry-wide measures to prevent the theft of music in a digital world. (EMI 1999, S. 6)

In den Jahren 2000–2004 steht eine Optimierung des Kerngeschäfts an erster Stelle. Dem Markteinbruch will *EMI* entgegenwirken durch die Einführung eines Kopierschutzes auf allen Formaten im Jahr 2001. 2003 wird erstmalig eine „New-Media Strategie" formuliert, die die Integration der neuen Formate Download, Klingelton, Streaming, digitales Radio in die Auswertungskette beinhaltet. *EMI* fokussiert sich nun hauptsächlich auf die Verkaufsgebiete Europa, USA und zieht sich aus dem asiatischen Markt zurück. Eine großflächige Restrukturierung des Unternehmens steht im Vordergrund. In Folge dessen steht die Auslagerung der Produktion und des Vertriebs. Eric Nicoli, CEO von *EMI*, äußert sich wie folgt:

The scale of the changes implemented over the course of the year was massive and their impact was often uncomfortable. The improvement in the business could not have been achieved without the extraordinarily hard work and dedication of my colleagues across the world. I am proud of them and the way they have embraced the need for a different way of operating. (EMI 2003, S. 6)

Das langjährige Ziel der Marktführerschaft ist nicht mehr aktuell, an Stelle dessen ist eine Steigerung der Profitabilität und Verbesserung der Vermögensstruktur durch eine Refinanzierung getreten.

a. **Finanzanalyse**
Die Herausforderung von *EMI*, die Unternehmensstruktur und das Geschäftsmodell an die drastischen Marktforderungen anzupassen, spiegeln sich auch in der Finanzanalyse wider. Sie ist sichtbar durch eine starke Reduzierung der Erträge und eine Werteverringerung. Analysiert werden die Jahresabschlüsse aus der Periode von 1990–2004.
Abbildung 7.3 beschreibt die Struktur der Vermögensgegenstände und Forderungen im Jahr 2004. Zu sehen ist, dass sich das Vermögen des Unternehmens aus dem Anlagevermögen (Non-current Assets) in Höhe von 41,9 % und dem Umlaufvermögen (19,8 % sonstiges Umlaufvermögen/Other Current Assets) plus 38,3 % aus Forderungen (Current Receivables) zusammensetzt. In der gesamten Auswertungsphase verringern sich die Vermögenswerte um −29 %, dabei fällt eine drastische Reduzierung des Eigenkapitals auf.

Abb. 7.3 *EMI* – Übersicht der Vermögensstruktur 2004 (in Prozent). (Eigene Berechnungen auf Basis der Daten: Geschäftsbericht 2005)

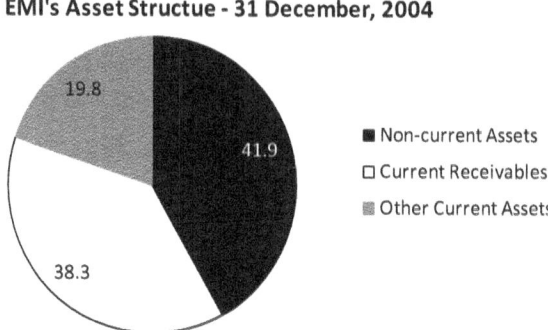

Die Umsatzrendite sinkt im Auswertungszeitraum von 8,4 % um −6,4 auf 2 % in 2004. Die Deckungsbeiträge steigen auf +34 %. Die Gewinnspanne sinkt aber von 8,4 % im Jahr 1991 auf 3,3 % im Zeitraum von 1992 bis 2002 und nimmt in den Jahren 2003 und 2004 weiter stetig ab. Deutlich wird in dieser Darstellung, dass in 2002 Umsatzrendite und Gewinnspanne unter 0 % fallen. Zurückzuführen ist dies auf starke Preisreduzierungen auf Grund der zunehmenden Piraterie (s. Abb. 7.4).

Im letzten Jahr der Auswertungsphase betragen die Erlöse GBP 2,121 Mio. und sind damit GBP 1,539 Mio. geringer als am Anfang des Auswertungszeitraums. Nach steigenden Erlösen bis 1996 sind die Erlöse sinkend und eine Reduzierung deutlich sichtbar in Abb. 7.5.

Trotz sinkender Erlöse ist das Gesamtergebnis bis 2001 noch positiv. 2001 wird erstmalig ein negatives Gesamtergebnis deutlich. Im Jahr 2004 beträgt das Jahresendergebnis GBP 43 Mio. vor Steuern und Zinsen. Das finale Resultat ist jedoch negativ und zeigt einen Verlust von GBP −73 Mio. an.

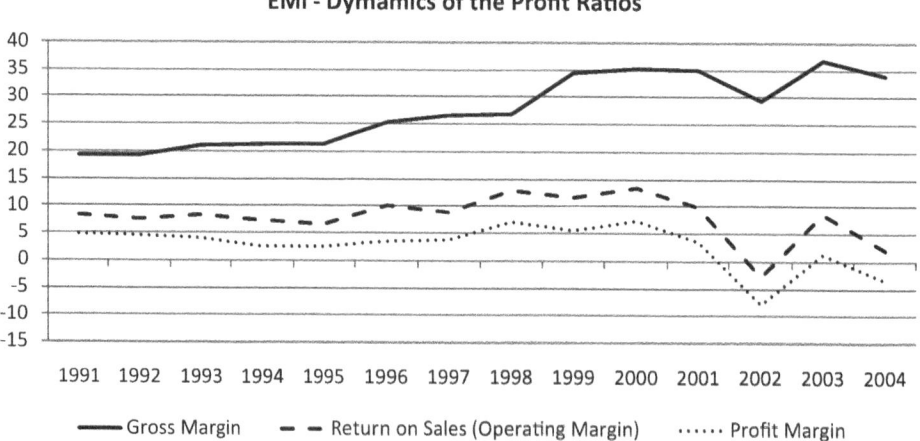

Abb. 7.4 *EMI* – Übersicht der Profitabilität 1991–2004 (in Prozent vom Umsatz). (Eigene Berechnungen auf Basis der Daten: Geschäftsberichte 1992–2005)

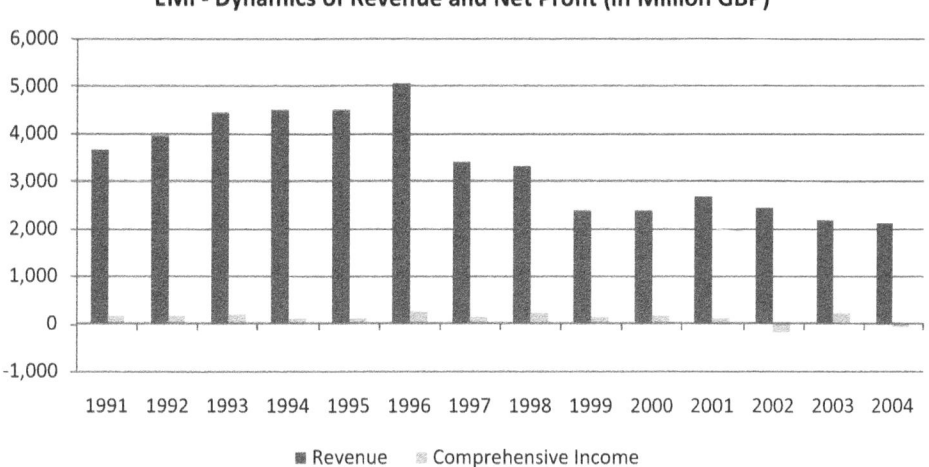

Abb. 7.5 *EMI* – Umsätze und bilanzielles Gesamtergebnis 1991–2004. (Daten: Geschäftsberichte 1992–2005)

Auffällig wird durch die Strategieanalyse, dass es 1994 schon ein sehr frühes Bewusstsein gibt für die Gefahren und Möglichkeiten der Digitalisierung.

Investments in digitales Radio in Mitte der 1990 und frühe strategische Allianzen mit Online-Händlern, wie *Amazon* und *iTunes* zeigen, dass neue Erlösquellen gesucht wurden. Deutlich wird jedoch auch, dass *EMI* über Jahre eine Leistungsverbesserung der CD verfolgt hat und durch einen Kopierschutz für alle Formate versucht, das bestehende Geschäftsmodell zu stützen. Es zeigt sich, dass die neuen Erlösquellen nicht ganzheitlich integriert werden, sondern zweigleisig auf der einen Seite ein neues Ertragsmodell erarbeitet wird, während das bestehende verteidigt wird. So zeigt die Finanzanalyse, dass die Gewinnspanne 2002 unter 0 % sinkt, während die Strategieanalyse verdeutlicht, dass das Unternehmen die Strategie im Umgang mit der „Disruption" nicht ändert. Es findet also keine konsequente Adaption des Geschäftsmodells statt. Das Resultat ist ungenügend. Durch die drastische Vermögensminderung des Unternehmens steigt die Fremdkapitalabhängigkeit, die Profitabilität sinkt.

7.2.4 Strategie Edel AG

Betrachtet man die Meilensteine der Unternehmensentwicklung der *Edel AG*, zeigt sich für die Zeit zwischen Unternehmensgründung (1986) und Börsengang (1998) zunächst ein Aufstieg vom Versandunternehmen zum CD-Produzenten mit leicht verzögertem Aufbau des Künstlergeschäfts, dann beginnende Internationalisierung und nicht-organisches, fremdkapital-gehebeltes Wachstum durch Unternehmenskäufe mit Markteintritt in Nebenmärkte wie Lateinamerika (s. Tab. 7.2).

Tab. 7.2 Meilensteine der Unternehmensentwicklung nach Selbstdarstellung der *Edel AG* (vgl. Edel AG 2003, S. 59)

1986	Beginn als Versandunternehmen für Filmmusik
1987	Ein-Mann Unternehmen
1988	Erste CD-Veröffentlichung
1989	Veröffentlichung eines David Hasselhoff Buchs
1990	Eigener Vertrieb an den Handel
1991	Eröffnung des CD-Werks
1992	Einstieg in das Künstlergeschäft
1993	Kauf des Klassikkatalogs
1994	Ausbau des Künstlergeschäfts
1995	Eröffnung der internationalen Gesellschaften
1996	Ausgliederung des strategischen Musikmarketings
1997	Aaron Carter stürmt weltweit die Charts
1998	Gang an die Börse
1999	Territorialer und inhaltlicher Ausbau
2000	Konsolidierung und territoriales Wachstum
2001	Strategiewechsel und Restrukturierung
2002	Entschuldung und Konzernkonsolidierung

Das besonders nach dem Börsengang (1998) extrem forcierte Wachstum kam dann 2001 zu einem abrupten Ende, nachdem der Umsatz sowohl durch allgemeinen Rückgang der Branchenumsätze infolge disruptiver Innovation als auch durch den weltweiten konjunkturellen Einbruch nach dem Platzen der Dotcom-Blase sich der Umsatz von 2000 auf 2001 und von 2001 auf 2002 jeweils fast halbierte:

Es zeigt sich aber auch anhand der in Abb. 7.6 dargestellten Entwicklung des EBIT (Gewinn vor Zinsen und Steuern), dass der Geschäftserfolg der Expansion nach 1998

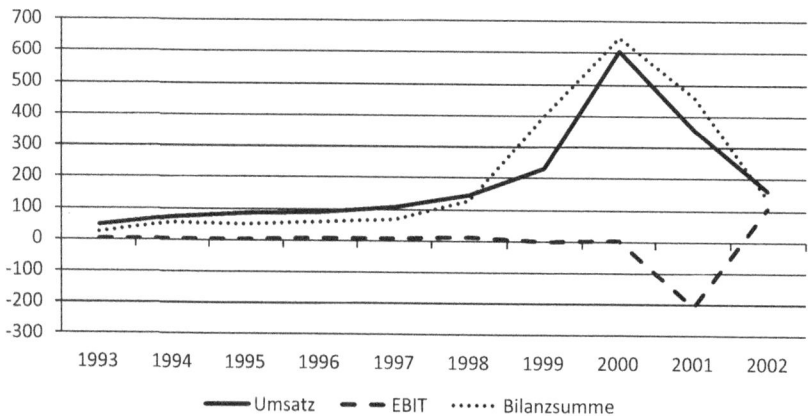

Abb. 7.6 Edel AG – Umsatz, EBIT, Bilanzsumme 1993–2002 (in Mio. Euro). (Daten: Edel AG 2003, S. 59)

grundsätzlich gering war. Im Jahr des Börsengangs (1998) konnte *Edel* zwar 11,5 Mio. € Gewinn vor Zinsen und Steuern erwirtschaften und damit knapp das Doppelte gegenüber dem Jahr vor Börsengang. Auch insgesamt ist Profitabilität des Unternehmens offensichtlich trotz rasantem kreditfinanzierten Wachstum nicht einmal mit den Umsätzen gewachsen: Vergleicht man nur das Jahr 1993 mit dem Jahr 2000, so hat man aus 46 Mio. € Umsatz (1993) und 3,1 Mio. € Gewinn vor Zinsen und Steuern erwirtschaftet, während man im Jahr 2000 mit 605 Mio. € sogar nur 1 Mio. € erwirtschaftete. Betrachtet man den gesamten Zeitraum (1993–2002), so hat sich seit Börsengang 1998 die Situation des Unternehmens durch die extrem forcierte Expansion eigentlich nur die Bilanzsumme, also die Summe sämtlicher Positionen auf der Aktiv- bzw. Passivseite einer Bilanz, niedergeschlagen. Diese steigt extrem an, nämlich von 1998 auf 1999 um rund 200 % und von 1999 auf 2000 um weitere rund 60 % (s. Abb. 7.6). Dem gegenüber sind in der Bilanz des Jahres 2000 rund 200 Mio. € an Verbindlichkeiten enthalten, davon allein 131 Mio. € gegenüber Banken (vgl. Edel AG 2003, S. 43). Es lässt sich zugespitzt sagen: Das extrem forcierte, fremdkapitalfinanzierte Wachstum führte zwar zu erheblichen Umsatzanstiegen in den Jahren 1999 und 2000 sowie zu einer erheblichen Steigerung der Bilanzsumme, führte jedoch nicht zu steigenden Gewinnen insbesondere im Vergleich zu den Phasen des organischen Wachstums vor 1998. Anders formuliert: Das Geschäft der *Edel AG* ist extrem expandiert, hat jedoch nicht dazu geführt, dass man höhere Gewinne erwirtschaftet: Man erwirtschaftete mit 105 Mio. € Umsatz (1997) knapp das 5-fache an EBIT wie im Jahr 2000 mit 605 Mio. € Umsatz bei einem EBIT von 1,3 Mio. €.

So ergab sich auch für 2001 ein Jahresfehlbetrag von 205 Mio. € (2001) bei einem Umsatzrückgang von rund 60 % gegenüber dem Vorjahr. Den 356 Mio. € Umsatz standen allein an Vertriebs- und Verwaltungskosten rund 129 Mio. € gegenüber (vgl. Edel AG 2003, S. 10) sowie einem – durch den schlagartigen Einbruch des Umsatzes unvermeidlichen – Überhang an Mitarbeitern (Umsatz pro Mitarbeiter 2000: 390.826 €; Umsatz pro Mitarbeiter 2001: 206.900) (s. Abb. 7.7).

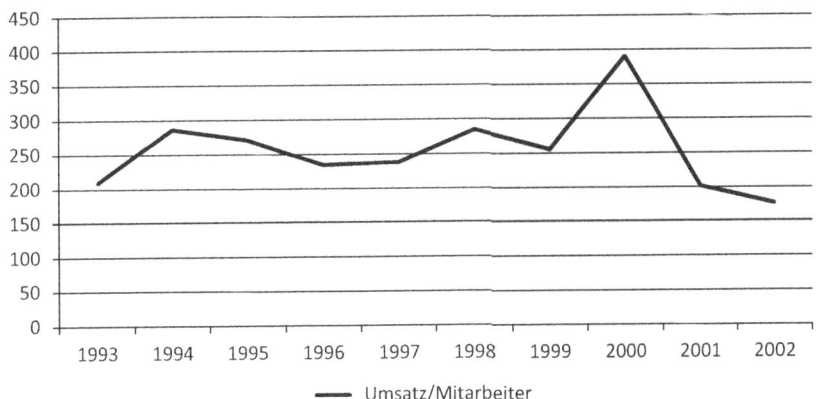

Abb. 7.7 Edel AG – Umsatz pro Mitarbeiter 1993–2002 (in Tsd. Euro). (Daten berechnet auf Basis: Edel AG 2003)

Und allein die Abschreibungen auf Firmenwerte, also Wertminderungen des immateriellen Anlagevermögens z. B. aus Unterschiedsbeträgen zwischen dem Kaufpreis von Unternehmen und dem tatsächlichen Wert der Unternehmen, betrugen 2001 rund minus 96 Mio. € (vgl. Edel AG 2003, S. 10). Ende 2000 betrug der Finanzmittelbestand nur mehr ganze 2,9 Mio. € und erreichte dann 2001 immerhin wieder 10 Mio. € (vgl. Edel AG 2003, S. 21).

2002 setzte *Edel* gemeinsam mit der Unternehmensberatung *Roland Berger* dann ein zwingend notwendiges umfangreiches Konzernsanierungsprogramm um. Firmenteile und Beteiligungen wurden abgestoßen und verlustreiche Gesellschaften geschlossen: „*Bereits im Rumpfgeschäftsjahr 2001 beschloss das Management der edel music AG aufgrund des veränderten Umfeldes die Abkehr von der Akquisitionsstrategie der vorangegangenen Jahre. Die Neuausrichtung des Unternehmens zielt seitdem auf die Rückkehr zum erfolgreichen* **organischen Wachstum** *[Hervorhebung d. A.] vor dem Börsengang. Im Fokus steht außerdem die Konzentration auf den deutschen und europäischen Markt, in dem edel traditionell stark ist. Gemeinsam mit Roland Berger Strategy Consultants wurde für den edel-Konzern ein umfangreiches Restrukturierungskonzept entwickelt, das die konsequente Rückabwicklung der Akquisitionen aus den Jahren 1999 und 2000, die Verkleinerung oder Schließung defizitärer Tochtergesellschaften sowie operative Kostensenkungsmaßnahmen beinhaltete*" (Edel AG 2003, S. 28).

Das Jahr 2001 war also der Beginn einer Abkehr von der Strategie der schnellen Expansion hin zu organischem Wachstum und erheblichen Restrukturierungsmaßnahmen. Die Gründe der gescheiterten Wachstumsstrategie sind allerdings nicht nur in der übermäßigen Expansion zu sehen. Diese stieß eben leider auch auf einen schrumpfenden Gesamtmarkt. So vermerkt der Geschäftsbericht für 2004 im Lagebericht über die Entwicklung des Gesamtmarktes:

> In 2003 fielen die weltweiten Umsätze mit Musik-Tonträgern im vierten Jahr in Folge, allerdings mit einer im Vergleich zu den Vorjahren verminderten Rate von 7,6 %. Insgesamt wurden im Kalenderjahr 2003 mit 2,7 Mrd. verkauften Musikton- und -bildträgern Umsätze in Höhe von 28,5 Mrd. € erzielt. Während die Verkäufe von CD-Alben um 9,1 % und die von Singles sogar um 18,7 % sanken, stieg der Umsatz mit Musikvideos (DVD/VHS) um 46,6 %, mit einem überproportionalen Zuwachs im DVD-Segment, auf einen Anteil am Gesamtmarkt von 6,3 %. (Edel AG 2005, S. 26) Als Gründe werden angegeben: Grundsätzlich ist die Musikwirtschaft unverändert von kommerzieller Piraterie, illegal über das Internet verbreiteter Musik und der massenhaften privaten CD-Vervielfältigung bedroht. (Edel AG 2005, S. 26)

Dagegen konnte die Produktion der *Edel AG* von CDs sogar noch auf 93 Mio. Stück gesteigert werden, (vgl. Edel AG 2005, S. 28) sodass also das Unternehmen 2004 zunächst noch nicht durch Absatzeinbußen im Bereich des CD-Vertriebs betroffen war.

Neben dem Desinvestment-Programm setzte bei der *Edel AG* eine Refokussierung auf die Kernkompetenzen ein und neue Geschäftsfelder wurden aufgebaut sowie bestehende weiterentwickelt bzw. ausgebaut: „*Im Geschäftsjahr 2005 wird die edel music AG ihre Strategie weiterführen, sich auf risikominimierte und ergebnisorientierte Aktivitäten rund um ihre Kernkompetenzen als Musikvermarkter und Dienstleister zu fokussieren*" (Edel

AG 2005, S. 28). Dabei hat *Edel* bereits seit Jahren nicht nur die Vermarktung eigener Künstler betrieben, sondern auch als *„Vertriebs- und Distributionsdienstleister für unabhängige Label und Content Aggregator für digitale Musikservices"* (Edel AG 2005, S. 7) im Sinne eines *„Allround-Dienstleister für die Musikwirtschaft"* (Edel AG 2005, S. 7) etabiliert. Dieser erfolgreiche Switch vom Unternehmen, dass zunächst ausschließlich eine komplette Wertschöpfungskette für die eigene Produktion aufgebaut hat hin zu einem Unternehmen, das diese Leistungen anderen Labels anbietet, also nicht nur eigenen Content verlegt bzw. eigene Künstler vermarktet, sondern die Produktions-, Vermarktungs- und Distributionskapazitäten auch anderen Unternehmen zur Verfügung stellt (vgl auch CEO Heantjes in Edel AG 2005, S. 7.). Hinzu kommt, dass man bereits seit 2001 mit der Gründung der *edelNET GmbH* in die nicht-physische Musikdistribution eingestiegen ist und Kunden wie *iTunes*, *Vodafone* und *Jamba* gewonnen hat und ferner auch außerhalb des Musikbereichs mit Partnern wie *ARD*, *ZDF* und *ProSiebenSat1.Media AG* audiovisuelle Medien produziert und vertreibt (vgl. Edel AG 2006, S. 8).

Entsprechend war die Geschäftsführung 2005 nach mehreren schwierigen Jahren wieder optimistischer: *„Wann der Musikmarkt seiner Krise entwachsen kann, vermögen auch wir nicht vorherzusagen. Aber wir können etwas tun: Konsequent und erfolgreich haben wir sowohl unser Inhalte- als auch unser Serviceportfolio aufgebaut, erweitert und verstärkt. Diese gezielten Maßnahmen machen aus dem Musik- ein Medienunternehmen und eröffnen uns zahlreiche neue Chancen für ein profitables Wachstum. Wir glauben daran, dass wir durch diesen von uns eingeschlagenen Weg für die Zukunft gerüstet sind"* (Edel AG 2006, S. 11). Der Optimismus lässt sich auch auf eine erhebliche Effizienzsteigerung im operativen Geschäft zurückführen, die das Unternehmen seit mehreren Jahren forcierte (vgl. Edel AG 2005, S. 28).

Die Kapitalbindungsdauer (Cash Conversion Cycle) ist ein Maß für den Zeitraum zwischen der Bezahlung eingekaufter Ressourcen und dem Zahlungszufluss aus den damit erstellten Leistungen durch Zahlungen der Kunden (s. Abb. 7.8). Eine negative Kapitalbin-

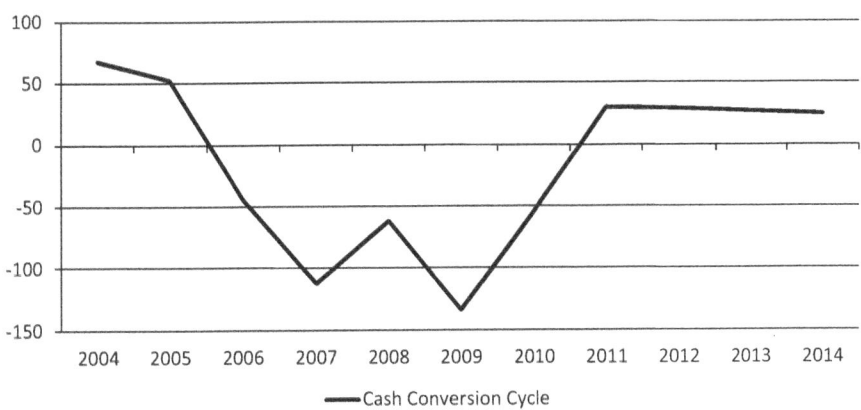

Abb. 7.8 Edel AG – Cash Conversion Cycle 2004–2014 (in Tagen). (Daten: Morningstar, Inc. 2015)

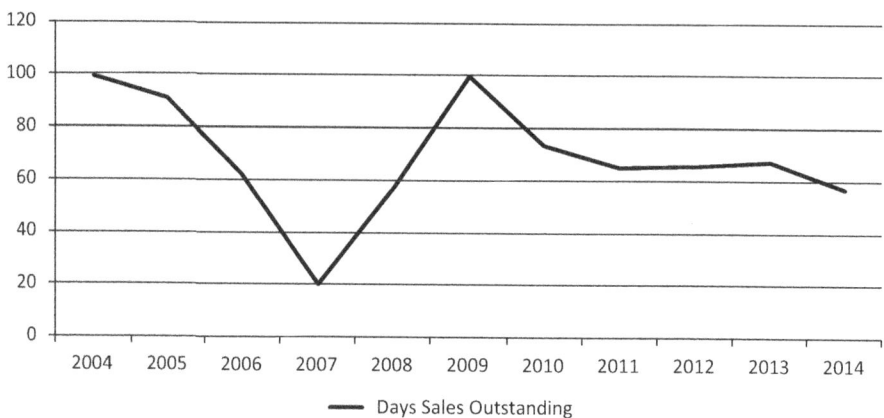

Abb. 7.9 Edel AG – Days Sales Outstanding 2004–2014 (in Tagen). (Daten: Morningstar, Inc. 2015)

dungsdauer zeigt, dass die *Edel AG* erst für Roh-, Hilfs- und Betriebsstoffe zahlt, nachdem sie das Endprodukt verkauft hat und einen Zahlungszufluss realisiert. Das bedeutet, dass das Unternehmen seit 2006 das Betriebskapital deutlich effizienter einsetzt, weil weniger Kapital im operativen Geschäft gebunden ist und so für andere Maßnahmen eingesetzt werden kann. Zusätzlich dazu zeigt sich eine Abnahme der Umschlagdauer der Forderungen (Day Sales Outstanding), sodass seit 2004 vermutlich das Forderungsmanagement und die Gestaltung der Verkaufskonditionen verbessert wurden, mit der generellen Folge, dass die Umsätze schneller zu einem Geldmittelzufluss führen und die kurzfristige Liquidität des Unternehmens erhöht wird (s. Abb. 7.9).

Betrachtet man die Umsatzentwicklung zwischen 1993 und 2014 (s. Abb. 7.11), zeigt sich, der Wechsel von organischem Wachstum zu extrem forciertem Wachstum besonders deutlich. Zwischen 1998 scheint der Umsatz geradezu exponentiell zu steigen und dann auch – nach 2000 – ebenso wieder zu fallen, bis er sich auf dem Niveau von 1998, also dem Niveau im Jahr des Börsengangs wieder einpendelt und dort auch wieder zwischen 2004 und 2010 um dieses Niveau geringfügig schwankt. Ein weiterer wesentlicher Einschnitt nach dieser ‚dramatischen' Phase zwischen 1998 und 2002 zeigt sich dann infolge erst wieder ab 2009, wo es *Edel* zwar gelingt, die Herstellungskosten (COGS: Costs of Goods Sold) erheblich zu senken (s. Abb. 7.10). Dies schlägt sich allerdings nicht in der Gesamtkapitalrentabilität (ROIC) durch. Der ROIC zeigt zwar einen starken Aufschwung 2006, was aber scheinbar nur auf kurzfristige Effekte zurückzuführen ist. So sinkt der ROIC in den Jahren der Finanzkrise kurzfristig in den Minusbereich, stabilisiert sich aber in den Jahren danach wieder. Insgesamt pendelt der ROIC jedoch in der Periode von 2004 bis 2014 um den Mittelwert von geringen 5,6 %.

So lässt sich also zunächst festhalten: Die *Edel AG* hat nach Phasen eines soliden organischen Wachstums zwischen 1986 bis 1998 diesen Pfad durch einen Strategiewechsel verlassen und hat zwischen 1998 und 2002 durch hektische Akquisition von Unternehmen

7.2 Case: EMI vs. Edel AG

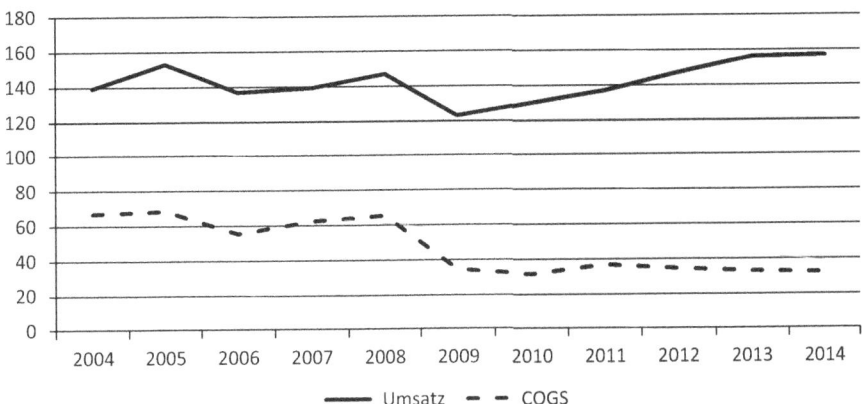

Abb. 7.10 Edel AG – Umsatz zu Costs of Goods Sold (COGS) 2004–2014 (in Mio. Euro). (Daten: Edel AG 2004–2015; Morningstar 2015)

Umsatz und Bilanzsumme aufgebläht. In Folge musste das Unternehmen saniert werden und wieder auf den Pfad organischen Wachstums zurückgeführt werden durch Desinvestment aus den vorher erworbenen Unternehmen bzw. Anteilen an anderen Unternehmen. In dieser Phase hat sich das Unternehmen wieder auf seine Kernkompetenzen besonnen und langsam neue Geschäftsfelder entwickelt und die Herstellungskosten im Laufe der Zeit erheblich senken können, was bis zu einem gewissen Anteil auch auf den wachsenden Anteil digitaler Distribution von Musik- und Unterhaltungscontent zurückgeführt werden könnte.

Dennoch ist das Unternehmen nach 2002 nicht auf einen Wachstumspfad zurückgekehrt, sondern bewegt sich seit 2004 in einer Spanne zwischen 139 Mio. und 157 Mio. € Jahresumsatz (s. Abb. 7.11).

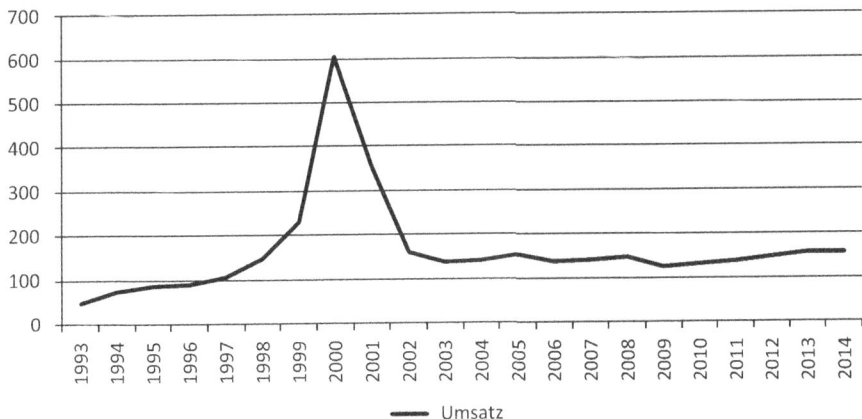

Abb. 7.11 Edel AG – Umsatzentwicklung 1993–2014 (in Mio. Euro). (Daten: Edel AG 1998–2015; Morningstar 2015)

Erst in den Jahren seit 2010 ist das Unternehmen über mehrere Jahre wieder kontinuierlich gewachsen, sodass für die nächsten Jahre die Wahrscheinlichkeit hoch ist, dass es sich hier nicht nur um eine Konsolidierung des Unternehmens handelt, sondern um einen wirklichen Prozess beginnenden organischen Wachstums. Diese Entwicklung lässt sich teils auch dadurch erklären, dass *Edel* mittlerweile nicht nur mehr nur im Bereich Musik-Content tätig ist, sondern auch im Bereich digitale Bücher und Hörbücher. So stellt CEO Haentjes 2012 fest:

> Digital sind wir also im Musikbereich exzellent aufgestellt; auch für sämtliche Anforderungen für den visuellen Bereich sind wir hervorragend gerüstet, und für die elektronischen Bücher (eBooks) gilt das schon seit Jahren. ... Dennoch, hier darf nicht beschönigt werden, haben wir, wie die gesamte Branche, durch die Verlagerung des Schwerpunkts weg vom physischen Produkt und der damit einhergehenden Erleichterung von Diebstahl viele Federn gelassen. Dass diese Federn am Ende auch nicht wieder nachwachsen werden, haben wir leider einzig einem Umstand zu verdanken: dem Glauben an Gerechtigkeit und Recht, entwickelt und durchgesetzt von weitsichtigen Politikern. Darauf haben wir „Plattenbosse" uns seinerzeit viel zu lange verlassen. (Edel AG 2012, S. 6)

Hier zeigt sich also zunächst bei *Edel* selbstkritisch ein viel zu langes Festhalten an der Herstellung physischer Tonträger und eine im Nachhinein als verspätet empfundene Umstellung auf die digitale Welt. Anderseits mag das Argument, dass die ‚Plattenbosse' hier Opfer widriger Umstände sind, sowohl aus unternehmerischer Sicht als auch aus politischer Sicht nicht überzeugen: Als Unternehmer kann man sich nur schwer damit ‚rausreden', dass man sich auf andere verlassen hat und vor allem ist die Frage, welche Optionen denn tatsächlich ‚die Politik' hat, wenn z. B. Urheberrecht deutscher Unternehmen von Sharing-Plattformen irgendwo in der Welt unterlaufen werden. Schließlich liegt das außerhalb des Geltungsbereichs deutschen Rechts und kann nur durch internationale Vereinbarungen geregelt werden, die schon seit Jahren zu keinem Ergebnis führen. Dennoch ist die *Edel AG* ein Beispiel für ein Unternehmen, das sich der Krise durch disruptive Technologien – anders als *EMI* – erfolgreich gestellt hat. So hielt der Konzernlagebericht für das Geschäftsjahr 2011 fest: „*Die Edel AG gestaltet den Konzern vom Musik- zum Mediendienstleister systematisch um. Schwerpunkt dieser Strategie bleibt es, das Buchverlagsgeschäft zu einem substantiellen Standbein des Konzerns zu machen*" (Edel AG 2012, S. 30).

Der Weg aus der Krise gelang durch die Reduzierung der Geschäftstätigkeit auf die Kernkompetenzen des Musikverlags für eigene Künstler sowie der Erweiterung des Angebots eines Musikverlags für andere Labels sowie durch die Erschließung neuer Geschäftsfelder wie Hörbuch und digitales Buch und damit auch die Diversifizierung des geschäftlichen Risiko aus einzelnen Branchen durch Geschäftsfeld-Diversifikation. Dennoch zeigt sich am Beispiel *Edel AG*, dass auch für einen Multimedia-Verlag das Problem der geringen Profitabilität nur schwer zu überwinden ist. Anderseits ist die *Edel AG* auch ein Beispiel für die Risiken eines schnellen, fremdfinanzierten Wachstums durch Unternehmenszukäufe und damit ein Beispiel dafür, dass gerade in volatilen Märkten diese Strategie erheblichen Risiken unterliegt, was gerade auch für die Medienbranchen mit ihren Strukturbrüchen der letzten Jahre aufgrund des Auftretens disruptiver Technologien gilt.

Die Analyse von *EMI* und der *Edel AG* verdeutlicht dann auch wesentliche Aspekte im strategischen Umgang mit disruptiven Innovationen, die sich wie folgt zusammenfassen lassen:

1. Während Weltkonzern *EMI* lange am bestehenden Geschäftsmodell festhält und letztlich daran scheitert, gelingt es dem ‚Klein'-Konzern *Edel AG*, nachdem er mit dem Aufbau eines Weltkonzern im Schnellverfahren an der Komplexität und der marktwidrigen Umstände gescheitert ist, durch Rückbesinnung auf Kernkompetenz, schnelleres Umstellen auf das digitale Zeitalter und organisches Wachstum, das Unternehmen zu konsolidieren. Krisen nach der Dotcom-Blase und der Finanzkrise konnten überstanden sowie disruptiver Technologien umgesetzt werden, obwohl nicht die finanzielle Schlagkraft eines Weltkonzerns zur Verfügung stand. Welche Komplexität das Unternehmen innerhalb von drei Jahren nach Börsengang aufgebaut hat, wird im Besonderen sichtbar, wenn man die Konzernstruktur der Wachstumsphase mit der Phase des ‚Gesundschrumpfens' vergleicht (s. Abb. 7.12 und 7.13).
Es wird also geradezu sichtbar, dass die extreme Komplexität, die in knapp fünf Jahren zwischen 1998 und 2002 aufgebaut wurde, extrem schwer plan- und steuerbare Teilrisiken in den einzelnen Beteiligungen enthält. Dies wird nicht zuletzt dadurch bestätigt, dass die Restrukturierung letztlich zu einer deutlichen Vereinfachung der Konzernstruktur führte, deren Ursache nicht eine Neugliederung des Konzerns war, sondern das umfangreiche Desinvestment widerspiegelt.
2. Der Case *Edel AG* lässt sich auch dahingehend interpretieren, dass in einer volatilen Branche wie der Medienindustrie insgesamt die Risiken sehr hoch sind für schnelles Wachstum. Überdurchschnittliches Unternehmenswachstum im Vergleich zur Branche ist grundsätzlich mit einem erhöhten Risiko des Scheiterns verbunden insbesondere im Hinblick auf die Gefahr, dass die Planungs-, Kontroll- und Steuerungsfähigkeit nicht in kurzer Zeit aufgebaut werden kann. Diese allgemeinen, für alle Unternehmen geltenden Risiken schnellen Wachstums werden noch dadurch potenziert, dass es in diesem Falle in einer höchst volatilen Branche stattfindet.
3. Der Case *Edel AG* zeigt, wie ein Unternehmen trotz Überspannung seines tatsächlichen Wachstumspotenzials und trotz eines bis 2012 schrumpfenden Musikmarkts (s. Kap. 7.1) durch Diversifizierung und organisches Wachstum in einem schwierigen Marktumfeld bestehen kann. Hingegen zeigt der Case *EMI*, was passiert, wenn ein oligopolistisches Unternehmen auf Veränderungen nicht mit der Weiterentwicklung seines Geschäftsmodells reagiert, sondern nur durch technische und juristische „Tricks" versucht, den Status Quo aufrecht zu erhalten.

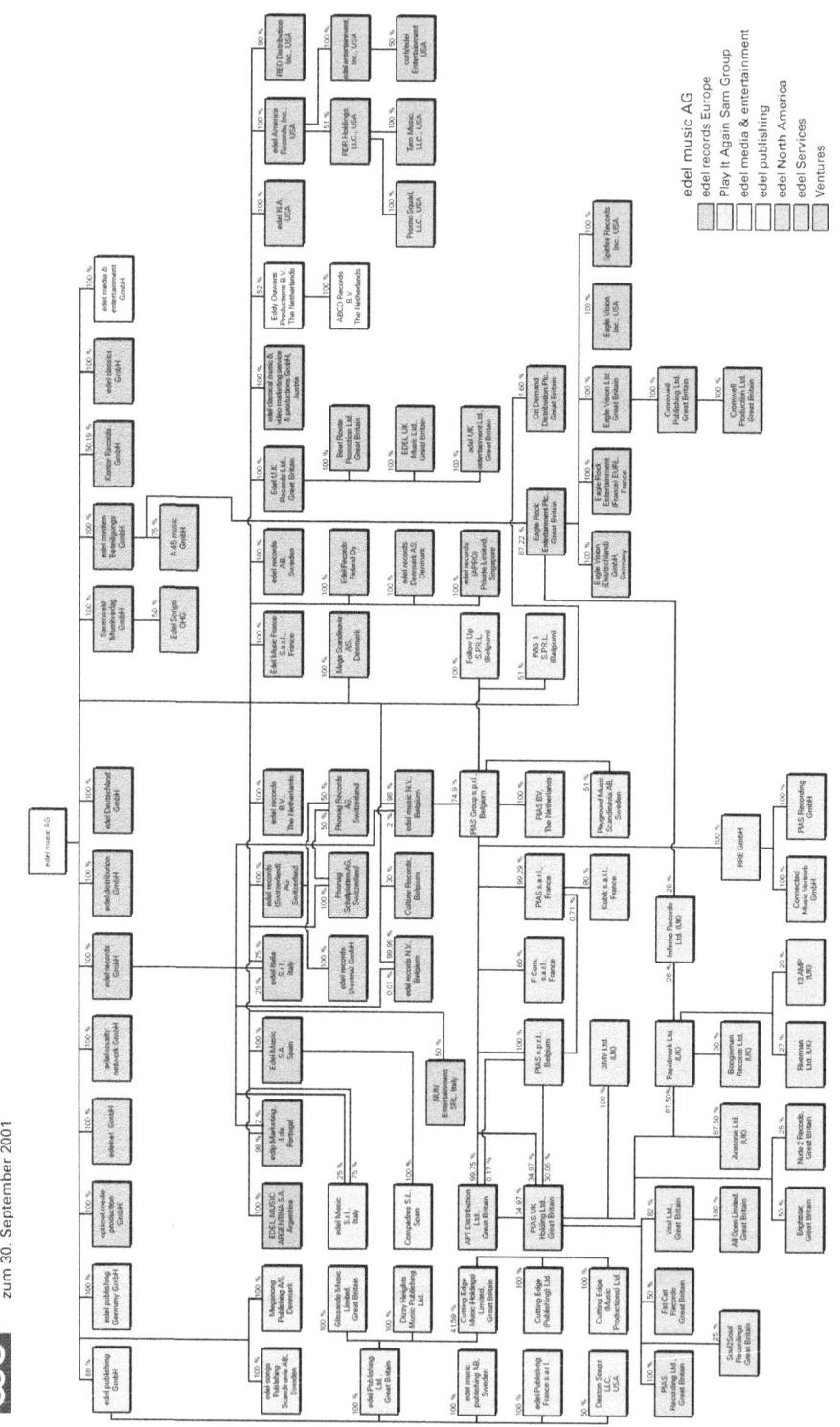

Abb. 7.12 Konzernstruktur *Edel AG* 2001 (Edel AG 2002, S. 54 f.)

7.2 Case: EMI vs. Edel AG

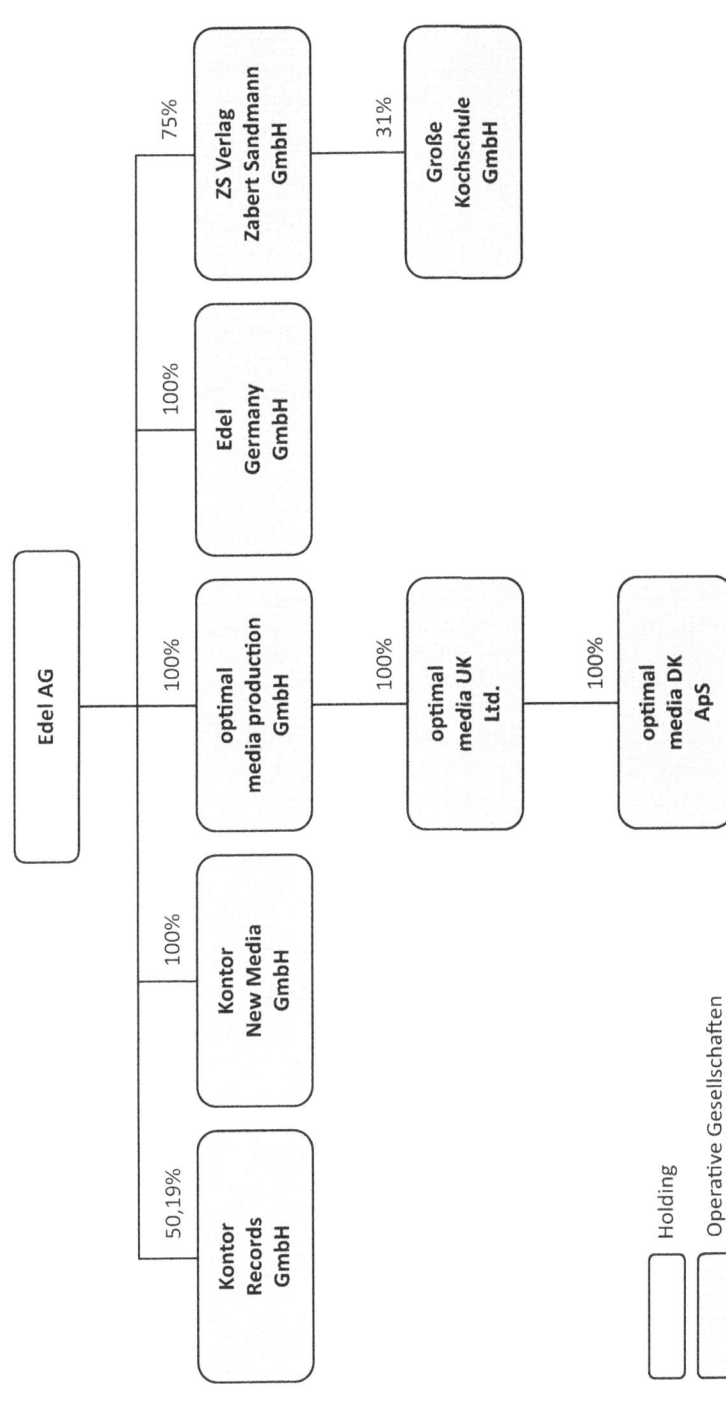

Zum Verkauf gehaltene Gesellschaften und Gesellschaften in Liquidation sind nicht aufgeführt.

Abb. 7.13 Konzernstruktur *Edel AG* 2010 (Edel AG 2011, S. 46)

Literatur

Advameg, Inc. (2002). *edel music AG – Company Profile, Information, Business Description, History, Background Information on edel music AG.* http://www.referenceforbusiness.com/history2/14/edel-music-AG.html#ixzz3Tnk7cdt0. Zugegriffen: 6. März 2015.

Ambrosek, R. (2007). *Shawn Fanning: The founder of napster.* New York: Rosen Publishing Group.

Best, E., & Weth, M. (2010). *Process Excellence: Praxisleitfaden für erfolgreiches Prozessmanagement* (4. überarb. u. erw. Aufl.). Wiesbaden: Springer.

Börsen-Zeitung. (2015). *Edel AG, Unternehmensportrait.* https://www.boersen-zeitung.de/index.php?li=70&l=0&isin=DE0005649503&portrait=LANGPROFIL. Zugegriffen: 6. März 2015.

Christensen, C. M. (1997). *The innovator's dilemma. When new technologies cause great firms to fail.* Boston: Harvard Business School Press.

Christensen, C. M., von den Eichen, S. F., & Matzler, K. (2011). *The Innovators Dilemma: Warum etablierte Unternehmen den Wettbewerb um bahnbrechende Innovationen verlieren.* München: Vahlen.

Clement, M., Schusser, O., & Papies, D. (2008). *Ökonomie der Musikindustrie* (2. Aufl.). Wiesbaden: Springer-Gabler.

Den Ouden, E. (2012). *Innovation design: Creating value for people, organizations and society.* Berlin: Springer.

Doerr, J. (2012). *Music as a Service: Ein neues Geschäftsmodell für digitale Musik.* Berlin: epubli.

Dolata, U. (2008). Das Internet und die Transformation der Musikindustrie – Rekonstruktion und Erklärung eines unkontrollierten Wandels. *Berliner Journal für Soziologie, 18*(3), 344–369.

Edel AG. (1998–2015). *Jahresberichte 1997 bis 2014.*

Edel AG. (1999b). Jahresrückblick 1998 der Hamburger Hitfabrik edel music AG. 12. Jänner 1999. Pressemitteilung. http://www.edel.com/de/investor-relations/presse/pressemitteilungen/details/34/jahresrueckblick-1998-der-hamburger-hitfabrik-edel-music-ag/. Zugegriffen: 6. März 2015.

Ehmer, P., & Porsch, R. (2008). Musikindustrie: Kein Ende vom Lied. Deutsche Bank Research Nr. 420. Frankfurt. 18. Mai 2008. http://www.dbresearch.com/PROD/DBR_INTERNET_DE-PROD/PROD0000000000225326.pdf. Zugegriffen: 29. April 2014.

EMI. (1991–2005). *Jahresberichte 1990 bis 2004.*

Ennis, P. (1992). *The seventh stream: The emergence of Rocknroll in American popular music.* New England: Wesleyan University Press.

Friedrichsen, M., Gerloff, D., Grusche, T., & von Damme, T. (2004). *Die gläserne Plattenfirma. Eine Managementkonzeption für Medienunternehmen im digitalen MP3-Zeitalter.* München: Reinhard Fischer Verlag.

Friedrichsen, M., Heinrich, G., Meyer, H., Schmid, A., & Steimer, T. (2010). *Mobile Music – Herausforderungen und Strategien im mobilen Musikmarkt.* München: Reinhard Fischer Verlag.

Friedrichsen, M., Wendland, J., & Woronenkova, G. (Hrsg.). (2011). *Medienwandel durch Digitalisierung und Krise. Eine vergleichende Analyse zwischen Russland und Deutschland.* Baden-Baden: Nomos.

Homann, H.-J. (2007). *Praxishandbuch Musikrecht: Ein Leitfaden für Musik- und Medienschaffende: Ein Leitfaden für Musik- und Medienschaffende.* Berlin: Springer.

Jakob, H. (2008). Wirtschaftlichkeit in der Musikindustrie. In M. Clement, O. Schusser, & D. Papies (Hrsg.), *Ökonomie der Musikindustrie* (2. Aufl., S. 77–84). Wiesbaden: Springer.

Kiefer, M. L. (2005). *Medienökonomik: Einführung in eine ökonomische Theorie der Medien.* München: Oldenbourg Wissenschaftsverlag.

Kressin, J. (2012). *Symphony of Disruption: Geschäftsmodelle und Innovationen in der digitalen Welt.* Hamburg: Diplomica.

Leitner, K.-H. (2003). *Von der Idee zum Markt: Die 50 besten Innovationen Österreichs*. Wien: Böhlau Verlag.
Leurdijk, A., & Nieuwenhuis, O. (2012). *The music industry. Statistical, ecosystems and competitiveness analysis of the media and content industries. Joint Research Centre of the European Commission. JRC Technical Reports*. Luxembourg: Publications Office of the European Union. http://is.jrc.ec.europa.eu/pages/ISG/documents/FINALMusicreportwithcovers_EB_Corrected_02.pdf. Zugegriffen: 31. Mai 2014.
Maier, M. (2008). *Die internationale Musikindustrie im Zeitalter der Globalisierung*. München: Grin.
Martens, D., Herfert, J., & Karbe, T. (2012). *Auswirkungen digitaler Piraterie auf die Ökonomie von Medien. Untersuchung der Effekte von Urheberrechtsverletzung auf die Film-, Musik- und Games-Wirtschaft in Deutschland und der Region Berlin-Brandenburg. 7. Juni 2012*. Berlin: House of Research. https://www.medienboard.de/mbmedia/c/9/47c2d857fdb7cc3a28e9f1fc7872e2.pdf. Zugegriffen: 31. Mai 2014.
Metzinger, J. (2011). *Urheberrechtsverletzungen in der Musikindustrie im Internet*. München: Grin.
Mildner, G. (2004). Erlös(-ung) für die Musikindustrie: lässt sich von Open Source lernen. In M. Friedrichsen & M. Schenk (Hrsg.), *Globale Krise der Medienwirtschaft? Dimensionen, Ursachen, Folgen* (S. 119–138). Baden-Baden: Nomos.
Morningstar, Inc. (2015). *Edel AG*. http://financials.morningstar.com/ratios/r.html?t=XFRA:EDL&region=deu&culture=en-US. Zugegriffen: 6. März 2015.
Mühl-Benninghaus, W., & Friedrichsen, M. (2012). *Geschichte der Medienökonomie*. Baden-Baden: Nomos.
National Research Council. (2010). *Persistent forecasting of disruptive technologies. Report 2*. Washington, DC: The National Academies Press.
Naumann, C. (2010). *Die Musikindustrie im Zeitalter des Internets. Gefahr oder Chance für die Universal Music Group?* München: Grin.
Olbrich, R. (2006). *Marketing: Eine Einführung in die marktorientierte Unternehmensführung* (2. überarb. und erw. Aufl.). Berlin: Springer.
Rau, L. (2004). *Phänomenologie und Bekämpfung von ‚Cyberpiraterie': Eine kriminologische und kriminalpolitische Analyse*. Göttingen: Cuvillier Verlag.
Rothenbuhler, E., & McCourt T. (2004). The Economics of the Recording Industry. In A. Alexander, J. Owers, R. A. Carveth, C. A. Hollifield, & A. N. Greco (Hrsg.), *Media economics. Theory and practice* (3. Aufl., S. 221–248). New Jersey: Lawrence Erlbaum Associates.
Seibold, A. (1994). Zur Preisgestaltung von Tonträgern – Ein Beitrag zur Versachlichung der Diskussion. *PopScriptum, 2 – Musikindustrie* (S. 121–130).
Shuker, R. (2012). *Understanding popular music culture* (4. Aufl.). UK: Routledge.
Stähler, P. (2002). *Geschäftsmodelle in der digitalen Ökonomie. Merkmale, Strategien und Auswirkungen* (2. Aufl.). Köln: Josef Eul.
Thorn EMI plc. (1994). Playing a part in your life… http://www.kronemyer.com/EMI/Thorn-EMI%20AR%201994.pdf. Zugegriffen: 29. April 2014.
Tschmuck P. (2012). *Creativity and innovation in the music industry* (2. Aufl.). Berlin: Springer.
Vercammen, J., & Maes, M. (2001). *Digital audio technology*. Oxford: Focal Press.
Vogel, H. (2001). *Entertainment industry economics: A guide for financial analysis* (5. Aufl.). Cambridge: Cambridge University Press.
Wikstrom, P. (2009). *The music industry: Music in the cloud*. Cambridge: Polity.
Williams, L. (2010). *Disrupt: Think the unthinkable to spark transformation in your business*. Upper Saddle River: FT Press.
Wirtz, B. W. (2013). *Medien- und Internetmanagement* (8. Aufl.). Wiesbaden: Springer-Gabler.

Wörner, H. (2009). Wissensgiganten und Realisierungszwerge in der IT-Industrie – Erfahrungen aus 40 Jahren Tätigkeit in der IT-Industrie. In A. Picot & S. Doeblin (Hrsg.), *Innovationsführerschaft durch Open Innovation. Chancen für die Telekommunikations-, IT- und Medienindustrie* (S. 105–120). Berlin: Springer.

Wurm, M. (2003). Urheberrechtsschutz und Produktion in der Musikindustrie. International Economics. Working Paper 2003-03. Universität Potsdam. http://www.uni-potsdam.de/u/makrooekonomie/docs/studoc/stud8.pdf. Zugegriffen: 31. Mai 2014.

8 Cases: Management digitaler Medienunternehmen

Im folgenden Kapitel steht zunächst *Google Inc.* als transklassisches Medienunternehmen im Mittelpunkt, wird aber im Vergleich mit *Yahoo!* und der *New York Times* betrachtet. *Google Inc.* ist ein Medienunternehmen – im transklassischen Sinne, wie in diesem Kapitel erläutert wird. Doch es ist noch viel mehr, wie anhand des Produktportfolios und dem Geschäftsmodell dargelegt wird.

Im Kap. 8.4 wird am Beispiel von *Google Inc.* und *Yahoo!* aufgezeigt, dass es durchaus unterschiedliche Ansätze gibt, wie ‚Digital Born'-Unternehmen agieren und damit einhergehend auch unterschiedliche Erfolgsergebnisse. *Yahoo!* steht gewissermaßen zwischen *Google Inc.* und der *New York Times*: *Yahoo!* verfolgt einerseits die klassische Medienstrategie, in der der originäre Content im Mittelpunkt des Geschäftsmodells steht, jedoch – andererseits – ohne klassische Trägermedien zu nutzen. Die *New York Times* hingegen ist ein klassisches Medienunternehmen, da es hier einerseits die klassische Content-Strategie verfolgt wird, die durch originären Qualitätscontent Reichweite erzeugt und damit Werbeumsätze erzielt, andererseits die digitale Distribution grundsätzlich nur eine untergeordnete Rolle im Erlösmodell zugewiesen ist.

8.1 Google Inc.: Überblick über die Unternehmensgeschichte

Google Inc. wurde 1998 von Sergey Brin und Larry Page gegründet und die Suchmaschine google.com gelauncht. Etwa 500.000 Suchanfragen täglich wurden bereits in den ersten fünf Monaten verzeichnet. Nachdem *Google Inc.* seit 2002 mit Netscape und AOL zusammenarbeitete, versechsfachten sich die Suchanfragen.

Grund für den schnellen Erfolg von *Google* war, dass andere Suchmaschinen wie Altavista und *Yahoo!* zwar nicht schlechter waren, diese jedoch zu umfangreichen Informationsportalen ausgebaut wurden. Bei den damals noch langsamen Internet-Verbindungen führte das dazu, dass deren Upload deutlich länger dauerte im Vergleich zu der bis heute puristischen Seite von *Google*. Mittlerweile hat *Google* einen marktbeherrschenden globalen Anteil (knapp 70 %) an allen Desktop-Suchanfragen im Internet (Stand: 1. Halbjahr 2014, Netmarketshare 2014).

Die Mission von *Google Inc.* bestand von Anfang an darin, „die Informationen der Welt zu organisieren und allgemein zugänglich und nützlich zu machen" (Google Inc. 2013a). Im Gegensatz aber zu den anderen Suchmaschinen verzichtete man darauf, als Content-Produzent zu fungieren, also das klassische Verlagsbusiness im Internet zu replizieren. *Google* präsentiert nicht eigene Inhalte, sondern aggregiert Inhalte, die als öffentliche Güter verfügbar sind, indem es diese „lediglich" auffindbar macht. Im Gegensatz zum klassischen Geschäftsmodell von Verlagen, der Musikindustrie und TV-Unternehmen erwirbt *Google* also keine Rechte an Content.

2004 erfolgte der Börsengang. Dadurch wurde es *Google Inc.* möglich, sein Produktportfolio im großen Stil auszubauen: Ein Großteil der Dienste, die *Google Inc.* heute anbietet, ist nach dem Börsengang entstanden (vgl. Edelman und Eisenmann 2010, S. 1). Entsprechend erfolgten auch die großen Akquisitionen erst nach Börsengang: So wurde schon 2006 für US$ 1,65 Mrd. das Internet-Videoportal *YouTube*, 2004 wurde der Bilderdienst *Picasa* und 2005 das Software-Unternehmen Android übernommen.[1]

Google ist seit vielen Jahren eine der weltweit wertvollsten Marken. Ende 2012 beschäftigte *Google Inc.* nach Übernahme von *Motorola Home* und *Mobile* rund 54.000 Mitarbeiter. Mit einem Kaufpreis von $ 12,5 Mio. die bisher teuerste Akquisition von *Google Inc.*

2014 verkaufte *Google Inc.* jedoch *Motorola* wieder an den chinesischen Computerhersteller *Lenovo* – für $ 2,9 Mrd. Der Deal mag auf den ersten Blick verlustreich wirken, doch der größte Teil der Patente sowie Teile der Entwicklung bleiben weiterhin bei *Google Inc.* Auf andere Hardwareentwicklungen wie z. B. *Wearable*, wie *Google Glasses* oder *Smart Home* Entwicklungen will *Google Inc.* weiterhin nicht verzichten. Der Mobile-Markt war dem Konzern nach eigenen Angaben aber zu kompetitiv. Tabelle 8.1 fasst die Basisdaten der *Google Inc.* für 2013 zusammen.

Tab. 8.1 Basisdaten *Google Inc.* (vgl. u. a. Institut für Medien- und Kommunikationspolitik 2014b)

Rechtsform	Aktiengesellschaft
Gründung	1998
Sitz	Menlo Park, California
Leitung	Eric Schmidt (Executive Chairman), Larry Page (CEO)
Mitarbeiter	Rd. 49.000 (2013) nach Verkauf von Motorola
Umsatz	Rd. 60 Mrd. USD. EUR (2013)
Gewinn	Rd. 13 Mrd. USD (2013)
Geschäftsfelder	Technologie, Mobile, Video und TV, Finanzen, Energie

---

[1] Ausführliche Liste der Akquisitionen: en.wikipedia.org 2013: List of mergers and acquisitions by Google, http://en.wikipedia.org/wiki/List_of_mergers_and_acquisitions_by_Google

8.2 Google Inc.: Produkt-Portfolio

Googles Kernprodukt ist die Suchmaschine.[2] Diverse Statistiken zeigen übereinstimmend bei weltweiten Suchanfragen *Google* als Suchmaschinen-Marktführer. Der Vorläufer der heutigen *Google*-Suchmaschine startete 1996 unter anderem Namen, seit 1998 ist die Suchmaschine unter dem Namen *Google* online. Bis heute hat sich die Start-Oberfläche von *google.de* bzw. *google.com* etc. nur geringfügig verändert und ist – bis auf die sogenannten Ergebnisanzeigen – werbefrei geblieben.

Die *Google*-Suchmaschine folgt den von Webcrawlern gefundenen Links und nimmt über diese möglichst viele Websites in den Suchindex auf. Der Seiten-Content wird nach Keywords aufgegliedert. Für die Ergebnis-Liste einer Suchanfrage werden die Treffer gewichtet sortiert – die Gewichtung der Parameter verändern sich stets durch sogenannte *Google*-Updates. Die Gewichtung wird für Dritte nicht transparent gestaltet. Laut *Google Inc.* handelt es sich um mehr als 200 Parameter. Die Funktionsweise der Ergebnissortierung bleibt Betriebsgeheimnis. *Google* will Manipulationen der Suchmaschinen-Ergebnisse durch Tricks von Site-Anbietern verhindern.

Google hat einen marktbeherrschenden Anteil (69,86 %) an allen Desktop-Suchfragen im Internet und 91,13 % aller Mobile- und Tablet-Suchanfragen (Stand: 1. Halbjahr 2014, Netmarketshare 2014), 95,13 % in Deutschland (Stand: Juni 2014, SEO-United 2014), 65 % in den USA (2009) (vgl. Edelman und Eisenmann 2010, S. 1). Marktbeherrschende Stellungen von Wettbewerbern gibt es im asiatischen Raum z. B. in China (Baidu mit 63 %) oder Südkorea (Naver mit 70 %), aber auch in Russland bleibt *Google* hinter *Yandex* zurück (vgl. Steinebrunner 2014).

Zu den wichtigsten Such-Dienstleistungen zählen derzeit:

- Volltextsuche: Die meistgenutzte Dienstleistung von *Google* ist die Volltextsuche von Dokumenten.
- Bilddateien-Suche im Web.
- Karten-Suche und Routenplaner: Der Online-Atlas *Google Maps* beinhaltet Straßenkarten, bekannte Orte und andere ortsbezogene Informationen. *Google* bietet Programmierschnittstellen, mit denen Karten und Routenplaner in Websites integriert werden können. Über Android ist *Google Maps* als Navigationsinstrument auf Smartphones verfügbar.
- Nachrichten-Suche benutzer-individualisiert und automatisiert nach Rubriken (*Google News*): Inhalte von Nachrichten-Websites werden mittels *Google News* besonders häufig abgerufen. Mit der Suchmaschine *Google News* wird auf diese Artikel – gruppiert nach Themen, Ereignissen und geordnet nach ihrer Bedeutung – verwiesen. Nachrichten zu einem bestimmten Ereignis lassen sich so schnell finden und die in den Online-Medien vorhandenen Informationen in ihrer ganzen Breite schnell erfassen. Der Nutzer

---

[2] Ein Überblick über die Geschichte und Analyse des Geschäftsmodells von Google bei Krys und Wiedemann 2011, S. 251–275.

kann so sowohl den Gatekeeper- als auch den Agenda-Setting-Effekt (Vorauswahl von Nachrichten und deren Informationsbestandteilen durch Redakteure) umgehen.
- Produktsuche: Mit der *Google* Produktsuche (*Google Shopping*) können bei Online-Händlern angebotene Waren und Preise vergleichen.
- Suche in Büchern und wissenschaftlichen Werken – *Google* Buchsuche (*Google Books*, *Google Scholar*) ermöglicht, Onlinebücher im Volltext zu durchsuchen. Ein vergleichbarer Dienst ist *Google Scholar*, mit dem wissenschaftliche Veröffentlichungen im Volltext durchsucht werden können.

Folgende weitere Dienste bietet *Google* an:

- E-Mail: *Gmail* ist *Googles* E-Mail-Dienst, entweder als browser-basierter E-Mail-, Aufgaben-, Kontakt- und Kalendermanagement Service, oder als Quasi-Mail-Server.
- Betriebssysteme und Browser: *Google* bietet die kostenlosen Betriebssysteme *Chrome OS* und *Android* an sowie den Webbrowser *Google Chrome*. Laut Statdata liegt der globale Marktanteil des Browsers *Chrome* bei 32,76 % (vor *Internet Explorer* 31,94 % und *Firefox* mit 25,74 %). Anders die Ergebnisse von *Net Applications*, die besagen, dass der *Internet Explorer* von *Microsoft* mit 54,09 % weit vor *Chrome* (18,85 %) liegt. (vgl. Kremp 2012) Dem Mobile und Tablet Browser *Android* weist *Netmarketshare* für das erste Halbjahr 2014 einen Marktanteil von 22,99 % zu. Führend ist hier *Safari* mit 51,47 % Marktanteil. Bei Desktop Betriebssystemen ist *Windows* mit 90,97 % immer noch unangefochtener Marktführer. Bei Mobile und Tablet Betriebssystemen liegt *iOS* mit 50,94 % vor *Android* (38,44 %) (vgl. Netmarketshare 2014).
- Seit 2010 ist der Android-Ableger *Google TV* vorbereitet. Ziel ist eine browser-basierte Plattform für Video-Inhalte, die über ein Fernsehgerät und einer eigenen Fernbedienung (über USB) angesteuert wird.
- *AdWords* und *AdSense*: Mit der Suchmaschine kombinierter Werbedistributionskanal (Distribution von *Google AdWords* via Suchergebnis-Liste sowie von Werbebannern auf Partner-Websites des „Publisher"-(Affiliates)Netzwerks).

Betrieben werden diese Dienste über die weltweit verteilten, derzeit ca. 10 Rechenzentren (sog. Server-Farmen), von denen jedes einzeln die kompletten Funktionalitäten der Suchmaschine enthalten, um bei eventuellen Ausfällen eines Rechenzentrums weiterhin alle Funktionalitäten in gleicher Performance anzubieten. Das Erlösmodell von *Google* baut insbesondere auf zwei Varianten der Online-Werbung auf:

- *AdWords*: Ca. 70 % der E-Commerce-Transaktionen beginnen mit der Suchmaschinen-Anfrage. 40 % der Suchanfragen haben eine Kaufabsicht als Hintergrund (vgl. Edelman und Eisenmann 2010, S. 2). *Google* verkauft das Einblenden gesponserter Links im Kontext von Suchergebnis-Listen (*Google-AdWords*). Die Textwerbung in Suchergebnis-Listen ist optisch gekennzeichnet, sodass Nutzer diese von den Suchergebnissen unterscheiden können. Text-Werbung wird angezeigt, wenn diese zur Suchanfrage

passt und somit den *AdWords*-Kunden mit der von diesen definierten Zielgruppen zusammenbringt, die mit höherer Wahrscheinlichkeit an seinen Produkten und Dienstleistungen interessiert sind, da er die für den Werbekunden und seine Produkte relevanten Keywords bei der Suche verwendet. Der Werbe-Kunde legt die maximale Vergütung pro Klick selbst fest. Eine höhere Vergütung kann dabei eine höhere Position gegenüber konkurrierenden Anzeigen ermöglichen.
- *AdSense*: Zusätzlich entstehen Umsätze durch das *Google AdSense*-Partnerprogramm. Kontextabhängige Werbung würde über Partner-Websites distribuiert. Grafische Werbebanner können seit 2004 in vier Standardgrößen durch *AdSense* im Werbepartnernetz-Werk platziert werden. Seit 2005 können Werbekunden über das „Site Targeting" gezielt auf von ihnen definierten Webseiten mit statischen und animierten Werbebannern werben.

Google Inc. bietet also eine Vielzahl von kostenlosen, größtenteils werbefinanzierten Dienstleistungen an. Häufig werden neue Einzeldienste in das Produktportfolio integriert, manchmal als Resultat von Unternehmenskäufen. Neue Dienstleistung werden i. d. R. mit dem Zusatz „Beta" versehen, um anzuzeigen, dass sie noch nicht ausgereift sei. *Google* wird dafür mitunter kritisiert, weil einige Services sehr lange im Beta-Status bleiben. Aus Sicht von *Google* ergibt das jedoch Sinn für den ‚proof of concept': Weniger erfolgreiche Dienste werden so im Allgemeinen weiter betrieben, die Einstellung von *Google Answers* 2006 war die erste Ausnahme.

Google Inc. könnte ohne neue Umsatzquellen bald an Grenzen des Wachstums stoßen: 95 % der weltweiten Werbeumsätze werden nach wie vor in den klassischen Medien getätigt (vgl. Advertising Age 2013, S. 14). *Google Inc.* hat jedoch angekündigt, sich nicht auf die Werbung im Internet zu fokussieren, sondern mittel- und langfristig am Werbemarkt als Anbieter aufzutreten. *AdSense* soll zu einem crossmedialen Werbenetzwerk ausgebaut werden, in das neben Internetwerbung auch klassischen Medien wie Print, Radio und Fernsehen integriert werden soll.

Google Inc. hat über das Geschäft mit Werbung hinaus insbesondere in den USA vielfältige weiterführende Geschäftsaktivitäten entwickelt. So bestehen Kooperationen und Pilotprojekte mit Verlags- und Radiounternehmen, um neue Dienste in diesen klassischen Mediengattungen zu testen bzw. mit diesen Unternehmen neue Services zu entwickeln. *Google Inc.* entwickelt auch einen digitalen, rückkanalfähigen Fernsehdienst (*Google TV*), mit dem auch die individuelle Werbeansprache der Zuschauer möglich werden soll, was als mögliche disruptive Innovation im Werbefernsehen angesehen werden könnte. Auch bei mobilen Datendiensten wird von *Google* das *AdSense*-System verwendet. In Zusammenhang mit dem Smartphone-Betriebssystem, das mittlerweile ebenfalls auf den meisten mobilen Endgeräten installiert ist, ist auch hier davon auszugehen, dass *Google Inc.* noch weiteres Wachstumspotenzial generieren kann.

8.3 Google Inc.: Geschäftsmodell

Aus den bisherigen Erläuterungen über das Produktportfolio lässt sich *Googles* Geschäftsmodell ableiten und in betriebswirtschaftlicher Hinsicht und in Bezug auf Geschäftsmodell und Strategie analysieren.

8.3.1 Google als Suchmaschine

Fragt man 100 Internet-Nutzer, werden wahrscheinlich 99 sagen: *Google* ist eine Suchmaschine. Entsprechend wird *Google Inc.* vor allem in seiner Rolle als Marktführer im Bereich „Suchmaschinen" gesehen. Nach klassischen Kriterien ist *Google Inc.* als Unternehmen hingegen zunächst ein Internetservice-Provider im Bereich Internet-Suche und neuerdings auch im Bereich Cloud-Computing und mit dem Smartphone-Betriebssystem *Android* auch ein Software-Unternehmen. Auch die Business-Mission hilft nur begrenzt weiter, wenn man das Geschäftsmodell verstehen will. Nach Eigenangaben lautet die Mission: „Das Ziel von *Google* ist es, die Informationen der Welt zu organisieren und für alle zu jeder Zeit zugänglich und nützlich zu machen" (Google Inc. 2013a).

Wie hingegen schafft *Google Inc.* nun folgende Umsatzentwicklung und Umsatzprofitabilität? Abbildung 8.1 zeigt zunächst, dass *Google Inc.* steigende Umsätze (Revenue) nicht „erkauft" hat durch sinkende Margen wie z. B. mittels Preisnachlass oder höhere Sales-Kosten oder Entwicklungskosten, denn der Anteil des Betriebsergebnisses am Umsatz bewegt sich auf hohem Niveau zwischen 20 und 30 % Umsatzrendite (Net Margin).

Wie kann man also mit einer Suchmaschine $ 50 Mrd. Umsatz und zwischen 20 und 30 % Umsatzrendite erzielen, während z. B. die deutschen Top-Konzerne, die im *DAX30*

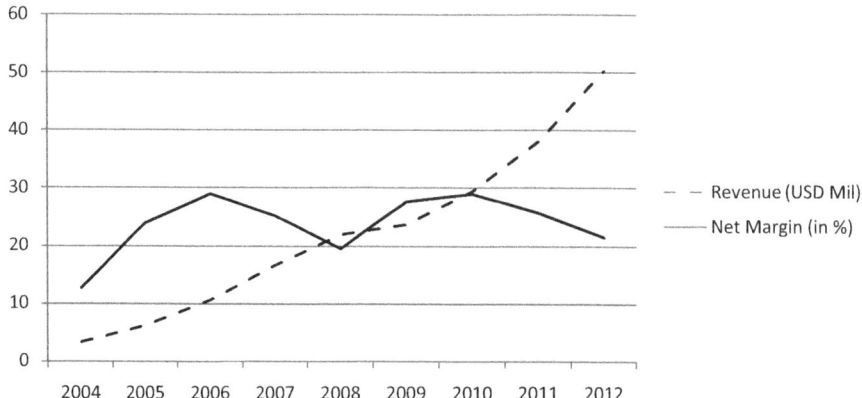

Abb. 8.1 *Google Inc.* Umsatz und Umsatzrentabilität 2004–2012. (Basis: Google Inc. 2005–2013. Morningstar 2014)

gelistet sind, nur durchschnittlich gerade mal durchschnittlich 7,5 % Umsatzrendite erwirtschaften?[3]

8.3.2 Google als Medienunternehmen

Nach Industrie-Sektor und Branche wird *Google Inc.* grundsätzlich als Medienunternehmen gerankt (vgl. u. a. Institut für Medien- und Kommunikationspolitik 2014a). Danach belegt *Google Inc.* immerhin Platz zwei der 50 größten Medienkonzerne der Welt, ohne jedoch Inhalte (Content) zu produzieren, was ja eigentlich die Kernkompetenz von Medien ist, mit denen sie Reichweite und damit Mehrwert für den Werbemarkt generieren. Denn Medienkonzerne sind auf zwei Märkten präsent: dem Rezipientenmarkt und dem Werbemarkt (vgl. Sjurts 2005, S. 12). Betrachtet man nun die Verteilung der Umsätze z. B. im *Google Inc.*-Geschäftsbericht 2012, stellt man fest, dass *Google Inc.* auf dem Rezipientenmarkt genau $ 0 verdient, denn die Nutzung der Suchmaschine ist kostenlos. Hingegen erwirtschaftet *Google Inc.* über 90 % seines Umsatzes im Werbemarkt (vgl. Google Inc. 2013b). Nach der Unternehmensbilanz erwirtschaftet *Google Inc.* also mit Paid Clicks und Traffic Acquisition diese Umsätze und wäre damit sogar eigentlich als ein rein werbefinanziertes Medienunternehmen zu verstehen.

8.3.3 Google als Technologie-Unternehmen

Zumindest zwei Argumente sprechen dafür, *Google Inc.* als Technologie-Unternehmen zu klassifizieren:

- *Google Inc.* wird an der US-Börse für Technologie-Unternehmen *NASDAQ* gelistet.
- Die Unternehmens-Gründer sind Programmierer.

Die Kernkompetenz in einem Unternehmen, das mehrheitlich in den Medien als Technologie-Konzern definiert wird, sollte also in der Technik liegen.

8.3.4 Google: Unternehmensanalyse

Es zeigt sich somit, dass gerade ‚moderne' Medien-Unternehmen eigentlich kaum mehr über ihr Produkt zu definieren sind. Das gleiche gilt für ihr Erlösmodell (hier: Werbung durch *AdWords* etc.). Vor diesem Hintergrund kann eine Modellierung des Business Models nach Osterwalder und Pigneur (2010) einen wesentlichen Erkenntnisgewinn liefern, da es den Kundennutzen in den Fokus der Geschäftsaktivitäten stellt (siehe Abb. 8.2).

---

[3] Umsatzrendite DAX30 (Ernst & Young 2013).

Key Partners	Key Activities	Value Propositions	Customer Relationships	Customer Segments
Distributionsnetzwerke, Smartphone-Allianz	Forschung & Entwicklung im Bereich Suchmaschinen und Betriebssysteme, massive IT-Infrastruktur (Serverparks)	Werbemarkt: Targeting-Technologien (Adwords-Auslieferung nach geografischen und sozio-demografischen Kriterien und Daten Nutzerverhalten), Kampagnen-Management-Tools (Adwords), Werbenetzwerk-Technologie (Adsense)	Automatisierung durch online-basierte Plattformen wie Google-Adwords-Tool und Google Analytics	Alle Internet-User, Werbeagenturen, Mediaagenturen, Google-Netzwerkpartner, Smartphone-Hersteller, Hardware-Hersteller (z. B. Samsung für Google-Chromebook Netbooks), Entwickler (offene Schnittstellen), werbetreibende Unternehmen
	Key Resources		Channels	
	Suchalgorithmus, Datenbanken, Internet-Provider, Marke	Rezipientenmarkt: kostenlose Suche von Inhalten und Informationen, Alltagshilfsmittel (durch Apps und Services wie Google Maps, Google News etc.)	Weltweit nationale Verkaufsteams für die Einführung in die Werbetools	
Cost Structure		Revenue Streams		
Kosten für Entwicklung und Verkauf, Serverpark-Betrieb		Umsätze durch Adwords und Adsense		

Abb. 8.2 *Google Inc.*-Businessmodell (in Anwendung der „Business Modeling"-Methode von Osterwalder und Pigneur 2010)

Das Nutzenversprechen – und damit der Kern des Geschäftsmodells von *Google Inc.* – lässt sich nun wie folgt zusammenfassen:

- *Google Inc.* bietet ein umfangreiches Angebot an Informationen, Diensten und Produkten an, mit denen Informationen, Kunden, Unterhaltungs- und Bildungscontent gefunden werden können.
- Durch die Größe des Angebots und die Marktposition bindet *Google Inc.* User in verschiedenen Situationen und erhält dadurch reichliche Nutzungs- bzw. Nutzerdaten (vgl. Scharlach 2012, S. 28).
- Der Datenbesitz und die Angebotsvielfalt ermöglichen *Google Inc.* gezielte und differenzierte Werbemöglichkeiten anzubieten(vgl. Scharlach 2012, S. 28).
- Für Nutzung der User-Daten und für die Distribution der Werbemittel bietet *Google Inc.* vollständige Automatisierungsmöglichkeiten für das Kampagnen-Management.

Zusammengefasst lässt sich konstatieren: Das Nutzenversprechen für Rezipientenmärkte ist „Finden und gefunden werden". Das Prinzip ist: „People go online looking for something to find the answer, and often don't know where they found it. Google found it" (Jarvis 2009, S. 67). Das gilt ebenfalls für den Werbemarkt: Ebenso wie Rezipienten Gesuchtes ‚finden', finden Werbetreibende ihre Kunden mit deutlich geringeren Streuverlusten. Die Suchmaschine selbst ist dabei nur der Ausgangspunkt der Wertschöpfung und des Erlösmodells:

8.3 Google Inc.: Geschäftsmodell

Google hat letztlich Marketing und Werbung durch disruptive Technologie auf eine neue Basis gestellt. So ist in Deutschland der Anteil von Werbeausgaben in den letzten Jahren sprunghaft gestiegen. Rund 17 % der Werbe-Spendings werden mittlerweile für Online-Werbung ausgegeben, womit Online-Werbung der drittgrößte Werbemarkt ist. *Google* wiederum hat an diesem Markt rund 60 % Marktanteil (vgl. CPC Consulting 2012).

Google Inc. ist das nach wie vor am schnellsten wachsende Unternehmen der Welt. Laut den jüngsten Quartalszahlen (3. Quartals) des „Best Global Brands Report" ist *Google* nach *Apple* die zweit-wertvollste Marke der Welt. Den Wert der Marke *Google* taxiert Interbrand auf $ 93 Mrd.$ (vgl. Interbrand 2013), rund das Zweifache ihres Umsatzes (2012: $ 50 Mrd.; Google Inc. 2013b).

Die Geschäftsentwicklung von *Google Inc.* wird anhand ausgewählter Kennzahlen in Abb. 8.3 darstellt.

Es zeigt sich, dass *Google Inc.* zunächst einen rasanten Anstieg der Umsätze (Revenues) vorweisen kann. Gleichzeitig wachsen das Operating Income (Betriebsergebnis) und das Net Income (Jahresüberschuss) mit noch höheren Wachstumsraten – es wird also nicht nur mehr verdient, sondern es wird auch mehr Gewinn erzielt, was keineswegs selbstverständlich ist, da z. B. gerade in reifen Märkten Unternehmen zwar noch den Umsatz steigern können, jedoch nicht Betriebsergebnis und Jahresüberschuss. *Google Inc.* „erkauft" sich das Umsatzplus also nicht durch Preisnachlässe.

Dazu ist anzumerken, dass *Google Inc.* seinen Umsatz fast ausschließlich über Werbeerlöse generiert und hier auf interaktive Preismodelle setzt, die durch das Internet erleichtert werden. Sie haben als innovatives Preismodell Auktionspreismodelle für die Anzeigenschaltung eingeführt, bei denen der Werbekunde ein Gebot abgeben muss. *Google Inc.*

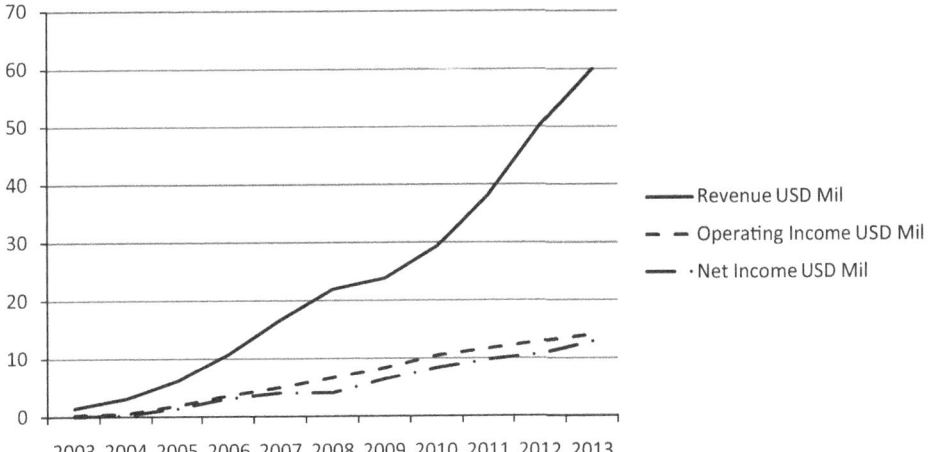

Abb. 8.3 *Google Inc.* Geschäftsentwicklung 2003–2013. (Basis: Google Inc. 2004–2014, Morningstar 2014)

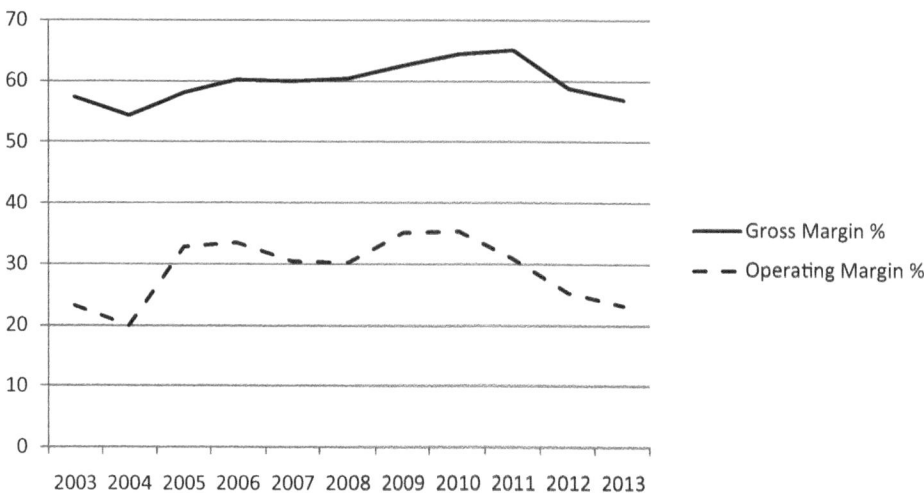

Abb. 8.4 *Google Inc.* Ertragslage 2003–2013 (Basis: Google Inc. 2004–2014)

erzielt durch sogenannte Bidding-Verfahren also höhere Umsätze als seine Wettbewerber durch Preiskalkulationen (vgl. auch Skiera et al. 2005, S. 285 ff.).

Zwischen 2003 und 2013 ergibt sich folgender prozentualer Anstieg:

- Revenues: 4.081 % (von $ 1,4 Mrd. auf 59,83 Mrd.).
- Operating Income: 4.092 % (von $ 342 Mio. auf 14 Mrd.).
- Net Income: 12.189 % (von $ 106 Mio. auf 12,92 Mrd.).

Vergleicht man den Anteil von Deckungsbeitrag 1 (Gross Margin) und Umsatzrendite (Operating Margin), also ersteres wie viel bleibt zunächst vom Umsatz nach Abzug der variablen Kosten (Cost of Revenue) und letzteres dann noch nach Abzug der Fixkosten und sonstiger Kosten (Operating expenses) übrig, zeigt sich dennoch eine sehr stabile Ertragslage zwischen 25 bis 35 % (siehe Abb. 8.4). Zum Vergleich: Im Einzelhandel beträgt die Spanne 1 bis 2 %.

Insofern lässt sich zunächst aus der relativ hohen Ertragslage schließen, dass *Google Inc.* eine sehr gute Marktposition erreicht hat, in der die Preise so kalkuliert werden können, dass vom Umsatz noch ein hoher Prozentsatz als Gewinn im Unternehmen bleibt – offensichtlich hat *Google Inc.* hier die Preismacht.

8.4 Googles Erfolgsgeheimnis

Welche Ertragskraft in *Google*-„Medien" steckt, wird besonders deutlich, wenn man die Erträge z. B. mit denen eines klassischen Medienunternehmens wie der *New York Times* vergleicht, deren Geschäftsmodell ebenfalls aus dem Koppelprodukt Inhalt und Werbung besteht – nur eben auf Papier gedruckt (siehe Abb. 8.5).

8.4 Googles Erfolgsgeheimnis

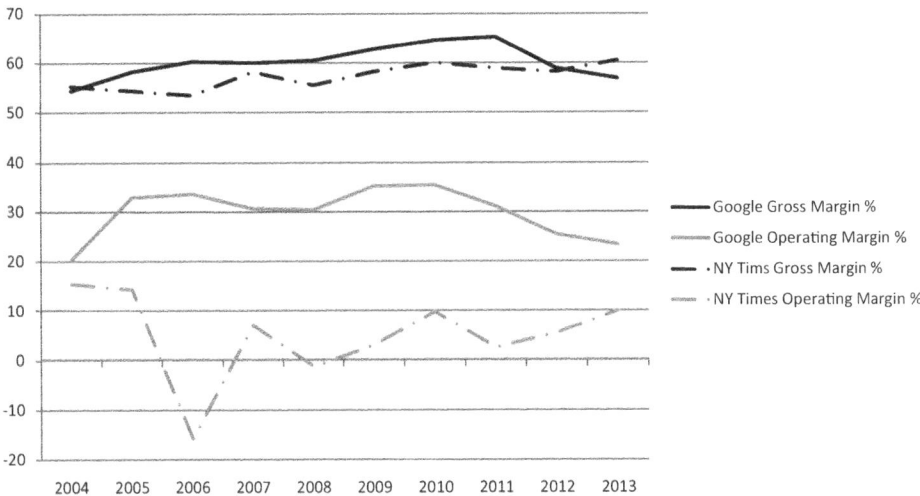

Abb. 8.5 Ertragslage *Google Inc.* vs. *New York Times* 2004–2013 (Basis: Google Inc. 2005–2014, New York Times 2005–2014)

In Worten: Die *New York Times* und *Google Inc.* schaffen prozentuell eine Gross Margin auf vergleichbarem Niveau. Allerdings zeigt die Operating Margin, also der Rohertrag (Gross Margin – abzüglich aller variablen Kosten), dass *Google Inc.* nach Abzug fixer und sonstiger Kosten einen Anteil des Betriebsergebnis am Umsatz schafft (Operating Margin – Ertrag nach Abzug aller Kosten), der weit über dem der *NYT* liegt. Dies ist nicht zuletzt darauf zurückzuführen, dass die *NYT* durch die Herstellung ihres Trägermediums (Papier) einen deutlich größeren Teil des Umsatzes aufwenden muss.

Yahoo! und *AOL*, beides ehemalige High-Growth-Unternehmen im Web 1.0, haben im Gegensatz zu *Google Inc.* nach den „old rules" gearbeitet: „They control content and distribution and think they can own customers, relationships, and attention. They create destinations and have the hubris to think, customers should come to them. ... Yahoo! Is the last old media company. Google is the first post-media company. Unlike Yahoo, Google is not a portal. It is a network" (Jarvis 2009, S. 5).

Google hat viele Plattformen für User-Generated-Content: *Google Blog*, *Google Calendar*, *Youtube*, *Picasa*, *Google Groups*, *Google Analytics* zur Einbindung in Websites zum Tracking des Traffics, *Google Maps*, *Google AdSense* zur Einbindung von Werbung auf allen von *Google* in das Netzwerk aufgenommen Websites. Alle Produkte von *Google Inc.* sind Instrumente in der Kontrolle der Nutzer zur Erstellung von Content, Umsätze durch Werbung, Maps mit User-Generate-Locations und Fotos etc. Umgekehrt gehen die meisten Portale vor: Sie kontrollieren den Inhalt und die Werbung auf ihren Portalen, um mit den Inhalten Nutzer anzuziehen und so Werbeumsätze zu generieren. Insofern ist *Yahoo!* das klassische Medienunternehmen: „Yahoo and most other sites ... try to make their home pages into destinations, crammed with content and advertising they believe will attract readers and serve marketers. Yet many users don't see these pages. As many as 80 % of a day's users at many news sites enter trough search links and never got to the home page" (Jarvis 2009, S. 36). Der Unterschied zwischen den old media companies und zukünftigen ‚Kuratoren' von Inhalten und Werbung ist: „The internet portals and online media followed their centralized worldview. But the next generation ... don't organize us. They are plattforms that help us to organize ourselves" (Jarvis 2009, S. 50). Post-Media Companies sind also nicht mehr ‚Content Gateways', sondern ‚Content Supporter'.

Google Inc. folgt damit nicht mehr der Logik des Massenmarktes: EIN Unternehmen weiß, was DER Kunde braucht. Aufgrund der Fragmentierung der Konsumtionsformen und der damit einhergehenden wachsenden Ineffizienz des Massenmarketings, bietet *Google Inc. z. B.* im Bereich Werbung ein umfangreiches *AdSense*-Netzwerk – für Werbetreibende jedes Nischensegments die passende Auslieferung des Werbemittels, für jedes Nischensegment die Möglichkeit, Content zu generieren (*Google Maps*, *Google Shop*, *Google Docs*, *Picassa*, *Youtube* etc.). So können Werbetreibende Targeting betreiben, also Streuverluste minimieren. *Google Inc.* geht damit den umgekehrten Weg: Anstatt ein Portal zu bieten für möglichst viele Bedürfnisse, schafft *Google* über die Suchmaschine und die Content-Plattformen eine Basis, dass jeder noch so kleine Nischenbedarf gefunden und seinen Content darstellen kann, in dessen Umfeld wiederum die für diese Interessen besser passenden Werbeangebote ausgeliefert werden können. Das Prinzip ist sozusagen den Old Media entgegengesetzt: content economy vs. link economy – *Google Inc.* verknüpft nur mehr den Content bzw. schafft Plattformen für Nutzer, sich selbst zu organisieren und ihren Content zu distribuieren. „*Google* hat eine Spitzenposition ... beim Experimentieren und Improvisieren, bei der analytischen Entscheidungsfindung, der partizipativen Produktentwicklung und anderen relativ ungewöhnlichen Innovationsformen" (Iyer und Davenport 2008, S. 44). Tools „die *Google* nicht selbst entwickelt, werden durch Übernahmen in den Konzern geholt" (Iyer und Davenport 2008, S. 47).

Dieses *Google*-Prinzip übersetzt für einen Zeitungsverlag sähe wie folgt aus: „Papers should no longer make just one mass product, a newspaper. Some are producing new services for more targeted interests, locales, and communities: hyperlocal sites and papers, a local sports talk show, ... local job fairs, ... These products need not be created and owned by the company; they can be produced by others and distributed or sold by the paper. The more communities served the better. ... Paper 2.0 will work with and support collections of bloggers, entrepreneur citizens, and communities that gather and share news" (Jarvis 2009, S. 129). Die Alternative ist also nicht mehr Masse oder Nische, sondern die Masse der Nischen einzusammeln. *Google* folgt damit letztlich wie *Facebook* der Logik, dass Menschen mehr sind als Medienkonsumenten, nämlich Prosumer: konsumieren und produzieren.

Beispielhaft für diese Entwicklung von *Google*, von der Suchmaschine zum Medienunternehmen, ist neben der Übernahme von *Youtube* 2006 z. B. die Übernahme des Online-Restaurantführers *Zagat* (2011). 1979 als Restaurant-Führer erstmals verlegt, lässt der *Zagat*-Führer, Restaurants, Zoos, Hotels oder Fluggesellschaften durch Kunden bewerten. Mittlerweile ist die Buchausgabe auch durch ein Online-Portal und Apps ergänzt. Das Unternehmen war *Google Inc.* 151 Mio. € wert.

8.4 Googles Erfolgsgeheimnis

Damit zeigt sich einmal mehr, dass es einen allgemeinen Trend zum integrierten Medienunternehmen gibt (Konvergenz). Publizistik, Entertainment und Hardware (wie Distributionsinfrastruktur der Telekom-Gesellschaften oder z. B. *Apple* als Hard- und Softwarehersteller mit Plattformen wie *iTunes*) wachsen zu einem multimedialen Unternehmen zusammen, das verschiedene Erlös- und Geschäftsmodelle integriert.

Nutzer von *Google* liefern durch den Browser *Chrome*, *Gmail*, *Google Docs*, *Blogs* etc. persönliche Daten, quasi im Tausch für die Nutzung der Dienste. Auch die Produktentwicklung von *Google* ist nutzerbasiert. Nicht das Unternehmen weiß besser was der Markt braucht, sondern *Google* ist die Plattform auf der der Markt Innovation entwickeln kann (siehe Abb. 8.6).

Bei *Google Inc.* gibt es keine übergeordneten Pläne, wie neue Produkte entstehen. *Google*-Manager gehen davon aus, dass die Nutzer über den Erfolg von Innovationen entscheiden und dass die Unternehmensstrategie entsteht, indem bestimmte Angebote be-

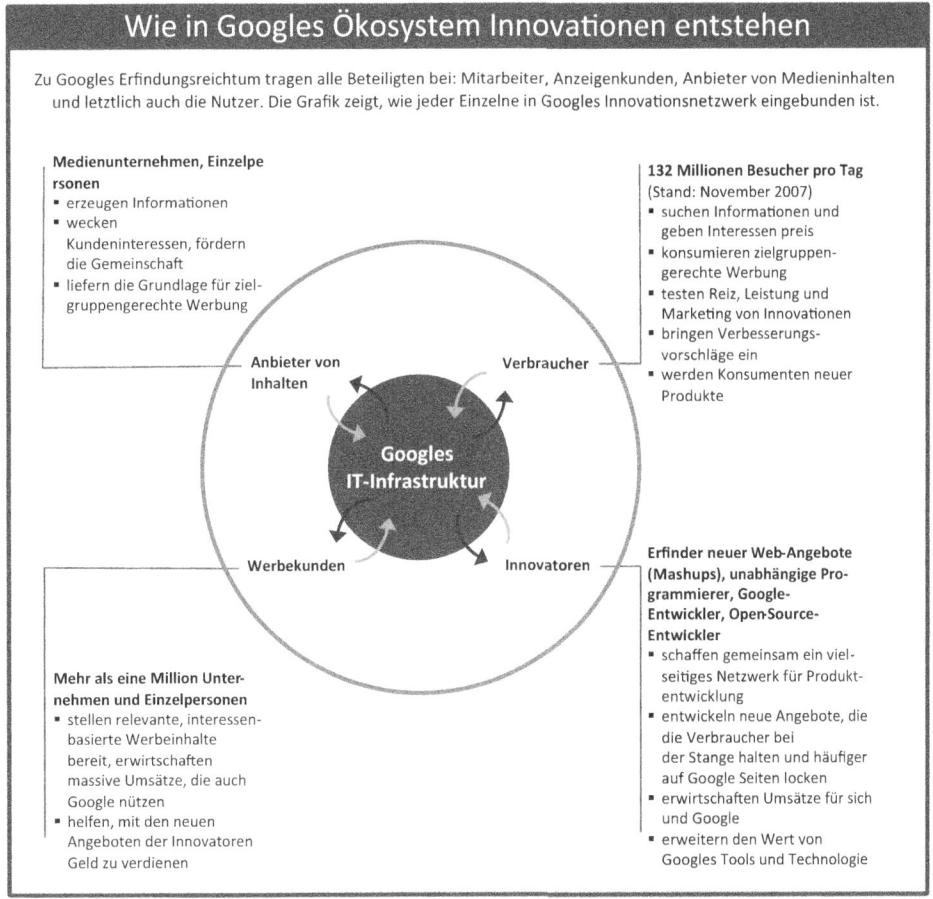

Abb. 8.6 Innovationsentwicklung am Beispiel *Google Inc.* (Iyer und Davenport 2008, S. 49)

sonders erfolgreich sind. *Google Inc.* setzt also auf Crowdsourcing (Iyer und Davenport 2008, S. 54).

Google lässt Quellcodes und Schnittstellen offen, damit Programmierer im Umfeld von *Google* ihre eigenen Programme und Umsatzquellen entwickeln können – offensichtlich wird dies auch in der ‚Appconomy' von *Google Inc.*: *Apple* hat vorgemacht, wie man das ‚Millionenheer' von unternehmerischen Programmier-Teams einbindet, motiviert ihre eigenen Geschäftsmodelle mit Anwendungen zu integrieren und damit gleichzeitig einen Netzwerk-Effekt zu erzeugen. Bei *Google Inc.* kommen noch die Prosumer hinzu: Während *Apple* noch sehr zentralisiert vorgeht und versucht, sein „Ökosystem" zu steuern, hat *Google* völlig aufgemacht. So entstehen auf den Plattformen von *Google* Content und Apps, die sich letztlich durch die Anzahl der Nutzer beweisen müssen. Bei wirklich erfolgreichen Modellen überlegt dann *Google* entweder die Übernahme des Unternehmens oder die Entwicklung einer größeren Beta-Version als *Google*-Produkt. Allein das führt zu einem schnellen Wachstum des Unternehmens durch permanente Produktentwicklung (vgl. Iyer und Davenport 2008, S. 55).

Anders als *Google* agiert das Portal *Yahoo!* mit einer klassischen Medien-Strategie nach dem Motto: „Wir haben die Inhalte, komm zu uns!" Entsprechend gleicht auch der wirtschaftliche Erfolg von *Yahoo!* eher jenem der *New York Times*. CEO Schmidt formulierte 2005 in einem Interview: „We're not in the portal business, we're in the business of making all the world's information accessible and useful" (Battelle 2005). Auf Basis des Rohergebnisses (Bruttogewinn: Umsatz – Umsatzkosten, also variable Kosten) ihres Content-Werbe-Erlösmodells, lassen sich sowohl die *NYT* als auch *Yahoo!* zunächst mit *Google Inc.* vergleichen (siehe Abb. 8.7).

Die hohe Gross Margin zeigt, dass grundsätzlich alle drei Unternehmen eine starke Marktposition haben und nicht Umsatz durch Preiskampf und damit niedrigere Gross

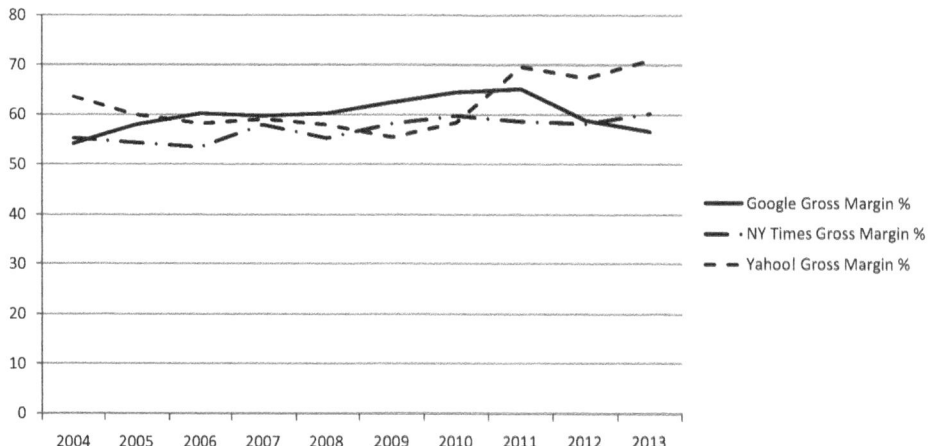

Abb. 8.7 Bruttogewinn von *Google Inc.*, *NYT* und *Yahoo!* (Basis: Annual Reports 2004–2013 von Google Inc., NYT, Yahoo!)

8.4 Googles Erfolgsgeheimnis

Margin erkaufen müssen. Beide digitalen Unternehmen zeichnen sich im Vergleich zur *NYT* aber natürlich dadurch aus, dass die dem Umsatz zuzuordnenden Kosten (Umsatzkosten) deutlich geringer sind als bei „hardware"-produzierenden Zeitungen.

Vergleicht man die Operating Margin, dann zeigt sich der Unterschied zwischen dem klassischen Content-Werbe-Erlösmodell – also selbst erstellte bzw. kuratierte Inhalte zur Leserbindung und Reichweite, die dann als Werbe-Reichweite verkauft werden kann – im Gegensatz zu Googles Geschäftsmodell mit syndizierten, also nicht selbst erstellten Fremdinhalten, so ist das Niveau von *Yahoo!* mit dem der *New York Times* vergleichbar, während das Geschäftsmodell von *Google Inc.* eindeutig erfolgreicher ist (siehe Abb. 8.8).

Der Erfolg des *Google*-Modells wird auch sichtbar an der Entwicklung der Umsätze und des Eigenkapitals. *Google Inc.* und *Yahoo!* starten im Jahr 2004 von einem relativ gleichen Level hinsichtlich Operating Margin (siehe Abb. 8.8) als auch hinsichtlich Umsatz (siehe Abb. 8.9) und Eigenkapital (Abb. 8.10).

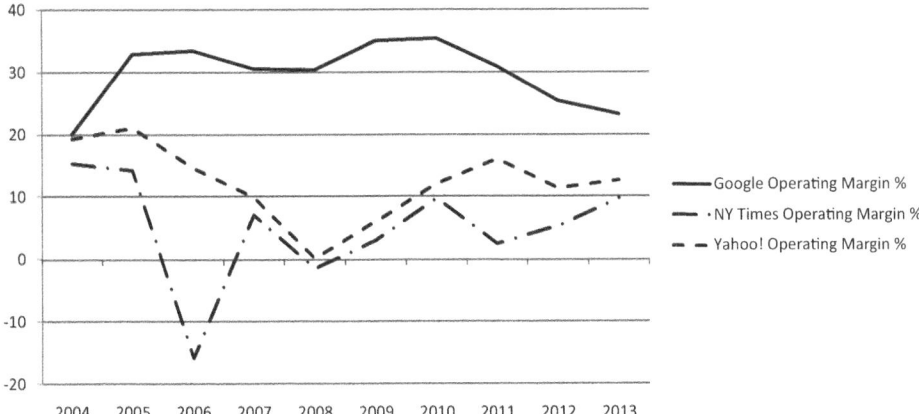

Abb. 8.8 Operating Margin von *Google Inc.*, *NYT* und *Yahoo!* (Basis: Annual Reports 2004–2013 von Google Inc., NYT, Yahoo!)

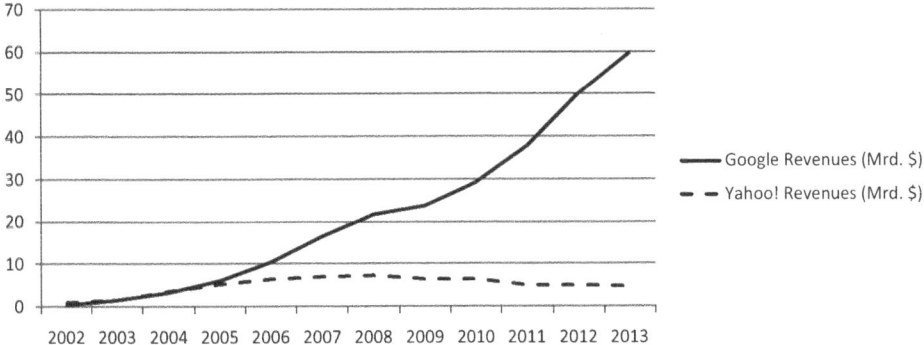

Abb. 8.9 Revenues-Entwicklung von *Google Inc.* und *Yahoo!* (Basis: Annual Reports 2002–2013 von Google Inc. und Yahoo!; Morningstar)

Im Gegensatz zu *Yahoo!* gelang es *Google Inc.* seit 2004 – auf der Basis steil steigender Umsätze – ebenfalls einen hohen Stock an Eigenkapital (Equity) aufzubauen (siehe Abb. 8.10). Gleiches gilt auch für den Buchwert des Unternehmens pro Aktie (siehe Abb. 8.11).

Die Beispiele *Yahoo!* und *New York Times* zeigen, dass grundsätzlich das duale Produkt (selbstgenerierter Inhalt plus Werbung) in der Krise ist. So heißt es bei *Yahoo!*: Das Unternehmen ist „a global digital media company that attracted visitors to its website by offering personalized content and experiences and monetized the visits via advertising and transaction fees" (Subramanian 2013, S. 6). „Search, Local, Shopping, Travel, Flicker, Answers, Connected TV, Games, News etc. Products such as Yahoo! Homepage, Yahoo! News, and Yahoo! Finance formed the cornerstone of the Media category, whose goal was

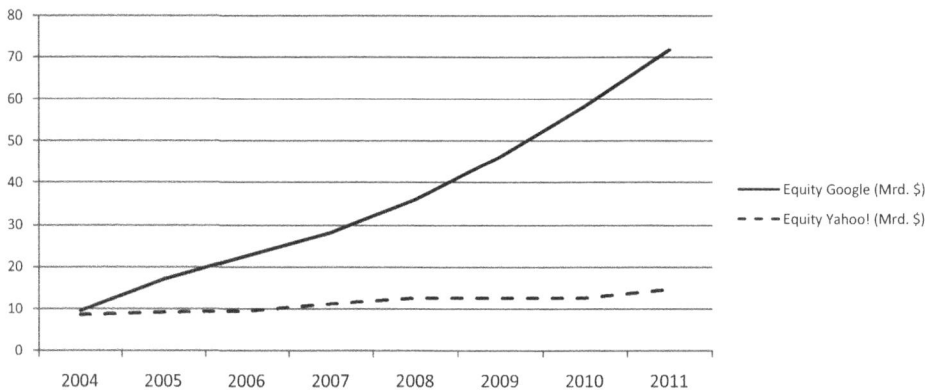

Abb. 8.10 Eigenkapital-Entwicklung von *Google Inc.* und *Yahoo!* (Basis: Annual Reports 2004–2011 von Google Inc. und Yahoo!)

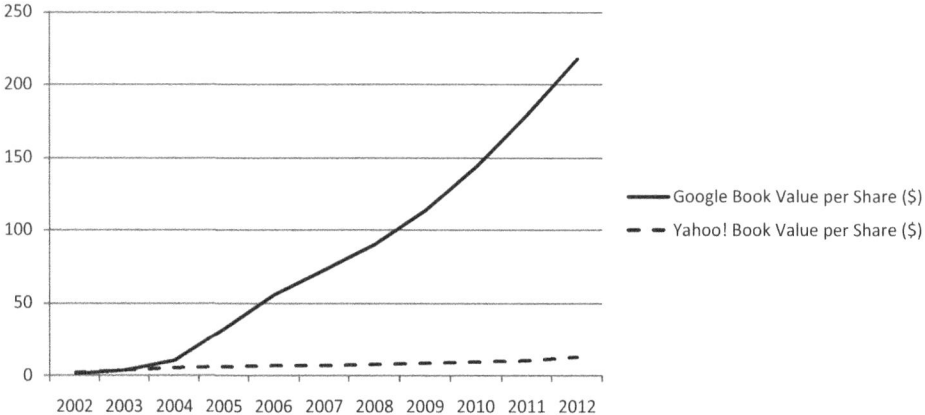

Abb. 8.11 Entwicklung der Buchwerte der Unternehmen *Google Inc.* und *Yahoo!* pro Aktie. (Basis: Annual Reports 2002–2012 von Google Inc. und Yahoo!; weitere Daten: Morningstar 2014)

to engage users with *compelling content*" (Subramanian 2013, S. 6). Compelling Content ist das, was auch klassische Medienunternehmen wie TV-Stationen, Zeitungsverlage etc. als Kern ihres Geschäftsmodells betrachten. Hier scheint sich aber zumindest bei *Yahoo!* eine Abkehr vom bisherigen Geschäftsmodell anzudeuten, durch den Wechsel in der Geschäftsführung: Die Vizepräsidentin von *Google Inc.*, Marissa Mayer, wechselte nach 13 Jahren bei *Google Inc.* im Juli 2012 zu *Yahoo!* Dort setzt Meyer die Acquire-to-hire-Strategie von *Google Inc.* fort, Startups und Wachstumsunternehmen zu kaufen, nicht nur um Technologie, sondern sehr viel mehr talentierte Mitarbeiter einzukaufen. Im Wesentlichen kauft Meyer derzeit Social-Media-Plattformen wie *Stampel*, *Snip.it* etc., die Plattformen sind für User-Generated-Content (vgl. Kessler 2013, S. 45; Friedrichsen und Mühl-Benninghaus 2013).

Literatur

Advertising Age. (2013). Marketing fact pack: Annual guide to marketers, media and agencies. Chicago: Ad Age Data Center. http://gaia.adage.com/images/bin/pdf/MFPweb_spreadsv2.pdf. Zugegriffen: 29. April 2014.

Battelle, J. (2005). The 70 percent solution. Google CEO Eric Schmidt gives us his golden rules for managing innovation. CNN. 1. Dez. 2005. http://money.cnn.com/magazines/business2/business2_archive/2005/12/01/8364616/. Chicago: Illinois.

CPC Consulting. (2012). Online-Werbeausgaben Deutschland: 60 Prozent an Google. http://www.cpc-consulting.net/Online-Werbeausgaben-Deutschland-2009-2010-x847. Zugegriffen: 31. Mai 2014.

Edelman, B., Eisenmann T. 2010. Google Inc. In Harvard Business School Case 910–036, Januar 2010. Überarbeitet im April 2011. Boston: Ivey Publishing.

Friedrichsen, M., & Mühl-Benninghaus, W. (Hrsg.). (2013). *Handbook of social media management*. Heidelberg: Springer Science+Business Media.

Google Inc. (2002–2014). Geschäftsberichte/Annual Reports. http://investor.google.com. Zugegriffen: 1. Juli 2014.

Google Inc. (2013a). Unternehmensprofil. http://www.google.com/about/company. Zugegriffen: 31. Mai 2014.

Google Inc. (2013b). Google Inc. Announces fourth quarter and fiscal year 2012 results. 22.01.2013. http://investor.google.com/earnings/2012/Q4_google_earnings.html. Zugegriffen: 31. Mai 2014.

Institut für Medien- und Kommunikationspolitik. (2014a). Ranking–Die 50 größten Medienkonzerne 2014. http://www.mediadb.eu/rankings/intl-medienkonzerne-2014.html. Zugegriffen: 1. Juli 2014.

Institut für Medien- und Kommunikationspolitik. (2014b). Google Inc. http://www.mediadb.eu/datenbanken/internationale-medienkonzerne/google-inc.html. Zugegriffen: 1. Juli 2014.

Interbrand. (2013). Best global brands 2013. http://www.interbrand.com/en/best-global-brands/2013/Best-Global-Brands-2013-Brand-View.aspx. Zugegriffen: 31. Mai 2014.

Iyer, B., & Davenport, T. H. (2008). Vorbild Google. Innovation. In Harvard business manager (S. 44–58). Juni 2008.

Jarvis, J. (2009). *What would google do?* New York: HarperBusiness.

Kessler, S. (2013). Exposing yahoo's strategy. In Fastcompany (S. 40–45). April 2013.

Kremp, M. (2012). Webbrowser: Chrome ist populärer als Internet Explorer. 21. Mai 2012. http://www.spiegel.de/netzwelt/web/chrome-ueberholt-internet-explorer-a-834261.html. Zugegriffen: 31. Mai 2014.

Morningstar Inc. (2014). Independent investment research datenbank. Chicago, Illinois. http://www.morningstar.com. Zugegriffen: 1. Juli 2014.

Netmarketshare. (2014). Market share statistics for internet technologies. http://www.netmarketshare.com/. Zugegriffen: 31. Mai 2014.

New York Times (2002–2014). Annual Reports. http://investors.nytco.com/investors/financials/annual-reports/. Zugegriffen: 1. Juli 2014.

Osterwalder, A., & Pigneur, Y. (2010). *Business model generation: A handbook for visionaries, game changers, and challengers*. Hoboken: Wiley.

Scharlach, J. (2012). Geschäftsmodelldarstellung Google – E-Commerce-Funktionen. Präsentation FH Wedel. http://www.webzapper.de/wp-content/uploads/2012/09/Jan-Henrik_Scharlach_-_Gesch%C3%A4ftsmodell_Google.pdf. Zugegriffen: 31. Mai 2014.

SEO-united. (2014). Suchmaschinenverteilung in Deutschland. http://www.seo-united.de/suchmaschinen.html. Zugegriffen: 1. Juli 2014.

Sjurts, I. (2005). *Strategien in der Medienbranche: Grundlagen und Fallbeispiele* (3., überarb. u. erw. Aufl.). Wiesbaden: Springer-Gabler.

Skiera, B., Spann, M., & Walz, U. (2005). Erlösquellen und Preismodelle für den Business-to-Consumer-Bereich im Internet. In *Wirtschaftsinformatik, 47*(4), 285–293. http://www.wiwi.uni-frankfurt.de/Professoren/klapper/konsumgwebsite/typo3/fileadmin/Publikationen/Skiera-Spann-Walz-Erloesquellen.pdf. Zugegriffen: 31. Mai 2014.

Steinebrunner, F. (2014). Globaler Suchmaschinen Marktanteil: Google baut Führung aus. 22. Januar 2014. http://news.worldsites-schweiz.ch/globaler-suchmaschinen-marktanteil-google-baut-fuehrung-aus.htm. Zugegriffen: 1. Juli 2014.

Subramanian, R. (2013). Yahoo! Inc.: Marissa Mayer's challenge. Harvard business review. Case. Harvard Business Review. 24. Mai 2013. Ivey Publishing.

Yahoo! (2002–2014). Annual Reports. https://investor.yahoo.net/annuals.cfm. Zugegriffen: 1. Juli 2014.

Strategie-Pfade im Vergleich: Bloomberg, Thomson Reuters, Google, Axel Springer

9

Die Geschäftsmodelle von *Bloomberg L.P.* und *Thomson Reuters* stehen zwischen dem von *Google Inc.* und jenem der *Axel Springer AG*: Beide generieren originäre Inhalte, distribuieren aber grundsätzlich digital. „Ausflüge" von *Bloomberg L.P.* in die klassischen Medien (TV, Print) sind eher nicht sehr erfolgreich, wie die folgende komparative Analyse zeigt.

9.1 Geschäftsfelder Bloomberg L.P.

Bloomberg L.P. ist ein globaler Informationsdienstleister für Finanzdaten. Mit *Bloomberg Professional Service* wird weltweit knapp 310.000 professionellen Nutzern eine einheitliche Plattform mit diversen Finanz- und Marktinformationen angeboten. *Bloomberg L.P.* betreibt ferner eine Nachrichtenagentur, ein Fernsehkanal, Radiosender, einen Verlag und weitere Onlinedienste. Das Unternehmen beschäftigt in 72 Ländern rund 15.000 Mitarbeiter, darunter rund 2300 Reporter.

Der Gründer Michael Bloomberg setzte bereits 1981 auf Wirtschaftsinformationen und begann noch vor der Einführung des Internets mit der Vermarktung der *Bloomberg Terminals* als Endgeräte für seine Informationsdienste, deren Zielgruppe zunächst ausschließlich Professionals der Finanzbranche waren.

Der Finanzdienstleister *Merrill Lynch & Co., Inc.* war der erste Kunde von *Bloomberg L.P.* und erwarb 1985 30 % des Unternehmens für US$ 39 Mio.. Dadurch konnte die Serienproduktion der *Bloomberg Terminals* finanziert werden. *Bloomberg Terminals* werden heute weltweit von rund 180.000 Banken, Investment-Gesellschaften, Medien (insbesondere Wirtschaftszeitungen) und privaten Investoren genutzt für einen durchschnittlichen Preis von 1500 und 1800 USD monatlich. Dieses Geschäft macht nach wie vor den Hauptumsatz des Unternehmens aus.

Die anderen Unternehmensbereiche sollten ursprünglich vor allem der Vermarktung der Terminals dienen: Da *Bloomberg* am Anfang nur ein geringes Werbebudget zur Verfügung stand, wurde 1990 die Nachrichtenagentur *Bloomberg Business News* gegründet, um eine höhere Medienpräsenz zu erreichen (vgl. Institut für Medien- und Kommunikationspolitik 2013). Eine eigens aufgebaute Redaktion rekrutierte namhafte Wirtschafts- und Finanzjournalisten, die u. a. vom *Wall Street Journal* und *Forbes* abgeworben wurden. Die Nachrichten werden seitdem direkt über die Terminals ausgestrahlt; Verlagen wird die kostenlose Nutzung der *Bloomberg*-Informationen gestattet, wenn sie sich verpflichten, Meldungen mit dem Anbieternamen abzudrucken.

Bloomberg L.P. kaufe 1992 zusätzlich eine New Yorker Radiostation und baute diese zu einem Nachrichtensender um. Ein hausinternes Fernsehstudio und eine Satelliten-TV-Station wurden aufgebaut bzw. akquiriert. 1994 erschien die erste eigene Zeitschrift *Bloomberg Personal Finance Magazine*. Seit 1995 stellt *Bloomberg L.P.* auch im Internet Geschäftsinformationen kostenlos zur Verfügung. Ferner wurde in den 90er Jahren der Terminal-Dienst mit einem elektronischen Handelssystem (*Bloomberg Tradebook*) kombiniert, sodass Informieren und Trading auf einer Plattform möglich ist. Seit 1996 verlegt *Bloomberg L.P.* auch Fachbücher u. a. als Reihe *Bloomberg Financial* und produziert das Tagesprogramm des New Yorker Fernsehsenders *WPXN*.

Das Wettbewerbsumfeld hat sich jedoch deutlich verändert. Der First-Mover-Advantage ist verlorengegangen: Seit Ende der 90er Jahre steht *Bloomberg L.P.* im harten Wettbewerb mit den beiden großen Konkurrenten *Reuters* und *Reuters*. Der intensive Wettbewerb führte u. a. dazu, dass *Bloomberg L.P.* den Verlag mehrerer Magazine wieder einstellte, u. a. das bekannte *Bloomberg Personal Finance Magazine*. Andere Publikationen wie z. B. *Bloomberg Markets*, die lange nur im Abonnement erhältlich waren, wurden zusätzlich über den Einzelhandel vertrieben.

Die Wirtschafts- und Finanzkrise seit 2007 war zugleich Chance und Problem für *Bloomberg L.P.*:

- Eine Chance, weil es für einen Finanzdienst nun viel zu berichten gab.
- Ein Problem, weil *Bloombergs* Geschäft auf der Vermietung von Finanzterminals beruht und Kunden abspringen: Allein durch Insolvenz der Bank *Lehmann Brothers* verlor *Bloomberg* 2007 rund 3000 bis 4000 von 290.000 Benutzern. Auch andere Banken haben in der Zeit mehrere Tausend Terminals zurückgegeben – laut *BusinessWeek*: 8000 Terminals (vgl. Institut für Medien- und Kommunikationspolitik 2013).

2008 verschärfte sich durch die Fusion von Unternehmen (Kanada) und *Reuters* (Großbritannien) weiter. *Thomson Reuters* als auch *Bloomberg L.P.* haben seitdem jeweils einen Marktanteil von ungefähr je einem Drittel. Damit ist keines der beiden Unternehmen Marktführer und es wird vermutet, dass das Duopol noch einige Zeit bestehen bleibt.

Bereits seit den 90er Jahren versuchte *Bloomberg L.P.* auch das Kerngeschäft Daten- und Datendisplay-Dienstleistung durch investigativen Qualitätsjournalismus zu erweitern. Michael Bloomberg gründete mit Winkler, einem ehemaligen Journalisten des *Wall*

Street Journals, Bloomberg News: Winklers „goal for Bloomberg News was always that it be faster, broader, deeper, more accurate, more trustworthy – on every story, compared to every competitor" (Salmon 2013).

Dieser Versuch der Erweiterung des Kerngeschäfts weg vom Datenlieferanten hin zu einem journalistischen Format ist bis heute erfolglos geblieben. Das Problem wurde besonders sichtbar seit 2007, als der Kostendruck durch die Finanzkrise zunahm und durch das Entstehen eines mächtigen Konkurrenten in Form von *Thomson Reuters*. Aus Sicht des Vice-Chairman und Co-Founder Tom Secunda stellte sich nämlich die Frage, warum *Bloomberg News*, das nur Verluste generierte, dauerhaft durch das Kerngeschäft querfinanziert wurde: „So while Winkler was building up a substantial investigative-journalism group, or creating the Bloomberg Muse franchise to cover the arts, Secunda was grumbling, asking why Bloomberg News needed to provide any of that kind of stuff. Couldn't Bloomberg subscribers find just as good content in such areas from the *New York Times* wire, if they needed it?" (Salmon 2013).

So wichtig die in *Bloomberg News* zusammengefasste Redaktion für das Marketing ist, umso geringer ist deren Umsatzwirkung: Derzeit kommen rund 83 % aus dem Verkauf bzw. der Vermietung der *Bloomberg Terminals*. Nur 2300 der rund 15.000 Mitarbeiter gehören zur Redaktion (vgl. Institut für Medien- und Kommunikationspolitik 2013). Es ist also auch für die Zukunft des Unternehmens davon auszugehen, dass der Geschäftserfolg nicht von redaktionellen Innovationen abhängt, sondern das Hauptgeschäft nach wie vor der Verkauf von Wirtschaftsdaten bleibt. Vielmehr scheint der Versuch, durch investigativen Qualitätsjournalismus Mehrwert zu bieten, sogar zum Problem zu werden: „And it turns out that Bloomberg subscribers, although they definitely want market-moving news ahead of anybody else, are much less fussed about the broad mass of news stories which don't move markets. In recent years, Winkler has been losing a bit of his former power. … Bloomberg TV is watched by, to a first approximation, nobody – and loses more than $ 100 Mio. a year. With costs so high and benefits so low, it was never going to maintain its former size. … Now, however, Bloomberg News is increasingly a direct threat to the success of Bloomberg LP" (Salmon 2013).

9.2 Geschäftsfelder Thomson Reuters

Reuters expandierte bereits in den 90er Jahren stark, was allerdings nach dem Ende des dot.com-Booms ab etwa 2000 zum Problem wurde. Das Angebot war unübersichtlich geworden; Kunden kündigten in größerem Umfang die als unflexibel geltenden *Reuters Terminals*. 2001 erwirtschaftete das Unternehmen zwar Gewinne, verlor jedoch zunehmend Marktanteile an *Bloomberg L.P.* Auch war die Marke *Reuters* in den Vereinigten Staaten weitgehend unbekannt. In den Folgejahren wurde durch negative Bilanzergebnisse ein Sanierungskurs notwendig, der durch die Übernahme durch *Reuters* und die Umfirmierung in *Thomson Reuters* Corporation mit Hauptsitz in New York City 2008 abgeschlossen wurde.

Das ursprüngliche Produktportfolio von *Reuters* wurde durch die Fusion mit *Reuters* um das Ressort Medien erweitert. Damit besteht das Portfolio heute aus folgenden Geschäftsbereichen:

- Finanzen: Wirtschafts- und Finanzdaten für Investoren.
- Recht: Datenbanken und Softwarelösungen für den juristischen Bereich, insbesondere für Kanzleien, Rechtsabteilungen in Unternehmen sowie Verwaltung, Fachbibliotheken und Institute.
- Gesundheitswesen: Datenbanken und Software für Krankenhäuser, Klinikverwaltungen sowie für Pharma- und Biotechnologie-Unternehmen.
- Wissenschaft: Daten und Zeitschriftendatenbanken für staatliche, private und universitäre Forschungsinstitute.
- Steuern und Buchführung: Software-Lösungen und Informationsdienste für Kanzleien, Banken und Verwaltung.
- Medien: Nachrichtenticker, Videos, Bilder, Grafiken sowie speziell für Online-Medien aufbereitete Angebote.

Seit der Fusion hat *Thomson Reuters* rund 40 kleinere und mittlere Unternehmen akquiriert im Wesentlichen aus dem Bereich Fachinformationen, Online-Services oder Software besonders im Bereich Steuern, Recht und Finanzen. Auch bei *Thomson Reuters* ist der Verkauf von Terminals nach wie vor der zentrale Faktor für den Geschäftserfolg. Was *Reuters* allein nicht mehr bewältigen konnte, schafft jetzt das fusionierte Unternehmen: eine wettbewerbsfähiges Datenterminal zu vertreiben und damit in Konkurrenz zu *Bloomberg L.P.* zu treten: Bis zum Februar 2014 konnte das Unternehmen rund 119.000 Datenterminals (dem sog. *Eikon-Desktop*) verkaufen – eine Desktop-Lösung, die wie das *Bloomberg Terminal* Trading und Information kombiniert. Damit haben beide Unternehmen realisiert, was einzeln gegen den großen Konkurrenten *Bloomberg L.P.* nicht gelang.

9.3 Vergleich: Bloomberg L.P., Thomson Reuters, Google Inc., Axel Springer AG

Vergleicht man die Unternehmen *Thomson Reuters*, *Axel Springer AG*, *Bloomberg L.P.* und *Google Inc.* anhand des Rankings der Top 50-Global-Medienunternehmen nach Umsatz (vgl. Institut für Medien- und Kommunikationspolitik 2014), zeigen sich wesentliche Größenunterschiede der Anbieter:

- *Google Inc.* auf Platz 2.
- *Thomson Reuters* auf Platz 14.

9.3 Vergleich: Bloomberg L.P., Thomson Reuters, Google Inc., Axel Springer AG

- *Bloomberg L.P.* auf Platz 20.
- *Axel Springer SE*[1] auf Platz 45.

Beim Vergleich der Geschäftsmodelle kann man zunächst folgende Unterscheidungen machen:

- *Google Inc.* verfolgt ein ‚transklassisches Verlagsmodell': Es wird kein eigener Content produziert, aber der Umsatz ist zu 95 % durch Werbung erwirtschaftet.
- *Axel Springer SE* verfolgt nach wie vor das ‚klassische Verlagsmodell', indem es Kuppelprodukte distribuiert – Content (eigener und fremder) plus Werbung vom Unternehmen an Konsumenten (B2C).
- *Thomson Reuters* erwirtschaftet seinen Umsatz ausschließlich durch Content und damit nicht werbefinanziert, weil der Absatzmarkt Unternehmen sind, wie klassische Mediengattungen oder Unternehmen der Finanzwirtschaft. Damit agiert *Thomson Reuters* im Wesentlichen von Unternehmen zu Unternehmen (B2B).
- *Bloomberg* steht in gewisser Hinsicht zwischen *Thomson Reuters* und *Axel Springer SE*: Es setzt auf Reichweite mit Content (*Bloomberg News*) und das letztlich an den Endkonsumenten in Form des ‚klassischen Verlagsmodells' hingegen aber nur mit geringsten Werbeumsätzen. Das Angebot an Fachinformationen – der Bereich mit dem der größte Teil des Umsatzes erwirtschaftet wird – entspricht hingegen dem Geschäftsmodell von *Thomson Reuters*.

Im Vergleich der Umsätze der vier Unternehmen zeigt sich, dass einzig das Geschäftsmodell von *Google Inc.* wirklich dynamisch ist – nicht zuletzt, weil *Google Inc.* diesen Markt letztlich selbst etabliert hat und ständig ausbaut (siehe Abb. 9.1).

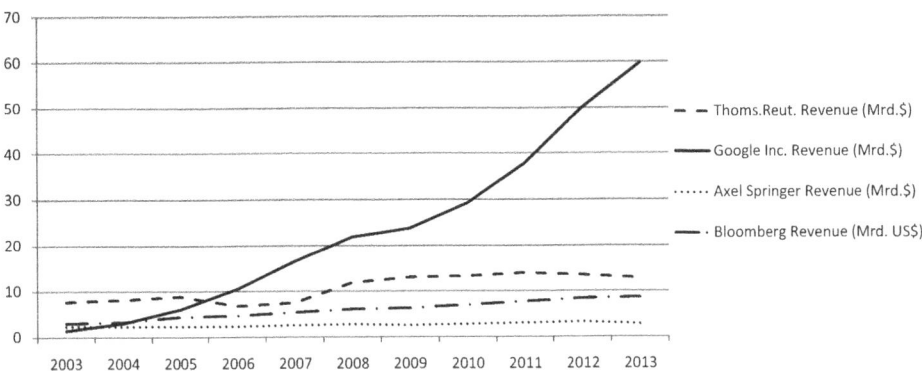

Abb 9.1 Revenue-Entwicklung von *Thomson Reuters, Google Inc., Axel Springer AG* und *Bloomberg L.P.* (Basis: Annual Reports; Morningstar Inc. 2014)

---

[1] Mit 2. Dezember 2013 wurde Axel Springer von einer AG in eine europäische Aktiengesellschaft, eine Societas Europea (SE), umgewandelt (vgl. Axel Springer AG 2013).

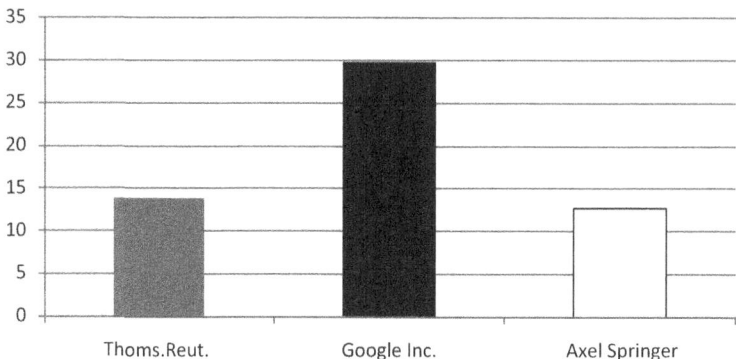

Abb. 9.2 10-Jahresdurchschnitt (2004–2013) Umsatzrentabilität (Operating Margin) in Prozent von *Thomson Reuters*, *Google Inc.* und *Axel Springer AG*. (Basis: Annual Reports; Morningstar Inc. 2014; Bloomberg ist eine Limited Partnership, unterliegt so keiner Publikationspflicht, sodass entsprechende Daten fehlen)

Die klassischen Content-Geschäftsmodelle – Koppelprodukt Content und Werbung (*Axel Springer AG*) sowie fachspezifische Information (*Thomson Reuters* und *Bloomberg L.P.*) sind keine Wachstumsmärkte. Hier ist das Wachstum meist nur durch Unternehmenszukäufe möglich, so wie es insbesondere *Thomson Reuters* praktiziert, was allerdings nur mit einem langsamen Wachstum verbunden ist.

Vergleicht man die Rentabilität der Geschäftsmodelle, zeigt sich zunächst, dass das klassische Medien-Geschäftsmodell des Kuppelproduktes von Content und Werbung (*Axel Springer AG*) im 10-jährigen Durchschnitt der Umsatzrentabilität (durchschnittliche Operating Margin in Prozent) in etwa so hoch ist wie beim Geschäftsmodel fachspezifischer Content (*Thomson Reuters*) (siehe Abb. 9.2).

Abbildung 9.2 zeigt, dass die Produktionskosten in den Geschäftsmodellen von *Thomson Reuters* und der *Axel Springer AG* ähnlich hoch sind. *Google Inc.* hat hingegen keine Kosten der Content-Produktion zu tragen, da das Geschäftsmodell ja letztlich auf Fremdcontent aufbauend zielgruppenspezifische Werbung distribuiert, also Werbung ohne vorherige Content-Erstellung „ausliefern" kann. So lässt sich also feststellen, dass die Umsatzrentabilität, also der Anteil der vom Umsatz in Bezug zur Kostenstruktur übrig bleibt, für die klassischen, also eigencontent-basierten Geschäftsmodelle, zunächst unrentabler ist als das transklassische Geschäftsmodell von *Google Inc.*

Betrachtet man aber nicht das Betriebsergebnis, sondern das Unternehmensergebnis, ergibt sich ein andere Bild (siehe Abb. 9.3). Es zeigt sich hier, dass das Kuppelprodukt-Geschäftsmodell der *Axel Springer AG* sehr wohl bei der Kapitalrentabilität, also mit der Rendite auf das eingesetzte Fremd- und Eigenkapital, mit dem Geschäftsmodell Werbung ohne Eigencontent von *Google Inc.* konkurrieren kann.

Die Aussagekraft für die Geschäftsmodelle begründet sich nicht zuletzt darin, dass es sich hier nicht um beliebige Unternehmen handelt, sondern um den jeweiligen Marktfüh-

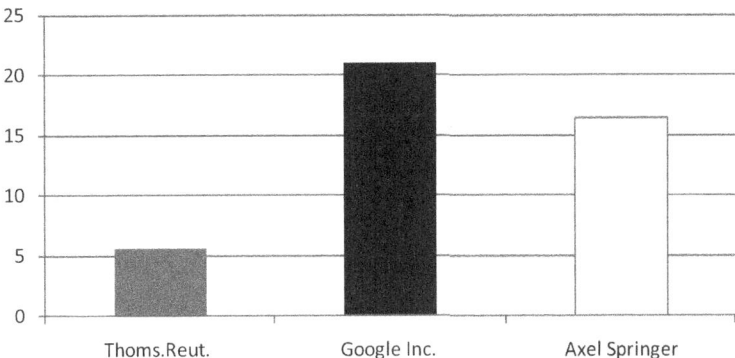

Abb. 9.3 10-Jahresdurchschnitt ROIC (in Prozent) von *Thomson Reuters*, *Google Inc.* und der *Axel Springer AG* 2003 bis 2012. (Basis: Annual Reports; Morningstar Inc. 2014; Bloomberg ist eine Limited Partnership, unterliegt so keiner Publikationspflicht, sodass entsprechende Daten fehlen)

rer in seinen Märkten. So ist die *Axel Springer AG* in zu vielen Märkten aktiv, als dass man hier von einer allgemeinen Marktführerschaft reden könnte.

Für die *Axel Springer AG* lässt sich das hohe Niveau der Kapitalrentabilität vermutlich durch das aktive Produkt-Portfolio-Management erklären. Dies zeigt gerade die jüngste Portfolio-Bereinigung in Form des Desinvestments (Verkaufs) von diversen überregionalen Tageszeitungen und das Investment in neue, digitale Geschäftsmodelle, also in Wachstumsmärkte. Hingegen ist die Zielgruppe des B2B-Fachinformation-Geschäftsmodells prinzipiell stagnierend: Es entsteht eben einfach nicht von heute auf morgen eine wachsende Nachfrage nach Finanzinformation – die Anzahl der institutionellen Finanzmarkt-Akteure wächst nicht so schnell wie z. B. die Consumer-Content-Märkte und die in diesen Märkten sich in immer spezifischere zersplitternde Interessen und Mediennutzungsverhalten.

Die Umsatzentwicklung (siehe Abb. 9.1) der drei betrachteten Unternehmen zeigt, dass der Markt von *Google Inc.* stark wachsend ist, während der Markt des Marktführers *Thomson Reuters* und des Herausforderers *Bloomberg L.P.* nur zu stagnierenden Umsätzen führt. Im Falle der *Axel Springer AG* ist die Umsatzentwicklung zwar auch relativ konstant, dies lässt sich damit begründen, dass das Unternehmen in mehreren Märkten mit sehr unterschiedlichen Reifegraden aktiv ist (s. Kap. 6.4.4): Einerseits im ‚überreifen' Markt für Zeitungen und Zeitschriften, bei denen die Ertragsentwicklung rückläufig ist, andererseits aber seit rund 6 Jahren den Eintritt in die rasch wachsenden und ertragreicheren digitalen Märkte forciert. Der Erfolg der *Axel Springer AG* und damit auch für andere vergleichbare Unternehmen hängt also ganz wesentlich von einem aktiven Portfolio-Management ab, was Innovationsfähigkeit voraussetzt, um immer wieder entweder in Wachstumsmärkte einzusteigen oder sogar neue Märkte zu begründen bzw. neue Zielgruppen zu definieren und diese damit zu erschließen und somit erst zu einem Markt zu generieren (Kompetenzführer).

Drei wesentliche Geschäftsmodelle lassen sich bei den hier behandelten Unternehmen feststellen:

- Eigencontent plus Werbung (*Yahoo!*, *Axel Springer AG*, *Gruner+Jahr*).
- Fremdcontent plus Werbung (*Google Inc.*).
- Bezahlcontent (also nicht durch Werbung gegenfinanzierter Content, wesentlich im B2B, aber auch im B2C wie z. B. Pay-TV) *Bloomberg L.P.*, *EMI*, *Thomson Reuters*.

Mehrere der hier behandelten Unternehmen aus dem Feld der Top-20-Global-Medienunternehmen, wie z. B. *Comcast* als größtes Medienunternehmen der Welt, *Bertelsmann* oder *News Corp.*, bewegen sich in allen drei genannten Geschäftsmodellen und können damit sowohl auf der Ebene der Geschäftsmodelle als auch innerhalb dieser Geschäftsmodelle, also auf Produktebene, ein aktives Portfolio-Management betreiben.

Dabei lässt sich die Hypothese aufstellen, dass Unternehmen wie z. B. *Gruner+Jahr* oder auch *EMI*, die ihre Geschäftsmodelle im Vergleichszeitraum nicht änderten oder lange nicht anpassten, in erhebliche Schwierigkeiten geraten bzw. zerschlagen wurden. *EMI* gehört heute zu großen Teilen zu *Universal Music Group* bzw. zu *Vivendi* (*Universal Music* ist eine Tochter von *Vivendi* durch Akquisition im Jahr 2000), andere Teile wurden von *Sony* gekauft. *Gruner+Jahr* – so ist bereits im Kap. 6 gezeigt worden – kann mit seiner extremen Content-Fokussierung (unter dem Credo: ‚Wir wollen der Marktführer im Qualitätscontent sein') seit Jahren nicht mehr Ertrag aus der Geschäftstätigkeit erzielen, was zuletzt 2013 zu einer quasi-kommissarischen Einsetzung einer neuen Geschäftsführerin geführt hat (Julia Jäckel) sowie zur Dominanz des Aufsichtsrats durch den Mehrheitseigentümer *Bertelsmann* (75 %). Diese Krise des durch Werbegelder querfinanzierten Qualitätscontent-Ansatzes konnte auch nicht durch die in den letzten Jahrzehnten forcierte Internationalisierung – heute werden rund 500 Titel in 30 Ländern off- und online publiziert – bewältigt werden. Ähnlich zeigt es sich auch bei *Bloomberg L.P.*: der Qualitätsjournalismus ist defizitär und wird bei der bereits bestehenden Zielgruppe von *Bloomberg* nicht nachgefragt – hier ist die Zielgruppe sozusagen nur an den ‚wirklichen' Hard Facts interessiert und nicht an weichen Themen wie Lifestyle etc., obwohl diese Zielgruppe durchaus von Werbetreibenden im Premiumsegment interessant wäre. Ein ähnliches Problem zeigt sich auch bei der digitalen Version des ‚klassischen' Kuppelprodukt-Geschäftsmodells bei *Yahoo!* Auch *Yahoo!* konnte durch einen Pull-Content-Ansatz seine Reichweite nicht in dem Ausmaß steigern, dass die Umsätze durch Werbung auch nur annähernd vergleichbar wären mit *Google Inc.*

Mit dem klassischen Content-Werbung-Geschäftsmodell lässt sich jedoch – entgegen immer wieder geäußerter Zweifel – Wertschöpfung erzielen. Dies zeigt auch die folgende Liste. In dieser Liste finden sich alle deutschen AGs, die in der *Forbes Global 2000 – The World's Leading Companies*-Liste (2010) enthalten sind. Die *Forbes Global 2000* enthält die 2000 umsatzstärksten Unternehmen der Welt. Darunter sind 57 deutsche Unternehmen – davon zwei Medienunternehmen. Die ersten beiden Spalten enthalten den Rang nach zwei unterschiedlichen Kennziffern: Umsatzhöhe (Sales) und Gewinn (Profit) (siehe Tab. 9.1).

Die *Axel Springer AG* ist nach Umsatz nur auf Platz 52, nach Gewinn jedoch auf Platz 17. Der Gewinn der *Axel Springer AG* aus dem Mediengeschäft ist somit höher als z. B. der Gewinn von *Lufthansa*, *MAN*, der *Deutschen Post*, der *Deutschen Börse*, *Daimler*,

Tab. 9.1 The Global 2000 (Forbes 2010)

Rank (Sales)	Rank (Profit)	Company	Industry	Sales (Mrd. $)	Profits (Mrd. $)
1	3	Allianz	Insurance	130,06	6,16
2	1	E.ON	Utilities	117,38	12,05
3	6	Siemens	Conglomerates	112,23	3,36
4	56	Daimler	Consumer durables	110,06	−3,69
5	20	Metro AG	Food markets	94,65	0,56
6	24	Deutsche Telekom	Telecommunications	90,08	0,49
7	55	Porsche	Consumer durables	81,31	−3,6
8	25	BMW group	Consumer durables	74,09	0,45
9	9	BASF	Chemicals	72,63	2,02
10	4	RWE group	Utilities	66,57	4,98
51	34	*ProSiebenSat.1*	*Media*	*3,96*	*0,21*
52	17	*Axel Springer*	*Media*	*3,8*	*0,78*
53	51	IKB	Banking	2,98	−0,76
54	19	Deutsche Börse	Financials	2,95	0,71
55	33	Fraport	Transportation	2,83	0,21
56	37	DVB bank	Banking	1,36	0,15
57	42	Aareal bank	Banking	0,88	0,07

der *Deutschen Telekom* etc. obwohl diese Unternehmen einen deutlich höheren Umsatz erzielen und damit meist auch erheblich mehr investieren müssen. Damit zeigt sich, dass Unternehmen der Medienbranche – selbst wenn sie aus einer „Krisenbranche" wie der Verlagsbranche kommen – einen deutlich höheren Ertrag in absoluter Zahl erwirtschaften können als Unternehmen anderer Branchen. Die *Axel Springer AG* ist damit geradezu ein Paradebeispiel dafür, dass auch mit der ‚Old Media Economy' noch Geld zu verdienen ist. Wenngleich der Erfolg des Unternehmens natürlich auch darauf beruht, dass es seit rund 15 Jahren – also seit Beginn des digitalen Zeitalters – keinen Unterschied mehr zwischen Print und Digital gibt, sondern immer auch die Geschäftsmodelle (attraktiver Content generiert Reichweite für Werbetreibende, Kleinanzeigen etc.) aus dem Print ebenso in die digitale Welt übertragen hat. Anders formuliert: Aus Investorenperspektive ist Medienbusiness ein ertragreiches Business – besonders im Gegensatz zur ‚Old Economy' in Form der langlebigen Konsumgüter (Consumer Durables) wie *Thyssen, Daimler* etc. – wenngleich hier einschränkend zu sagen ist, dass dieser Sektor sehr zyklussensitiv ist und im Stichprobenzeitraum noch von den Nachwehen der Finanzkrise betroffen ist. Es zeigt sich aber darin ein offensichtlicher Vorteil einer Investition in Medienunternehmen: die eher geringe Anfälligkeit gegenüber dem Auf und Ab der Wirtschaftskonjunktur.

Literatur

Axel Springer AG. (2013). Axel Springer vollzieht Umwandlung in eine Europäische Aktiengesellschaft. Presseinformation vom 2. Dezember 2013. Berlin. http://www.axelspringer.de/presse/Axel-Springer-vollzieht-Umwandlung-in-eine-Europaeische-Aktiengesellschaft_19557269.html. Zugegriffen: 11. Juni 2014.

Forbes. (2010). The Global 2000 Ranking. http://www.forbes.com/lists/2010/18/global-2000-10_The-Global-2000_Rank.html. Zugegriffen: 1. Juli 2014.

Institut für Medien- und Kommunikationspolitik. (2013). Bloomberg L.P. http://www.mediadb.eu/datenbanken/internationale-medienkonzerne/bloomberg-lp.html. Zugegriffen: 1. Juli 2014.

Institut für Medien- und Kommunikationspolitik. (2014). Ranking – Die 50 größten Medienkonzerne 2014. http://www.mediadb.eu/rankings/intl-medienkonzerne-2014.html. Zugegriffen: 1. Juli 2014.

Morningstar Inc. (2014). Independent Investment Research Datenbank. Chicago, Illinois. http://www.morningstar.com. Zugegriffen: 1. Juli 2014.

Salmon, F. (2013). The Evolution of Bloomberg News. 19. November 2013. http://seekingalpha.com/article/1849551-the-evolution-of-bloomberg-news. Zugegriffen: 1. Juli 2014.

Fazit

In dieser Einführung in das strategische Management von Medienunternehmen wurde anhand mehrerer Beispiele gezeigt, wie die technologische und ökonomische Umwelt in der Medienwirtschaft klassische Geschäftsmodelle verändert hat. Viele Geschäftsmodelle, wie die von Zeitungs- und Musikverlagen, sind erodiert. Auslöser waren immer sogenannte disruptive Technologien, die schlagartig Erlösmodelle verändert und damit die Profitabilität von klassischen Geschäftsmodellen in Frage gestellt haben. Dies steht in einem paradoxen Verhältnis zu der Tatsache, dass der Medienkonsum immer weiter zunimmt und mittlerweile den größten Teil des Zeitbudgets in den Industrie- und Dienstleistungsgesellschaften darstellt.

Ziel dieser Einführung war es, diese Entwicklung aus der Management-Perspektive darzustellen und zu zeigen, wie Erfolg und Wachstum im Mediensektor in Zukunft möglich sind. Als übergeordnetes Fazit lässt sich festhalten:

Wachstum und Profitabilität ist nur dann möglich, wenn das Management sich in der Content-Bereitstellung nicht auf eine konkrete Mediengattung oder eine bestimmte Erlösform spezialisiert. Vielmehr gilt es, durch ein proaktives Portfolio-Management sowohl auf Produktebene (einzelne Medien-Formate wie z. B. ‚Zeitschriften-Titel', Buchreihe, Sendereihe etc.) als auch auf der Ebene der Gattung (Print, Online, Fernsehen etc.) jeweils wachstumsstarke und damit meistens auch ertragsstarke Bereiche auszuwählen und in diese zu investieren, andererseits Produkte, deren Produktlebenszyklus am ‚niedergehen' ist und damit immer geringe Erträge abwirft, auf Basis der klassischen finanzwirtschaftlichen Entscheidungskriterien einzustellen, zu verkaufen oder wie auch immer abzustoßen.

Dies wurde anhand von Beispielen traditioneller Medienunternehmen, Creative-Media-Unternehmen und Digital-Media-Unternehmen dargestellt. Gezeigt wurde am Beispiel der *Bertelsmann AG* und der *Axel Springer AG,* wie Medienhäuser durch aktives Portfolio-Management, teilweiser Digitalisierung klassischer Medienprodukte, einer klaren kennzahlengetriebenen Strategie und einem nachvollziehbaren Zielbild erfolgreich sein können.

Am Beispiel der Musikindustrie wurde gezeigt, wie ein kleiner Musikverlag in einem Umfeld erfolgreich sein kann, in dem selbst die Großen der Branche in erhebliche Schieflage geraten, wo die Geschäftsfelder ausgedehnt werden, letztlich weg vom klassischen Verlagsgeschäft hin zu einer Verlagsplattform für kleinere Musikverlage und Bands. So konnte Profitabilität unter dem Einfluss disruptiver Technologien gesichert werden. Dies gelang nur dadurch, dass das klassische Geschäftsmodell teilweise aufgegeben und teilweise stärker auf profitable Segmente konzentriert wurde. Dem gegenüber stehen die erfolglosen Versuche der oligopolistischen Protagonisten der Musikindustrie, das alte Geschäftsmodell durch „Tricks" zu bewahren (Kopierschutz, Prozesse etc.), anstatt durch Innovation und Unternehmertum weiterzuentwickeln.

Die Cases digitaler Medienunternehmen zeigen, wie sich insgesamt die Bedeutung des Contents verändert. Neue Formen des Contents entstehen (Prosumer-Content). Auch verändert sich die Funktion des Contents in Geschäftsmodellen: Während *Yahoo!* noch das klassische Geschäftsmodell von Verlagen in die digitale Welt kopiert, verzichtet *Google* auf selbsterstellen Content. *Yahoo!* will weiterhin – wie klassische Verlage –, dass man ihr Portal wegen des Contents aufsucht und wird weiter versuchen, darüber Reichweite für Werbung zu erzielen. *Google* hingegen setzt ausschließlich auf Content anderer und erzielt jedoch – wie klassische Medien auch – seine Umsätze durch die Reichweite im Usermarkt, die man im Werbemarkt verkaufen kann. Der Unterschied zeigt sich im Unternehmenserfolg: Die Strategie von *Yahoo!* ist ebenso so wenig erfolgreich wie die klassischer Medienunternehmen. Das transklassische Geschäftsmodell von *Google* hingegen führt zu einer einzigartigen Wachstumsstory in der Geschichte von Unternehmen.

Dabei ist das Geschäftsmodell von *Google* keineswegs neu. Viele Dienstleister von Finanzinformationen haben bereits deutlich früher mit dem *Google*-Prinzip ihre Geschäftsmodelle entwickelt und sind zu großen globalen Medienunternehmen aufgestiegen. *Thomson Reuters* und *Bloomberg* zeigen, wie man durch die Kontextualisierung von „Fremddaten" wächst. *Bloomberg* hat sogar schon vor der Etablierung des Internets ein eigenes Netz in den 80er Jahren aufgebaut und vermarktet die Verknüpfung von Fremdcontent (Finanzdaten von Unternehmen) bis heute erfolgreich. Allerdings sind Versuche durch traditionelle Content-Strategien Erlöse zu generieren, die denen traditioneller Verlage entsprechen, gescheitert.

Insgesamt zeigt sich also: Die Wertschöpfungskette, von Daten über Informationen zu Wissen, ist die Grundlage des Erlösmodells. Der Mehrwert aus der Sicht des Nutzers ergibt sich nicht aus der Wahl eines spezifischen Trägermediums, sondern aus der orts- und zeitunabhängigen Verfügbarkeit von Daten, Informationen und Wissen in der Form und in dem Kontext, wie er für die jeweilige Konsumform (Unterhaltung, politische und wirtschaftliche Entscheidungsfindung etc.) am besten geeignet erscheint. Die digitale Distribution ist von der Aktualität, der Möglichkeit die Informationen zu filtern und zu kontextualisieren etc. für diese Nutzung am besten geeignet. Es zeigt sich, dass der Nutzer nicht die Qualität der Informationsaufbereitung durch Gatekeeper wie z. B. den vielzitierten „Qualitätsjournalismus" oder die Kompetenz von Buch- und Musikverlagen etc. präferiert, sondern seinem Nutzungsprofil entsprechende Verfügbarkeit honoriert.

Hier zeigt sich somit im Niedergang der Rolle von klassischen Geschäftsmodellen, die alle auf der Rolle der Gatekeeper aufbauen, dass nicht „die Zeitung", „der Musikverlag" und „die Sendeanstalt" in die Krise geraten sind, sondern ihre Rolle als Gatekeeper. Wenn Daten, Informationen und Wissen bei gegen null tendierende Kosten kopiert und distribuiert werden können, ist die Funktion des Gatekeepers überflüssig, der auswählt, was „das Publikum" braucht, da das Publikum durch Kontextualisierungsinstrumente wie Suchmaschinen und andere Filterfunktionen das selbst übernehmen kann und de facto selbst übernimmt, wie es die hier zitierten Beispiele von *Bloomberg* über *Google* bis Edel AG gezeigt haben.

Für die Zukunft der Geschäftsmodelle von Medienunternehmen heißt dies letztlich: Die Entmaterialisierung der Mediendistribution und das Verschwinden der Bedeutung der Gatekeeper-Funktion führt dazu, dass das Nutzenversprechen von Medienunternehmen nicht mehr in Vorauswahl und Bearbeitung von Content besteht, der aufgrund hoher Verbreitungskosten begrenzt ist. Vielmehr entsteht der Mehrwert darin, tendenziell unbegrenzt und kostenlos zur Verfügung stehende Informationen so zu strukturieren, dass der Nutzer, seinem Nutzerprofil entsprechend, mit Hilfe von Strukturierungswerkzeugen die Kontextualisierung der Information selbst übernehmen kann und übernimmt. Diese entspräche auch dem allgemeinen Trend weg von der industriellen Massenfertigung von Produkten für eine möglichst große Zahl von Nutzern hin zu einer Individualisierung der Produktion nach den sich weiter differenzierenden Nutzeransprüchen.

Insofern werden wohl folgende Metatrends weiter den Kampf um Profitabilität und die Praxis des Medienmanagements bestimmen:

- Der Content löst sich vom Trägermedium.
- Der Trend geht zum Cross-Media-Unternehmen, wie es an den Beispielen *Axel Springer AG* und *Bertelsmann AG* gezeigt wurde. Deren Aufstieg war nur möglich, indem sie ihr Portfolio in die ganze Breite der Medienproduktion diversifiziert haben und – im Falle der *Axel Springer AG* – jetzt sogar die klassische Verlagstätigkeit modularisieren in Einzelteile und diese digitalisieren.
- Der „Nullpreis" für viele Contents wird kommen. Evident ist dies bereits bei Musik- und Zeitungsverlagen: Durch die gegen null gehenden Vervielfältigungs- und Distributionskosten sind viele Inhalte kostenlos im Netz verfügbar. Viele Content-Produzenten – insbesondere Musiker und Autoren – sind bereits dazu übergegangen, Teile ihrer Produktion kostenlos anzubieten, damit diese weiter geteilt (sharing) werden und damit eine große Reichweite entstehen kann. Umsätze werden hingegen mit exklusiven Inhalten generiert, die in hochwertiger Aufmachung angeboten werden. Beispiele finden sich z. B. in der Musikindustrie. Hier gehen Künstler immer stärker zum Self-Publishing über und bieten von Umsonst-Angeboten für den digitalen Download bis hin zu limitierten Luxus-Editionen mit besonderem Cover und Premium-Klangqualität hochpreisige Produkte für echte Fans (Freemium-Preismodell). Die erfolgskritische Frage ist: welche Produkt-Snippets werden „free" angeboten. Das Konzept des Massenmarktes – viele gleichartige Produkte, die immer preiswerter produziert wer-

den können (Skaleneffekt) – scheint langsam der Vergangenheit anzugehören. Insofern wird hier der Mehrwert, für den der Nutzer bereit ist zu bezahlen, nicht in dem Content selbst liegen, sondern in den für ihn spezifischen Konfigurierungsmöglichkeiten durch Such- und Filter-Instrumente, Special Editions etc., die seinem individuellen Nutzen- und Nutzungsprofil entsprechen.

Insgesamt wird sich dadurch die Rolle der Medienunternehmen verschieben: Sie werden nicht mehr als Gatekeeper und Produzenten von Content Gewinne erzielen, sondern durch Such- und Filterfunktionen, Re-Kontextualisierung und Re-Packaging von Content nach dem sich wachsend differenzierenden und individualisierenden Nutzeranspruch.

The manufacturer's authorised representative in the EU is Springer Nature Customer Service Centre GmbH, Europaplatz 3, 69115 Heidelberg, Germany. If you have any concerns regarding our products, please contact ProductSafety@springernature.com

Printed and bound by CPI Group (UK) Ltd, Croydon, CR0 4YY
24/03/2026
02077370-0006